企业会计准则培训专用教材

企业会计准则案例讲解

主要经济业务会计处理规则

《企业会计准则案例讲解》编委会　编著

地震出版社

图书在版编目（CIP）数据

企业会计准则案例讲解：主要经济业务会计处理规则／《企业会计准则案例讲解》编委会编著．—北京：地震出版社，2017.4

ISBN 978－7－5028－4810－1

Ⅰ．①企… Ⅱ．①企… Ⅲ．①企业－会计制度－案例－中国 Ⅳ．①F279.23

中国版本图书馆 CIP 数据核字（2017）第 021157 号

地震版 XM3948

企业会计准则案例讲解——主要经济业务会计处理规则

《企业会计准则案例讲解》编委会 编著

责任编辑：薛广盈 吴桂洪

责任校对：潘菊华

出版发行：地震出版社

北京市海淀区民族大学南路 9 号　　邮编：100081

发行部：68423031　68467993　　传真：88421706

门市部：68467991　　传真：68467991

总编室：68462709　68423029　　传真：68455221

证券图书事业部：68426052　68470332

http：//www.dzpress.com.cn

E-mail：zqbj68426052@163.com

经销：全国各地新华书店

印刷：廊坊市华北石油华星印务有限公司

版（印）次：2017 年 4 月第一版　2017 年 4 月第一次印刷

开本：787×1092　1/16

字数：599 千字

印张：25.25

书号：ISBN 978-7-5028-4810-1/F（5509）

定价：75.00 元

前言
Preface

在我国会计法规体系之中，《企业会计准则》处于非常重要的地位，它既规定了企业会计核算的原则与方法，又是企业会计核算的直接依据。对《企业会计准则》的理解和应用水平，直接决定了企业会计核算的质量与水准。

为了帮助广大读者更好地学习和运用《企业会计准则》，我们特编写了《企业会计准则案例讲解》这部专业读物。与其他同类图书相比，本书体现了以下几个特点。

融会贯通，全面体现企业会计准则体系的整体要求

《企业会计准则》不是指包括1个基本准则、42个具体准则的这一部法规，而是指包括《企业会计准则》《企业会计准则——解释》《企业会计准则——应用指南》等多部法规的综合体系。本书在编写过程中，将企业会计准则体系的多部法规进行了横向与纵向的联系与比较，特别强调“言之有据、深入浅出”，体现了企业会计准则体系的整体要求。

体系科学，内容设置合理

本书在内容设置上，以会计六大要素为干，以每一会计要素所包括的主要会计科目为枝，以每一会计科目所涉及的经济业务事项为条，结构、层次清晰。从资产、负债、所有者权益和收入、成本费用、损益的角度入手，阐述相关会计科目有关事项的会计处理方法，内容涵盖企业日常活动中发生的所有一般经济事项，使读者能够从宏观上掌握会计体系，进而循序渐进地细分到具体的科目，由面及点、由浅至深，加深对不同会计要素以及科目之间联系的理解，更好地编制会计分录。

形式活泼，易读易懂

为了方便作为会计新手的读者进行学习，我们以简单易懂的方式对每笔业务进行详尽的介绍，结合相应的图表说明其会计处理，并总结出对应的会计分录。

案例翔实，侧重实务

为了让读者能够将书中所学运用到工作实务中，作者在每个科目的每项业务处理之后都附上了对应的案例解析，有利于读者更加透彻地理解其账务处理。

可参考性高，实用性强

本书严格按照新企业会计准则以及其他相关法律法规的要求进行编写，对传统内容进行全面升级。全书层次分明、条理清晰、重点突出，无论读者是带着全面了解《企业会计准则》还是指导工作实务的目的而阅读，本书都能够发挥较好的参考价值。

由于本书涉及面广、内容层次多，错漏之处在所难免，恳请广大读者与专家学者批评指正，我们会在以后的修订再版中改进与完善。作者联系邮箱：suoxh@139.com。

作　者

2017年1月

目 录
Contents

第五篇 成本费用类交易和事项的会计处理

第六篇 损益类交易和事项的会计处理

第一篇

资产类交易和事项的会计处理

资产是指企业由于过去的交易或事项产生的、由企业拥有或控制的、能以货币来计量的、预期能够给企业带来经济利益流入的资源。资产按照不同分类标准可以分为流动资产和非流动资产、有形资产和无形资产、短期资产和长期资产等。

库存现金

现金是指立即可以投入流通和转让的交换媒介，在会计核算中具体指库存现金，即单位为了满足经营过程中零星支付的需要而保留的现金，其可以随时用来购买所需的材料、固定资产，支付有关生产费用、管理费用和财务费用，也可以直接用来偿还债务，或者随时存入银行。

(一)收到投资者投入的现金

业务概述

企业按照章程规定或合同、协议约定，接受投资者投入企业的现金资本的业务。

按照我国有关法律规定，投资者设立企业首先必须投入资本。所有者向企业投入的资本，在一般情况下无需偿还，可以长期周转使用。投资者可以用现金投资，也可以用现金以外的其他有形资产投资，符合国家规定比例的，还可以用无形资产投资。股东以货币出资的，应当将货币出资足额存入公司在银行开设的账户。

初建有限责任公司时，各投资者按照合同、协议或公司章程投入企业的资本，应全部记入“实收资本”科目，注册资本为在公司登记机关登记的全体股东认缴的出资额。在企业增资时，如有新投资者介入，新介入的投资者缴纳的出资额大于其按约定比例计算的在注册资本中所占的份额部分，不记入“实收资本”科目而是作为资本公积记入“资本公积”科目。

账务处理

收到投资者投入的现金，应在实际收到或者存入企业开户银行时，按实际收到的金额，借记“库存现金”或者“银行存款”科目；按投入资本在注册资本或股本中所占份额，贷记“实收资本”或“股本”科目；按其差额，贷记“资本公积——资本溢价”或“资本公积——股本溢价”等科目。编制会计分录如图 1－1 所示。

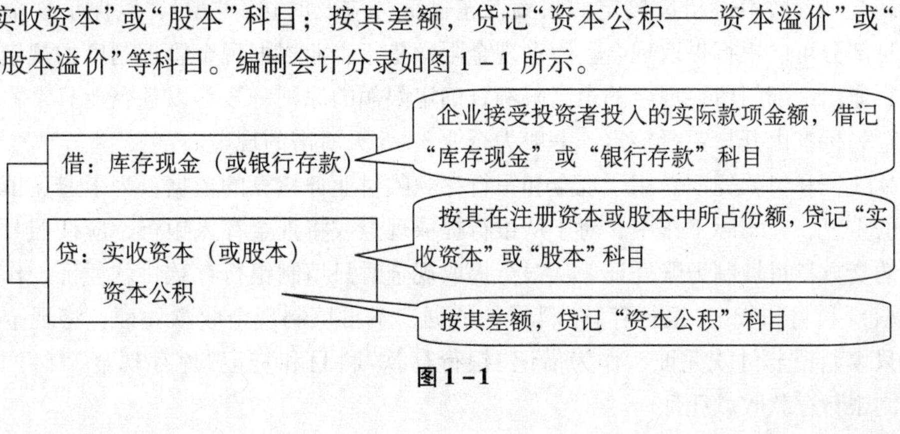

图 1－1

案例解析

【例1-1】甲、乙、丙共同出资设立有限责任公司A，公司注册资本为10 000 000元，甲、乙、丙持股比例分别为50%、30%和20%。2×13年1月5日，A公司如期收到各投资者一次性缴足的款项。根据上述资料，A公司应作以下账务处理：

借：银行存款	10 000 000	
贷：实收资本——甲		5 000 000
——乙		3 000 000
——丙		2 000 000

【例1-2】B股份有限公司发行普通股20 000 000股，每股面值为1元，发行价格为6元。股款120 000 000元已经全部收到，发行过程中发生相关税费60 000元。

根据上述资料，B股份有限公司应作以下账务处理：

计入股本的金额=20 000 000×1=20 000 000(元)；

计入资本公积的金额=(6-1)×20 000 000-60 000=99 940 000(元)。

借：银行存款	119 940 000	
贷：股本		20 000 000
资本公积——股本溢价		99 940 000

(二)出纳向银行提取现金或将现金送存

业务概述

企业发生现金的收付业务必须取得或填制原始凭证，作为收付款的书面证明。企业向银行提取现金，要签发现金支票，以支票存根作为提取现金的证明；将现金存入银行，要填写现金进账单，以银行加盖印章后退回的现金进账单回单作为存入现金的证明。

按照《中华人民共和国现金管理暂行条例》(以下简称《现金管理条例》)的规定，企业的现金收入应当于当日送存开户银行，当日送存有困难的由开户银行确定送存时间。企业每日的现金结存数不得超过核定的限额，超过部分应及时送存银行，以保证现金管理安全，不足部分可向银行提取现金。库存现金限额是指企业根据现金管理制度的规定，确定每一个企业出纳部门留存现金的最高限额，确定限额的原则一般是以各企业日常零星开支所需现金为标准由开户银行核定，一般为企业3~5天所需的现金。

收款凭证和付款凭证是用于现金和银行存款收付业务核算的依据。为了避免填制凭证和记账的重复，在实际工作中，对于从银行提取现金或将现金存入银行，应按照收付款业务涉及的贷方科目填制记账凭证。从银行提取现金时只填制银行存款付款凭证，作为借记“库存现金”科目和贷记“银行存款”科目的依据，不再填制现金收款凭证；将现金存入银行时，只填制现金付款凭证，作为借记“银行存款”科目和贷记“库存现金”科目的依据，不再填制银行存款收款凭证。

▶▶账务处理

从银行提取现金时，按所提取现金数额借记“库存现金”科目，按支票填写的金额贷记“银行存款”科目。编制会计分录如图 1－2 所示。

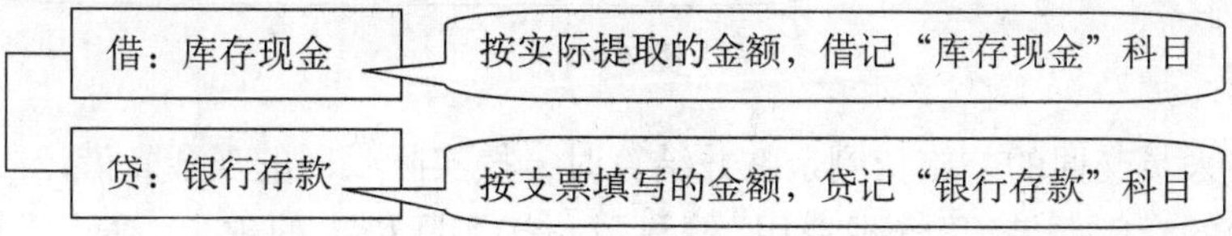

图 1－2

将现金存入银行时，借记“银行存款”科目，贷记“库存现金”科目。编制会计分录如图 1－3 所示。

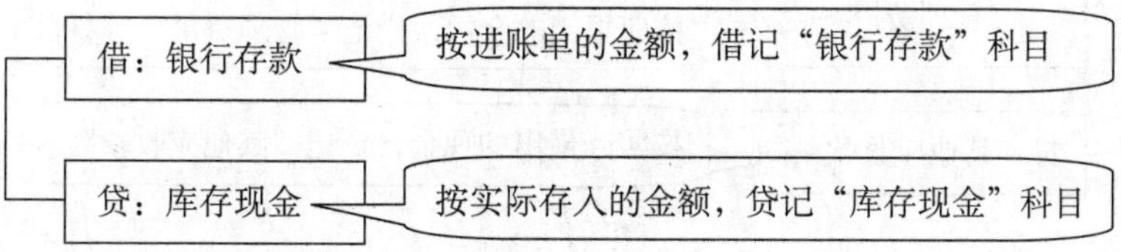

图 1－3

▶▶案例解析

【例 1－3】某企业从开户银行提取现金 10 000 元，补足库存限额。会计处理如下：

借：库存现金　　10 000

　　贷：银行存款　　10 000

(三)员工出差引起的现金收支业务

▶▶业务概述

出差人员必须随身携带的差旅费，属于《现金管理条例》中规定的“单位可使用现金支付的款项”之一。该业务指员工出差时，需要先向单位预借差旅费，在回到公司后根据出差途中开支的原始凭证填写差旅费报销单，经财务人员审核后，对预算额度内的差旅费进行多退少补的业务。

▶▶账务处理

按支出凭证所记载的金额，借记“其他应收款”等科目，贷记“库存现金”科目。编制会计分录如图 1－4 所示。

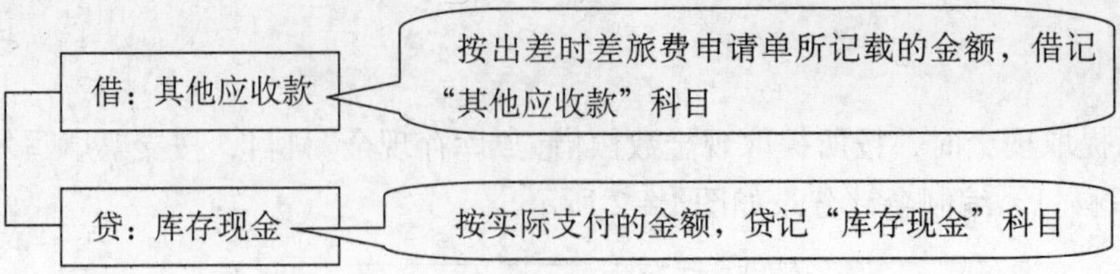

图 1－4

收到出差人员交回的差旅费剩余款并结算时，按实际收回的现金，借记“库存现金”科目；按应报销的金额，借记“管理费用”等科目；按实际借出的现金，贷记“其他应收款”科目。编制会计分录如图 1－5 所示。

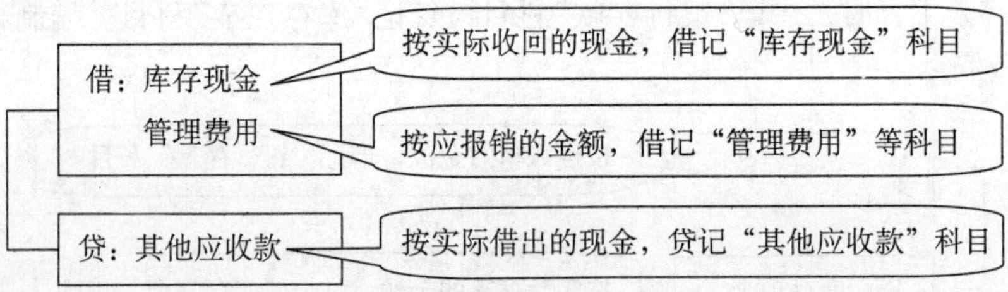

图 1－5

▸▸案例解析

【例 1－4】办公室职员张华出差预借差旅费 1 000 元，以现金付讫。

借：其他应收款——张华　　1 000

　　贷：库存现金　　1 000

【例 1－5】办公室职员张华原出差借款 1 000 元，现报销 850 元，交回剩余现金 150 元。

借：库存现金　　150

　　管理费用——差旅费　　850

　　贷：其他应收款——张华　　1 000

(四)用现金购买办公用品

▸▸业务概述

《现金管理条例》规定了现金的使用范围，如图 1－6 所示。

当购买办公用品支出少于 1 000 元，可以直接用库存现金进行结算。

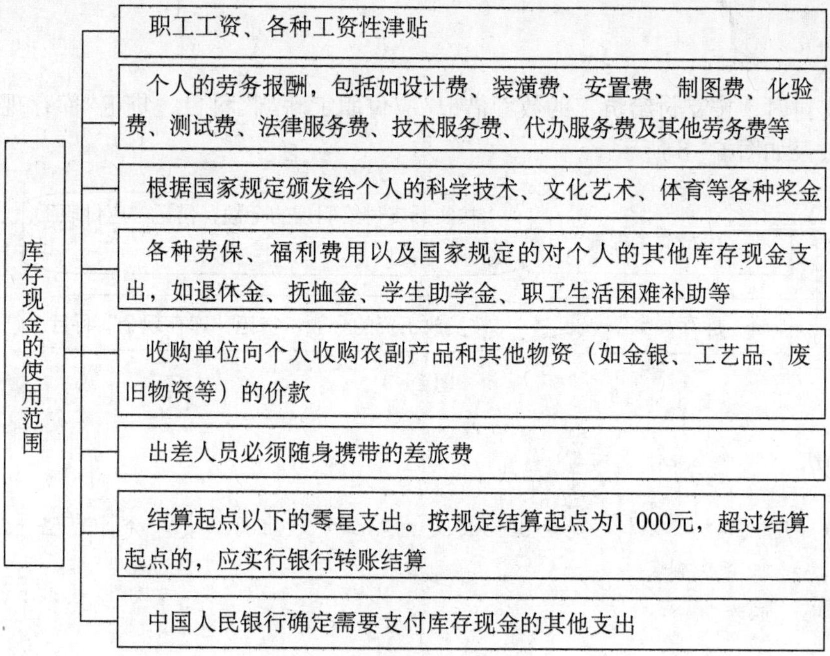

图 1－6

▸▸账务处理

使用库存现金购买办公用品时，按支出的金额借记“管理费用”科目，贷记“库存现金”科目，期末余额在借方，反映期末库存现金的实有数。编制会计分录如图 1－7 所示。

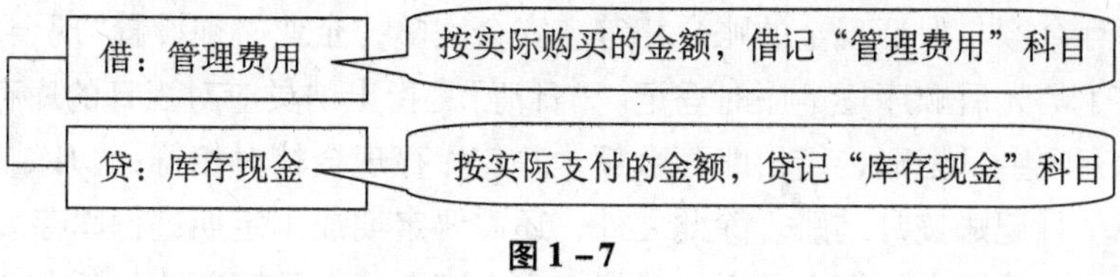

图 1－7

▸▸案例解析

【例 1－6】用库存现金 610 元购买办公用品。编制会计分录如下：

借：管理费用——办公费　　610

　　贷：库存现金　　610

(五)用现金支付职工工资、劳务报酬等

▸▸业务概述

根据《现金管理条例》，企业可以使用现金支付符合规定的相关职工工资、劳动报酬以及其他对个人的支出等。

▸▸账务处理

实际支付时，按支付给员工的数额借记“应付职工薪酬”科目，贷记“库存现金”科目。编制会计分录如图1-8所示。

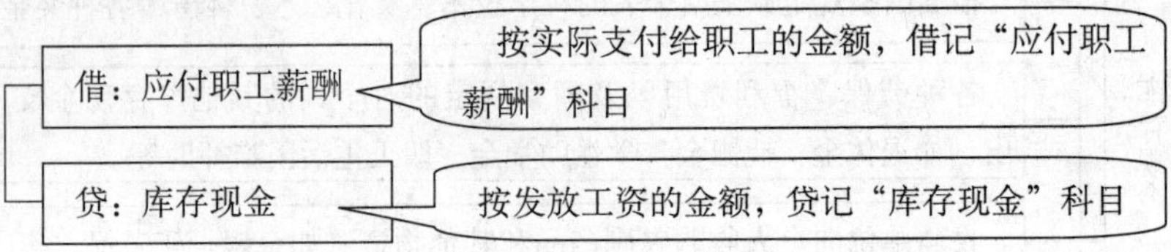

图1-8

▸▸案例解析

【**例1-7**】甲公司以库存现金35 000元向职工发放上月工资。会计处理如下：

借：应付职工薪酬　　35 000

　　贷：库存现金　　35 000

(六)现金盘点业务

▸▸业务概述

企业库存现金实行“日清月结”的管理制度。为了加强对现金的管理，随时掌握现金收付的动态和库存余额，保证现金的账户相符和安全完整，企业必须设置“现金日记账”，按照现金业务发生的先后顺序逐笔序时登记。“日清”是指出纳员应对当日的库存现金收付业务全部登记库存现金日记账，结出账面余额，并与库存现金核对相符；“月结”是指出纳员必须对库存现金日记账按月结账。除此之外，还需要定期或不定期进行库存现金清查。

清查库存现金采用实地盘点的方法，确定实有库存现金的数额，然后与现金日记账的账面余额核对，查明账款是否相符以及盈亏情况。库存现金盘点时，出纳人员必须在场；在清查过程中不能用不具法律效力的借条、收据充抵库存现金(即不允许“白条抵库”)。盘点后，应根据库存现金盘点结果，编制“库存现金盘点报告表”，并由盘点人员和出纳员签章。

▸▸账务处理

将清查结果编制“现金盘点报告表”，如果发现有待查明原因的现金短缺或溢余，应通过“待处理财产损溢”科目进行核算。

属于库存现金短缺，应编制如下会计分录：

借：待处理财产损溢

　　贷：库存现金

属于库存现金溢余，应编制如下会计分录：

借：库存现金

　　贷：待处理财产损溢

待查明原因后作不同处理，如表1-1所示。

表1-1　现金盘点业务处理方法

清查结果	查明的原因	会计处理
现金短缺	应由责任人赔偿部分	借：其他应收款——应收库存现金短缺款(××个人) 　贷：待处理财产损溢
	应由保险公司赔偿部分	借：其他应收款——应收保险赔款 　贷：待处理财产损溢
	无法查明原因部分经批准后处理	借：管理费用——现金短缺 　贷：待处理财产损溢
现金溢余	应支付给有关人员或单位的	借：待处理财产损溢 　贷：其他应付款——应付现金溢余(××个人)
	无法查明原因的	借：待处理财产损溢 　贷：营业外收入——现金溢余

案例解析

【**例1-8**】甲公司在库存现金清查中发现现金短缺80元。会计处理如下：

借：待处理财产损溢　80

　　贷：库存现金　80

① 如果属于出纳人员的责任，应由出纳人员赔偿。

借：其他应收款——出纳员××　80

　　贷：待处理财产损溢　80

借：库存现金　80

　　贷：其他应收款——出纳员××　80

② 如果属于无法查明原因的，应作为管理费用处理。

借：管理费用　80

　　贷：待处理财产损溢　80

【**例1-9**】甲公司库存现金清查中，发现实存数大于账面余额100元。编制会计分录如下：

借：库存现金　100

　　贷：待处理财产损溢　100

① 如果核查后属于应支付给其他单位的款项。

借：待处理财产损溢 100

贷：其他应付款——××单位 100

② 如果核查后原因不明，经批准作为营业外收入。

借：待处理财产损溢 100

贷：营业外收入——现金溢余 100

银行存款

银行存款是指企业存放在银行或其他金融机构的货币资金，企业除在规定限额以内存留少量现金外，其余的货币资金必须全部存入银行。根据《支付结算办法》规定，单位、个人和银行必须按照《银行账户管理办法》的规定开立、使用账户，正确开立和使用银行账户是做好资金结算工作的基础。《银行账户管理办法》将企事业单位的存款账户分为四类，即基本存款账户、一般存款账户、临时存款账户和专用存款账户。

(一)向银行借款使存款增加

业务概述

当企业为了满足正常生产经营的需要，向银行或其他金融机构等借入借款时会导致银行存款增加，企业应通过“银行存款”科目进行核算。如果该借款的期限在1年以下(含1年)，则应该通过“短期借款”科目进行核算；如果该借款的偿还期在1年或者超过1年的一个营业周期以上，则应该通过“长期借款”科目进行核算。

账务处理

企业从银行或其他金融机构取得借款时，借记“银行存款”科目。如果该借款的期限在1年以下(含1年)，则应该通过“短期借款”科目进行核算；如果该借款的偿还期在1年或者超过1年的一个营业周期以上，则应该通过“长期借款”科目进行核算。编制会计分录如图1-9所示。

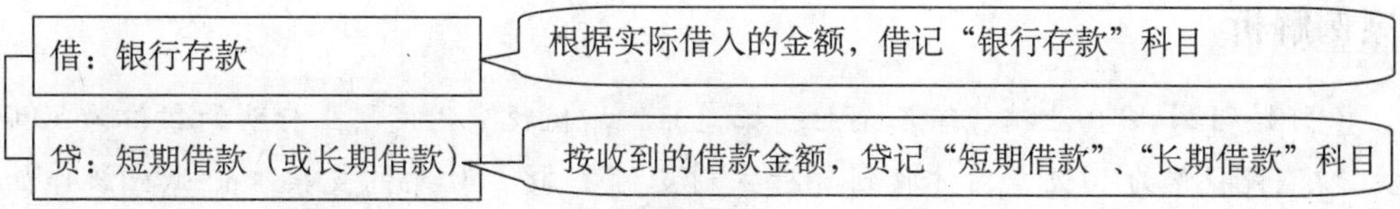

图1-9

偿还借款时编制相反分录，取得借款之后的后续分录见负债类。

案例解析

【例1-10】甲公司于2×16年6月30日向银行借入一笔短期借款以备生产运营所需。该笔借款总计200 000元，借款期限为6个月，该项借款的本金到期后一次归还；利息分月预提，按季支付。借款时甲公司应该编制如下会计分录：

借：银行存款	200 000
贷：短期借款	200 000

【例1－11】甲公司于2×15年7月1日向银行借入一笔长期借款共500 000元，约定2×16年6月30日归还，本金到期一次归还，利息分月预提，按季支付。借款时甲公司应该编制如下会计分录：

借：银行存款　　500 000

　　贷：长期借款——本金　　500 000

(二)出售产品，获得银行存款

业务概述

当企业在日常活动中通过销售商品或者提供劳务等主营业务满足收入确认条件时，若直接收到购买方支付的价款，应该按照已收金额将其反映到“银行存款”科目的增加。

账务处理

企业通过向购买方销售商品或提供劳务直接收到全部款项时，应该根据收款金额借记“银行存款”科目，根据企业所售商品或者提供劳务的价格，贷记“主营业务收入”科目，同时将应交增值税记入“应交税费——应交增值税(销项税额)”科目。编制会计分录如图1－10所示。

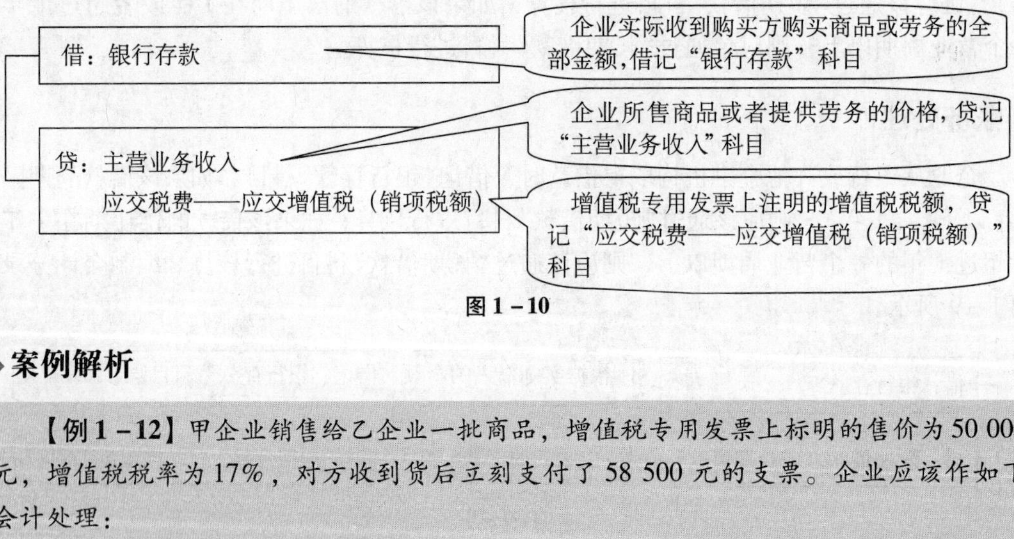

图1－10

案例解析

【例1－12】甲企业销售给乙企业一批商品，增值税专用发票上标明的售价为50 000元，增值税税率为17%，对方收到货后立刻支付了58 500元的支票。企业应该作如下会计处理：

借：银行存款　　58 500

　　贷：主营业务收入　　50 000

　　　　应交税费——应交增值税(销项税额)　　8 500

(三)购买商品，支出银行存款

业务概述

企业为了维持正常的经营周转，需要购买在生产过程或提供劳务的过程中耗用的材料、物料以及固定资产等，这些活动需要企业向销货方支付银行存款，从而导致银行存款的减少。

▸▸账务处理

企业向销货方购买材料、物料以及固定资产时，如果直接向对方全额支付，应该根据买入商品的售价借记“原材料”或“固定资产”科目；根据实际支付的金额贷记“银行存款”科目，并将可以抵扣的增值税记入“应交税费——应交增值税(进项税额)”科目。编制会计分录如图1－11所示。

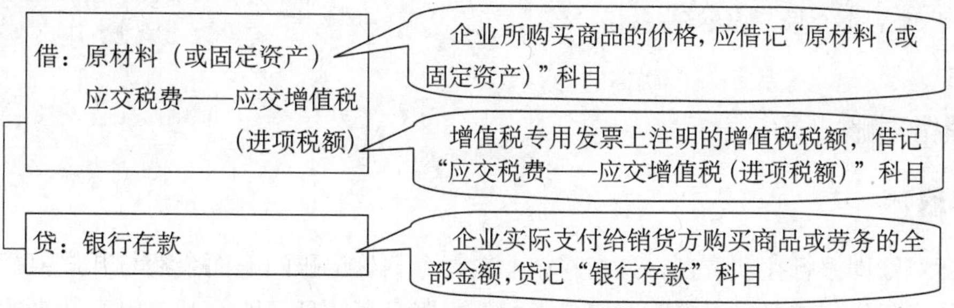

图1－11

▸▸案例解析

【例1－13】2×16年5月17日，甲企业向乙企业购入一批原材料，用银行存款支付11 700元，其中包括增值税税款。企业应该编制如下会计分录：

借：原材料	10 000	
应交税费——应交增值税(进项税额)	1 700	
贷：银行存款		11 700

(四)银行汇票退回多余款

▸▸业务概述

银行汇票是由出票银行签发的，并且由汇款个人或单位将款项预先存入出票银行，出票银行在见票时按照实际结算金额无条件支付给持票人或收款人的票据。当企业使用银行汇票后有多余款或因汇票超过付款期等原因会发生退回。

▸▸账务处理

当由于超过付款期或者有多余款等原因导致银行汇票退回时，根据退回的金额借记“银行存款”科目，贷记“其他货币资金——银行汇票”科目。编制会计分录如图1－12所示。

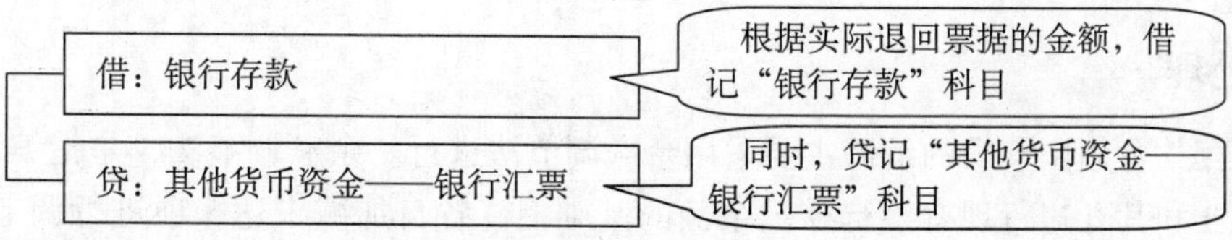

图1－12

案例解析

【例 1-14】2×16 年 3 月 1 日，甲企业派遣王强异地出差，其用持有的 10 000 元银行汇票购买生产所需原材料 5 850 元(包括增值税税款)。3 月 25 日，王强交回未使用完的银行汇票。企业应该编制如下会计分录：

借：银行存款　　4 150

　　贷：其他货币资金——银行汇票　　4 150

(五)银行对账业务

业务概述

银行对账即银行存款清查，是指将企业银行存款日记账的账面余额与开户银行转来的对账单的余额进行核对，以查明账实是否相符。银行存款日记账与开户银行转来的对账单不一致的原因有两个方面：一是双方或一方记账有错误，二是存在未达账项。

银行对账的作用在于通过将企业银行存款日记账记录与开户银行提供的银行对账单记录进行核对，找出所有的未达账项，并通过编制银行存款余额调节表使得调节后的银行存款日记账余额与调节后的银行对账单余额相符。

银行存款的清查通过与开户银行转来的对账单进行核对的方法，查明银行存款的实有数额。然后与从银行取来的对账单逐笔核对，多记或者漏记的，应及时更正、补记。核对的内容包括：收付款金额，结算凭证的种类和号数，收入的来源，支出的用途，发生时间以及存款余额等。如发现本单位记账有错误，应及时更正；如发现银行记账有错误，应及时通知银行查明更正。在双方记账均无错误的情况下，未达账项的存在也会使企业出现银行存款日记账余额与银行对账单余额不一致。所谓未达账项是指在企业和银行之间，由于结算凭证传递的时间差，造成的一方已经入账，而另一方因未收到结算凭证尚未入账的款项。

未达账项的四种情况如图 1-13 所示。

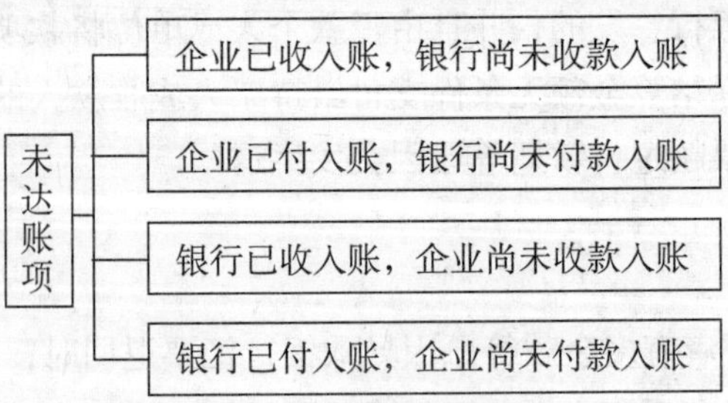

图 1-13　未达账项的四种情况

账务处理

银行存款余额调节表的编制主要采用余额调节法进行。余额调节法，是指编制调节表时，在企业和其开户行现有银行存款余额的基础上，各自加减未达账项进行调节的方法。用公式表示如下：

企业银行存款科目调节后余额＝企业银行存款日记账余额＋银行已收入账企业尚未入账的账款－银行已付入账企业尚未入账的账款

银行对账单调节后余额＝银行对账单余额＋企业已收入账银行尚未入账的账款－企业已付入账银行尚未入账的账款

企业银行存款科目调节后余额＝银行对账单调节后余额

银行对账的处理方法如图1－14所示。

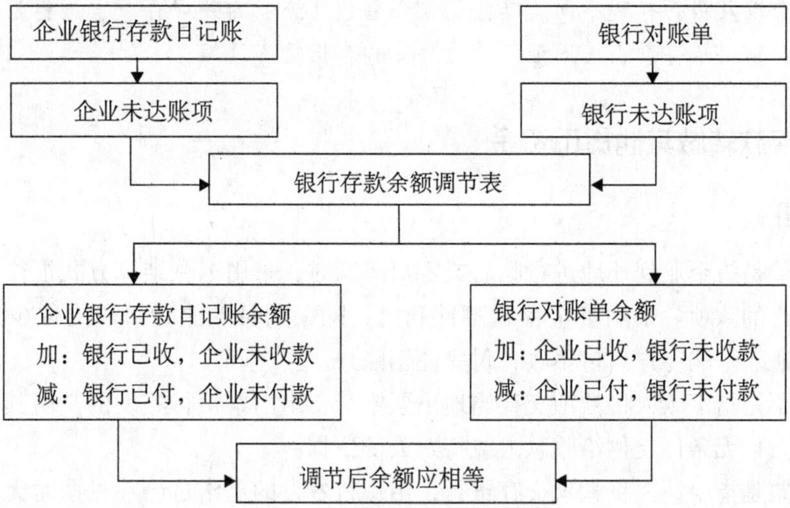

图1－14　银行对账的处理方法

▸▸案例解析

【例1－15】宏发公司2×16年5月31日银行存款日记账的余额为186 900元，银行对账单余额为175 700元，经逐笔核对后，发现未达账项如下：

① 企业收到转账支票一张46 500元，企业已入账，银行尚未入账；

② 银行代扣本企业电话费12 800元，银行已入账，企业尚未入账；

③ 企业开出转账支票购买材料14 600元，企业已入账，银行尚未入账；

④ 某商场汇入本企业购货款33 500元，银行已入账，企业尚未入账。

根据上述材料编制“银行存款余额调节表”如表1－2所示。

表1－2　宏发公司银行存款余额调节表

项目	金额	项目	金额
企业银行存款日记账余额	186 900	银行对账单余额	175 700
加：银行已收，企业未收款项	33 500	加：企业已收，银行未收款项	46 500
减：银行已付，企业未付款项	12 800	减：企业已付，银行未付款项	14 600
调节后余额	207 600	调节后余额	207 600

经调节后，银行对账单余额与企业银行存款科目余额相等，由此可判断调节前的差异是由未达账项引起的。

其他货币资金

其他货币资金是指企业除了现金和银行存款之外的其他各种货币资金，其存放地点和用途均与现金以及银行存款不同。其他货币资金包括企业的外埠存款、银行汇票存款、银行本票存款、信用卡存款、信用证保证金存款和存出投资款等。

(一)银行存款转做其他货币资金

▶▶业务概述

外埠存款是指企业到外地进行临时或零星采购时，采用汇兑结算方式汇往采购地银行开立采购专户的款项。采购资金存款不计利息，除采购员差旅费可以支取少量库存现金外，一律转账。采购专户只付不收，付完注销账户。

银行汇票是指汇款人将款项交存当地出票银行，由出票银行签发的，由其在见票时按照实际结算金额无条件支付给收款人或持票人的票据。

银行本票是指申请人将款项交存银行，由银行签发的承诺自己在见票时无条件支付确定的金额给收款人或者持票人的票据。

信用卡存款是指企业为取得信用卡，按照规定存入银行信用卡专户的款项。

信用证保证金存款是指采用信用证结算方式的企业为取得信用证而按规定存入银行信用证保证金专户的款项。

存出投资款是指企业已存入证券公司但尚未进行短期投资的现金。

当企业将款项委托银行汇往采购地开立专户或者取得银行汇票或者银行本票等时，应该根据类别进行明细结算，记录银行存款的减少和其他货币资金的增加。

▶▶账务处理

为了核算其他货币资金的收支和结存情况，应设置“其他货币资金”账户，企业将银行存款转做其他货币资金，按企业填制的申请单上的金额，借记“其他货币资金——外埠存款、银行汇票存款、银行本票存款、存出投资款”等科目；按银行实际收到的款项，贷记“银行存款”科目。编制会计分录如图 1－15 所示。

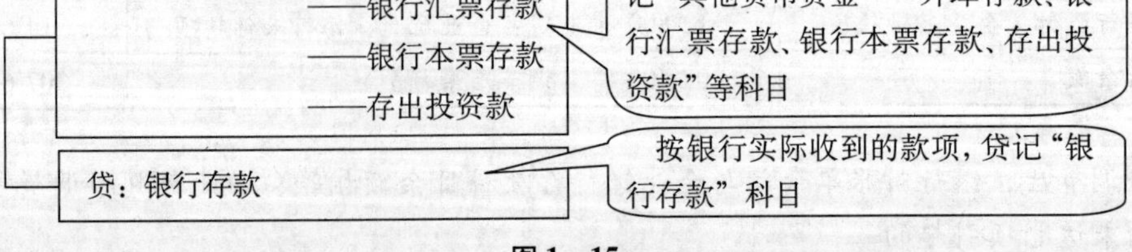

图 1－15

案例解析

【例1－16】 北京高强公司在2×16年发生了以下业务活动。

① 将60 000元汇往上海开立的采购物资专户。

借：其他货币资金——外埠存款	60 000	
贷：银行存款		60 000

② 在上海采购，支付材料价款50 000元、增值税8 500元。

借：材料采购（或在途物资）	50 000	
应交税费——应交增值税（进项税额）	8 500	
贷：其他货币资金——外埠存款		58 500

③ 将多余的外埠存款转回北京开户银行。

借：银行存款	1 500	
贷：其他货币资金——外埠存款		1 500

④ 以银行存款支付银行汇票存款14 000元。

借：其他货币资金——银行汇票存款	14 000	
贷：银行存款		14 000

⑤ 以银行汇票支付采购材料价款10 000元，增值税1 700元。

借：材料采购（或在途物资）	10 000	
应交税费——应交增值税（进项税额）	1 700	
贷：其他货币资金——银行汇票存款		11 700

⑥ 将银行汇票余额2 300元转销。

借：银行存款	2 300	
贷：其他货币资金——银行汇票存款		2 300

⑦ 以银行存款4 680元支付银行本票存款。

借：其他货币资金——银行本票存款	4 680	
贷：银行存款		4 680

⑧ 以银行本票支付材料采购款4 000元，增值税680元。

借：材料采购（或在途物资）	4 000	
应交税费——应交增值税（进项税额）	680	
贷：其他货币资金——银行本票存款		4 680

⑨ 若企业未使用该银行本票购买货物，要求银行退款。

借：银行存款	4 680	
贷：其他货币资金——银行本票存款		4 680

（二）将多余资金从其他货币资金账户转回

▶▶业务概述

企业将多余款项从外埠存款转回、发生银行汇票与银行本票的退回、不需要继续使用信用卡时，会将资金从其他货币资金账户转出，重新转入银行存款。

▶▶账务处理

企业将多余的外埠存款、超过付款期限或因其他原因未曾使用而退还款项的银行汇票和银行本票等转回银行账户时，应按实际收到退回的款项，借记“银行存款”科目；按企业多余的金额，贷记“其他货币资金——外埠存款、银行汇票存款、银行本票存款、存出投资款”等科目。编制会计分录如图 1－16 所示。

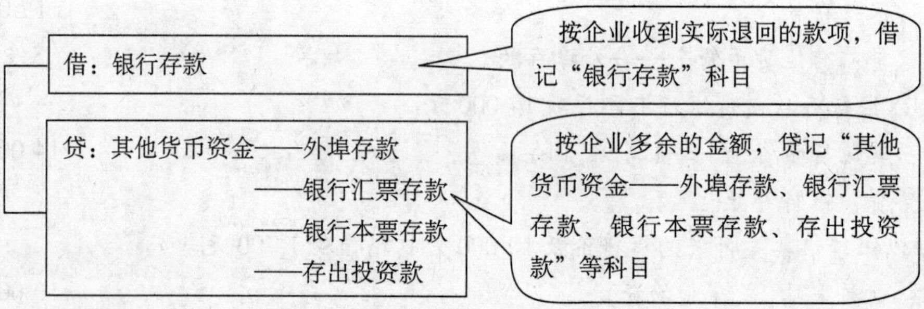

图 1－16

短期投资

短期投资是指企业拥有的能够随时变现，并且打算持有的时间不超过1年(含1年)的有价证券以及其他投资。短期投资属于流动资产。

(一)以公允价值计量且其变动记入当期损益的金融资产的相关业务

▶▶业务概述

以公允价值计量且其变动记入当期损益的金融资产，可以进一步分为交易性金融资产和直接指定为以公允价值计量且其变动记入当期损益的金融资产。其中，直接指定为以公允价值计量且其变动记入当期损益的金融资产主要是指企业基于风险管理、战略投资需要所作的指定，交易性金融资产主要是指企业为了近期内出售或回购的金融资产，比如以赚取买卖差价为目的从二级市场购入的股票、债券和基金等。在整个阶段会发生购买、持有阶段的升值和贬值、出售等业务。

▶▶账务处理

以公允价值计量且其变动记入当期损益的金融资产的会计处理，着重于该金融资产与金融市场的紧密结合性，反映该类金融资产相关市场变量变化对其价值的影响，进而对企业财务状况和经营成果的影响。

业务1　企业购买股票、债券和基金作为交易性金融资产

企业应该按其公允价值借记“交易性金融资产——成本”科目，按发生的交易费用借记“投资收益”科目；按已到付息期但尚未领取的利息或已宣告但尚未发放的现金股利，借记“应收利息”或“应收股利”科目；按实际支付的金额，贷记“银行存款”等科目。编制会计分录如图1－17所示。

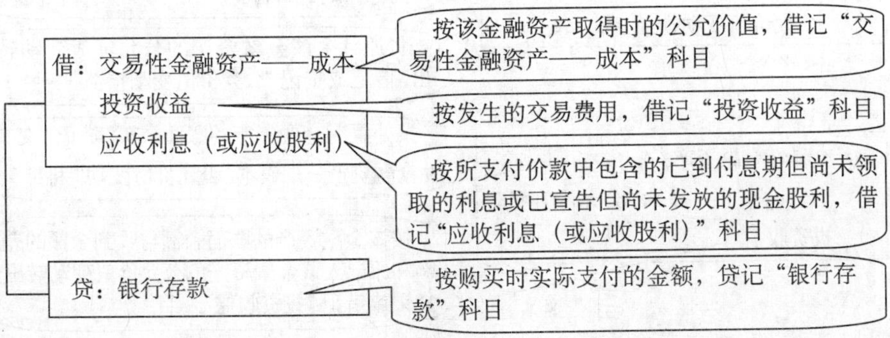

图1－17

业务2　持有期间发放现金股利和利息

交易性金融资产持有期间被投资单位宣告发放的现金股利，或在资产负债表日按分期付息、一次还本债券投资的票面利率计算的利息，借记"应收股利"或"应收利息"科目，贷记"投资收益"科目。编制会计分录如图1－18所示。

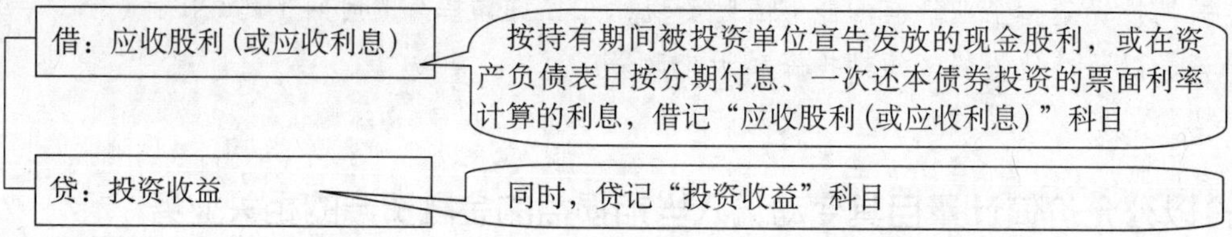

图1－18

业务3　持有期间公允价值发生变动

资产负债表日，交易性金融资产的公允价值高于其账面余额的差额，借记"交易性金融资产——公允价值变动"科目，贷记"公允价值变动损益"科目；公允价值低于其账面余额的差额编制相反的会计分录。编制会计分录如图1－19所示。

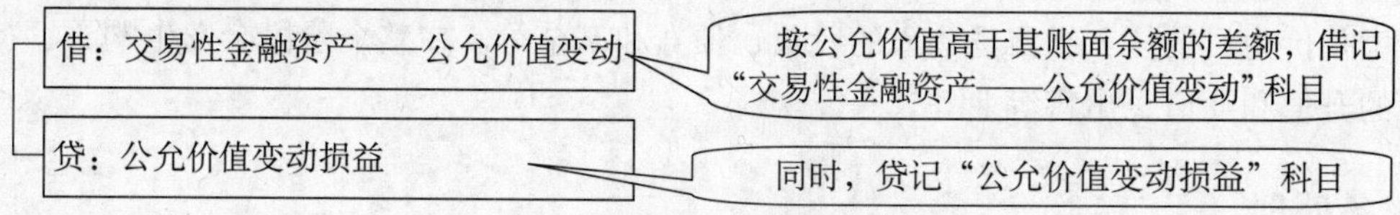

图1－19

业务4　企业处置以公允价值计量且其变动记入当期损益的金融资产

企业应将金融资产的公允价值与初始入账金额之间的差额确认为投资收益，同时调整公允价值变动损益。按实际收到的金额，借记"银行存款"等科目；按该金融资产的账面余额，贷记"交易性金融资产——成本、公允价值变动"科目；按其差额，贷记或借记"投资收益"科目。同时，将原记入该金融资产的公允价值变动转出，借记或贷记"公允价值变动损益"科目，贷记或借记"投资收益"科目。编制会计分录如图1－20所示。

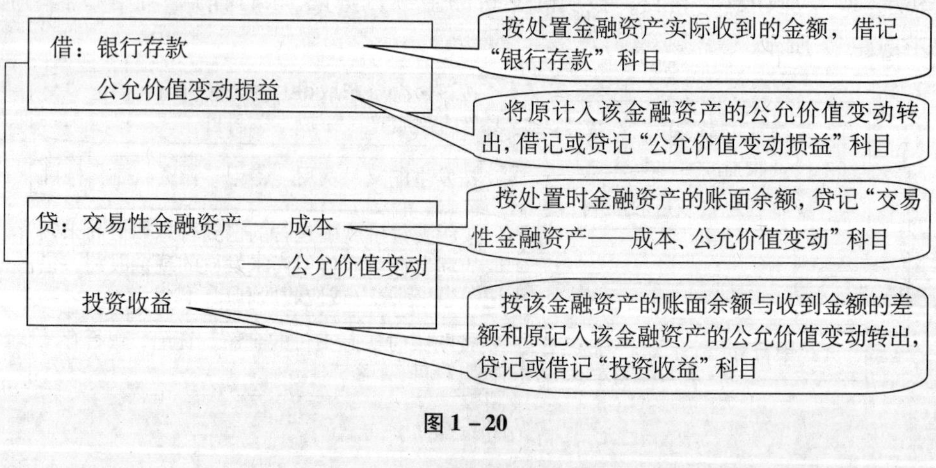

图1－20

▶▶案例解析

【例1-17】2×15年5月20日，甲公司从深圳证券交易所购入乙公司股票1 000 000股，占乙公司有表决权股份的5%，支付价款合计5 080 000元。其中，证券交易税等交易费用8 000元，已宣告发放现金股利72 000元。甲公司没有在乙公司董事会中派出代表，甲公司将其划分为交易性金融资产。

2×15年6月20日，甲公司收到乙公司发放的2×14年现金股利72 000元。

2×15年6月30日，乙公司股票收盘价为每股5.2元。

2×15年12月31日，甲公司仍持有乙公司股票；当日，乙公司股票收盘价为每股4.9元。

2×16年4月20日，乙公司宣告发放2×15年现金股利2 000 000元。

2×16年5月10日，甲公司收到乙公司发放的2×15年现金股利。

2×16年5月17日，甲公司以每股4.5元的价格将股票全部转让，同时支付证券交易税等交易费用7 200元。

假定不考虑其他因素，甲公司的账务处理如下。

①2×15年5月20日，购入乙公司股票1 000 000股。

借：交易性金融资产——乙公司股票——成本	5 000 000	
应收股利——乙公司	72 000	
投资收益	8 000	
贷：银行存款		5 080 000

乙公司股票的单位成本=(5 080 000-72 000-8 000)÷1 000 000=5(元/股)。

②2×15年6月20日，收到乙公司发放的2008年现金股利72 000元。

借：银行存款	72 000	
贷：应收股利——乙公司		72 000

③2×15年6月30日，确认乙公司股票公允价值变动。

乙公司股票公允价值变动=(5.2-5)×1 000 000=200 000(元)。

借：交易性金融资产——乙公司股票——公允价值变动	200 000	
贷：公允价值变动损益——乙公司股票		200 000

④2×15年12月31日，确认乙公司股票公允价值变动。

乙公司股票公允价值变动=(4.9-5.2)×1 000 000=-300 000(元)。

借：公允价值变动损益——乙公司股票	300 000	
贷：交易性金融资产——乙公司股票——公允价值变动		300 000

⑤2×16年4月20日，确认乙公司发放的2009年现金股利中应享有的份额。

现金股利中应享有的份额=2 000 000×5%=100 000(元)。

借：应收股利——乙公司	100 000	
贷：投资收益		100 000

⑥ 2×16年5月10日，收到乙公司发放的2009年现金股利。

借：银行存款	100 000	
贷：应收股利——乙公司		100 000

⑦ 2×16年5月17日，出售乙公司股票1 000 000股。

借：银行存款	4 492 800	
投资收益	407 200	
交易性金融资产——乙公司股票——公允价值变动	100 000	
贷：交易性金融资产——乙公司股票——成本		5 000 000

乙公司股票出售价格=4.5×1 000 000=4 500 000(元)。

出售乙公司股票取得的价款=4 500 000－7 200=4 492 800(元)。

乙公司股票持有期间公允价值变动记入当期损益的金额=200 000－300 000=－100 000(元)。

出售乙公司股票时的账面余额=5 000 000+(－100 000)=4 900 000(元)。

出售乙公司股票的损益=4 492 800－4 900 000=－407 200(元)。

同时，

借：投资收益——乙公司股票	100 000	
贷：公允价值变动损益——乙公司股票		100 000

原记入该金融资产的公允价值变动=－100 000(元)。

(二)持有至到期投资

▶▶业务概述

持有至到期投资，是指到期日固定、回收金额固定或可确定，且企业有明确意图和能力持有至到期的非衍生金融资产。企业不能将下列非衍生金融资产划分为持有至到期投资：① 在初始确认时即被指定为以公允价值计量且其变动记入当期损益的非衍生金融资产；② 在初始确认时被指定为可供出售的非衍生金融资产；③ 符合贷款和应收款项定义的非衍生金融资产。

如果企业管理层决定将某项金融资产持有至到期，则在该金融资产未到期前，不能随意地改变其“最初意图”。也就是说，投资者在取得投资时意图就应当是明确的，除非遇到一些企业所不能控制、预期不会重复发生且难以合理预计的独立事件，否则将持有至到期。

在整个持有阶段会发生购买、持有阶段的贬值、出售等业务。

▶▶账务处理

持有至到期投资的会计处理，着重于该金融资产的持有者打算持有至到期，未到期前通常不会出售或重分类。因此，持有至到期投资的会计处理主要应解决该金融资产实际利率的计算、摊余成本的确定、持有期间的收益确认及将其处置时损益的处理。

业务1　企业取得债券作为持有至到期投资

企业应按该投资的面值，借记“持有至到期投资——成本”科目，按支付的价款中包含的已到付息期但尚未领取的利息，借记“应收利息”科目；按实际支付的金额，贷记“银行存款”等科目；按其差额，借记或贷记“持有至到期投资——利息调整”科目。编制会计分录如图1－21所示。

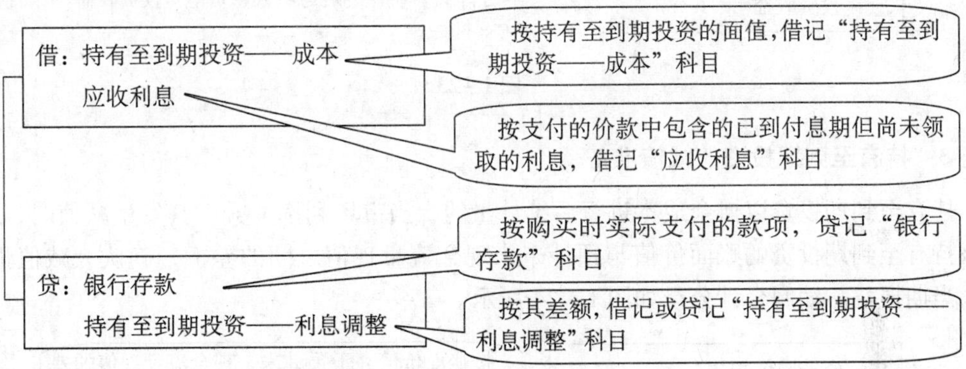

图1－21

业务2　持有期间取得投资收益

资产负债表日，持有至到期投资为分期付息、一次还本债券投资的，应按票面利率计算确定的应收未收利息，借记“应收利息”科目；按持有至到期投资摊余成本和实际利率确定的利息收入，贷记“投资收益”科目；按其差额，借记或贷记“持有至到期投资——利息调整”科目。编制会计分录如图1－22所示。

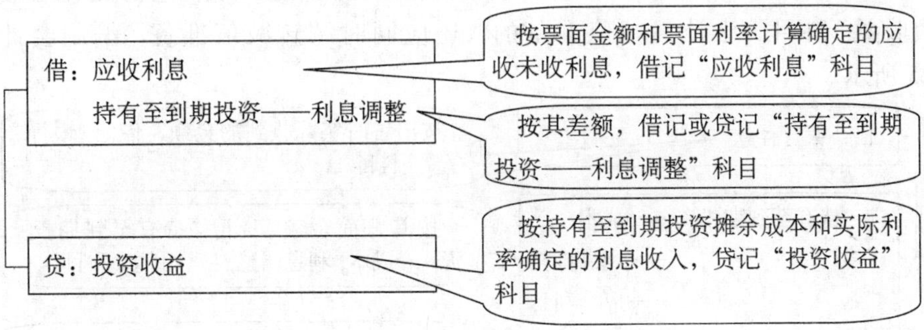

图1－22

持有至到期投资为一次还本付息债券投资的，应按票面利率计算确定的应收未收利息，借记“持有至到期投资——应计利息”科目；按持有至到期投资摊余成本和按实际利率计算确定的利息收入，贷记“投资收益”科目；按其差额，借记或贷记“持有至到期投资——利息调整”科目。编制会计分录如图1－23所示。

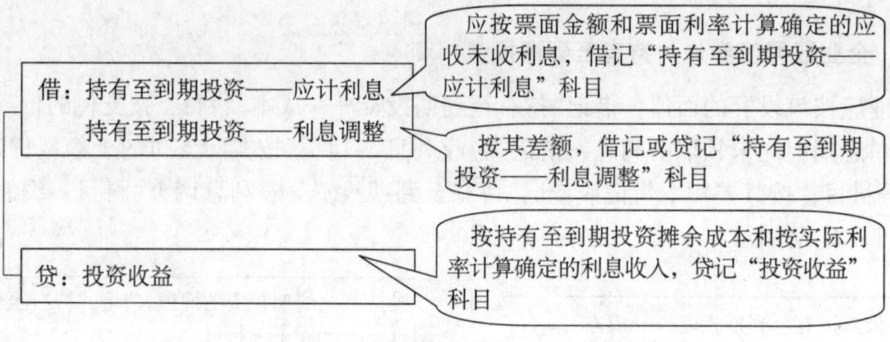

图 1－23

业务 3　持有至到期投资的减值准备

持有至到期投资以摊余成本进行后续计量的，当市场利率上升，其发生减值时，应当将该持有至到期投资的账面价值与预计未来现金流量现值之间的差额，确认为减值损失，记入当期损益。编制会计分录如图 1－24 所示。

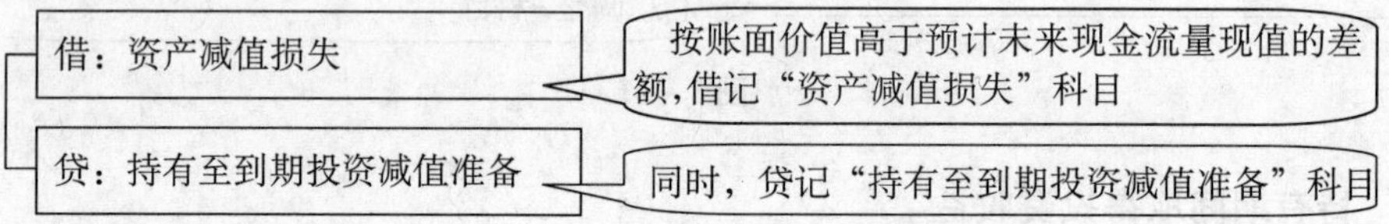

图 1－24

业务 4　企业处置持有至到期投资

企业出售持有至到期投资，应按实际收到的金额，借记“银行存款”等科目；按其账面余额，贷记“持有至到期投资——成本、利息调整、应计利息”科目；按其差额，贷记或借记“投资收益”科目。已计提减值准备的，还应同时结转减值准备。编制会计分录如图 1－25 所示。

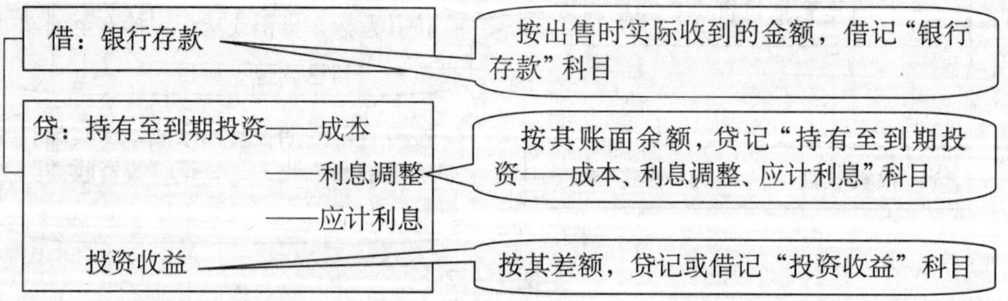

图 1－25

▶▶案例解析

【例 1－18】 2×12 年 1 月 1 日，甲公司支付价款 1 000 000 元(含交易费用)从上海证券交易所购入 A 公司同日发行的 5 年期公司债券 12 500 份，债券票面价值总额为 1 250 000 元，票面年利率为 4.72%，于年末支付本年度债券利息(即每年利息为 59 000 元)，本金在债券到期时一次性偿还。合同约定：A 公司在遇到特定情况时可以将债券赎回，且不需要为提前赎回支付额外款项。甲公司在购买该债券时，预计A公司不会提前赎回。甲公司有意图也有能力将该债券持有至到期，划分为持有至到期投资。

假定不考虑所得税、减值损失等因素，计算该债券的实际利率r：

$1\,000\,000 = 59\,000 \div (1+r) + 59\,000 \div (1+r)^2 + 59\,000 \div (1+r)^3 + 59\,000 \div (1+r)^4 + (59\,000 + 1\,250\,000) \div (1+r)^5$

采用插值法，计算得r=10%。

甲公司购入债券分次付息计算表如表1-3所示。

表1-3 甲公司购入债券分次付息计算表

单位：元

日期	现金流入(a)	实际利息收入(b)=期初(d)×10%	已收回的本金(c)=(a)-(b)	摊余成本余额(d)=期初(d)-(c)
2×12年1月1日				1 000 000
2×12年12月31日	59 000	100 000	-41 000	1 041 000
2×13年12月31日	59 000	104 100	-45 100	1 086 100
2×14年12月31日	59 000	108 610	-49 610	1 135 710
2×15年12月31日	59 000	113 571	-54 571	1 190 281
2×16年12月31日	59 000	118 719*	-59 719	1 250 000
小计	295 000	545 000	-250 000	1 250 000
2013年12月31日	1 250 000	—	1 250 000	0
合计	1 545 000	545 000	1 000 000	—

*尾数调整：1 250 000+59 000-1 190 281=118 719

根据表1-3中的数据，甲公司的有关账务处理如下。

①2×12年1月1日，购入A公司债券。

借：持有至到期投资——A公司债券——成本 1 250 000

　贷：银行存款 1 000 000

　　持有至到期投资——A公司债券——利息调整 250 000

②2×12年12月31日，确认A公司债券实际利息收入、收到债券利息。

借：应收利息——A公司 59 000

　持有至到期投资——A公司债券——利息调整 41 000

　贷：投资收益——A公司债券 100 000

借：银行存款 59 000

　贷：应收利息——A公司 59 000

③2×13年12月31日，确认A公司债券实际利息收入、收到债券利息。

借：应收利息——A公司 59 000

　持有至到期投资——A公司债券——利息调整 45 100

　贷：投资收益——A公司债券 104 100

借：银行存款　59 000
　　贷：应收利息——A公司　59 000

④ 2×14年12月31日，确认A公司债券实际利息收入、收到债券利息。

借：应收利息——A公司　59 000
　　持有至到期投资——A公司债券——利息调整　49 610
　　贷：投资收益——A公司债券　108 610
借：银行存款　59 000
　　贷：应收利息——A公司　59 000

⑤ 2×15年12月31日，确认A公司债券实际利息收入、收到债券利息。

借：应收利息——A公司　59 000
　　持有至到期投资——A公司债券——利息调整　54 571
　　贷：投资收益——A公司债券　113 571
借：银行存款　59 000
　　贷：应收利息——A公司　59 000

⑥ 2×16年12月31日，确认A公司债券实际利息收入、收到债券利息和本金。

借：应收利息——A公司　59 000
　　持有至到期投资——A公司债券——利息调整　59 719
　　贷：投资收益——A公司债券　118 719
借：银行存款　59 000
　　贷：应收利息——A公司　59 000
借：银行存款　1 250 000
　　贷：持有至到期投资——A公司债券——成本　1 250 000

假定甲公司购买的A公司债券不是分次付息，而是到期一次还本付息，且利息不是以复利计算。此时，甲公司所购买A公司债券的实际利率r计算如下：

$1\ 000\ 000 = 59\ 000 \times 5 \div (1 + r)^5 + 1\ 250\ 000 \div (1 + r)^5$

由此计算得出 $r \approx 9.05\%$。

据此，调整表1－3中相关数据后如表1－4所示。

表1－4　甲公司到期一次还本付息计算表

单位：元

日　期	现金流入(a)	实际利息收入(b)＝期初(d)×9.05%	已收回的本金(c)＝(a)－(b)	摊余成本余额(d)＝期初(d)－(c)
2×12年1月1日				1 000 000
2×12年12月31日	0	90 500	－90 500	1 090 500
2×13年12月31日	0	98 690.25	－98 690.25	1 189 190.25
2×14年12月31日	0	107 621.72	－107 621.72	1 296 811.97
2×15年12月31日	0	117 361.48	－117 361.48	1 414 173.45

（续表）

日　期	现金流入(a)	实际利息收入(b)=期初(d)×9.05%	已收回的本金(c)=(a)-(b)	摊余成本余额(d)=期初(d)-(c)
2×16年12月31日	295 000	130 826.55*	164 173.45	1 250 000
小　计	295 000	545 000	-250 000	1 250 000
2×16年12月31日	1 250 000	—	1 250 000	0
合　计	1 545 000	545 000	1 000 000	—

*尾数调整：1 250 000 +295 000 -1 414 173.45 =130 826.55

根据表1-4中的数据，甲公司的有关账务处理如下。

①2×12年1月1日，购入A公司债券。

借：持有至到期投资——A公司债券——成本　1 250 000
　贷：银行存款　1 000 000
　　持有至到期投资——A公司债券——利息调整　250 000

②2×12年12月31日，确认A公司债券实际利息收入。

借：持有至到期投资——A公司债券——应计利息　59 000
　　——利息调整　31 500
　贷：投资收益——A公司债券　90 500

③2×13年12月31日，确认A公司债券实际利息收入。

借：持有至到期投资——A公司债券——应计利息　59 000.00
　　——利息调整　39 690.25
　贷：投资收益——A公司债券　98 690.25

④2×14年12月31日，确认A公司债券实际利息收入。

借：持有至到期投资——A公司债券——应计利息　59 000.00
　　——利息调整　48 621.72
　贷：投资收益——A公司债券　107 621.72

⑤2×15年12月31日，确认A公司债券实际利息收入。

借：持有至到期投资——A公司债券——应计利息　59 000.00
　　——利息调整　58 361.48
　贷：投资收益——A公司债券　117 361.48

⑥2×16年12月31日，确认A公司债券实际利息收入、收回债券本金和票面利息。

借：持有至到期投资——A公司债券——应计利息　59 000.00
　　——利息调整　71 826.55
　贷：投资收益——A公司债券　130 826.55

借：银行存款　1 545 000
　贷：持有至到期投资——A公司债券——成本　1 250 000
　　——应计利息　295 000

(三)可供出售金融资产

▶▶业务概述

可供出售金融资产，是指初始确认时即被指定为可供出售的非衍生金融资产，以及没有划分为持有至到期投资、贷款和应收款项、以公允价值计量且其变动记入当期损益的金融资产。通常情况下，划分为此类的金融资产应当在活跃市场上有报价，因此企业从二级市场上购入的有报价的股票、债券、基金等，没有划分为以公允价值计量且其变动记入当期损益的金融资产或持有至到期投资等金融资产的，可以划分为可供出售金融资产。

在整个持有过程中会发生购买、持有阶段的升值和贬值、出售等业务。

▶▶账务处理

可供出售金融资产的会计处理，与以公允价值计量且其变动记入当期损益的金融资产的会计处理存在类似之处，例如：均要求按公允价值进行后续计量。但是，也有一些不同之处，例如：可供出售金融资产取得时发生的交易费用应当记入初始入账金额，可供出售金融资产后续计量时公允价值变动记入所有者权益，可供出售外币股权投资因资产负债表日汇率变动形成的汇兑损益记入所有者权益等。

业务1　企业购买股票、债券、基金作为可供出售金融资产

企业取得的可供出售金融资产为股票债券和基金的，应按其公允价值与交易费用之和，借记“可供出售金融资产——成本”科目；按支付的价款中包含的已宣告但尚未发放的现金股利，借记“应收股利”科目；按实际支付的金额，贷记“银行存款”等科目。编制会计分录如图1－26所示。

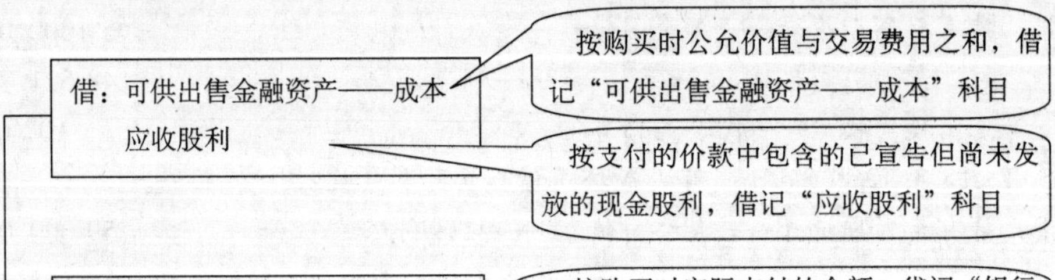

图1－26

企业取得的可供出售金融资产为债券投资的，应按债券的面值，借记“可供出售金融资产——成本”科目；按支付的价款中包含的已到付息期但尚未领取的利息，借记“应收利息”科目；按实际支付的金额，贷记“银行存款”等科目；按差额，借记或贷记“可供出售金融资产——利息调整”科目。编制会计分录如图1－27所示。

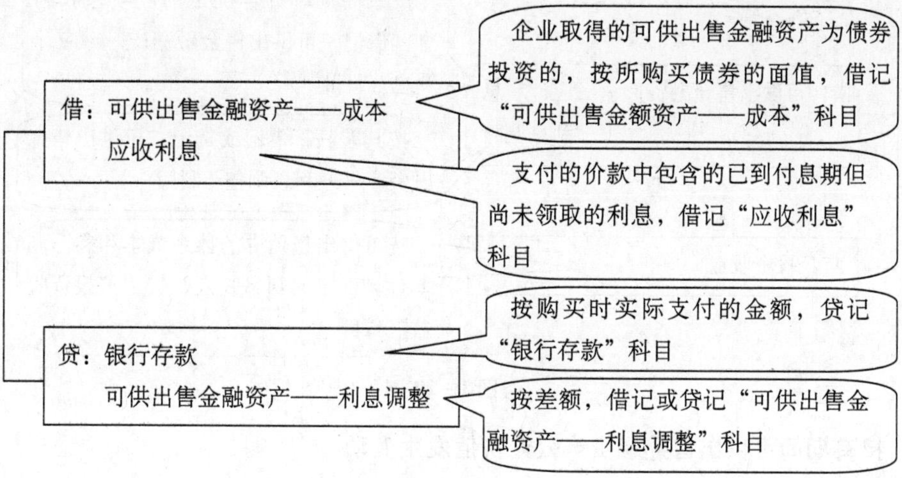

图 1－27

业务 2　持有期间收到债券发放的利息

资产负债表日，可供出售债券为分期付息、一次还本债券投资的，应按票面利率计算确定的应收未收利息，借记“应收利息”科目；按可供出售债券的摊余成本和实际利率计算确定的利息收入，贷记“投资收益”科目；按其差额，借记或贷记“可供出售金融资产——利息调整”科目。编制会计分录如图 1－28 所示。

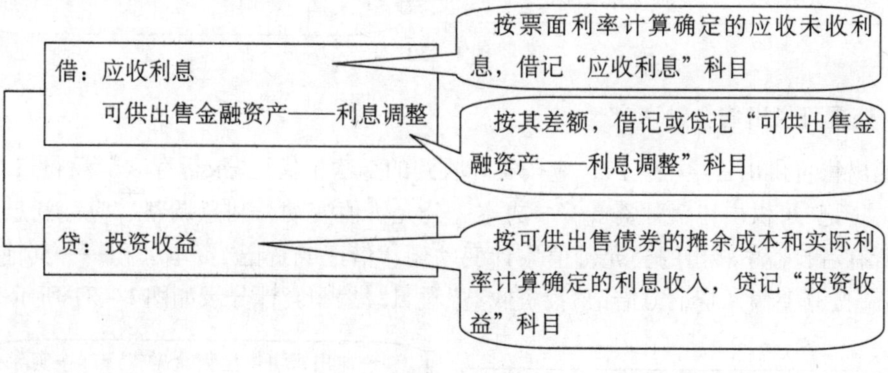

图 1－28

可供出售债券为一次还本付息债券投资的，应按票面利率计算确定的应收未收利息，借记“可供出售金融资产——应计利息”科目；按可供出售债券的摊余成本和实际利率计算确定的利息收入，贷记“投资收益”科目；按其差额，借记或贷记“可供出售金融资产——利息调整”科目。编制会计分录如图 1－29 所示。

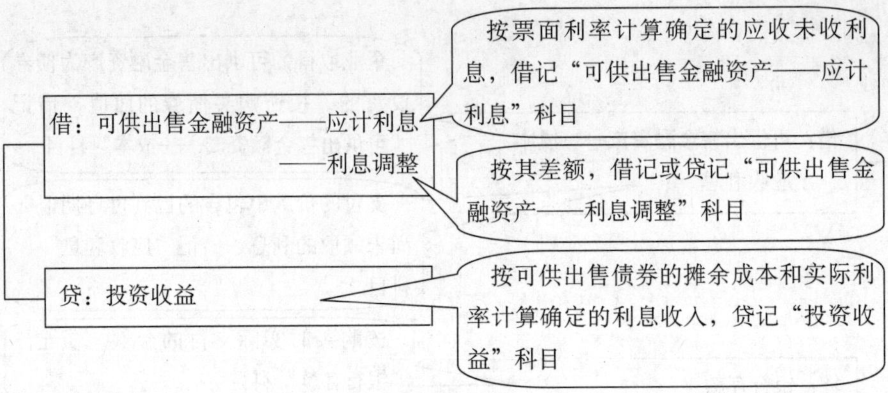

图 1－29

业务 3　持有期间可供出售金融资产公允价值发生变动

资产负债表日，可供出售金融资产的公允价值高于其账面余额的差额，借记“可供出售金融资产——公允价值变动”科目，贷记“资本公积——其他资本公积”科目；公允价值低于其账面余额的差额编制相反的会计分录。编制会计分录如图 1－30 所示。

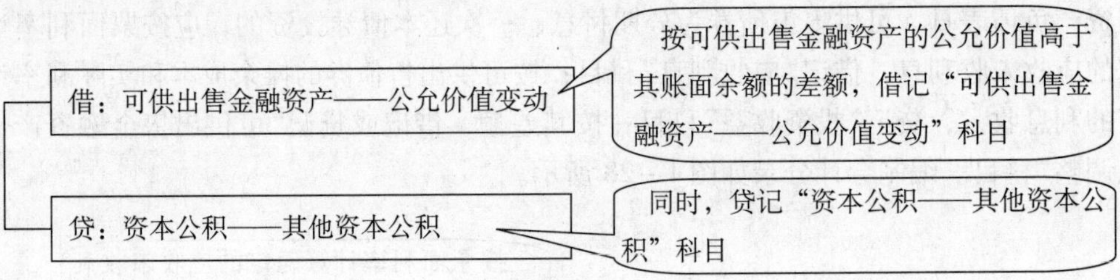

图 1－30

业务 4　处置可供出售金融资产

企业出售可供出售金融资产，应按实际收到的金额，借记“银行存款”等科目；按其账面余额，贷记“可供出售金融资产——成本、公允价值变动、利息调整、应计利息”科目；按应从所有者权益中转出的公允价值累计变动额，借记或贷记“资本公积——其他资本公积”科目；按其差额，贷记或借记“投资收益”科目。编制会计分录如图 1－31 所示。

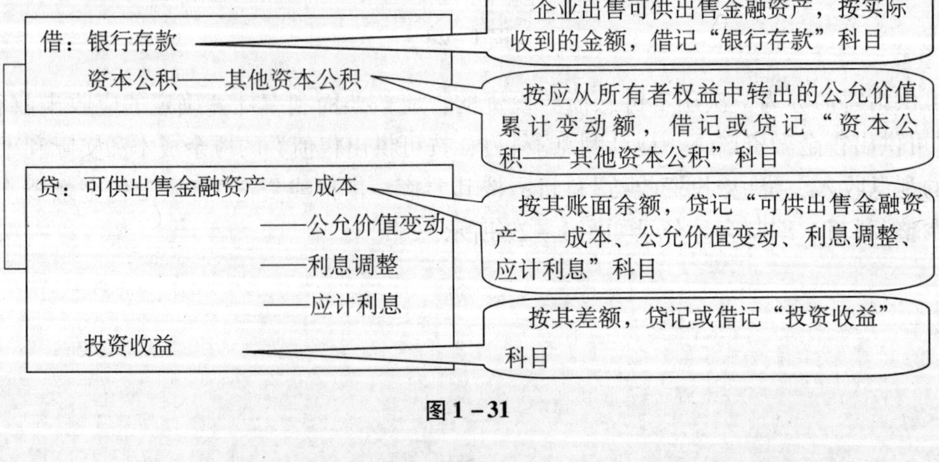

图 1－31

案例解析

【例1－19】2×12年5月20日，甲公司从深圳证券交易所购入乙公司股票1 000 000股，占乙公司有表决权股份的5%，支付价款合计5 080 000元，其中，证券交易税等交易费用8 000元，已宣告发放现金股利72 000元。甲公司没有在乙公司董事会中派出代表，甲公司将其划分为可供出售金融资产。

2×12年6月20日，甲公司收到乙公司发放的2×11年现金股利72 000元。

2×12年6月30日，乙公司股票收盘价为每股5.2元。

2×12年12月31日，乙公司股票收盘价为4.9元。

2×13年4月20日，乙公司宣告发放2×12年现金股利2 000 000元。

2×13年5月10日，甲公司收到乙公司发放的2×12年现金股利。

2×16年1月10日，甲公司以每股4.5元的价格将股票全部转让，同时支付证券交易税等交易费用7 200元。

不考虑其他因素，同时为方便计算，假定乙公司股票自2×13年1月1日至2×15年12月31日价格未发生变化，一直保持为4.9元/股。

甲公司的账务处理如下：

①2×12年5月20日，购入乙公司股票1 000 000股。

借：可供出售金融资产——乙公司股票——成本　5 008 000
　　应收股利——乙公司　72 000
　　贷：银行存款　5 080 000

乙公司股票的单位成本＝(5 080 000－72 000)÷1 000 000＝5.008(元/股)。

②2×12年6月20日，收到乙公司发放的2×11年现金股利72 000元。

借：银行存款　72 000
　　贷：应收股利——乙公司　72 000

③2×12年6月30日，确认乙公司股票公允价值变动为192 000元[(5.2－5.008)×1 000 000]。

借：可供出售金融资产——乙公司股票——公允价值变动　192 000
　　贷：资本公积——其他资本公积——公允价值变动——乙公司　192 000

④2×12年12月31日，确认乙公司股票公允价值变动。

公允价值变动＝(4.9－5.2)×1 000 000＝－300 000(元)。

借：资本公积——其他资本公积——公允价值变动——乙公司　300 000
　　贷：可供出售金融资产——乙公司股票——公允价值变动　300 000

⑤2×13年4月20日，确认乙公司发放的2×12年现金股利中应享有的份额。

应享有的份额＝2 000 000×5%＝100 000(元)。

借：应收股利——乙公司　100 000
　　贷：投资收益——乙公司股票　100 000

⑥ 2×13 年 5 月 10 日，收到乙公司发放的 2×12 年现金股利。

借：银行存款　　100 000

　　贷：应收股利——乙公司　　100 000

⑦ 2×13 年 1 月 1 日至 2×15 年 12 月 31 日止，每年 12 月 31 日乙公司股票公允价值变动为 0，每年会计分录相同。

借：可供出售金融资产——乙公司股票——公允价值变动　　0

　　贷：资本公积——其他资本公积——公允价值变动——乙公司股票　　0

⑧ 2×16 年 1 月 10 日，出售乙公司股票 1 000 000 股。

借：银行存款　　4 492 800

　　投资收益——乙公司股票　　407 200

　　可供出售金融资产——乙公司股票——公允价值变动　　108 000

　　贷：可供出售金融资产——乙公司股票——成本　　5 008 000

乙公司股票出售价格 =4.5×1 000 000 =4 500 000(元)。

出售乙公司股票取得的价款 =4 500 000 −7 200 =4 492 800(元)。

出售乙公司股票时的账面余额 =5 008 000 +(−108 000) =4 900 000(元)。

出售乙公司股票的损益 =4 492 800 −4 900 000 = −407 200(元)。

同时：

借：投资收益——乙公司股票　　108 000

　　贷：资本公积——其他资本公积——公允价值变动——乙公司股票　　108 000

应从所有者权益中转出的公允价值累计变动额 =192 000 −300 000 = −108 000(元)。

【例 1 −20】 2×12 年 1 月 1 日，甲公司支付价款 1 000 000 元(包含交易费用)从上海证券交易所购入 A 公司同日发行的 5 年期公司债券 12 500 份，债券票面价值总额为 1 250 000 元，票面年利率为 4.72%，于年末支付本年度债券利息(即每年利息为 59 000 元)，本金在债券到期时一次性偿还。甲公司没有意图将该债券持有至到期，划分为可供出售金融资产。

其他资料如下：

① 2×12 年 12 月 31 日，A 公司债券的公允价值为 1 200 000 元(不含利息)。

② 2×13 年 12 月 31 日，A 公司债券的公允价值为 1 300 000 元(不含利息)。

③ 2×14 年 12 月 31 日，A 公司债券的公允价值为 1 250 000 元(不含利息)。

④ 2×15 年 12 月 31 日，A 公司债券的公允价值为 1 200 000 元(不含利息)。

⑤ 2×16 年 1 月 20 日，通过上海证券交易所出售了 A 公司债券 12 500 份，取得价款 1 260 000 元。

假定不考虑所得税、减值损失等因素，计算该债券的实际利率 r：

$$1\,000\,000 = 59\,000 \div (1+r) + 59\,000 \div (1+r)^2 + 59\,000 \div (1+r)^3 + 59\,000 \div (1+r)^4 + (59\,000 + 1\,250\,000) \div (1+r)^5$$

采用插值法，计算得出 r = 10%。

甲公司购入债券分次付息计算表如表 1－5 所示。

表 1－5　甲公司购入债券分次付息计算表

单位：元

日　期	现金流入 (a)	实际利息收入(b) = 期初(d) × 10%	已收回的本金(c) = (a) － (b)	摊余成本余额(d) = 期初(d) － (c)
2×12 年 1 月 1 日				1 000 000
2×12 年 12 月 31 日	59 000	100 000	－41 000	1 041 000
2×13 年 12 月 31 日	59 000	104 100	－45 100	1 086 100
2×14 年 12 月 31 日	59 000	108 610	－49 610	1 135 710
2×15 年 12 月 31 日	59 000	113 571	－54 571	1 190 281
2×16 年 12 月 31 日	59 000	118 719*	－59 719	1 250 000
小　计	295 000	545 000	－250 000	1 250 000
2×16 年 12 月 31 日	1 250 000	—	1 250 000	0
合　计	1 545 000	545 000	1 000 000	—
2×16 年 1 月 20 日	1 260 000	69 719**	1 190 281	0

*尾数调整：1 250 000 + 59 000 － 1 190 281 = 118 719

**尾数调整：1 260 000 － 1 190 281 = 69 719

根据表 1－5 中的数据，甲公司的有关账务处理如下。

① 2×12 年 1 月 5 日，购入 A 公司债券。

借：可供出售金融资产——A 公司债券——成本　1 250 000

　贷：银行存款　1 000 000

　　可供出售金融资产——A 公司债券——利息调整　250 000

② 2×12 年 12 月 31 日，确认 A 公司债券实际利息收入、公允价值变动，收到债券利息。

借：应收利息——A 公司　59 000

　可供出售金融资产——A 公司债券——利息调整　41 000

　贷：投资收益——A 公司债券　100 000

借：银行存款　59 000

　贷：应收利息——A 公司　59 000

借：可供出售金融资产——A 公司债券——公允价值变动　200 000

　贷：资本公积——其他资本公积——公允价值变动——A 公司债券　200 000

③ 2×13 年 12 月 31 日，确认 A 公司债券实际利息收入、公允价值变动，收到债券利息。

借：应收利息——A公司　59 000
　　可供出售金融资产——A公司债券——利息调整　45 100
　　贷：投资收益——A公司债券　104 100
借：银行存款　59 000
　　贷：应收利息——A公司　59 000
借：可供出售金融资产——A公司债券——公允价值变动　100 000
　　贷：资本公积——其他资本公积——公允价值变动——A公司债券　100 000

④2×14年12月31日，确认A公司债券实际利息收入、公允价值变动，收到债券利息。

借：应收利息——A公司　59 000
　　可供出售金融资产——A公司债券——利息调整　49 610
　　贷：投资收益——A公司债券　108 610
借：银行存款　59 000
　　贷：应收利息——A公司　59 000
借：资本公积——其他资本公积——公允价值变动——A公司债券　50 000
　　贷：可供出售金融资产——A公司债券——公允价值变动　50 000

⑤2×15年12月31日，确认A公司债券实际利息收入、公允价值变动，收到债券利息。

借：应收利息——A公司　59 000
　　可供出售金融资产——A公司债券——利息调整　54 571
　　贷：投资收益——A公司债券　113 571
借：银行存款　59 000
　　贷：应收利息——A公司　59 000
借：资本公积——其他资本公积——公允价值变动——A公司债券　50 000
　　贷：可供出售金融资产——A公司债券——公允价值变动　50 000

⑥2×16年1月20日，确认出售A公司债券实现的损益。

借：银行存款　1 260 000
　　可供出售金融资产——A公司债券——利息调整　59 719
　　投资收益——A公司债券　130 281
　　贷：可供出售金融资产——A公司债券——成本　1 250 000
　　　　　　　　　　　　　　　　　　——公允价值变动　200 000

A公司债券的成本=1 250 000(元)。

A公司债券的利息调整余额 = -250 000 + 41 000 + 45 100 + 49 610 + 54 571 = -59 719(元)。

A公司债券公允价值变动余额=200 000+100 000-50 000-50 000=200 000(元)。

同时：

借：资本公积——其他资本公积——公允价值变动——A公司债券　200 000
　　贷：投资收益——A公司债券　200 000

应从所有者权益中转出的公允价值累计变动额 = 200 000 + 100 000 − 50 000 − 50 000 = 200 000（元）。

假定甲公司购买的A公司债券不是分次付息，而是到期一次还本付息，且利息不是以复利计算。此时，甲公司所购买A公司债券的实际利率r计算如下：

$(59\ 000 \times 5 + 1\ 250\ 000) \times (1 + r)^{-5} = 1\ 000\ 000$

由此计算得出 r≈9.05%。

据此，调整表1－5中相关数据后如表1－6所示。

表1－6　甲公司购入债券一次还本付息计算表

单位：元

日　期	现金流入(a)	实际利息收入(b) = 期初(d)×9.05%	已收回的本金(c) = (a) − (b)	摊余成本余额(d) = 期初(d) − (c)
2×12年1月1日				1 000 000
2×12年12月31日	0	90 500	−90 500	1 090 500
2×13年12月31日	0	98 690.25	−98 690.25	1 189 190.25
2×14年12月31日	0	107 621.72	−107 621.72	1 296 811.97
2×15年12月31日	0	117 361.48	−117 361.48	1 414 173.45
2×16年12月31日	295 000	130 826.55*	164 173.45	1 250 000
小　计	295 000	545 000	−250 000	1 250 000
2×16年12月31日	1 250 000	—	1 250 000	0
合　计	1 545 000	545 000	1 000 000	—
2×16年1月20日	1 260 000	−154 173.45**	1 414 173.45	0

*尾数调整：1 250 000 + 295 000 − 1 414 173.45 = 130 826.55

**尾数调整：1 260 000 − 1 414 173.45 = −154 173.45

根据表1－6中的数据，甲公司的有关账务处理如下。

①2×12年1月1日，购入A公司债券。

借：可供出售金融资产——A公司债券——成本　1 250 000
　贷：银行存款　1 000 000
　　可供出售金融资产——A公司债券——利息调整　250 000

②2×12年12月31日，确认A公司债券实际利息收入、公允价值变动。

借：可供出售金融资产——A公司债券——应计利息　59 000
　　　　　　　　　　　　——利息调整　31 500
　贷：投资收益——A公司债券　90 500

借：可供出售金融资产——A公司债券——公允价值变动　200 000
　贷：资本公积——其他资本公积——公允价值变动——A公司债券　200 000

③2×13年12月31日，确认A公司债券实际利息收入、公允价值变动。

借：可供出售金融资产——A公司债券——应计利息　59 000.00

——利息调整　39 690.25

贷：投资收益——A公司债券　98 690.25

借：可供出售金融资产——A公司债券——公允价值变动　100 000

贷：资本公积——其他资本公积——公允价值变动——A公司债券　100 000

④2×14年12月31日，确认A公司债券实际利息收入、公允价值变动。

借：可供出售金融资产——A公司债券——应计利息　59 000.00

——利息调整　48 621.72

贷：投资收益——A公司债券　107 621.72

借：资本公积——其他资本公积——公允价值变动——A公司债券　50 000

贷：可供出售金融资产——A公司债券——公允价值变动　50 000

⑤2×15年12月31日，确认A公司债券实际利息收入、公允价值变动。

借：可供出售金融资产——A公司债券——应计利息　59 000.00

——利息调整　58 361.48

贷：投资收益——A公司债券　117 361.48

借：资本公积——其他资本公积——公允价值变动——A公司债券　50 000

贷：可供出售金融资产——A公司债券——公允价值变动　50 000

⑥2×16年1月20日，确认出售A公司债券实现的损益。

借：银行存款　1 260 000.00

可供出售金融资产——A公司债券——利息调整　71 826.55

投资收益——A公司债券　354 173.45

贷：可供出售金融资产——A公司债券——成本　1 250 000.00

——应计利息　236 000.00

——公允价值变动　200 000.00

A公司债券的成本=1 250 000(元)。

A公司债券的利息调整余额=-250 000+31 500+39 690.25+48 621.72+58 361.48=-71 826.55(元)。

A公司债券的应计利息余额=59 000+59 000+59 000+59 000=236 000(元)。

A公司债券公允价值变动余额=200 000+100 000-50 000-50 000=200 000(元)。

出售A公司债券实现的损益=1 260 000-(1 250 000-71 826.55+236 000+200 000)=-354 173.45(元)。

借：资本公积——其他资本公积——公允价值变动——A公司债券　200 000

贷：投资收益——A公司债券　200 000

应从所有者权益中转出公允价值累计变动额=200 000+100 000-50 000-50 000=200 000(元)。

应收票据

应收票据仅指企业因销售商品、提供劳务等而收到的商业汇票，付款人承诺在一定期限后付款。商业汇票是出票人签发的，委托付款人在指定日期无条件支付确定的金额给收款人或者持票人的票据。商业汇票按承兑人不同，分为商业承兑汇票和银行承兑汇票。

(一)销售商品，取得应收票据

业务概述

商业汇票按其是否带息，可以分为带息票据和不带息票据两种。

带息票据是指商业汇票上标明利率，汇票到期时，承兑人除向收款人或被背书人支付票面金额款外，还应按票面金额和规定的利息率计算支付自票据生效日起至票据到期日止的利息；不带息票据是指商业汇票到期时，承兑人只按票面金额向收款人或被背书人支付款项的票据。

根据我国现行法规制度规定，商业汇票的付款期限最长不得超过 6 个月，企业持有的应收票据是一项短期债权。

账务处理

企业因销售商品、产品或提供劳务收到对方承兑的商业汇票时，按商业汇票的票面金额，借记“应收票据”科目；按实现的营业收入，贷记“主营业务收入”科目；按专用发票上注明的增值税税额，贷记“应交税费——应交增值税(销项税额)”科目。编制会计分录如图 1－32 所示。

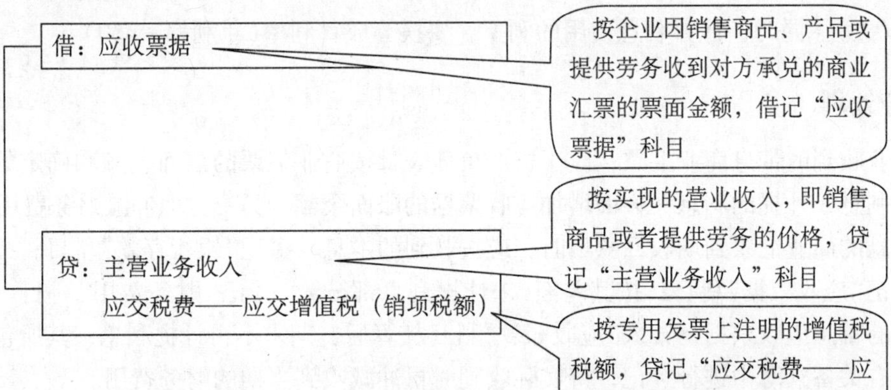

图 1－32

▶▶案例解析

【例1-21】甲公司销售一批产品给乙公司，货已发出，货款10 000元，增值税税额为1 700元。按合同约定3个月以后付款，乙公司交给甲公司一张3个月到期的商业承兑汇票，票面金额11 700元。其账务处理方法如下：

借：应收票据	11 700
贷：主营业务收入	10 000
应交税费——应交增值税(销项税额)	1 700

(二)票据到期

▶▶业务概述

当企业接受的票据为带息票据时，到期除了本金外还需要向对方收取利息，商业汇票的利息是出票人使用货币资金的成本，它是按照使用货币的时间和规定的利率计算的。对付款人来讲，承担的利息是费用；对收款人来讲，收到的利息是收入。

商业汇票的利息计算公式如下：

商业汇票的利息=商业汇票的票面金额×票面利率×票据期限

上式中，"票面利率"一般指年利率；"票据期限"指自签发日起至到期日止的时间间隔。商业汇票的期限，有按月表示和按日表示两种。

票据期限按月表示时，应以到期月份中与出票日相同的那一天为到期日。如4月1日签发的3个月票据，到期日应为7月1日。月末签发的票据，不论月份大小，以到期月份的月末那一天为到期日。与此同时，计算利息使用的利率要换成月利率(年利率÷12)。

票据期限按日表示时，应从出票日起按实际经历天数计算。出票日和到期日只能计算其中的一天，即"算头不算尾"或"算尾不算头"。例如，4月1日签发的90天票据，其到期日应为6月30日(90天-4月份实有天数-5月份实有天数：90-30-31=29)，即6月30日和4月1日只有1天可以计入票据期限，若4月1日计入，则该票据期限为30+31+29=90(天)。同时，计算利息使用的利率，要换算成日利率(年利率÷360)。

▶▶账务处理

企业收到的带息商业汇票，应于资产负债表日按商业汇票的票面金额和确定的利率计提票据利息，计提的利息一方面增加应收票据的账面余额，另一方面冲减财务费用。

带息的商业汇票到期收回款项时，应按收到的本息，借记"银行存款"科目；按账面余额，贷记"应收票据"科目；按其差额(未计提利息部分)，贷记"财务费用"科目。到期不能收回的带息应收票据，转入"应收账款"科目核算后，期末不再计提利息，其所包含的利息，在有关备查簿中进行登记，待实际收到时再冲减收到当期的财务费用。

商业汇票到期，应按实际收到的金额，借记"银行存款"科目，按商业汇票的票面金额，贷记"应收票据"科目。编制会计分录如图1-33所示。

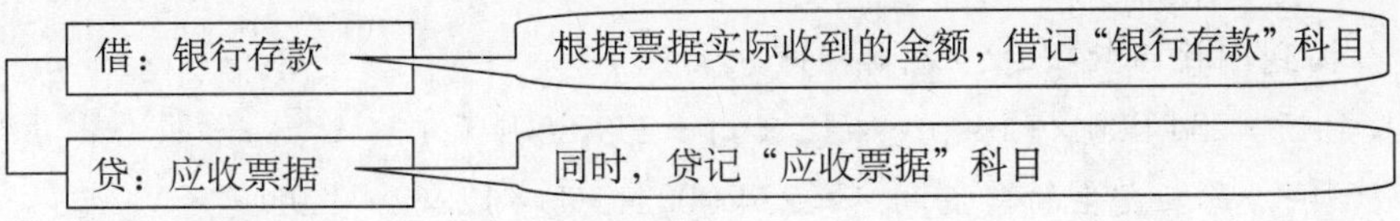

图 1－33

商业承兑汇票到期，承兑人违约拒付或无力支付票款，企业收到银行退回的商业承兑汇票、委托收款凭证、未付票款通知书或拒绝付款证明等，将到期票据的票面金额转入“应收账款”科目。“应收票据”科目期末借方余额，反映企业持有的商业汇票的票面金额。编制会计分录如图 1－34 所示。

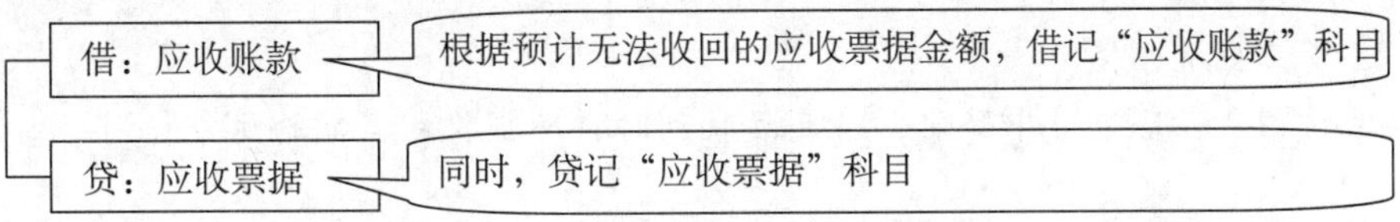

图 1－34

▶▶案例解析

【例 1－22】甲公司销售一批产品给乙公司，货已发出，货款 10 000 元，增值税税额为 1 700 元。按合同约定 3 个月以后付款，乙公司交给甲公司一张 3 个月到期的商业承兑汇票，票面金额 11 700 元。

① 3 个月后，该应收票据到期，甲公司收回款项 11 700 元，存入银行。

借：银行存款　　11 700

　　贷：应收票据　　11 700

② 如果该票据到期，乙公司无力偿还票款，甲公司应将到期票据的票面金额转入“应收账款”科目。

借：应收账款　　11 700

　　贷：应收票据　　11 700

【例 1－23】乙企业 2×15 年 9 月 1 日销售一批产品给甲公司，货已发出，专用发票上注明的销售收入为 200 000 元，增值税税额 34 000 元。收到甲公司交来的商业承兑汇票一张，期限为 6 个月，票面利率为 5%。

① 收到票据时，编制会计分录如下。

借：应收票据　　234 000

　　贷：主营业务收入　　200 000

　　　　应交税费——应交增值税（销项税额）　　34 000

② 年度终，2×15 年 12 月 31 日计提票据利息时，编制会计分录如下。

票据利息 = 234 000 × 5% ÷ 12 × 4 = 3 900（元）。

借：应收票据　　3 900

　　贷：财务费用　　3 900

③ 票据到期收回款项时，编制会计分录如下。

收款金额 =234 000×(1+5%÷12×6)=239 850(元)。

2×16 年 2 月末发生的票据利息 =234 000×5%÷12×2=1 950(元)。

借：银行存款　　239 850

　　贷：应收票据　　237 900

　　　　财务费用　　1 950

④ 如果票据到期甲公司无力付款，乙企业应将带息应收票据的金额转入“应收账款”科目。编制会计分录如下。

借：应收账款　　237 900

　　贷：应收票据　　237 900

其余的利息在备查簿中登记，待实际收到时再冲减收到当期的财务费用。

(三)票据贴现

▶▶业务概述

应收票据贴现是指持票人因急需资金，将未到期的商业汇票背书后转让给银行，银行受理后，从票面金额中扣除按银行的贴现率计算确定的贴现息后，将票款余额付给贴现企业的业务活动。

▶▶账务处理

持未到期的商业汇票向银行贴现，符合《企业会计准则第 22 号——金融工具确认和计量》有关金融资产终止确认条件的，应按实际收到的金额(即减去贴现息后的净额)，借记“银行存款”等科目；按贴现利息部分，借记“财务费用”等科目；按商业汇票的票面金额，贷记“应收票据”科目。编制会计分录如图 1－35 所示。

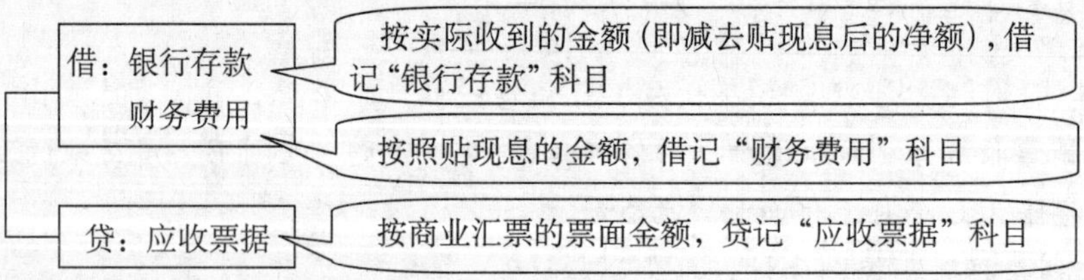

图 1－35

▶▶案例解析

【例 1－24】甲公司 2×16 年 1 月份销售 A 商品给乙企业，货已发出，甲公司开具的增值税专用发票上注明的商品价款为 100 000 元，增值税销项税额为 17 000 元。当日收到乙企业签发的不带息商业承兑汇票一张，该票据的期限为 3 个月。A 商品销售符合会计准则规定的收入确认条件。

甲公司的相关账务处理如下。

① A 商品销售实现时。

借：应收票据——乙企业	117 000	
贷：主营业务收入——A 商品		100 000
应交税费——应交增值税(销项税额)		17 000

② 3 个月后，应收票据到期，甲公司收回款项 117 000 元，存入银行。

借：银行存款	117 000	
贷：应收票据——乙企业		117 000

③ 如果甲公司在该票据到期前向银行贴现，且银行没有追索权，假定甲公司该票据贴现获得现金净额 115 830 元，则相关账务处理如下。

借：银行存款	115 830	
财务费用——票据贴现	1 170	
贷：应收票据		117 000

(四)票据转让业务

▸▸业务概述

企业可以将自己持有的商业汇票背书转让。背书是指持票人在票据转让他人时在票据背面或者粘单上记载有关事项并签章的票据行为。签章人称为背书人，接受票据转让的人称为被背书人。背书人对票据的到期付款负连带责任。

▸▸账务处理

企业为取得所需物资而将持有的应收票据背书转让时，按应记入取得物资成本的金额，借记"材料采购"、"原材料"、"库存商品"等科目；按专用发票上注明的增值税税额，借记"应交税费——应交增值税(进项税额)"科目；按商业汇票的票面金额，贷记"应收票据"科目；如有差额，借记或贷记"银行存款"等科目。编制会计分录如图 1－36 所示。

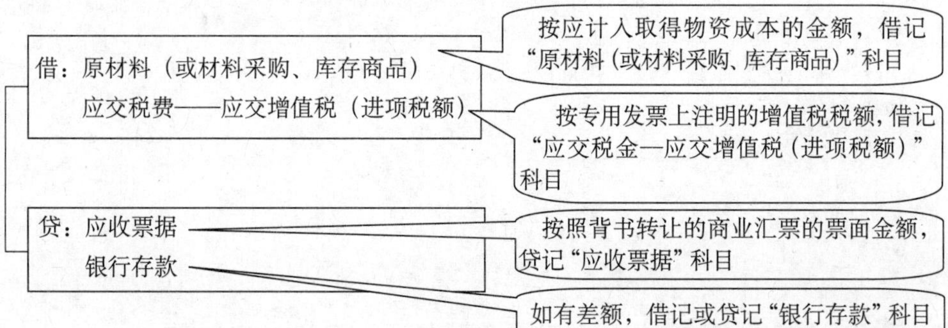

图 1－36

案例解析

【例1-25】假设乙公司将持有的尚未到期的银行承兑汇票背书转让给某钢铁厂，用于购买钢材一批，取得的增值税专用发票上注明价款为62 000元，增值税税额为10 540元，并签发转账支票一张，补付货款与票据面值之间的差额2 340元，材料已到货并验收入库。编制会计分录如下：

借：材料采购	62 000	
应交税费——应交增值税(进项税额)	10 540	
贷：应收票据		70 200
银行存款		2 340

应收账款

应收账款是指企业因销售产品、商品或提供劳务等，应向购货单位或接受劳务单位收取的款项，包括应由购货单位或接受劳务单位负担的税金、代购货方垫付的各种运杂费等。

(一)销售商品、提供劳务，对方未支付货款

▸▸业务概述

企业因销售产品、商品或提供劳务等，应向购货或接受劳务单位收取的款项，应通过“应收账款”科目核算。核算应收账款时，必须确定其入账价值，及时反映应收账款的形成、收回情况，合理地确认、计量坏账损失情况。

▸▸账务处理

企业销售商品、产品或提供劳务发生应收款项时，借记“应收账款”科目，贷记“主营业务收入”、“应交税费——应交增值税(销项税额)”等科目。编制会计分录如图 1－37 所示。

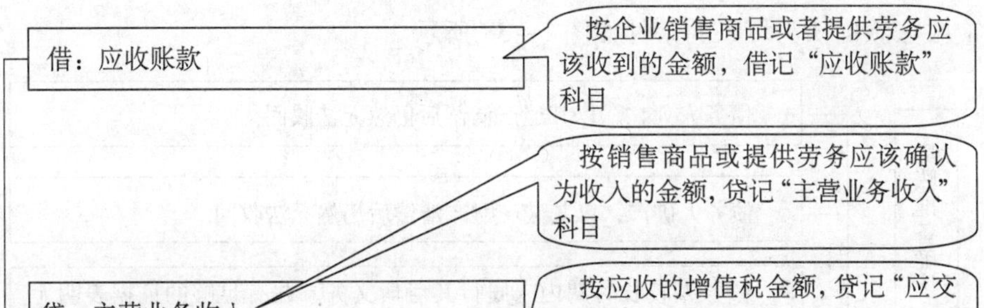

图 1－37

收回款项时，借记“银行存款”等科目，贷记“应收账款”科目，编制会计分录：

借：银行存款

　　贷：应收账款

企业代购货单位垫付包括包装费、运杂费时，借记“应收账款”科目，贷记“银行存款”等科目；收回代垫费用时，借记“银行存款”科目，贷记“应收账款”科目。

▶▶案例解析

【例1-26】甲企业采用托收承付结算方式向乙公司销售产品一批，货款100 000元，增值税税额17 000元，以银行存款代垫运杂费5 000元，已办理托运手续。编制会计分录如下：

借：应收账款——乙公司　　122 000

　　贷：主营业务收入　　100 000

　　　　应交税费——应交增值税（销项税额）　　17 000

　　　　银行存款　　5 000

甲企业接到银行收款通知，上述应收乙公司款项已收到入账，编制会计分录如下：

借：银行存款　　122 000

　　贷：应收账款——乙公司　　122 000

（二）计提坏账

▶▶业务概述

坏账是指企业无法收回或收回的可能性极小的应收账款。由于发生坏账而产生的损失，称为坏账损失。

企业确认坏账时，应遵循财务报告的目标和会计核算的基本原则，具体分析各应收账款的特性、金额的大小、信用期限、债务人的信誉和当时的经营情况等因素。一般来讲，企业的应收账款确认为坏账的条件如图1-38所示。

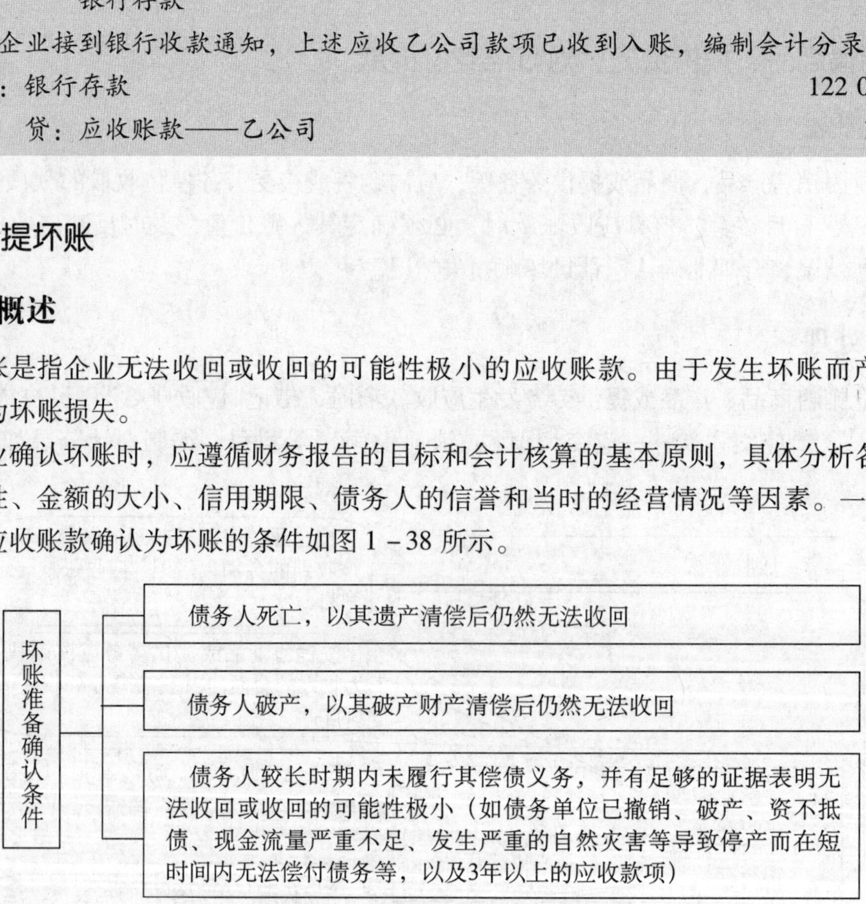

图1-38　坏账准备确认条件

▶▶账务处理

提取坏账准备时，借记"资产减值损失"科目，贷记"坏账准备"科目。编制会计分录如图1-39所示。

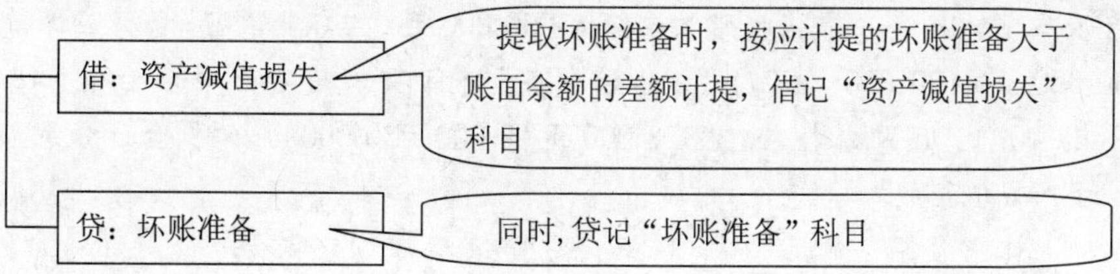

图 1－39

发生坏账损失时，借记“坏账准备”科目，贷记“应收账款”科目。编制会计分录如图 1－40所示。

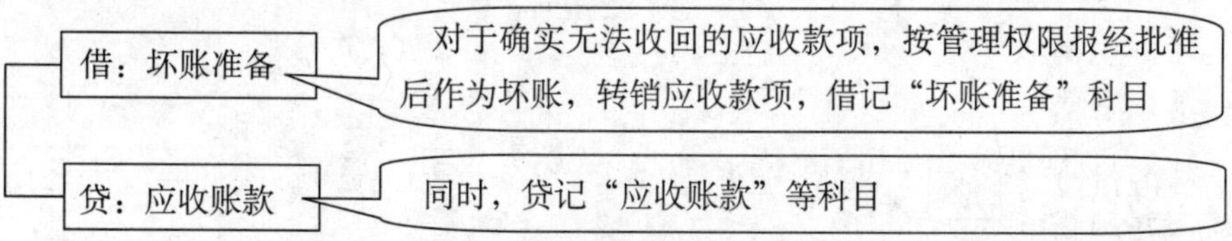

图 1－40

已确认并转销的坏账又收回时，借记“应收账款”科目，贷记“坏账准备”科目，同时借记“银行存款”科目，贷记“应收账款”科目。编制会计分录如图 1－41 所示。

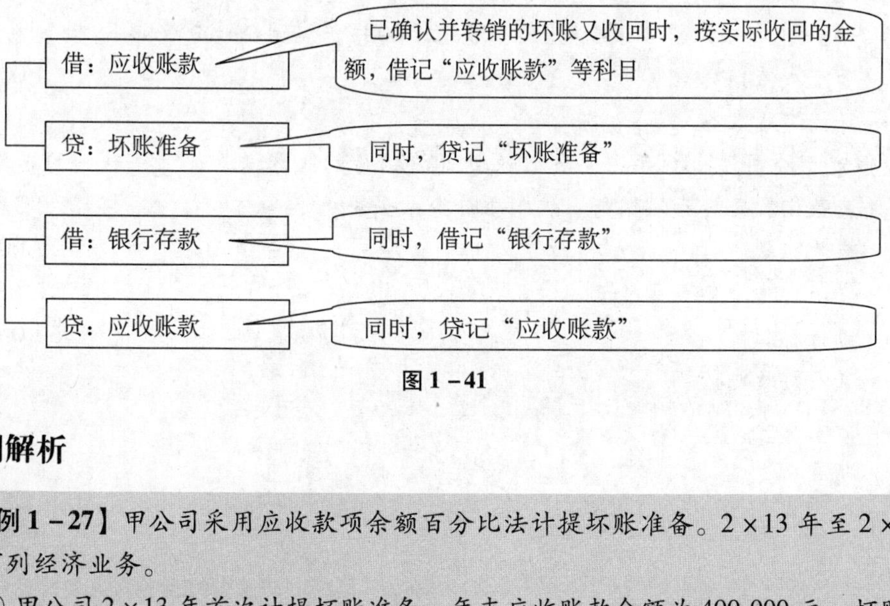

图 1－41

▸▸案例解析

【例 1－27】甲公司采用应收款项余额百分比法计提坏账准备。2×13 年至 2×15 年发生下列经济业务。

① 甲公司 2×13 年首次计提坏账准备。年末应收账款余额为 400 000 元，坏账准备的提取比例为 5%，2×13 年年末提取坏账准备的会计分录为：

借：资产减值损失　　20 000
　　贷：坏账准备　　20 000

② 甲公司 2×14 年实际发生坏账损失 28 000 元。确认坏账损失时，编制会计分录如下：

借：坏账准备　　28 000
　　贷：应收账款　　28 000

③ 甲公司 2×14 年年末应收账款余额为 600 000 元，“坏账准备”科目应保持的贷方余额为 30 000 元(600 000×5%)；“坏账准备”科目年末的实际余额为借方 8 000 元(20 000－28 000)，因此本年末应提 38 000 元(8 000＋30 000)。编制会计分录如下：

借：资产减值损失　　38 000

　　贷：坏账准备　　38 000

④ 甲公司 2×15 年 5 月 28 日收到 2011 年已转销的坏账 15 000 元，已存入银行。2×15 年 8 月 23 日，又确认坏账损失 24 000 元，编制会计分录如下。

收到已转销的坏账时：

借：应收账款　　15 000

　　贷：坏账准备　　15 000

借：银行存款　　15 000

　　贷：应收账款　　15 000

新确认坏账损失时：

借：坏账准备　　24 000

　　贷：应收账款　　24 000

⑤ 甲公司 2×15 年年末应收账款余额为 500 000 元。“坏账准备”科目应保持的余额为 25 000 元(500 000×5%)，现有贷方余额 21 000 元(20 000－28 000＋38 000＋15 000－24 000)，因此本年末应提 4 000 元(25 000－21 000)。编制会计分录如下。

借：资产减值损失　　4 000

　　贷：坏账准备　　4 000

⑥ 假定甲公司 2×16 年 3 月 3 日收到开户银行的收账通知，上年转销的一笔坏账 37 000 元又收回，已经存入银行。编制会计分录如下。

借：应收账款　　37 000

　　贷：坏账准备　　37 000

借：银行存款　　37 000

　　贷：应收账款　　37 000

其他应收款

其他应收款是指除应收票据、应收账款、预付账款以外的其他各种应收、暂付款项。其包括各种应收的赔款和罚款、备用金、为其他方垫付的费用、出租的包装物租金等。

(一)应收的各种赔款和罚款以及收到相应款项

▶▶业务概述

应收的各种赔款包括因职工失职给企业造成一定损失而向该职工收取的赔款，或因企业财产等遭受意外损失而向保险公司收取的赔款等。

▶▶账务处理

其他应收款核算除应收票据、应收账款、预付账款以外的其他各种应收、暂付款项。借方登记其他应收款的增加数，贷方登记其他应收款的收回数及确认的坏账损失数，余额一般在借方，表示尚未收回的其他应收款数额。

当企业发生应该收取的赔偿以及罚款时，应根据实际金额借记“其他应收款”科目，贷记“材料采购”或“待处理财产损溢”科目。编制会计分录如图 1－42 所示。

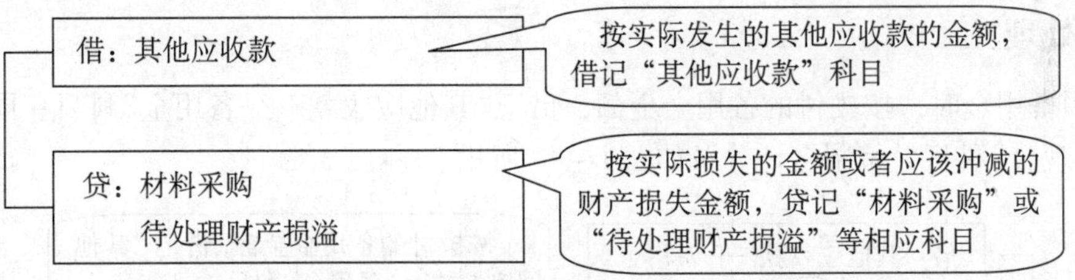

图 1－42

当企业收到应收的其他应收款时，应根据实际收到的金额借记“银行存款”科目，贷记“其他应收款”科目。

▶▶案例解析

【例 1－28】甲公司在采购过程中发生材料毁损，按保险合同规定，应由保险公司赔偿损失 30 000 元，赔款尚未收到，应编制如下会计分录：

借：其他应收款——保险公司　　30 000

　　贷：材料采购　　30 000

上述保险公司赔款如数收到，应编制如下会计分录：

借：银行存款　　30 000

　　贷：其他应收款——保险公司　　30 000

【例1－29】甲公司库存的一批存货因自然灾害被毁损，经保险公司确认，甲公司应向保险公司收取赔款20 000元。根据有关索赔凭证，编制会计分录如下：

借：其他应收款——保险公司　　20 000

　　贷：待处理财产损溢——待处理流动资产损溢　　20 000

(二)拨付备用金

业务概述

备用金是指为了满足企业内部各部门和职工个人生产经营活动的需要，而暂付给有关部门和人员使用的备用库存现金。

为了反映和监督备用金的领用和使用情况，应在“其他应收款”科目下设置“备用金”二级科目，或设置“备用金”一级科目。

根据备用金的管理制度，备用金的核算分为定额备用金和非定额备用金两种情况。定额备用金是指根据使用部门和人员工作的实际需要，先核定其备用金定额并依次拨付备用金，使用后再拨付库存现金，补足其定额的制度。非定额备用金，也称一次性备用金，它是指为了满足临时性需要暂付给有关部门和个人的库存现金，使用后实报实销的备用金制度。

账务处理

领用备用金时，按拨付的备用金金额，借记“其他应收款——备用金”科目；同时，贷记“库存现金”科目。编制会计分录如图1－43所示。

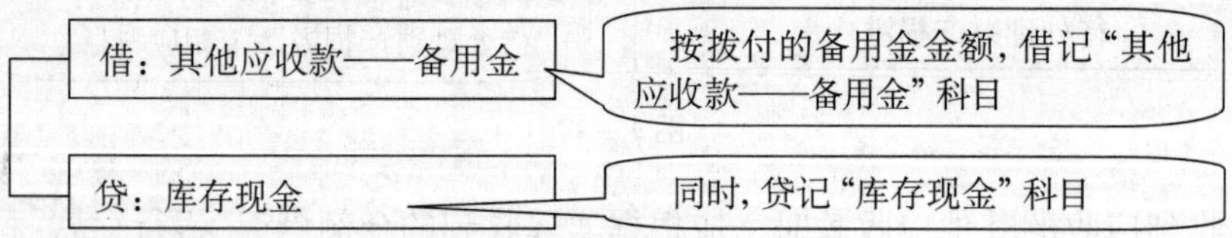

图1－43

案例解析

【例1－30】企业某生产车间核定的备用金定额为5 000元，以库存现金拨付。编制会计分录如下：

借：其他应收款——备用金　　5 000

　　贷：库存现金　　5 000

(三)为员工垫付各种费用

▶▶业务概述

在企业的日常经营活动中常常会为职工垫付的水电费，应由职工负担的医药费、房租费等，产生应向职工收取的各种垫付的款项。

▶▶账务处理

当发生应向员工收取的代垫款项时，应该借记“其他应收款——××”科目，贷记“银行存款”科目。编制会计分录如图1-44所示。

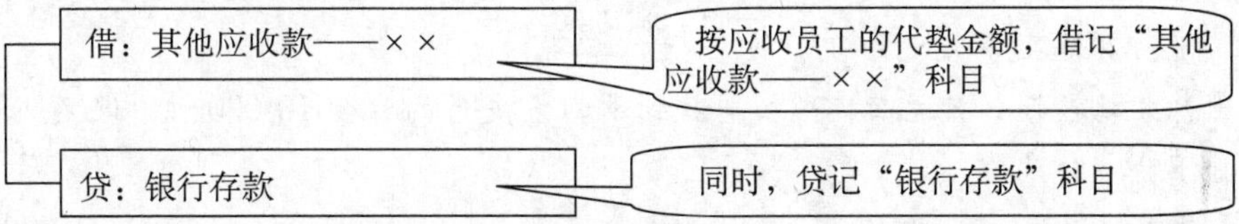

图1-44

▶▶案例解析

【例1-31】甲公司以银行存款替副总经理垫付应由其个人负担的医疗费5 000元，拟从其工资中扣回，应编制如下会计分录：

① 垫付时。

借：其他应收款　　5 000

　　贷：银行存款　　5 000

② 扣款时。

借：应付职工薪酬　　5 000

　　贷：其他应收款　　5 000

(四)应收的出租包装物租金

▶▶业务概述

企业对于能够长期周转使用的包装物，一般要求使用单位在用完后归还企业。其中，有的包装物采用出租方式，有的包装物采用出借方式，出租包装物收取的租金，作为企业的一项其他业务收入。

▶▶账务处理

企业将包装物出租给购买方时，根据应收取的租金借记“其他应收款”科目，贷记“其他业务收入”科目。编制会计分录如图1-45所示。

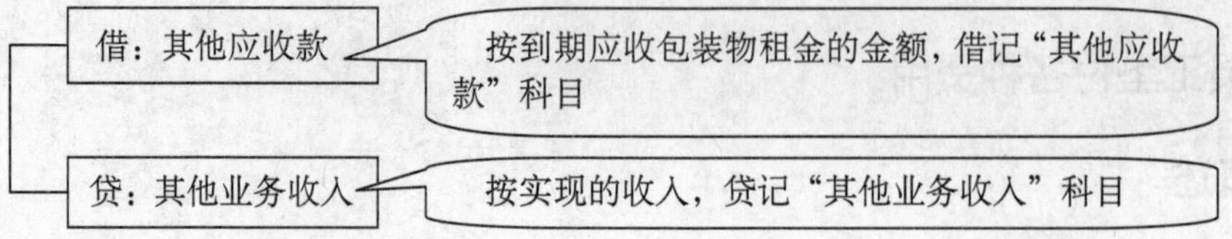

图 1-45

▶▶案例解析

【例 1-32】甲公司租出包装物一批，双方约定归还包装物时支付租金 10 000 元，应编制如下会计分录：

借：其他应收款　　10 000

　　贷：其他业务收入　　10 000

租出包装物按期如数退回，甲公司收到承租方支付的租金 10 000 元，已存入银行，应编制如下会计分录：

借：银行存款　　10 000

　　贷：其他应收款　　10 000

(五)出租人有关经营租赁的会计处理

▶▶业务概述

租赁有两种形式：一种是经营租赁，另一种是融资租赁。在经营租赁下，与租赁资产所有权有关的风险和报酬并没有实质上转移给承租人，租赁资产的所有权始终归出租人所有，因此出租人仍应该按自有资产的处理方法，将出租资产反映在资产负债表上。

▶▶账务处理

一般情况下，出租人应采用直线法将收到的租金在租赁期内确认为收益，或者采用其他更加合理的方法。应该注意，出租人可能会对经营租赁提供激励措施，如果出租人提供了免租期，企业应将租金总额在不扣除免租期的整个租赁期内按合适的方法进行分配，即免租期内应该确认租赁收入；如果出租人承担了承租人的某些费用，应将该费用从租金收入总额中扣除，将剩余租金收入在租赁期内进行分配。企业在确认各期租金收入时应借记“应收账款”或“其他应收款”等科目，贷记“租赁收入”科目。编制会计分录如图 1-46 所示。

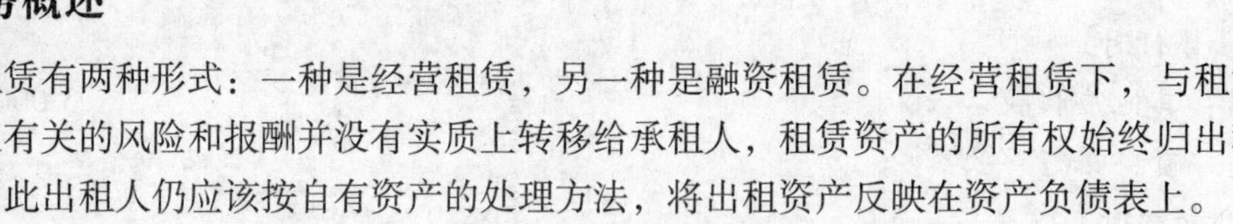

图 1-46

实际收到租金时，企业应该借记“银行存款”科目，贷记“应收账款”或“其他应收款”等科目。编制会计分录如图 1 - 47 所示。

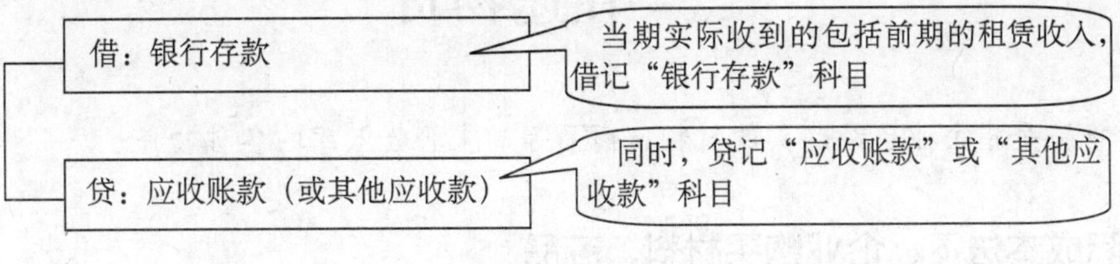

图 1 - 47

经营租赁中出租人发生的初始直接费用是指在租赁谈判和签订租赁合同过程中发生的可归属于租赁项目的手续费、律师费、差旅费、印花税等，应当记入当期损益。金额较大的应该资本化，在整个经营租赁期间内按照与确认租金收入相同的基础分期记入当期损益。编制会计分录如图 1 - 48 所示。

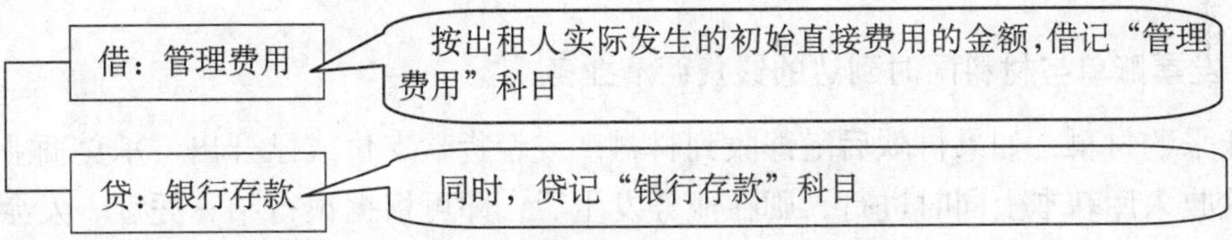

图 1 - 48

出租人要定期对经营租赁固定资产按照类似应计提折旧资产采用的折旧政策计提折旧。如果存在或有租金，则在实际发生时记入当期收益。

在途物资

在途物资是指企业已经购买的材料、商品等尚未验收入库的各种物资。

（一）实际成本法下，企业购买材料、商品

业务概述

按实际成本计价进行的日常核算，是指从材料的收发凭证到明细分类账和总账均以实际成本来反映材料的收、发、结存情况。

账务处理

业务1　发票账单与材料同时到达的钱货两清业务

企业采购材料，如果付款后随即收到材料，或者货款支付或已开出、承兑商业汇票与材料的验收入库基本上同时进行，则在业务发生后，即可根据银行结算凭证、发票账单和收料单等确定的材料成本，借记“原材料”科目；根据取得的增值税专用发票上注明的税额，借记“应交税费——应交增值税（进项税额）”科目；按照实际支付的款项，贷记“银行存款”（或“库存现金”）、“其他货币资金”、“应付票据”等科目。编制会计分录如图1-49所示。

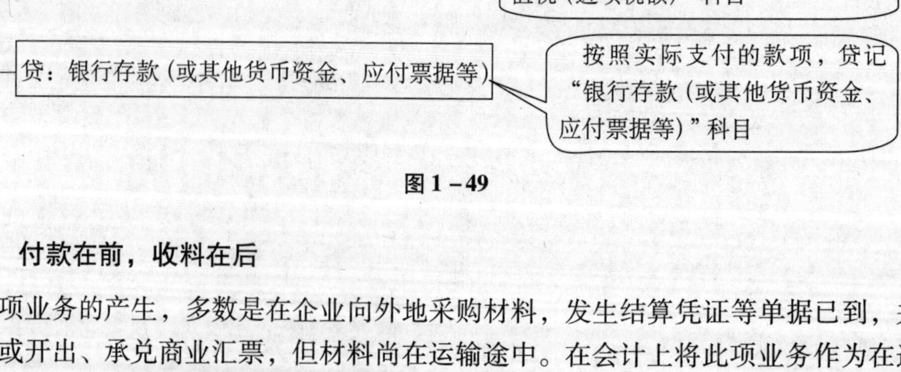

图1-49

业务2　付款在前，收料在后

该项业务的产生，多数是在企业向外地采购材料，发生结算凭证等单据已到，并已支付货款或开出、承兑商业汇票，但材料尚在运输途中。在会计上将此项业务作为在途物资处理，通过“在途物资”科目核算。编制会计分录如图1-50所示。

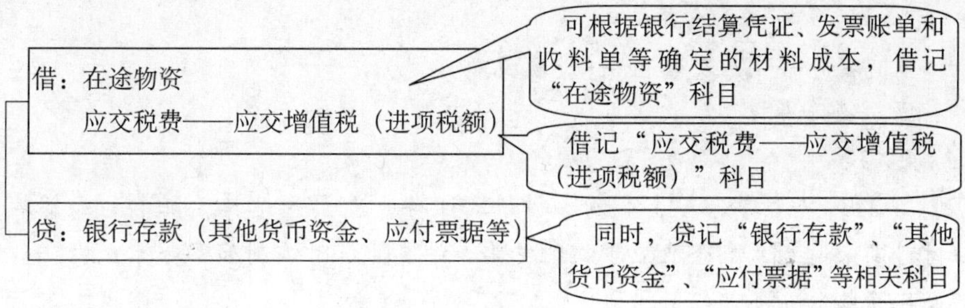

图 1－50

业务 3　收料在前，付款在后

企业在材料采购过程中，发生材料已到，结算凭证未到或企业暂时无力支付的业务，如所收到的材料确属企业订购的品种，可先行办理材料的验收入库手续，并分别情况进行必要的账务处理。

(1)材料已到，供应单位发票收单也已到达，但由于企业的银行存款不足而暂未付款。在此情况下，属于企业占用了供应单位的资金，形成了应付而未付供应单位的款项，构成了企业的一项流动负债，应通过“应付账款”账户核算。编制分录如下：

借：原材料

　　应交税费——应交增值税(进项税额)

　　贷：应付账款

(2)材料已到，但供应单位发票账单未到，而货款尚未支付。在此情况下，为做到材料账实相符，应先按双方合同价格或计划价格暂估入账，借记“原材料”科目，贷记“应付账款”科目。下月初用红字做同样的记账凭证，予以冲回，以便下月付款或开出、承兑商业汇票时，按正常程序，借记“原材料”、“应交税费——应交增值税(进项税额)”科目，贷记“银行存款”或“应付票据”等科目。编制会计分录：

借：原材料

　　应交税费——应交增值税(进项税额)

　　贷：银行存款

在实际工作中，发生的材料已经验收入库，而发票账单尚未到达情况时，一般情况下，发票账单在材料到达后的几天内即可到达。为简化核算手续，对这些业务月份内可暂不进行总分类核算，只在材料明细分类账中登记收入数量，待发票账单到达后，按实际成本入账。但如果月终仍未收到发票账单，应暂估入账，下月初用红字将暂估价注销，待发票账单到达后再按实际成本入账。

▶▶案例解析

【例 1－33】A 企业为一般纳税人，某日购入原材料一批，取得的增值税专用发票上注明的原材料价款为 12 600 元，增值税税额为 2 142 元，发票等结算凭证已经收到，货款已通过银行转账支付，材料已验收入库。编制如下会计分录：

借：原材料　　12 600
　　应交税费——应交增值税（进项税额）　　2 142
　　贷：银行存款　　14 742

【例1-34】假设前例A企业购入材料的业务，发票等结算凭证已到，贷款已经支付，但材料尚未运到。A企业应于收到发票等结算凭证时编制如下会计分录：

借：在途物资　　12 600
　　应交税费——应交增值税（进项税额）　　2 142
　　贷：银行存款　　14 742

上述材料到达验收入库时，再编制如下分录：

借：原材料　　12 600
　　贷：在途物资　　12 600

【例1-35】A企业从西江钢铁厂购入甲材料2 000千克，买价4 000元，增值税发票上的增值税税额为680元，供应单位代垫运杂费400元。材料已到达并已验收入库，发票已收到，但货款尚未支付。应据有关发票账单及收料单等凭证编制如下分录：

借：原材料——原料及主要材料　　4 400
　　应交税费——应交增值税（进项税额）　　680
　　贷：应付账款——西江钢铁厂　　5 080

【例1-36】假设上述购入材料的业务，材料已经运到并验收入库，但发票等结算凭证尚未收到，贷款尚未支付。月末，按照暂估价入账，假设其暂估价为12 000元，有关会计处理如下：

借：原材料　　12 000
　　贷：应付账款——暂估应付账款　　12 000

下月初用红字将上述分录原账冲回：

借：原材料　　[12 000]
　　贷：应付账款——暂估应付账款　　[12 000]

（二）计划成本法下，企业购买材料、商品

业务概述

按计划成本计价进行的日常核算，是指从材料的收发凭证到明细账、总账上都以计划成本加以计量。实际成本与计划成本之间的差异，单独通过专设的“材料成本差异”科目组织核算，最终于月末将领用材料的计划成本调整为实际成本。

▶▶账务处理

业务1　发票账单与材料同时到达的钱货两清业务

企业在办理货款结算，同时办理材料验收入库手续后，财会部门应根据银行结算凭证、发票账单等，按采购的实际成本，借记“材料采购”科目，贷方记“银行存款”、“库存现金”、“其他货币资金”、“应付票据”等科目；同时根据收料单，按计划成本记入有关材料科目的借方和“材料采购”科目的贷方。编制会计分录如图1－51所示。

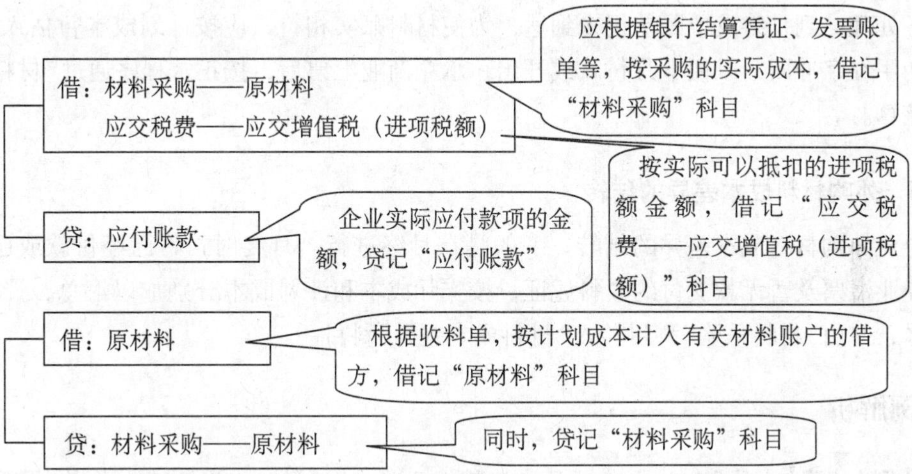

图1－51

业务2　付款在前，收料在后

货款已经支付或已开出、承兑商业汇票，材料尚未到达，作为在途材料，记入“材料采购”科目的借方；等材料到达验收入库后，再据“收料单”按计划成本，由“材料采购”科目的贷方，转入有关材料科目的借方。编制会计分录如图1－52所示。

(1) 付款时。

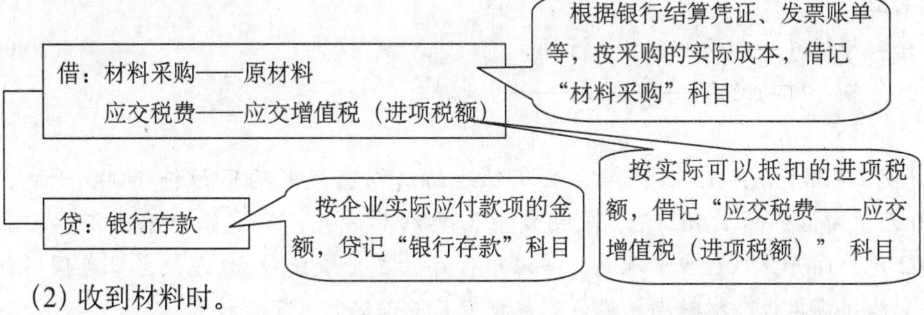

(2) 收到材料时。

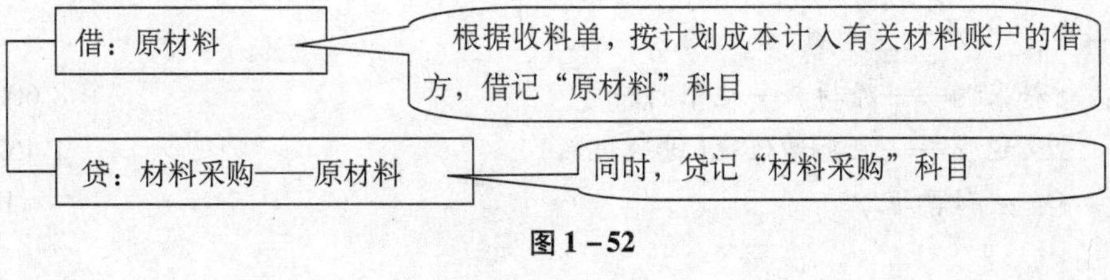

图1－52

业务3　收料在前，付款在后

此类业务仍分为两种情况：一是结算凭证已到，但企业暂时无力支付或未开出、承兑商业汇票；二是发票账单等结算凭证未到，而货款尚未支付。应分情况作出必要的账务处理。

(1)材料已到，并已验收入库，供应单位发票账单也已到达，但企业暂时存款不足而未付款或未开出、承兑商业汇票。在此情况下，属于企业占用了供应单位的资金，形成了企业的债务，应记入"材料采购"科目的借方和"应付账款"科目的贷方。

(2)材料已到，但供应单位发票账单未到，而货款尚未支付。在此情况下，平时可不作账务处理，到月终发票账单仍未到达，为使材料账实相符，应按计划成本暂估入账，到下月初用红字冲回，以便下月付款或开出、承兑商业汇票后，按正常程序通过"材料采购"科目核算。

业务4　外购材料成本差异的结转

企业外购材料成本差异的结转，一般是在月终进行。月终时，将已经付款或已开出、承兑商业汇票及暂无款支付的收料凭证，按实际成本和计划成本分别加以汇总，计算出成本差异，并由"材料采购"科目转入"材料成本差异"科目。

案例解析

【例1-37】7月5日，A企业从南宏钢铁厂购入甲材料6 000千克，价款12 600元，取得的增值税专用发票上注明的增值税税额为2 142元，当即以银行存款付清，材料已按计划成本12 900元验收入库。应编制如下会计分录：

第一步，

借：材料采购——原材料——甲材料	12 600	
应交税费——应交增值税(进项税额)	2 142	
贷：银行存款		14 742

第二步，

借：原材料——原料及主要材料	12 900	
贷：材料采购——原材料——甲材料		12 900

【例1-38】7月13日，A企业从外地西江钢铁厂采购甲材料4 000千克，买价8 600元，增值税额1 462元，采用商业汇票结算方式，签发银行承兑汇票一张，计10 062元，向开户银行申请承兑，并以银行存款支付手续费50元，当日连同解讫通知一并交给供应单位，材料尚未运达。应据有关凭证编制如下会计分录：

第一步，

借：材料采购——原材料——甲材料	8 600	
应交税费——应交增值税(进项税额)	1 462	
贷：应付票据		10 062

借：财务费用　50

　　贷：银行存款　50

第二步，

上述甲材料于18日到达，并已验收入库，其计划成本为9 200元。据“收料单”编制如下分录：

借：原材料——原料及主要材料　9 200

　　贷：材料采购——原材料——甲材料　9 200

【例1-39】7月29日，A企业接到货场通知，从兰新钢铁厂按合同购入的12 000千克乙材料已经到达，并于当日验收入库，但对方发票账单未到，故按计划成本19 000元暂估入账。应于月终根据收料单编制如下会计分录：

借：原材料——原料及主要材料　19 000

　　贷：应付账款——暂估应付账款　19 000

下月初，用红字填制相同的收料凭证并据以登账，将暂估价冲销。待收到发票账单后，据实按正常程序入账。

【例1-40】现据**【例1-37】**至**【例1-38】**外购材料各项业务，经过汇总计算后得出，本月A企业外购材料的计划成本大于实际成本，即发生节约差异900元。据以编制如下会计分录：

借：材料采购——原材料　900

　　贷：材料成本差异——原材料　900

低值易耗品

低值易耗品指劳动资料单位价值相对较小，在使用中不改变其实物形态，使用年限在1年以内，或者使用年限在1年以上但不能作为固定资产的劳动资料。

(一)购买低值易耗品

▸▸业务概述

低值易耗品在生产过程中能够多次使用，在日常经营生产中起到劳动手段的作用，其价值随着实务的磨损而逐渐转移，在使用过程中需要经常修理，在报废时还有一定的残余价值。在实际工作中一般将其作为材料进行管理和核算。

▸▸账务处理

企业购买低值易耗品时，应该借记“低值易耗品”科目，贷记“银行存款”或“库存现金”科目。编制会计分录如图1－53所示。

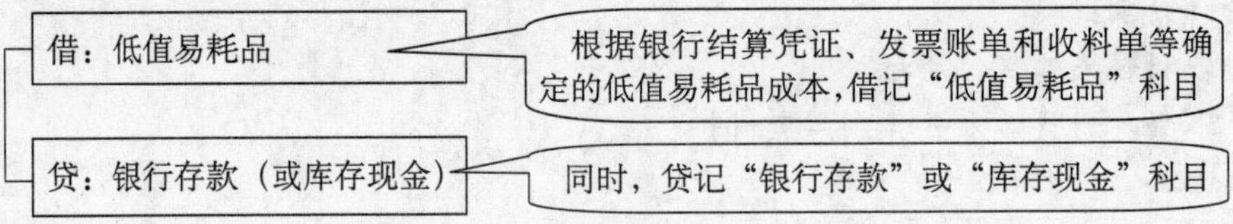

图1－53

(二)低值易耗品的领用及摊销

▸▸业务概述

低值易耗品可以在生产过程中多次使用，价值随着实物的磨损而逐渐转移，与固定资产有类似之处，但是其单位价值较低，使用期限相对较短，更换也更加频繁，价值转移方式可以采用一次摊销或五五摊销的方式，其中比较常用的是一次摊销法。

▸▸账务处理

为了核算企业的在库、在用低值易耗品的实际成本或者计划成本以及价值损耗，应该设置“低值易耗品”科目，在五五摊销法下还应该设置“在库低值易耗品”、“在用低值易耗品”、“低值易耗品摊销”三个明细科目作为“在用低值易耗品”的备抵账户。

业务1　一次摊销法

一次摊销法，就是在首次领用低值易耗品时，将其价值全部一次转入有关的成本费用的方法。这种方法适用于价值低、使用期限短，或易于破损的物品如玻璃器皿等。采用这种方法摊销低值易耗品价值时，其最高单价和适用品种必须严格控制，否则会影响各期产品成本负担，以及影响在用低值易耗品的管理，防止损失浪费。领用时，企业应该根据其用途，编制会计分录如图 1－54 所示。

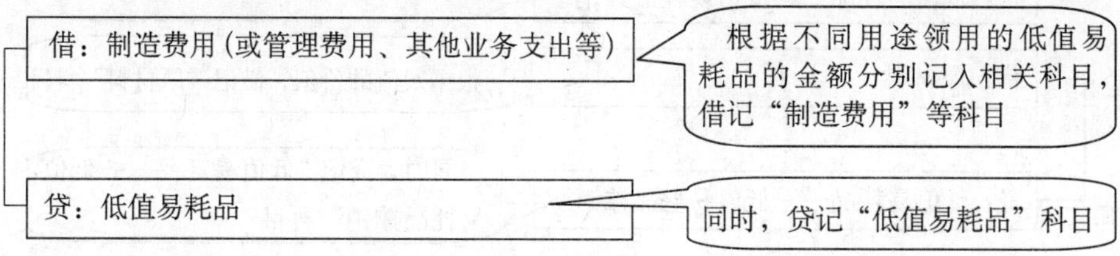

图 1－54

业务 2　五五摊销法

五五摊销法亦称五成摊销法，就是在低值易耗品领用时先摊销其价值的50%，报废时再摊销其价值的50%的方法。采用这种方法，低值易耗品报废以前在账面上一直保留其价值的一半，表明在使用中的低值易耗品占用着一部分资金，有利于对实物的使用进行管理，防止出现大量的账外物资，等其报废时，再摊销另一半记入相关成本费用，注销报废价值。这一方法核算手续较简便，适用于每月领用数和报废数比较均衡的低值易耗品。

领用时，编制会计分录如图 1－55 所示。

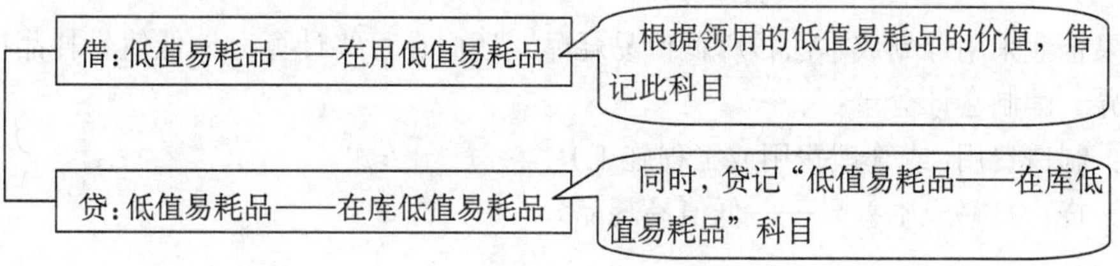

图 1－55

计算在用低值易耗品的摊销额时，应该按照其价值的一半，计入相应的费用。编制会计分录如图 1－56 所示。

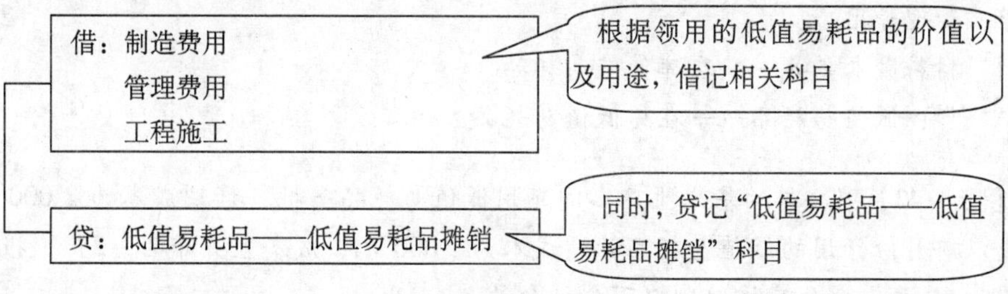

图 1－56

报废以前领用的低值易耗品时，应该将残值回收入库。编制会计分录如图 1－57 所示。

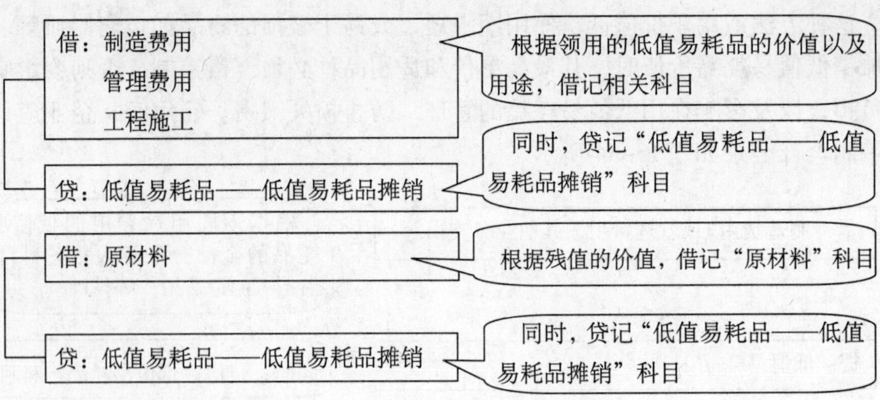

图1－57

注销时，编制会计分录如图1－58所示。

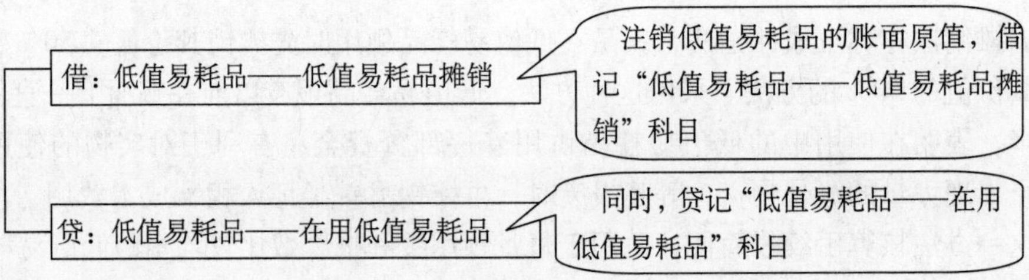

图1－58

如果企业采用计划成本法核算低值易耗品，还应在月终计算分摊低值易耗品应负担的成本差异。编制会计分录：

借：制造费用(或管理费用或工程施工)

　　贷：材料成本差异——低值易耗品

▶▶案例解析

【例1－41】某企业管理部门领用了一批一般工具，其计划成本是300元，材料成本差异率为－2%，应编制以下会计分录：

借：管理费用	294
材料成本差异——在库低值易耗品	6
贷：低值易耗品——在库低值易耗品	300

【例1－42】甲公司的基本生产车间领用低值易耗品一批，计划成本为2 000元，本月报废以前月份领用的低值易耗品计划成本为1 000元，成本差异率为－2%，报废工具的残值为60元，企业应该编制以下会计分录。

① 领用低值易耗品时。

借：低值易耗品——在用低值易耗品	2 000
贷：低值易耗品——在库低值易耗品	2 000

② 月末，计算该批低值易耗品的摊销额，应该按其价值的一半，计入制造费用。

借：制造费用　1 000

　　贷：低值易耗品——低值易耗品摊销　1 000

③ 报废以前领用的低值易耗品，同时将该部分残值回收入库，摊销剩下的一半。

借：原材料　60

　　贷：制造费用　60

借：制造费用　1 000

　　贷：低值易耗品——低值易耗品摊销　1 000

④ 注销在用低值易耗品的成本以及摊销额。

借：低值易耗品——低值易耗品摊销　1 000

　　贷：低值易耗品——在用低值易耗品　1 000

借：材料成本差异——在用低值易耗品　20

　　贷：制造费用　20

库存商品

库存商品指企业已经完成了所有的生产步骤并且已经验收入库，可以作为存货或者对外销售的各种商品，包括企业自制产品、购入商品等。

（一）工业生产企业自制产品入库以及销售

▶▶业务概述

从事工业生产的企业，其库存商品主要是产成品。产成品是指已经完成全部生产过程并已验收入库，符合标准规格和技术条件，可以作为商品对外销售的产品。企业接受外来原材料加工制造的代制品和为外单位加工修理的代修品，制造和修理完成验收入库后，视同本企业的产成品，所发生的支出也在本科目核算。

为了加强产成品的管理，搞好产成品的核算，产成品的收入和发出有一定的制度和手续，并应填制相应的入库和出库的凭证。

▶▶账务处理

企业的产成品一般应按实际成本进行核算。在按实际成本核算的情况下，产成品的收入、发出和销售，平时只记数量不记金额。月度终了，计算入库产成品的实际成本。企业生产完成验收入库的产成品，按实际成本编制会计分录如图1－59所示。

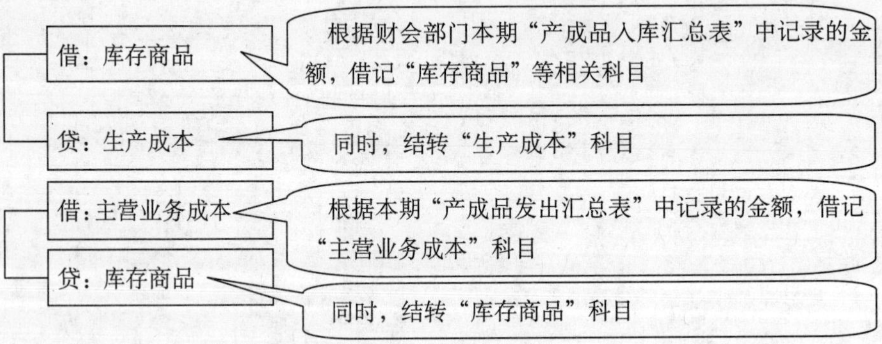

图1－59

▶▶案例解析

【例1－43】甲企业7月3日完工入库产成品一批，其实际制造成本为19 000元，已经验收入库。7月23日，甲企业销售该批50%产品。

① 甲企业验收产成品应编制如下会计分录。

借：库存商品　　19 000

　　贷：生产成本　　19 000

② 甲企业销售部分产品时，应编制如下会计分录。

借：主营业务成本　　9 500

　　贷：库存商品　　9 500

(二)商品流通企业库存商品购入以及销售

▶▶业务概述

从事商品流通的企业，其库存商品主要指外购或委托加工完成验收入库用于销售的各种商品。从事商品流通的企业购入商品抵达仓库前发生的包装费、运杂费、运输存储过程中的保险费、装卸费、运输途中的合理损耗和入库前的挑选整理费等采购费用，不计入购入商品的实际成本，应于发生时确认为当期的营业费用。

▶▶账务处理

业务1　库存商品采用进价核算

企业库存商品采用进价核算的，购入的商品在到达验收入库后，按商品进价借记“库存商品”科目；按专用发票上注明的增值税税额，借记“应交税费——应交增值税(进项税额)”科目；按实际应付款项，贷记“银行存款”、“应付账款”等科目。企业委托外单位加工收回的商品，按委托加工商品的实际成本，借记“库存商品”科目；贷记“委托加工物资”科目。编制会计分录如图1－60所示。

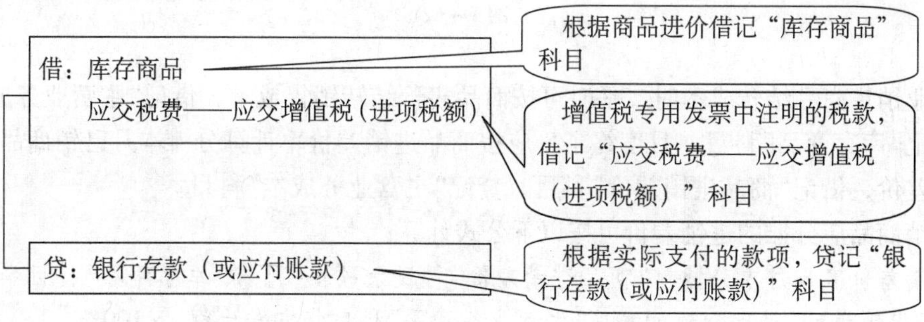

图1－60

企业销售商品结转成本时，可按先进先出法、加权平均法、移动平均法、个别计价法等方法计算已销商品的销售成本，核算方法一经确定，不得随意变更。同时，借记“主营业务成本”科目，贷记“库存商品”科目。编制会计分录如图1－61所示。

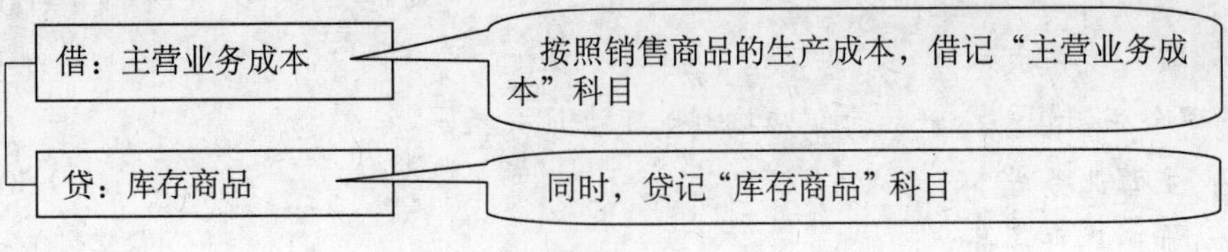

图 1-61

业务 2　企业采用售价法核算

企业库存商品采用售价法核算的，购入的商品到达验收入库后，按商品售价，借记“库存商品”科目；按专用发票上注明的增值税税额，借记“应交税费——应交增值税（进项税额）”科目；按商品进价和增值税进项税额的合计金额，贷记“银行存款”、“应付账款”等科目；按商品售价与进价的差额，贷记“商品进销差价”科目。企业委托外单位加工收回的商品，按商品售价，借记“库存商品”科目；按委托加工商品的实际成本，贷记“委托加工物资”科目；按商品售价与进价的差额，贷记“商品进销差价”科目。编制会计分录如图 1-62 所示。

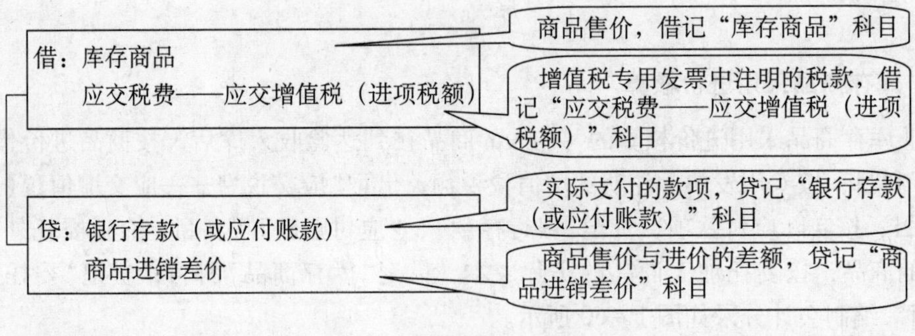

图 1-62

企业销售商品结转成本时，平时可按商品售价结转销售成本，借记“主营业务成本”科目，贷记“库存商品”科目。月度终了，应按商品进销差价率计算分摊本月已销商品应分摊的进销差价，借记“商品进销差价”科目，贷记“主营业务成本”科目。

已销商品应分摊的进销差价可按以下公式计算：

进销差价率 = 月末分摊前“商品进销差价”科目余额 ÷（月末“库存商品”科目余额 + 月末“受托代销商品”科目余额 + 本月“主营业务收入”科目贷方发生额）× 100%

本月销售商品应分摊的进销差价 = 本月“主营业务收入”科目贷方发生额 × 差价率

本期销售商品的实际成本 = 本期商品销售收入 - 本期已售商品应分摊的进销差价

会计处理如图 1-63 所示。

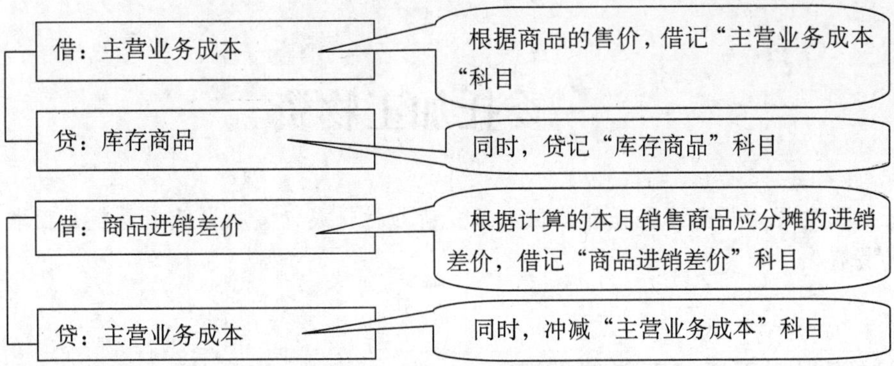

图1－63

▶▶案例解析

【例1－44】乙公司属于商品流通企业，为增值税一般纳税人，售价中不含增值税。其只经营A类商品并采用售价法进行核算，其平均进销差价率为20%。该公司第一季度购入A类商品成本500 000元，并且当季度取得销售收入300 000元。

① 乙公司购入A商品时，应编制如下会计分录。

借：库存商品　600 000
　　应交税费——应交增值税(进项税额)　85 000
　　贷：银行存款　585 000
　　　　商品进销差价　100 000

② 乙公司取得销售收入时，应编制如下会计分录。

借：银行存款　351 000
　　贷：主营业务收入　300 000
　　　　应交税费——应交增值税(销项税额)　51 000
借：主营业务成本　250 000
　　商品进销差价　50 000
　　贷：库存商品　300 000

委托加工物资

委托加工物资是指企业委托外单位加工成新的材料或包装物、低值易耗品而非自己生产加工的物资。

(一)拨付原材料委托加工单位加工

业务概述

委托加工物资的成本应当包括加工中实际耗用物资的成本、支付的加工费用及应负担的运杂费、支付的税金如消费税和增值税等。企业根据加工合同的规定，拨付给加工单位加工用原材料时，由供应部门根据加工合同，填制“委托加工物资发料单”，经审核后由仓库据以发料。

账务处理

企业发给加工单位加工原材料时，应该将原材料转入委托加工物资。

如果企业采用实际成本法核算，应该编制会计分录如图1-64所示。

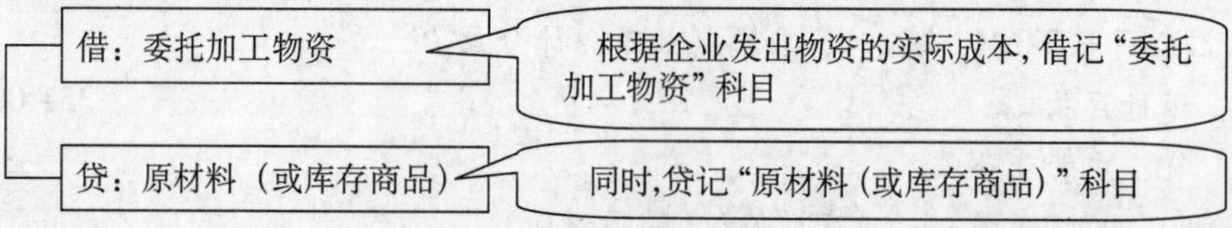

图1-64

如果企业采用计划成本法核算，同时还应该结转成本差异。编制会计分录如图1-65所示。

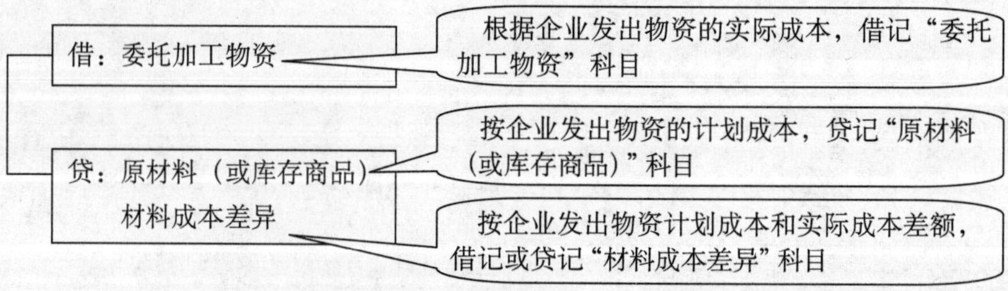

图1-65

(二)支付加工费、增值税等

▶▶业务概述

企业将原材料交付给加工企业进行加工之后，需要按照加工费标准支付给对方一定的加工费，另外还要按加工费计算交纳增值税，如果按税法规定需要交纳消费税的，还应该计算交纳消费税。

▶▶账务处理

对于加工物资应该负担的增值税，凡属加工物资用于应交增值税项目并取得增值税专用发票的一般纳税人，可将这部分增值税作为进项税额，不计入加工物资成本；凡属于加工物资用于非应纳增值税项目或免征增值税项目的，以及未取得增值税专用发票的一般纳税人和小规模的加工物资，应将这部分增值税计入加工物资的成本。

加工物资应负担的消费税，凡属加工物资收回后直接用于销售的，应将受托方代收代缴的消费税计入委托加工物资的成本；凡属加工物资收回后用于连续生产的，按规定准予抵扣的，按受托方代收代缴的消费税计入“应交税费——应交消费税”科目的借方，待应缴消费税的加工物资连续生产完工销售后，抵交其应缴纳的销售环节的消费税。

业务1　委托加工材料收回用于连续生产应税消费品

企业应编制会计分录如图1-66所示。

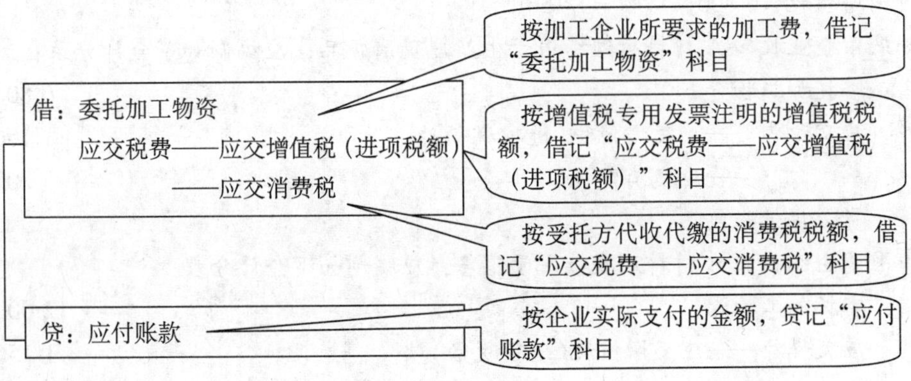

图1-66

业务2　委托加工材料收回用于直接销售

企业应编制会计分录如图1-67所示。

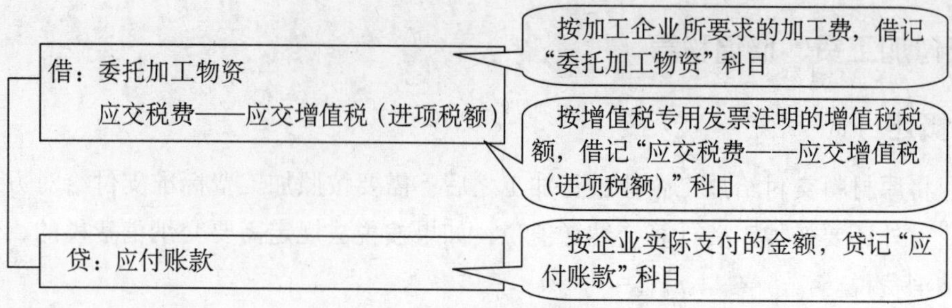

图 1－67

案例解析

【例 1－45】甲公司委托乙公司加工一批 A 材料，该批材料的成本是40 000 元，A 材料属于应税消费品。另外，甲公司应支付给乙公司 6 800 元加工费用（不含增值税），消费税税率为 10%。两个月后，甲公司收到加工完毕的 A 材料，并且已经验收入库，加工费用尚未支付。双方适用的增值税税率均为 17%。财务处理如下。

① 甲公司拨付 A 材料给乙公司加工。

借：委托加工物资　　40 000

　　贷：原材料　　40 000

② 发生相关的加工费用以及税费。

消费税的组成计税价格 =（40 000 + 6 800）÷（1 － 10%）= 52 000（元）。

代扣代缴的消费税 = 52 000 × 10% = 5 200（元）。

应纳增值税 = 6 800 × 17% = 1 156（元）。

如果甲企业收回 A 材料后继续用于生产应税消费品，应编制如下会计分录：

借：委托加工物资　　6 800

　　应交税费——应交增值税（进项税额）　　1 156

　　　　　　——应交消费税　　5 200

　　贷：应付账款　　13 156

如果甲企业收回 A 材料后直接用于销售，应编制如下会计分录：

借：委托加工物资　　12 000

　　应交税费——应交增值税（进项税额）　　1 156

　　贷：应付账款　　13 156

③ 加工完成后收回委托加工的 A 材料。

如果甲企业收回 A 材料后继续用于生产应税消费品，应编制如下会计分录：

借：原材料　　46 800

　　贷：委托加工物资　　46 800

如果甲企业收回 A 材料后直接用于销售，应编制如下会计分录：

借：原材料　　52 000

　　贷：委托加工物资　　52 000

(三)收回委托加工物资和剩余物资

▶▶业务概述

委托加工物资收回时，应由供应部门填制“委托加工物资收料单”，通知仓库据以收料。

▶▶账务处理

委托加工物资加工完成验收入库后，应按加工收回物资的实际成本和剩余物资的实际成本，借记“原材料”、“库存商品”等科目，贷记“委托加工物资”科目。如果采用计划成本的，还应该将实际成本与计划成本的差异记入“材料成本差异”科目。编制会计分录如图1－68所示。

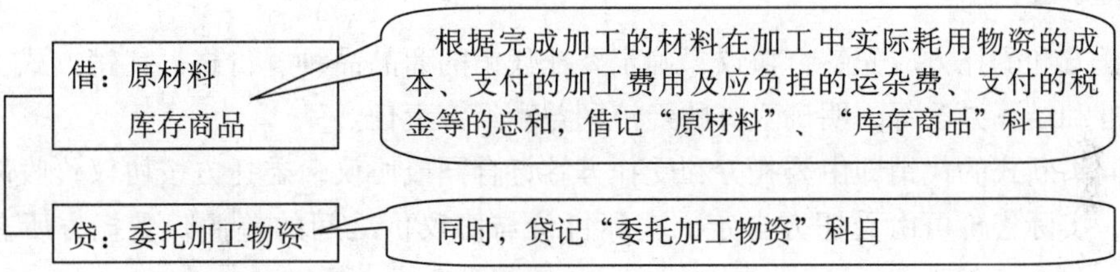

图1－68

委托代销商品

委托代销商品属于特殊的销售商品业务，亦被称为托售产品。其为企业委托其他单位代为销售的商品。

(一)视同买断式的代销

业务概述

委托方和受托方应先签订协议，确定委托代销的商品品种、价格、代销方式、代销手续费标准和结算办法等，明确双方的经济利益和经济责任。

视同买断式的代销即由委托方和受托方签订合同或协议，委托方按协议价收取所代销的货款，实际售价可由受托方自定，实际售价与协议价之间的差额归受托方所有的销售方式。

账务处理

在将销售商品收入和计量原则运用于特殊销售商品收入的会计处理时应注重交易的实质。

如果委托方和受托方之间的协议明确指出，受托方在取得代销商品后，无论是否能够卖出、获利，均与委托方无关，则委托方和受托方之间的代销商品交易与委托方直接销售商品给受托方没有实质区别，在符合销售商品收入确认条件时，委托方应确认相关销售商品收入。

如果委托方和受托方之间的协议明确表明将来受托方没有将商品售出时可以将商品退回给委托方，或受托方因代销商品出现亏损时可以要求委托方补偿，则委托方在交付商品时通常不确认收入，只有在收到受托方支来的代销清单时，才确认本企业的销售收入。

① 交付代销商品时，企业应该编制会计分录如图 1－69 所示。

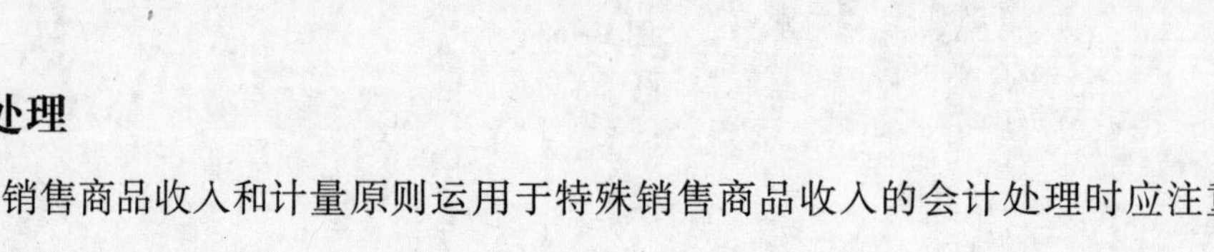

图 1－69

② 收到对方的代销清单时，企业应该编制会计分录如图 1－70 所示。

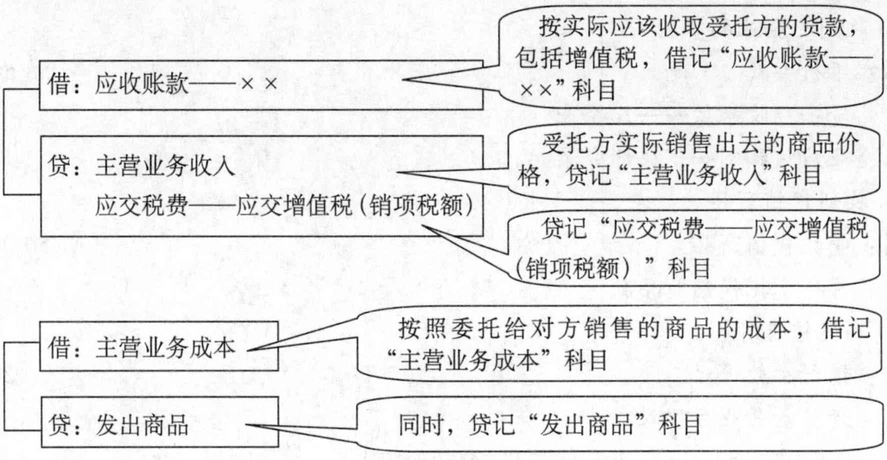

图 1－70

③ 收到对方的货款，编制会计分录如图 1－71 所示。

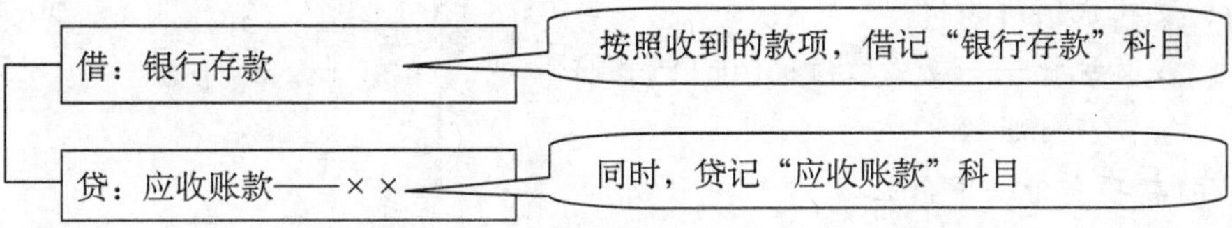

图 1－71

▶▶案例解析

【例 1－46】 2×16 年，甲企业委托乙企业代销 A 产品，并签订代销协议，乙企业可以将未卖出的代销商品退回给甲企业。该批 A 产品的成本为40 000 元，协议价为 50 000 元，增值税税率为 17%。两个月后，甲企业收到乙企业开来的代销清单，并根据代销清单开具增值税发票，发票上注明售价为 50 000 元，增值税为 8 500 元。乙企业实际销售 A 商品时开具的增值税发票上注明售价为 60 000 元，增值税为 10 200 元。一个月后，甲企业收到乙企业按合同协议支付的款项。

甲企业应该编制如下会计分录。

① 将代销商品交付给乙企业。

借：发出商品	40 000	
贷：库存商品		40 000

② 收到乙企业的代销清单。

借：应收账款——乙企业	58 500	
贷：主营业务收入		50 000
应交税费——应交增值税(销项税额)		8 500
借：主营业务成本	40 000	
贷：发出商品		40 000

③ 收到乙企业的货款。

借：银行存款　58 500
　　贷：应收账款——乙企业　58 500

乙企业应该编制如下会计分录。

① 收到代销商品。

借：受托代销商品　50 000
　　贷：受托代销商品款　50 000

② 实现销售时。

借：银行存款　70 200
　　贷：主营业务收入　60 000
　　　　应交税费——应交增值税(销项税额)　10 200
借：主营业务成本　50 000
　　贷：受托代销商品　50 000
借：受托代销商品款　50 000
　　应交税费——应交增值税(进项税额)　8 500
　　贷：应付账款　58 500

③ 将款项支付给甲企业。

借：应付账款　58 500
　　贷：银行存款　58 500

(二)收取手续费式的代销

业务概述

收取手续费式的代销即受托方根据所代销的商品数量向委托方收取手续费的销售方式。受托方严格按照委托方规定的价格销售商品，只收取手续费。

账务处理

在这种方式下，委托方向受托方发出商品时，商品的所有权上的主要风险和报酬并未发生转移，因此委托方在发出商品时通常不应确认销售商品收入，而应该在收到受托方开出的代销清单时确认销售商品收入；受托方应在商品销售后按合同或协议约定的方法计算确定的手续费确认收入。

业务1　发出商品时

编制会计分录如图1－72所示。

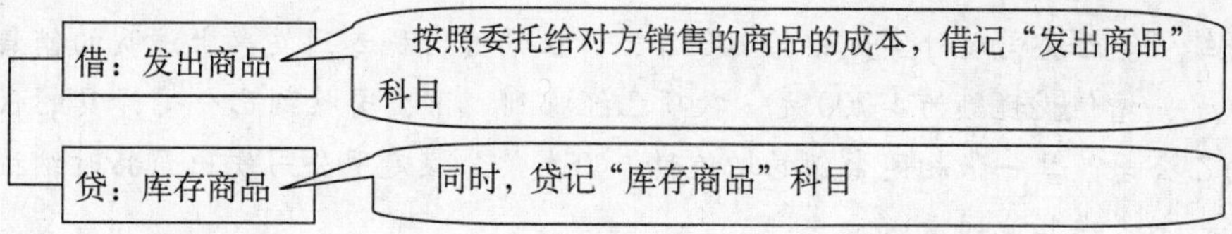

图 1－72

业务 2　收到对方代销清单时

编制会计分录如图 1－73 所示。

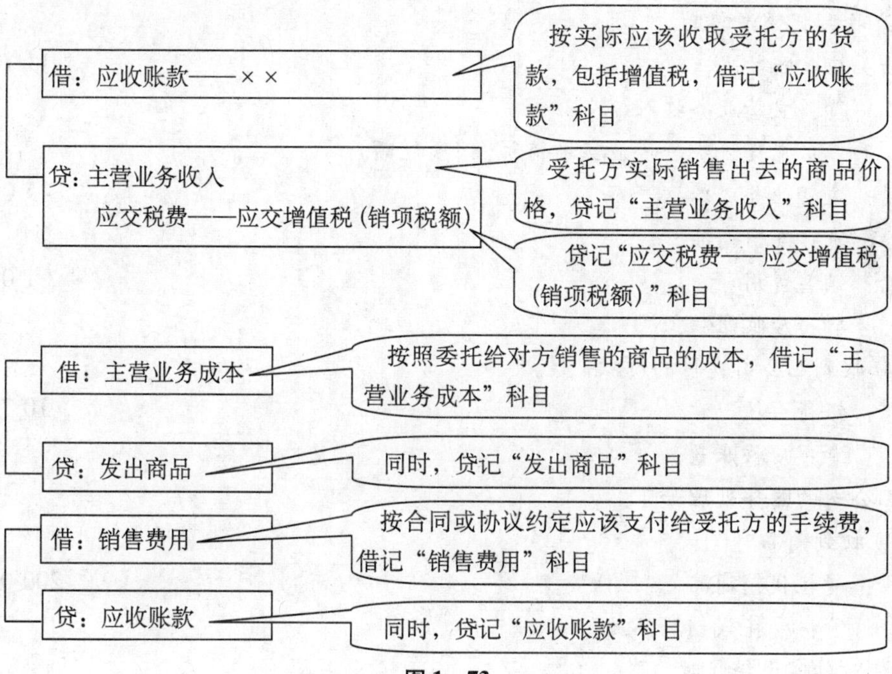

图 1－73

业务 3　收到对方支付的货款时

编制会计分录如图 1－74 所示。

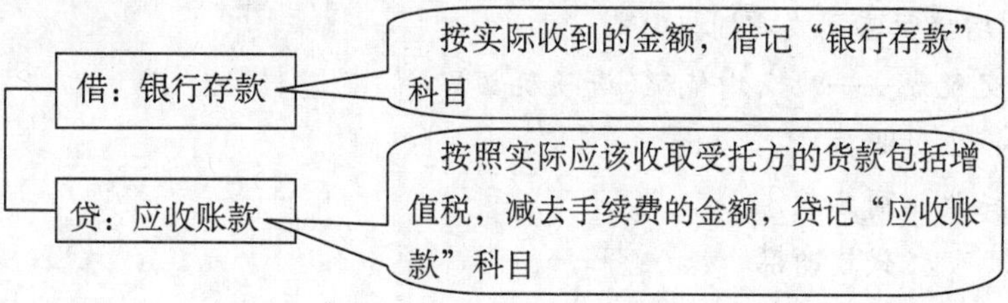

图 1－74

▶▶案例解析

【例 1－47】甲公司委托乙公司销售商品 200 件，商品已经发出，每件成本为 50 元。合同约定乙公司应按每件 100 元对外销售，甲公司按不含增值税的售价的 10% 向乙公司支付手续费。乙公司对外实际销售100件，开出的增值税专用发票上注明的销售价款为10 000元，增值税税额为1 700元，款项已经收到。甲公司收到乙公司开具的代销清单时，向乙公司开具一张相同金额的增值税专用发票。假定甲公司发出商品时纳税义务尚未发生，不考虑其他因素。

甲公司的账务处理如下。

① 发出商品时。

借：发出商品	10 000	
贷：库存商品		10 000

② 收到代销清单时。

借：应收账款	11 700	
贷：主营业务收入		10 000
应交税费——应交增值税(销项税额)		1 700
借：主营业务成本	5 000	
贷：发出商品		5 000
借：销售费用	1 000	
贷：应收账款		1 000

③ 收到乙公司支付的货款。

借：银行存款	10 700	
贷：应收账款		10 700

乙公司的账务处理如下。

① 收到商品时。

借：受托代销商品	200 000	
贷：受托代销商品款		200 000

② 对外实现销售时。

借：银行存款	11 700	
贷：应付账款		10 000
应交税费——应交增值税(销项税额)		1 700

③ 收到增值税专用发票时。

借：应交税费——应交增值税(进项税额)	1 700	
贷：应付账款		1 700
借：受托代销商品款	10 000	
贷：受托代销商品		10 000

④ 支付款项并且计算代销手续费时。

借：应付账款	11 700	
贷：银行存款		10 700
其他业务收入		1 000

存货跌价准备

存货跌价准备，是指在会计期末由于存货过分陈旧或者销售价格将低于成本，以及其他原因导致存货的可变现价值低于成本的部分。

(一)计提存货跌价准备

业务概述

资产负债表日，存货应当按照成本与可变现净值孰低计量。资产负债表日，当存货成本低于可变现净值时，存货按成本计量；当存货成本高于其可变现净值时，应当计提存货跌价准备，计入当期损益。其中，可变现净值是指在日常活动中，存货的估计售价减去至完工时估计将要发生的成本、估计的销售费用以及相关税费后的金额；存货成本，是指期末存货的实际成本。如果企业在存货成本的日常核算中采用计划成本法、售价金额核算法等简化核算方法，则成本应为经调整后的实际成本。

资产负债表日，存货的可变现净值低于成本，企业应当计提存货跌价准备。当存在以下情况之一，应当计提存货跌价准备：

(1)该存货的市场价格持续下跌，并且在可预见的未来无回升的希望；

(2)企业使用该项原材料生产的产品的成本大于产品的销售价格；

(3)企业因产品更新换代，原有库存原材料已不适应新产品的需要，而该原材料的市场价格又低于其账面成本；

(4)因企业所提供的商品或劳务过时或消费者偏好改变而使市场的需求发生变化，导致市场价格逐渐下跌；

(5)其他足以证明该项存货实质上已经发生减值的情形。

存在下列情形之一的，表明存货的可变现净值为零：

(1)已霉烂变质的存货；

(2)已过期且无转让价值的存货；

(3)生产中已不再需要，并且已无使用价值和转让价值的存货；

(4)其他足以证明已无使用价值和转让价值的存货。

账务处理

企业通常应当按照单个存货项目计提存货跌价准备，又称“单项比较法”。即资产负债表日，企业将每个存货项目的成本与其可变现净值逐一进行比较，按较低者计量存货。其中可变现净值低于成本的，两者的差额即为应计提的存货跌价准备。企业计提的存货跌价准备应计入当期损益。

对于数量繁多、单价较低的存货，可以按照存货类别计提存货跌价准备，又称“分类比较法”。与在同一地区生产和销售的产品系列相关、具有相同或类似最终用途或目的，且难以与其他项目分开计量的存货，可以合并计提存货跌价准备；存货具有相同或类似最终用途或目的，并在同一地区生产和销售，意味着存货所处的经济环境、法律环境、市场环境等相同，具有相同的风险和报酬，因此可以对其进行合并计提存货跌价准备，可以叫“合并比较法”。

存货跌价准备的计提采用备抵法，即对于存货可变现净值低于成本的损失不直接冲减有关存货项目，而是另设“存货跌价准备”科目反映。每一会计期末比较根据成本与可变现净值的差额所计算的应提取的存货跌价准备和已提取的存货跌价准备，若应提数大于已提数，应予补提。编制会计分录如图 1－75 所示。

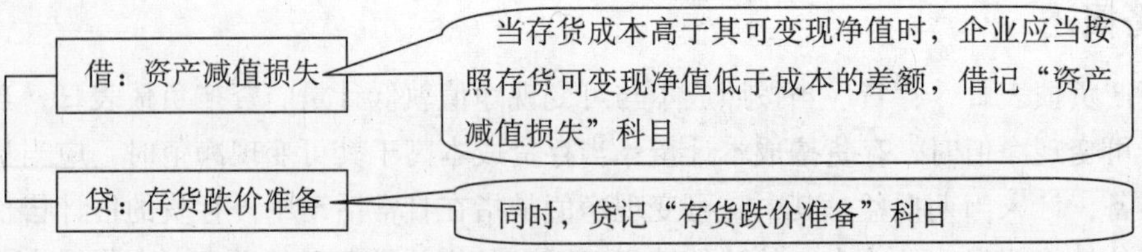

图 1－75

▸▸案例解析

【例 1－48】2×16 年年末，丙公司 A 存货的账面成本为 100 000 元，由于本年以来 A 存货的市场价格持续下跌，根据资产负债表日状况确定的 A 存货的可变现净值为 95 000 元，“存货跌价准备”科目期初余额为 0，应计提的存货跌价准备为 5 000 元(100 000－95 000)。相关账务处理如下：

借：资产减值损失——A 存货　　5 000

　　贷：存货跌价准备——A 存货　　5 000

(二)转回存货跌价准备

▸▸业务概述

当以前导致存货减值的影响因素已经消失，减记的金额应当予以恢复，并在原已计提的存货跌价准备金额内转回，转回的金额记入当期损益。

需要注意的是：导致存货跌价准备转回的是以前减记存货价值的影响因素的消失，而不是在当期造成存货可变现净值高于其成本的其他影响因素。如果本期导致存货可变现净值高于其成本的影响因素不是以前减记该存货价值的影响因素，则不允许将该存货跌价准备转回。

▸▸账务处理

每一会计期末比较根据成本与可变现净值的差额所计算的应提取的存货跌价准备和已

提取的存货跌价准备，若应提数小于已提数，应该冲销部分已提数。在核算存货跌价准备的转回时，转回的存货跌价准备与计提该准备的存货项目或类别应当存在直接对应关系。在原已计提的存货跌价准备金额内转回，意味着转回的金额以将存货跌价准备的余额冲减至零为限。

转回已计提的存货跌价准备金额时，按恢复增加的金额，借记“存货跌价准备”科目，贷记“资产减值损失——计提的存货跌价准备”科目。编制会计分录如图 1－76 所示。

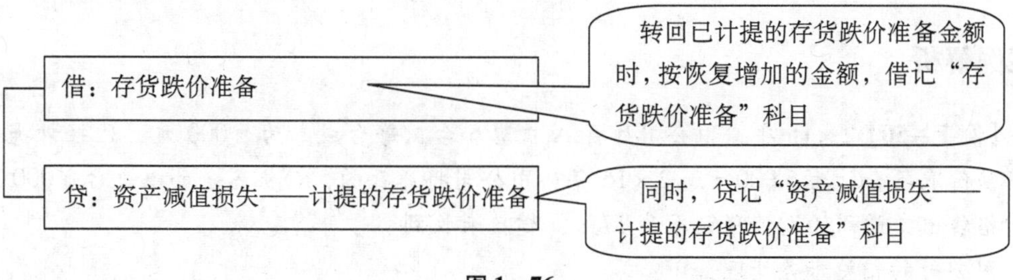

图 1－76

▸▸案例解析

【例 1－49】接【例 1－48】，假设 2×16 年年末，丙公司存货的种类和数量、账面成本和已计提的存货跌价准备均未发生变化，但是 2×16 年以来 A 存货市场价格持续上升，市场前景明显好转，至 2013 年年末根据当时状态确定的 A 存货的可变现净值为 110 000 元。

本例中，由于 A 存货市场价格上涨，2×16 年年末 A 存货的可变现净值(110 000 元)高于其账面原值(95 000 元)，可以判断以前造成减记存货价值的影响因素(价格下跌)已经消失。A 存货贬值的金额应当在原已计提的存货跌价准备金额 5 000 元内予以恢复。相关账务处理如下：

借：存货跌价准备——A 存货　　5 000

　　贷：资产减值损失——A 存货　　5 000

(三)销售商品时，结转存货跌价准备

▸▸业务概述

企业计提了存货跌价准备，如果其中有部分存货已经销售，则企业在结转销售成本时，应同时结转对其已计提的存货跌价准备。对于因债务重组、非货币性资产交换转出的存货，也应同时结转已计提的存货跌价准备。如果按存货类别计提存货跌价准备的，应当按照发生销售、债务重组、非货币性资产交换等而转出存货的成本占该存货未转出前该类别存货成本的比例结转相应的存货跌价准备。

▸▸账务处理

企业结转存货销售成本时，对于已计提存货跌价准备的，借记“存货跌价准备”科目，

贷记“主营业务成本”、“其他业务成本”等科目。编制会计分录如图1－77所示。

借：存货跌价准备 —— 企业结转存货销售成本时，对于已计提存货跌价准备的，借记“存货跌价准备”科目

贷：主营业务成本
　　其他业务成本 —— 同时，冲销相应的成本，贷记“主营业务成本（或其他业务成本）”科目

图1－77

▸▸案例解析

【例1－50】 2×15年，甲公司库存A机器5台，每台成本为5 000元，已经计提的存货跌价准备合计为6 000元。2×16年，甲公司将库存的5台机器全部以每台6 000元的价格售出，适用的增值税税率为17%，货款未收到。

甲公司的相关账务处理如下：

借：应收账款	35 100	
贷：主营业务收入——A机器		30 000
应交税费——应交增值税（销项税额）		5 100
借：主营业务成本——A机器	19 000	
存货跌价准备——A机器	6 000	
贷：库存商品——A机器		25 000

长期待摊费用

长期待摊费用是指企业已经发生但应由本期以及以后各期负担的分摊期限在1年以上的各项费用，如以经营租赁方式租入的固定资产发生的改良支出等。

(一)企业发生的长期待摊费用

▶▶业务概述

长期待摊费用属于长期资产，企业在本期已经支出但是能够在以后期间受益。

▶▶账务处理

企业应设置"长期待摊费用"科目对此类项目进行核算，企业发生的长期待摊费用，借记"长期待摊费用"科目，贷记"原材料"、"银行存款"等科目。

▶▶案例解析

【例1-51】2×16年4月1日，甲公司对其以经营租赁方式新租入的办公楼进行装修，发生以下有关支出：领用生产用材料500 000元，购进该批原材料时支付的增值税进项税额为85 000元；辅助生产车间为该装修工程提供的劳务支出为180 000元；有关人员工资等职工薪酬435 000元。2×16年11月30日，该办公楼装修完工，达到预定可使用状态并交付使用，按租赁期10年开始进行摊销。假定不考虑其他因素，甲公司应编制如下会计分录。

① 装修领用原材料时。

借：长期待摊费用	585 000	
贷：原材料		500 000
应交税费——应交增值税(进项税额转出)		85 000

② 辅助生产车间为装修工程提供劳务时。

借：长期待摊费用	180 000	
贷：生产成本——辅助生产成本		180 000

③ 确认有关人员职工薪酬时。

借：长期待摊费用	435 000	
贷：应付职工薪酬		435 000

④ 2×16 年 12 月，摊销装修支出时。

每月应摊销的长期待摊费用 =（585 000 + 180 000 + 435 000）÷（12 × 10）= 10 000（元）。

借：管理费用　　10 000

　　贷：长期待摊费用　　10 000

(二)长期待摊费用的摊销业务

▶▶业务概述

根据权责发生制原则，以前年度已经支付的长期待摊费用如果本期受益，需要在本期摊销相关的长期待摊费用计入成本或者损益。

▶▶账务处理

企业应该根据本期应该摊销的长期待摊费用的用途和金额，编制会计分录如图 1－78 所示。

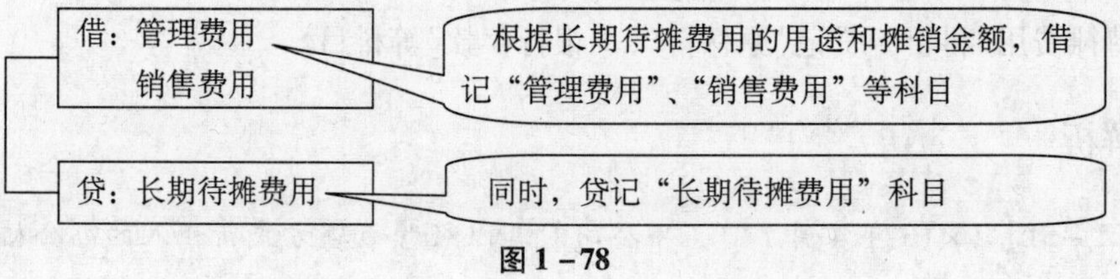

图 1－78

长期股权投资

长期股权投资是指通过投资取得被投资单位的股份。企业对其他单位的股权投资，通常视为长期持有，目的是通过股权投资控制被投资单位，或对被投资单位施加重大影响，或为了与被投资单位建立密切关系，以分散经营风险。除股票投资外，长期股权投资通常不能随时出售。

(一)企业合并取得长期股权投资

▶▶业务概述

企业合并形成的长期股权投资，初始投资成本的确定应遵循《企业会计准则第20号——企业合并》的相关原则，即应区分企业合并的类型，分别同一控制下控股合并与非同一控制下控股合并确定形成长期股权投资的成本。其中，企业合并是指两个或两个以上单独的企业合并形成一个报告主体的交易或事项。

▶▶账务处理

业务1　同一控制下企业合并取得长期股权投资

同一控制下的企业合并是指参与合并的企业前后均受同一方或相同多方的最终控制，且该控制并非暂时性的企业合并。由于对能够在合并前及合并后均最终控制参与合并各方的一方来看，这项合并并不构成一项实质性交易，最终合并方能够控制的资产并没有发生变化。因此，在同一控制下的企业合并时，合并方在企业合并中取得的资产和负债应当按照合并日被合并方的账面价值计量。

同一控制下的企业合并，合并方以支付现金、转让非现金资产或承担债务方式作为合并对价的，应当在合并日按照取得被合并方所有者权益账面价值的份额作为长期股权投资的初始投资成本。长期股权投资的初始投资成本与支付的现金、转让的非现金资产及所承担债务账面价值之间的差额，应当调整资本公积；资本公积不足冲减的，调整留存收益。合并方发生的审计、法律服务、评估咨询等中介费用以及其他相关费用，应当于发生时计入当期管理费用。

合并方以发行权益性证券作为合并对价的，应按发行股份的面值总额作为股本，长期股权投资初始投资成本与所发行股份面值总额之间的差额，应当调整资本公积；资本公积不足冲减的，调整留存收益。具体进行会计处理时，合并方在合并日按取得被合并方所有者权益账面价值的份额，借记“长期股权投资”科目；按应享有被投资单位已宣告但尚未发放的现金股利或利润，借记“应收股利”科目；按支付的合并对价的账面价值，贷记有关资产或负债科目；按其差额，贷记“资本公积——资本溢价或股本溢价”科目。编制会计分录如图 1－79 所示。

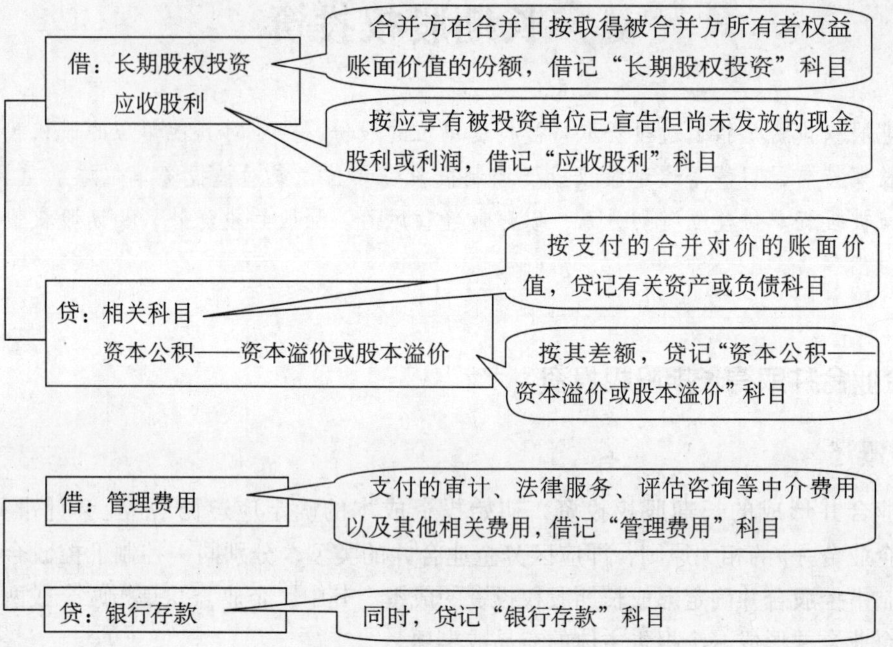

图 1－79

如为借方差额，应借记“资本公积——资本溢价或股本溢价”科目，资本公积（资本溢价或股本溢价）不足冲减的，借记“盈余公积”、“利润分配——未分配利润”科目。上述业务如以发行权益性证券方式进行的，应按发行权益性证券的面值总额，贷记“股本”科目。编制会计分录如图 1－80 所示。

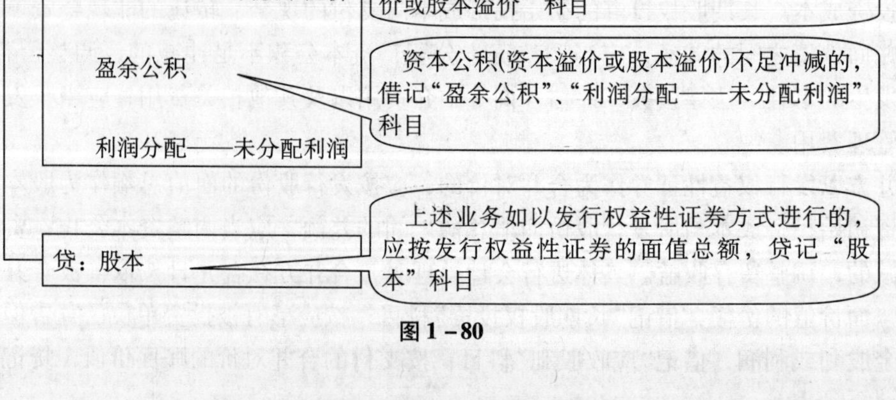

图 1－80

在确定同一控制下企业合并形成的长期股权投资时，应注意存在企业合并前合并方与被合并方适用的会计政策不同的情况，在以被合并方的账面价值为基础确定形成的长期股权投资成本时，首先应基于重要性原则，统一合并方与被合并方的会计政策。在按照合并方的会计政策对被合并方资产、负债的账面价值进行调整的基础上，计算确定长期股权投资的初始投资成本。

业务2　非同一控制下企业合并取得长期股权投资

非同一控制下的企业合并是指参与合并的企业前后不受同一方或相同多方的最终控制的企业合并。非同一控制下的企业合并实质上是将合并行为看做是一方购买另一方的交易，购买方为了取得对被购买方的控制权而放弃的资产、发生或承担的负债、发行的权益性证券均应按其在购买日的公允价值计量。

非同一控制下的企业合并中，购买方应当按照确定的企业合并成本作为长期股权投资的初始投资成本。企业合并成本包括购买方付出的资产、发生或承担的负债、发行的权益性证券的公允价值。该合并中如果涉及以库存商品等作为合并对价的，应按库存商品的公允价值贷记“主营业务收入”或“其他业务收入”科目，并同时结转相关成本。

具体会计处理时，非同一控制下企业合并形成的长期股权投资，应在购买日按企业合并成本，借记“长期股权投资”科目，按支付合并对价的账面价值，贷记或借记有关资产、负债科目，按其差额，贷记“营业外收入”或“投资收益”等科目。企业合并成本中包含的应享有被投资单位已宣告但尚未发放的现金股利或利润，应作为“应收股利”在借方进行核算。企业应编制会计分录如图1－81所示。

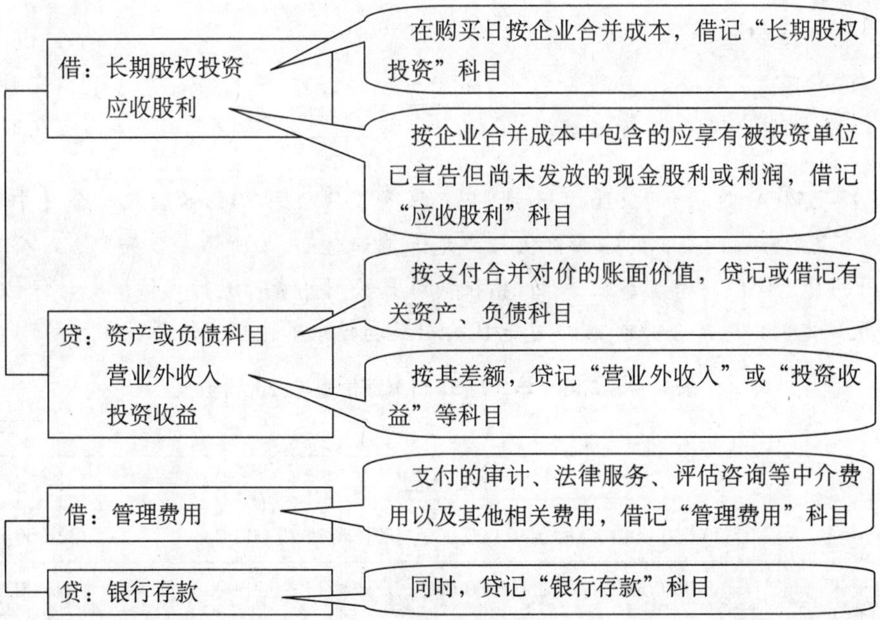

图1－81

▶▶案例解析

【例1-52】2×16年6月30日，A公司向其母公司P发行1 000万股普通股(每股面值为1元，市价为4.34元)，取得母公司P拥有对S公司100%的股权，并于当日起能够对S公司实施控制。合并后，S公司仍维持其独立法人地位继续经营。2×16年6月30日，S公司净资产的账面价值为40 020 000元。假定A公司和S公司在企业合并前采用的会计政策相同。合并日，A公司与S公司所有者权益的构成如表1-7所示。

表1-7　2×16年6月30日所有者权益构成

单位：元

	A公司	S公司
实收资本	30 000 000	10 000 000
资本公积	20 000 000	6 000 000
盈余公积	20 000 000	20 000 000
未分配利润	23 550 000	4 020 000
合　计	93 550 000	40 020 000

S公司在合并后维持其法人资格继续经营，合并日A公司在其账簿及个别财务报表中应确认对S公司的长期股权投资，其成本为合并日享有S公司账面所有者权益的份额，账务处理为：

借：长期股权投资——S公司　　40 020 000

　贷：股本　　10 000 000

　　资本公积——股本溢价　　30 020 000

【例1-53】A公司于2×16年3月31日取得了B公司70%的股权。合并中，A公司支付的有关资产在购买日的账面价值与公允价值如表1-8所示。合并中，A公司为核实B公司的资产价值，聘请专业资产评估机构对B公司的资产进行评估，支付评估费用1 000 000元。本例中假定合并前A公司与B公司及其股东不存在任何关联方关系。

表1-8　2×16年3月31日账面价值与公允价值

单位：元

项　目	账面价值	公允价值
土地使用权	20 000 000(成本为30 000 000，累计摊销10 000 000)	32 000 000
专利技术	8 000 000(成本为10 000 000，累计摊销2 000 000)	10 000 000
银行存款	8 000 000	8 000 000
合　计	36 000 000	50 000 000

本例中因A公司与B公司及其股东在合并前不存在任何关联方关系，应作为非同一控制下的企业合并处理。

A公司对于合并形成的对B公司的长期股权投资，应按支付对价的公允价值确定其初始投资成本。A公司应进行的账务处理为：

借：长期股权投资	50 000 000	
累计摊销	12 000 000	
贷：无形资产		40 000 000
银行存款		8 000 000
营业外收入		14 000 000
借：管理费用	1 000 000	
贷：银行存款		1 000 000

(二)企业合并以外其他方式取得的长期股权投资

▶▶业务概述

除了企业合并以外，企业还可能通过现金、发行债券、投资者投入等方式取得长期股权投资。

▶▶账务处理

业务1　以支付现金取得长期股权投资

企业应当按照实际支付的购买价款作为长期股权投资的初始投资成本，包括购买过程中支付的手续费等必要支出，但不包括被投资单位已宣告发放的现金股利或利润。

业务2　以发行权益性证券方式取得的长期股权投资

企业取得该长期股权投资的成本为所发行权益性证券的公允价值，但不包括应自被投资单位收取的已宣告但尚未发放的现金股利和利润。为发行权益性证券支付给有关证券承销机构的手续费、佣金等应自权益性证券的溢价发行收入中扣除，溢价收入不足的，应冲减盈余公积和未分配利润。

业务3　投资者投入的长期股权投资

投资者投入的长期股权投资，应当按照投资合同或协议约定的价值作为初始投资成本，但合同或协议约定价值不公允的除外。

投资者投入的长期股权投资，是指投资者以其持有的对第三方的投资作为出资投入企业，接受投资的企业在确定所取得的长期股权投资的成本时，原则上应按照投资各方在投资合同或协议中约定的价值作为其初始投资成本。例外的情况是，如果投资各方在投资合同或协议中约定的价值明显高于或低于该项投资公允价值的，应以公允价值作为长期股权投资的初始投资成本，由该项出资构成实收资本(或股本)的部分与确认的长期股权投资初始投资成本之间的差额，相应调整资本公积(资本溢价)。

相关会计分录参照企业合并取得的长期股权投资。

案例解析

【例1-54】 甲公司于2×16年2月10日，自公开市场中买入乙公司20%的股份，实际支付价款80 000 000元。在购买过程中支付手续费等相关费用1 000 000元。该股份取得后能够对乙公司施加重大影响。

甲公司应当按照实际支付的购买价款作为取得长期股权投资的成本，其账务处理为：

借：长期股权投资——乙公司——成本　81 000 000

　贷：银行存款　81 000 000

【例1-55】 2×16年3月，A公司通过增发30 000 000股(每股面值1元)本企业普通股为对价取得对B公司20%的股权。按照增发前一定时期的平均股价计算，该30 000 000股普通股的公允价值为52 000 000元。为增发该部分普通股，A公司支付了2 000 000元的佣金和手续费。取得B公司该部分股权后，A公司能够对B公司施加重大影响。

本例中，A公司应当以所发行股份的公允价值作为取得长期股权投资的成本。

借：长期股权投资——B公司——成本　52 000 000

　贷：股本　30 000 000

　　资本公积——股本溢价　22 000 000

借：资本公积——股本溢价　2 000 000

　贷：银行存款　2 000 000

【例1-56】 A公司以其持有的对B公司的长期股权投资作为出资，在C股份公司增资扩股的过程中投入C公司，取得C公司10 000 000股普通股(每股面值为1元)。该项对B公司的投资本身不存在活跃的市场，无法取得其公允价值信息，但根据C公司股票在增资扩股后的价格判断，该项作为出资的长期股权投资的公允价值约为40 000 000元。C公司取得B公司股权后，无法对B公司实施控制、共同控制或是施加重大影响，也无法通过合理的方式确定其公允价值。

C公司应进行的账务处理为：

借：长期股权投资——B公司——成本　40 000 000

　贷：股本　10 000 000

　　资本公积——股本溢价　30 000 000

(三)长期股权投资的后续计量——成本法

▶▶业务概述

长期股权投资在持有期间，根据投资企业对被投资单位的影响程度及是否存在活跃市场、公允价值能够可靠计量等进行划分，应当分别采用成本法及权益法进行核算股利的发放，公允价值的变动以及子公司实现利润等。

成本法是指投资按成本计价的方法进行核算。企业持有的对子公司投资以及对被投资单位不具有控制、共同控制或重大影响，且在活跃市场中没有报价、公允价值不能可靠计量的长期股权投资应当采用成本法核算。

▶▶账务处理

采用成本法核算的长期股权投资，初始投资或追加投资时，按照初始投资或追加投资时的成本增加长期股权投资的账面价值，同一控制下的控股合并形成的长期股权投资初始投资成本为合并日取得被合并方账面所有者权益的份额。除取得投资时实际支付的价款或对价中包含的已宣告但尚未发放的现金股利或利润外，投资企业应当按照享有被投资单位宣告发放的现金股利或利润确认投资收益，不管有关利润分配是属于对取得投资前还是取得投资后被投资单位实现净利润的分配。

具体会计核算如下，“长期股权投资”科目反映取得时的成本，当被投资单位宣告发放现金股利时，编制会计分录如图 1－82 所示。

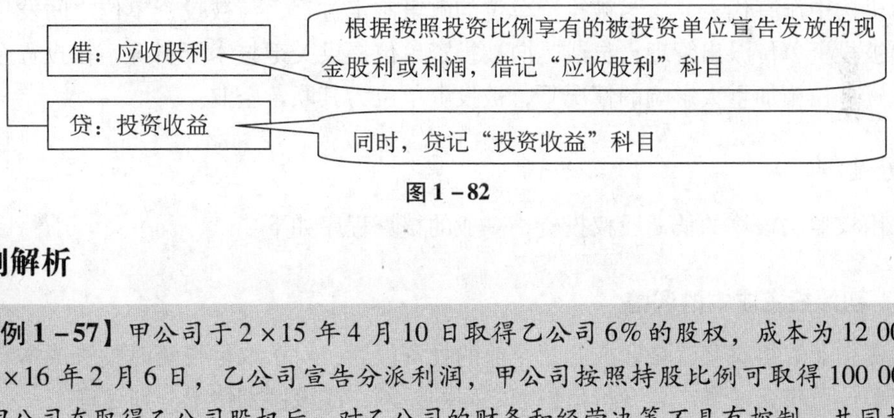

图 1－82

▶▶案例解析

【例 1－57】甲公司于 2×15 年 4 月 10 日取得乙公司 6% 的股权，成本为 12 000 000 元。2×16 年 2 月 6 日，乙公司宣告分派利润，甲公司按照持股比例可取得 100 000 元。假定甲公司在取得乙公司股权后，对乙公司的财务和经营决策不具有控制、共同控制或重大影响，且该投资不存在活跃的交易市场、公允价值无法可靠取得。乙公司于 2×16 年 2 月 12 日实际分派利润。

甲公司应进行的账务处理为：

借：长期股权投资——乙公司　12 000 000

　贷：银行存款　12 000 000

借：应收股利　100 000

　贷：投资收益　100 000

借：银行存款　　100 000
　　贷：应收股利　　100 000

进行上述处理后，如相关长期股权投资存在减值迹象的，应当进行减值测试。

（四）长期股权投资的后续计量——权益法

▶▶业务概述

权益法是指投资以初始投资成本计量后，在投资持有期间，根据投资企业享有被投资单位所有者权益的份额的变动对投资的账面价值进行调整的方法。投资企业对被投资单位具有共同控制或重大影响的长期股权投资，即对合营企业投资及联营企业投资，应当采用权益法核算。在确定能否对被投资单位实施共同控制或重大影响时，应当考虑投资企业和其他方持有的被投资单位当期可转换公司债券、当期可执行认股权证等潜在表决权因素的影响。

“共同控制”是指按照合同约定对某项经济活动共有的控制。其特点是，合营各方均受到合营合同的限制和约束，任何一个合营方均不能单独控制合营企业的生产经营活动，涉及合营企业基本经营活动的决策需要各合营方一致同意。投资企业与其他合营方一同对被投资单位实施共同控制的，被投资单位为投资企业的合营企业。

“重大影响”是指对一个企业的财务和经营政策有参与决策的权力，但并不能够控制或与其他方一起共同控制这些政策的制定。重大影响通常体现为在被投资单位的董事会或类似权力机构中派有代表，参与被投资单位的政策制定过程，与被投资单位之间发生重要交易，向被投资单位派出管理人员或是向被投资单位提供关键技术资料等。在投资企业能够对被投资单位施加重大影响的情况下，被投资单位为其联营企业。

▶▶账务处理

采用权益法核算的长期股权投资，一般的核算程序如下。

业务1　初始投资成本的调整

投资企业取得对联营企业或合营企业的投资以后，对于取得投资时投资成本与应享有被投资单位可辨认净资产公允价值份额之间的差额，应该区别情况分别处理。

当长期股权投资的初始投资成本大于投资时应享有被投资单位可辨认净资产公允价值份额的，该部分差额从本质上是投资企业在取得投资过程中通过购买作价体现出的商誉以及不符合确认条件的资产价值，因此不调整长期股权投资的初始投资成本；长期股权投资的初始投资成本小于投资时应享有被投资单位可辨认净资产公允价值份额的，应按其差额计入当期的营业外收入，同时调整增加长期股权投资的账面价值。编制会计分录如图1－83所示。

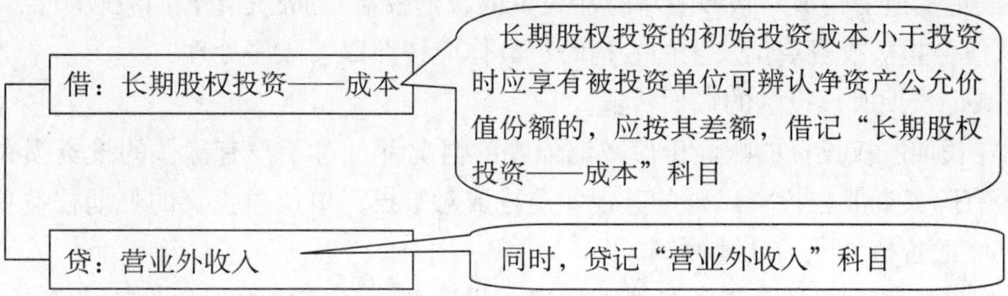

图1－83

业务2　投资损益的确认

投资企业取得长期股权投资后，应当按照应享有或应分担的被投资单位实现的净利润或发生净亏损的份额，调整长期股权投资的账面价值，并确认为当期投资收益。在确认应享有或应分担被投资单位的净利润或净亏损时，在被投资单位账面净利润的基础上，应考虑以下因素的影响进行适当调整：

(1)被投资单位采用的会计政策及会计期间与投资企业不一致，应按投资企业的会计政策及会计期间对被投资单位的财务报表进行调整。

(2)以取得投资时被投资单位固定资产、无形资产的公允价值为基础计提的折旧额或摊销额，以及以投资企业取得投资时的公允价值为基础计算确定的资产减值准备金额等对被投资单位净利润的影响。

投资企业按照被投资单位实现的净利润计算应分得的部分，相应增加长期股权投资的账面价值。

当被投资单位实现净利润时，编制会计分录如图1－84所示。

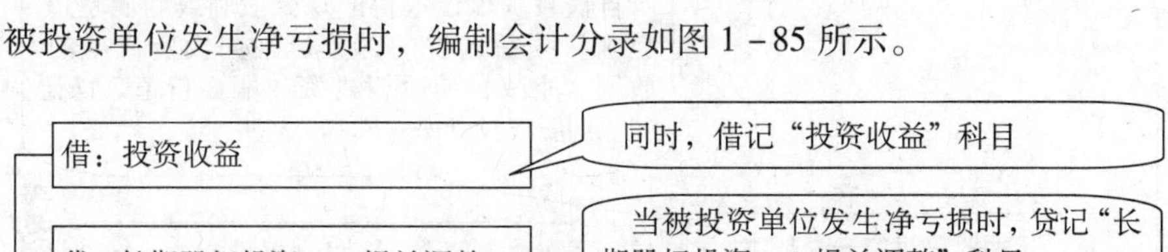

图1－84

当被投资单位发生净亏损时，编制会计分录如图1－85所示。

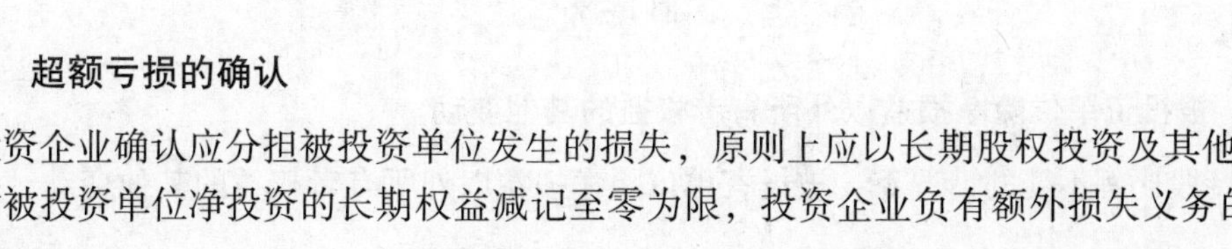

图1－85

业务3　超额亏损的确认

投资企业确认应分担被投资单位发生的损失，原则上应以长期股权投资及其他实质上构成对被投资单位净投资的长期权益减记至零为限，投资企业负有额外损失义务的除外。

此处的“其他实质上构成对被投资单位净投资的长期权益”通常是指长期应收项目。投资企业在确认应分担被投资单位发生的亏损时，具体应按照以下顺序处理：

(1)减记长期股权投资的账面价值。

(2)在长期股权投资的账面价值减记为零的情况下，对于没有确认的投资损失考虑账面上是否有除长期股权投资以外的其他实质构成对被投资单位净投资的长期权益项目，若有则以其账面价值为限，继续冲减。

(3)如果按照投资合同或者协议的约定，投资企业还需要承担额外损失弥补义务等，应按预计将承担的义务金额确认预计负债，记入当期投资损失。

编制会计分录：

借：投资收益

　　贷：长期股权投资——损益调整

　　　　长期应收款

　　　　预计负债

在确认了有关损失后，被投资单位于后期实现盈利的，应按相反顺序分别编制相反分录。

业务4　取得现金股利或利润的处理

采用权益法核算的长期股权投资，投资企业自被投资单位取得的现金股利或利润，应冲减长期股权投资的账面价值。在被投资单位宣告分派现金股利或利润时，借记“应收股利”科目，贷记“长期股权投资——损益调整”科目。累计收到的现金股利超过投资以后已经确认的投资收益的金额部分确认成本明细的冲减，小于已经确认的投资收益的部分冲减“长期股权投资——损益调整”科目；自被投资单位取得的现金股利或利润超过已确认损益调整的部分应视同投资成本的收回，冲减长期股权投资的账面价值，贷记“长期股权投资——成本”科目。编制会计分录如图1－86所示。

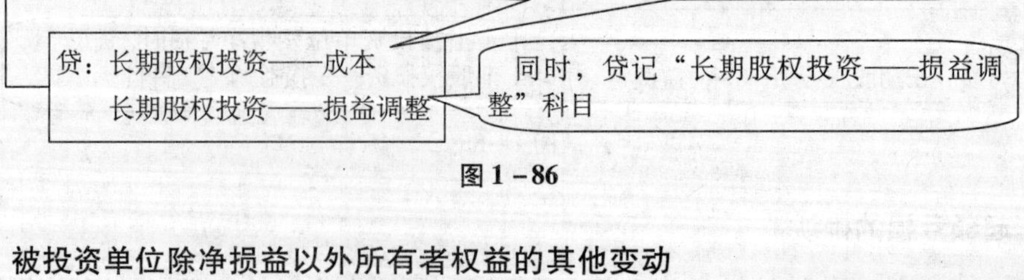

图1－86

业务5　被投资单位除净损益以外所有者权益的其他变动

在持股比例不变的情况下，被投资单位除净损益以外所有者权益的其他变动，企业按持股比例计算应享有的份额调整长期股权投资的账面价值并记入所有者权益。编制会计分录(或者相反分录)如图 1－87 所示。

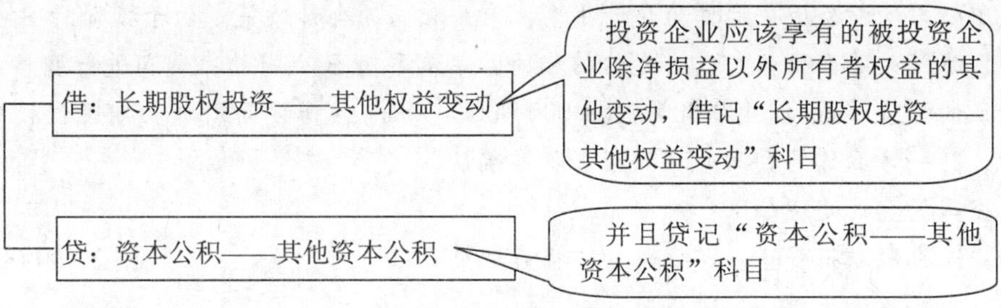

图 1－87

业务 6　分配股票股利

被投资单位分派的股票股利，投资企业不作账务处理。

▸▸案例解析

【例 1－58】 A 公司于 2×16 年 1 月 1 日取得 B 公司 30% 的股权，实际支付价款 30 000 000 元。取得投资时被投资单位账面所有者权益的构成如下(假定该时点被投资单位各项可辨认资产、负债的公允价值与其账面价值相同，单位：元)：

实收资本	30 000 000
资本公积	24 000 000
盈余公积	6 000 000
未分配利润	15 000 000
所有者权益总额	75 000 000

假定在 B 公司的董事会中，所有股东均以其持股比例行使表决权。A 公司在取得对 B 公司的股权后，派人参与了 B 公司的财务和生产经营决策。因能够对 B 公司的生产经营决策施加重大影响，A 公司对该项投资采用权益法核算。取得投资时，A 公司应进行的账务处理为：

借：长期股权投资——B 公司——成本　　30 000 000
　　贷：银行存款　　30 000 000

长期股权投资的成本 30 000 000 元大于取得投资时应享有 B 公司可辨认净资产公允价值的份额 22 500 000 元(75 000 000×30%)，不对其初始投资成本进行调整。

假定上例中取得投资时 B 公司可辨认净资产公允价值为 120 000 000 元，A 公司按持股比例 30% 计算确定应享有 36 000 000 元，则初始投资成本与应享有 B 公司可辨认净资产公允价值份额之间的差额 6 000 000 元应记入取得投资当期的损益。账务处理如下：

借：长期股权投资——B 公司——成本　　36 000 000
　　贷：银行存款　　30 000 000
　　　　营业外收入　　6 000 000

【例1-59】接【例1-58】，假定A公司长期股权投资的成本大于取得投资时B公司可辨认净资产公允价值份额的情况下，2×16年B公司实现净利润8 000 000元。A公司、B公司均以公历年度作为会计年度，采用相同的会计政策。由于投资时B公司各项资产、负债的账面价值与其公允价值相同，不需要对B公司的净利润进行调整，A公司应确认的投资收益为2 400 000元(8 000 000×30%)，一方面增加长期股权投资的账面价值，另一方面作为利润表中的投资收益确认。

A公司的会计处理如下：

借：长期股权投资——B公司——损益调整　　2 400 000

　　贷：投资收益——B公司　　2 400 000

【例1-60】甲公司于2×16年1月2日购入乙公司30%的股份，购买价款为20 000 000元，并自取得股份之日起派人参与乙公司的生产经营决策。取得投资日，乙公司可辨认净资产公允价值为60 000 000元，除下列项目外，其他资产、负债的公允价值与账面价值相同(单位：元)。

表1-9　2×16年1月2日乙公司账面价值与公允价值

	账面原价	已提折旧	公允价值	原预计使用年限	剩余使用年限
存　货	5 000 000		7 000 000		
固定资产	10 000 000	2 000 000	12 000 000	20	16
无形资产	6 000 000	1 200 000	8 000 000	10	8
小　计	21 000 000	3 200 000	27 000 000		

假定乙公司2×16年实现净利润6 000 000元，其中在甲公司取得投资时的账面存货5 000 000元中有80%对外出售。甲公司与乙公司的会计年度和采用的会计政策相同。

甲公司在确定其应享有乙公司2×16年的投资收益时，应在乙公司实现净利润的基础上，根据取得投资时有关资产的账面价值与其公允价值差额的影响进行调整(假定不考虑所得税影响)：

调整后的净利润=6 000 000-(7 000 000-5 000 000)×80%-(12 000 000÷16-10 000 000÷20)-(8 000 000÷8-6 000 000÷10)=3 750 000(元)。

甲公司应享有份额=3 750 000×30%=1 125 000(元)。

借：长期股权投资——乙公司——损益调整　　1 125 000

　　贷：投资收益　　1 125 000

【例1-61】被投资单位宣告发放现金股利10 000 000元，按照持股比例25%计算的应该享有的2 500 000元，超过投资以后累计确认投资收益的部分冲减投资成本，之前累计确认投资收益1 800 000元，投资单位应编制如下会计分录：

借：应收股利　　2 500 000

　　贷：长期股权投资——成本　　700 000

　　　　长期股权投资——损益调整　　1 800 000

收到现金股利：

借：银行存款 2 500 000

贷：应收股利 2 500 000

【例1-62】A公司持有B公司30%的股份，当期B公司因持有的可供出售金融资产公允价值的变动记入资本公积的金额为6 000 000元，除该事项外，B公司当期实现的净利润为32 000 000元。假定A公司与B公司采用的会计政策、会计期间相同，投资时B公司有关资产的公允价值与其账面价值亦相同，无其他内部交易。

A公司在确认应享有B公司所有者权益的变动时：

借：长期股权投资——B公司——损益调整(32 000 000×30%) 9 600 000

——其他权益变动(6 000 000×30%) 1 800 000

贷：投资收益 9 600 000

资本公积——其他资本公积——B公司 1 800 000

(五)长期股权投资核算方法的转换

业务概述

长期股权投资在持有期间可能会发生一些变化从而导致其核算需要由一种核算方法转换为另一种核算方法。长期股权投资核算法转换的情况如图1-88所示。

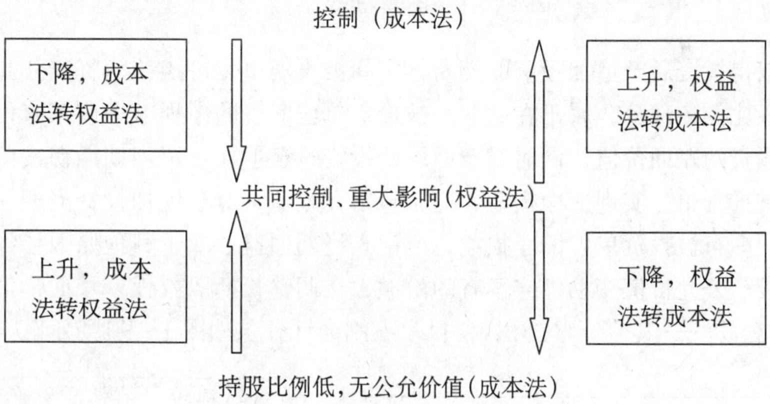

图1-88 长期股权投资核算法转换

账务处理

业务1 成本法转权益法

长期股权投资的核算由成本法转为权益法时，应区别形成该转换的不同情况进行处理，应该以成本法下长期股权投资的账面价值作为按照权益法核算的初始投资成本，并在此基础上比较该初始投资成本与应享有被投资单位可辨认净资产公允价值的份额，确定是否需要对长期股权投资的账面价值进行调整。

第一，因持股比例上升由成本法改为权益法。

原持有的对被投资单位不具有控制、共同控制或重大影响，在活跃市场中没有报价、公允价值不能可靠计量的长期股权投资，因追加投资导致持股比例上升，能够对被投资单位施加重大影响或是实施共同控制的，在成本法转为权益法时，应区分原持有的长期股权投资以及追加长期股权投资两部分分别处理：

（1）原持有长期股权投资的账面余额与按照原持股比例计算确定应享有原取得投资时被投资单位可辨认净资产公允价值之间的差额，前者大于后者的，不调整长期股权投资的账面价值；前者小于后者的，根据其差额分别调整长期股权投资的账面价值和留存收益。

（2）对于新取得的股权部分，应比较追加投资的成本与取得该部分投资时应享有被投资单位可辨认净资产公允价值的份额，前者大于后者的，不调整长期股权投资的成本；前者小于后者的，根据其差额分别调增长期股权投资成本和当期的营业外收入。进行上述调整时，应当综合考虑与原持有投资和追加投资相关的商誉或记入损益的金额。

编制会计分录如图1－89所示。

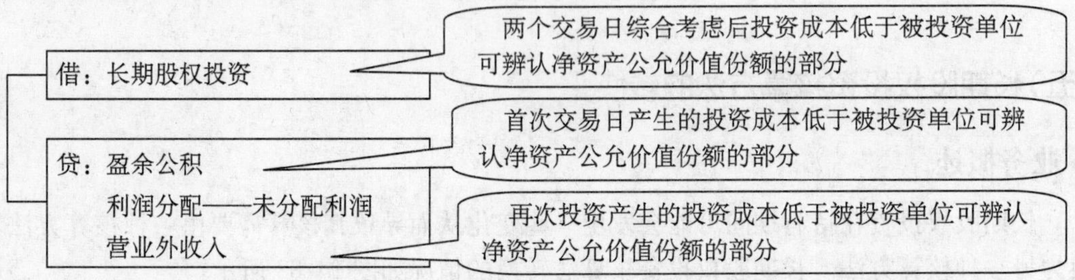

图1－89

对于原取得投资后至追加投资的交易日之间被投资单位可辨认净资产公允价值的变动相对于原持股比例的部分，属于在此期间被投资单位实现的净损益中应享有份额的，应调整长期股权投资的账面价值，同时对于原取得投资时至追加投资当期期初按照原持股比例计算应享有被投资单位实现的净损益，应调整留存收益，对于追加投资当期期初至追加投资交易日之间享有被投资单位的净损益，应记入当期损益；属于其他原因导致的被投资单位可辨认净资产公允价值变动中应享有的份额，在调整长期股权投资账面价值的同时，应当记入“资本公积——其他资本公积”科目。编制会计分录如图1－90所示。

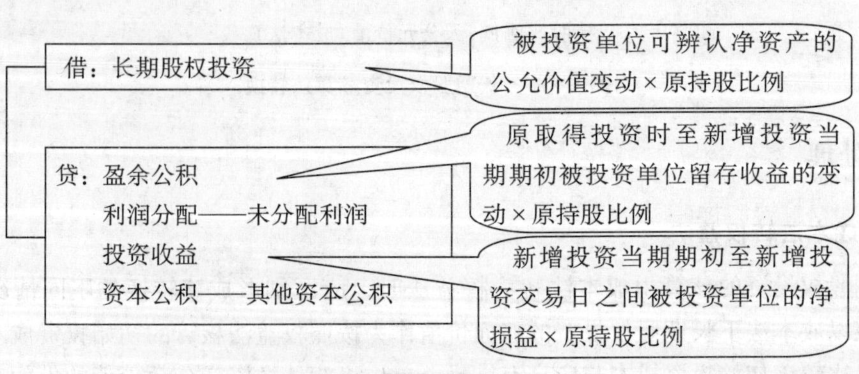

图1－90

第二，因持股比例下降由成本法改为权益法。

因处置投资导致对被投资单位的影响能力由控制转为具有重大影响或者与其他投资方共同控制的情况下，首先应按处置或收回投资的比例结转应终止确认的长期股权投资成本。在此基础上，应当比较剩余的长期股权投资成本与按照剩余持股比例计算原投资时应享有被投资单位可辨认净资产公允价值的份额，属于投资作价中体现的商誉部分不调整长期股权投资的账面价值；属于投资成本小于原投资时应享有被投资单位可辨认净资产公允价值份额的，在调整长期股权投资成本的同时，应调整留存收益。对于原取得投资后至处置投资导致转变为权益法核算之间被投资单位实现的净损益中应享有的份额，一方面应调整长期股权投资的账面价值，另一方面对于原取得投资时至处置投资当期期初被投资单位实现的净损益（扣除已发放及已宣告发放的现金股利及利润）中应享有的份额，调整留存收益，对于处置投资当期期初至处置投资之日被投资单位实现的净损益中享有的份额，调整当期损益；其他原因导致被投资单位所有者权益变动中应享有的份额，在调整长期股权投资账面价值的同时，应当记入“资本公积——其他资本公积”科目。

长期股权投资自成本法转为权益法后，未来期间应当按照《企业会计准则第2号——长期股权投资》计算确认应享有被投资单位实现的净损益及所有者权益其他变动的份额。

撤资后的追溯调整、处置收益的确认，企业应该编制如下会计分录如图1-91所示。

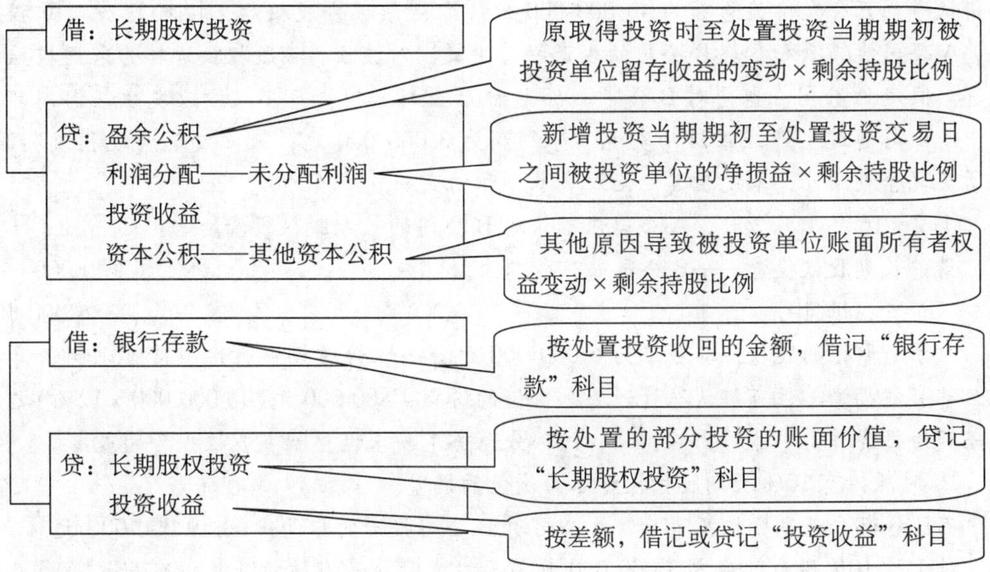

图1-91

业务2　权益法转成本法

因追加投资原因导致原持有的对联营企业或合营企业的投资转变为对子公司投资的，长期股权投资账面价值的调整应当按照分步实现企业合并的原则处理。除此之外，因减少投资导致长期股权投资的核算由权益法转换为成本法（投资企业对被投资单位不具有控制、共同控制或重大影响的，并且在活跃市场中没有报价，公允价值不能可靠计量的长期股权投资）的，应以转换时长期股权投资的账面价值作为按照成本法核算的基础。编制会计分录如图1-92所示。

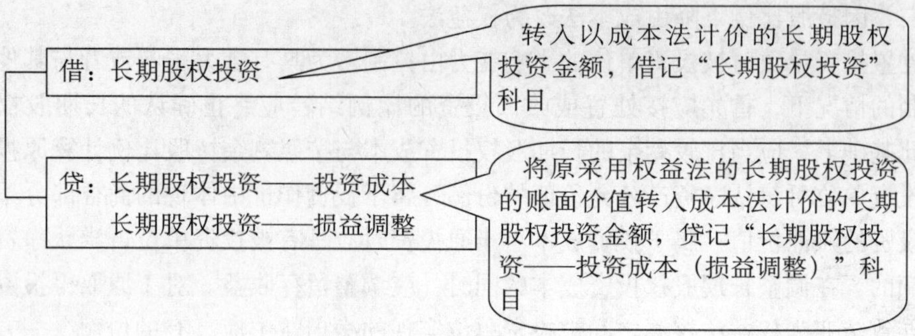

图 1－92

案例解析

【例 1－63】A 公司于 2×15 年 1 月 2 日取得 B 公司 10% 的股权，成本为 3 000 000 元，取得投资时 B 公司可辨认净资产公允价值总额为28 000 000元(假定公允价值与账面价值相同)，因对被投资单位不具有重大影响且无法可靠确定该项投资的公允价值，A 公司对其采用成本法核算。A 公司按照净利润的 10% 提取盈余公积。

2×16 年 1 月 2 日，A 公司又以 6 000 000 元取得 B 公司 12% 的股权，当日 B 公司可辨认净资产公允价值总额为 40 000 000 元。取得该部分股权后，按照 B 公司章程规定，A 公司能够派人参与 B 公司的生产经营决策，对该项长期股权投资转为采用权益法核算。假定 A 公司在取得对 B 公司 10% 股权后至新增投资日，双方未发生任何内部交易，B 公司通过生产经营活动实现的净利润为 3 000 000 元，未派发现金股利或利润。除所实现净利润外，未发生其他记入资本公积的交易或事项。

① 2×16 年 1 月 2 日，A 公司应确认对 B 公司的长期股权投资。

借：长期股权投资——B 公司——成本　　6 000 000

　　贷：银行存款　　6 000 000

对于新取得的股权，其成本为 6 000 000 元，与取得该投资时按照持股比例计算确定应享有被投资单位可辨认净资产公允价值的份额 4 800 000 元(40 000 000 ×12%)之间的差额为投资作价中体现出的商誉，该部分商誉不要求调整长期股权投资的成本。

② 对原持有 10% 长期股权投资账面价值的调整。

确认该部分长期股权投资后，A 公司对 B 公司投资的账面价值为9 000 000 元。

对于原 10% 股权的成本 3 000 000 元与原投资时应享有被投资单位可辨认净资产公允价值份额 2 800 000 元之间的差额 200 000 元，属于原投资时体现的商誉，该部分差额不调整长期股权投资的账面价值。

对于被投资单位可辨认净资产在原投资时至新增投资交易日之间公允价值的变动相对于原持股比例的部分 1 200 000 元(40 000 000－28 000 000)，其中属于投资后被投资单位实现净利润部分的 300 000 元(3 000 000 ×10%)，应调整增加长期股权投资的账面余额，同时调整留存收益；除实现净损益外其他原因导致的被投资单位可辨认净资产公允价值的变动 900 000 元，应当调整增加长期股权投资的账面余额，同时记入“资本公积——其他资本公积”科目。针对该部分投资的账务处理为：

借：长期股权投资——B公司——损益调整　300 000
　　　　　　　　　　——其他权益变动　900 000
　贷：盈余公积　30 000
　　利润分配——未分配利润　270 000
　　资本公积——其他资本公积——B公司　900 000

【例1-64】 A公司原持有B公司60%的股权，其账面余额为30 000 000元，未计提减值准备。2×15年5月3日，A公司将其持有的对B公司长期股权投资中的1/3出售给某企业，出售取得价款18 000 000元，当日被投资单位可辨认净资产公允价值总额为80 000 000元。A公司取得B公司60%股权时，B公司可辨认净资产公允价值总额为45 000 000元（假定公允价值与账面价值相同）。自A公司取得对B公司长期股权投资后至部分处置投资前，B公司实现净利润25 000 000元，其中，自A公司取得投资日至2×16年年初实现净利润20 000 000元。假定B公司一直未进行利润分配。除所实现净利润外，B公司未发生其他记入资本公积的交易或事项。本例中，A公司按净利润的10%提取盈余公积。

在出售20%的股权后，A公司对B公司的持股比例为40%，在被投资单位董事会中派有代表，但不能对B公司生产经营决策实施控制。对B公司长期股权投资应由成本法改为按照权益法核算。

① 确认长期股权投资处置损益。

借：银行存款　18 000 000
　贷：长期股权投资——B公司　10 000 000
　　投资收益　8 000 000

② 调整长期股权投资账面价值。

剩余长期股权投资的账面价值为20 000 000元，与原投资时应享有被投资单位可辨认净资产公允价值份额之间的差额2 000 000元（20 000 000-45 000 000×40%）为商誉，该部分商誉的价值不需要对长期股权投资的成本进行调整。

处置投资以后，按照持股比例计算享有被投资单位自购买日至处置投资日期间实现的净利润为10 000 000元（25 000 000×40%），应调整增加长期股权投资的账面价值，同时调整留存收益和当期损益。A公司应进行以下账务处理：

借：长期股权投资——B公司——损益调整　10 000 000
　贷：盈余公积　800 000
　　利润分配——未分配利润　7 200 000
　　投资收益　2 000 000

【例1-65】 甲公司持有乙公司30%的有表决权股份，能够对乙公司的生产经营决策施加重大影响，采用权益法核算。2×16年10月，甲公司将该项投资中的50%对外出售，出售以后无法再对乙公司施加重大影响，且该项投资不存在活跃市场，公允价值无法可靠确定，转为采用成本法核算。出售时，该项长期股权投资的账面价值为16 000 000元，其中投资成本13 000 000元，损益调整为3 000 000元，出售取得价款9 000 000元。

甲公司确认处置部分投资相关的账务处理：

借：银行存款　9 000 000

　　贷：长期股权投资——乙公司——成本　6 500 000

　　　　　　　　　　　　　　——损益调整　1 500 000

　　　　投资收益　1 000 000

借：长期股权投资　8 000 000

　　贷：长期股权投资——乙公司——成本　6 500 000

　　　　　　　　　　　　　　——损益调整　1 500 000

（六）长期股权投资的减值

业务概述

投资企业在确认从被投资单位应分得的现金股利或利润后，应当考虑长期股权投资是否发生减值。在判断该类长期股权投资是否存在减值迹象时，应当关注长期股权投资的账面价值大于其可收回金额的情况（例如，被投资企业经营所处的经济、技术或法律等环境以及资产所处的市场在长期发生重大变化，产生不利影响；被投资企业净资产账面价值远高于其市值）。出现类似情况时，企业应当按照《企业会计准则第 8 号——资产减值》的规定对长期股权投资进行减值测试，可收回金额低于长期股权投资账面价值的，应当计提减值准备。处置长期股权投资时，应同时结转已计提的长期股权投资减值准备。

账务处理

资产负债日，企业应该对长期股权投资进行减值测试，如果长期股权投资发生减值，应按减记的金额编制会计分录如图 1－93 所示。

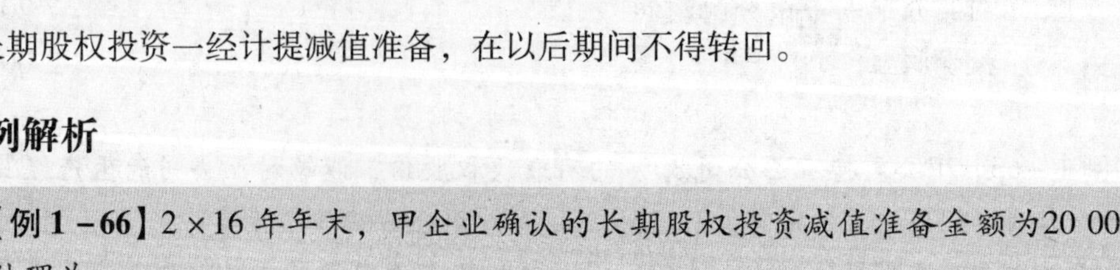

图 1－93

长期股权投资一经计提减值准备，在以后期间不得转回。

案例解析

【例 1－66】 2×16 年年末，甲企业确认的长期股权投资减值准备金额为20 000 元，账务处理为：

借：资产减值损失　20 000

　　贷：长期股权投资减值准备　20 000

(七)长期股权投资的处置

▸▸业务概述

企业处置长期股权投资时，应相应结转与所售股权相对应的长期股权投资的账面价值，出售所得价款与处置长期股权投资账面价值之间的差额，应确认为处置损益。

采用权益法核算的长期股权投资，原记入资本公积的金额，在处置时亦应进行结转，将与所出售股权相对应的部分在处置时自资本公积转入当期损益(投资收益)。

▸▸账务处理

处置长期股权投资时，应按实际收到的金额，借记“银行存款”等科目；按其账面价值，贷记“长期股权投资”科目；按尚未领取的现金股利或利润，贷记“应收股利”科目；按其差额，贷记或借记“投资收益”科目。已计提减值准备的，还应同时结转减值准备。编制会计分录如图1－94所示。

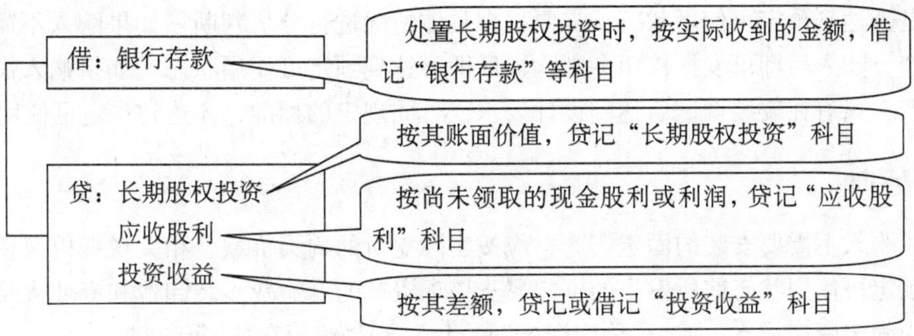

图1－94

▸▸案例解析

【例1－67】A公司原持有B公司40%的股权，2×15年11月30日，A公司出售所持有B公司股权中的10%，出售时A公司账面上对B公司长期股权投资的构成为：投资成本36 000 000元，损益调整为9 600 000元，其他权益变动6 000 000元。出售取得价款14 100 000元。

① A公司确认处置损益的账务处理如下。

借：银行存款	14 100 000	
贷：长期股权投资——B公司——成本		9 000 000
——损益调整		2 400 000
——其他权益变动		1 500 000
投资收益		1 200 000

② 除应将实际取得价款与出售长期股权投资的账面价值进行结转，确认为处置当期损益外，还应将原记入资本公积的部分按比例转入当期损益。

借：资本公积——其他资本公积——B公司	1 500 000	
贷：投资收益		1 500 000

固定资产

固定资产是指同时具有下列特征的有形资产：为生产商品、提供劳务、出租或经营管理而持有的，使用寿命超过一个会计年度。

(一)购买固定资产

业务概述

企业外购固定资产的成本，包括购买价款、相关税费、使固定资产达到预定可使用状态前所发生的可归属于该项资产的运输费、装卸费、安装费和专业人员服务费等。外购固定资产是否达到预定可使用状态，需要根据具体情况进行分析判断。如果购入不需安装的固定资产，购入后即可发挥作用，则购入后即可达到预定可使用状态。如果购入需安装的固定资产，只有在安装调试后达到设计要求或合同规定的标准，才达到预定可使用状态。

账务处理

企业购入不需要安装的固定资产，应按实际支付的购买价款、相关税费以及使固定资产达到预定可使用状态前所发生的可归属于该项资产的运输费、装卸费和专业人员服务费等，作为固定资产成本，借记"固定资产"科目，贷记"银行存款"等科目。

若企业为增值税一般纳税人，则企业购进机器设备等固定资产的进项税额不纳入固定资产成本核算，可以在销项税额中抵扣。

购入需要安装的固定资产，应在购入的固定资产取得成本的基础上加上安装调试成本等，作为购入固定资产的成本，先通过"在建工程"科目核算，待安装完毕达到预定可使用状态时，再由"在建工程"科目转入"固定资产"科目。

企业购入固定资产时，按实际支付的购买价款、运输费、装卸费和其他相关税费等，借记"在建工程"科目，贷记"银行存款"等科目；支付安装费用时，借记"在建工程"科目，贷记"银行存款"等科目；安装完毕达到预定可使用状态时，按其实际成本，借记"固定资产"科目，贷记"在建工程"科目。编制会计分录：

(1)购入固定资产时编制会计分录如图1－95所示。

借：在建工程 —— 企业购入固定资产时，按实际支付的购买价款、运输费、装卸费和其他相关税费等，借记"在建工程"科目

贷：银行存款 —— 同时，贷记"银行存款"科目

图1－95

(2)支付安装费用时编制会计分录如图1－96所示。

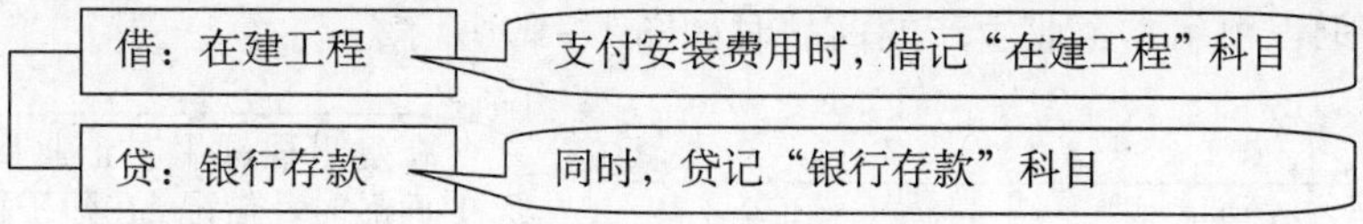

图 1－96

(3)安装完毕达到预定可使用状态时编制会计分录如图 1－97 所示。

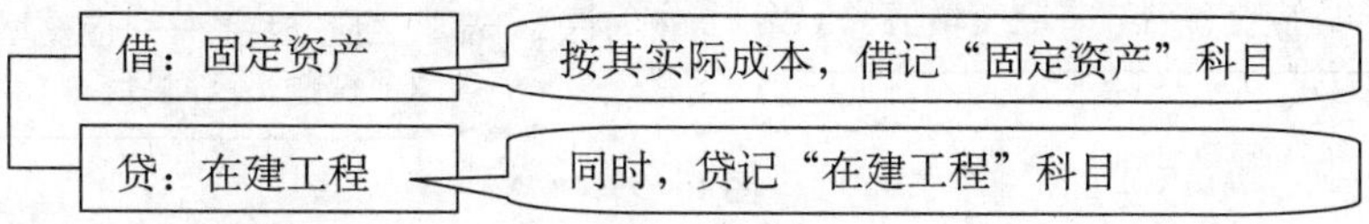

图 1－97

(二)自行建造固定资产

▶▶业务概述

自行建造的固定资产，其成本由建造该项资产达到预定可使用状态前所发生的必要支出构成，包括工程用物资成本、人工成本、交纳的相关税费、应予资本化的借款费用以及应分摊的间接费用等。企业为建造固定资产通过出让方式取得土地使用权而支付的土地出让金不记入在建工程成本，应确认为无形资产(土地使用权)。企业自行建造固定资产包括自营建造和出包建造两种方式。

▶▶账务处理

业务 1　自营建造

自营工程，是指企业自行组织工程物资采购、自行组织施工人员施工的建筑工程和安装工程。购入工程物资时，借记“工程物资”科目，贷记“银行存款”等科目；领用工程物资时，借记“在建工程”科目，贷记“工程物资”科目。在建工程领用本企业原材料时，借记“在建工程”科目，贷记“原材料”等科目。在建工程领用本企业生产的商品时，借记“在建工程”科目，贷记“库存商品”、“应交税费——应交增值税(销项税额)”等科目。自营工程发生的其他费用(如分配工程人员工资等)，借记“在建工程”科目，贷记“银行存款”、“应付职工薪酬”等科目。自营工程达到预定可使用状态时，按其成本，借记“固定资产”科目，贷记“在建工程”科目。编制会计分录：

(1)购入工程物资时如图 1－98 所示。

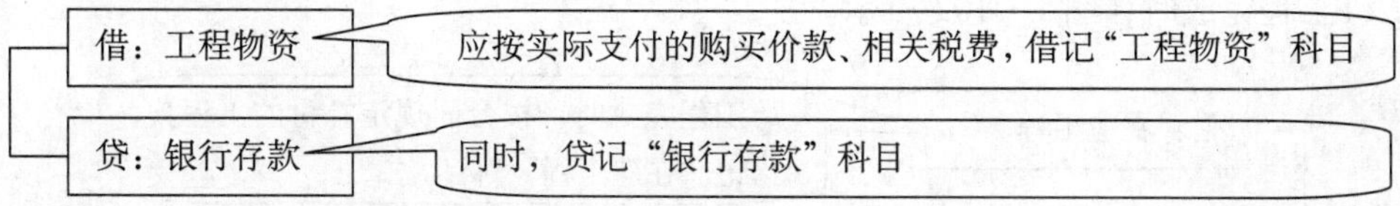

图 1－98

(2)在建工程领用本企业生产的商品时如图 1－99 所示。

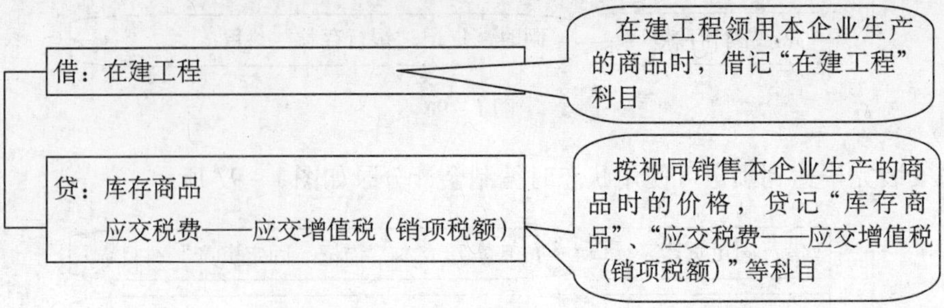

图 1－99

(3)自营工程达到预定可使用状态时如图 1－100 所示。

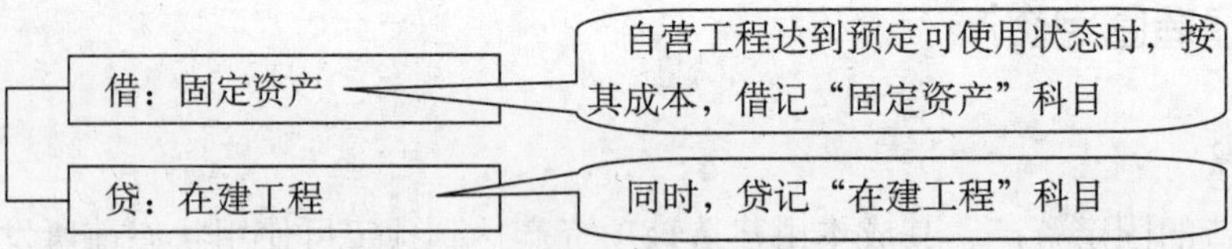

图 1－100

业务 2　出包建造

出包工程是指企业通过招标方式将工程项目发包给建造承包商，由建造承包商组织施工的建筑工程和安装工程。企业采用出包方式进行的固定资产工程，其工程的具体支出主要由建造承包商核算，在这种方式下，“在建工程”科目主要是企业与建造承包商办理工程价款的结算科目，即企业支付给建造承包商的工程价款作为工程成本通过“在建工程”科目核算。企业按合理估计的发包工程进度和合同规定向建造承包商结算的进度款，借记“在建工程”科目，贷记“银行存款”等科目；工程完成时，按合同规定补付的工程款，借记“在建工程”科目，贷记“银行存款”等科目；工程达到预定可使用状态时，按其成本，借记“固定资产”科目，贷记“在建工程”科目。编制会计分录：

(1)工程建造时如图 1－101 所示。

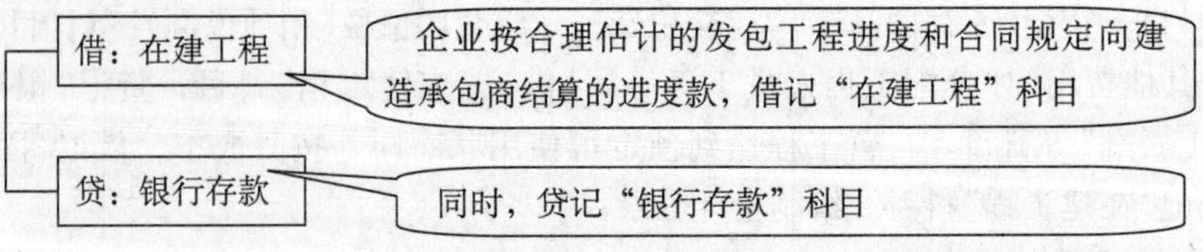

图 1－101

(2)工程完成时如图 1－102 所示。

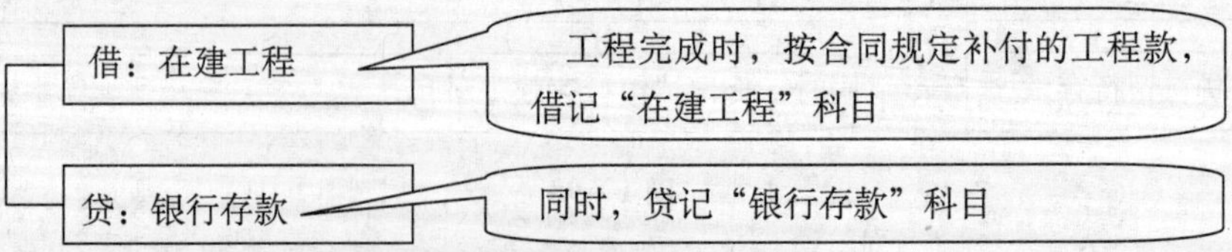

图 1－102

(3)工程达到预定可使用状态时如图 1－103 所示。

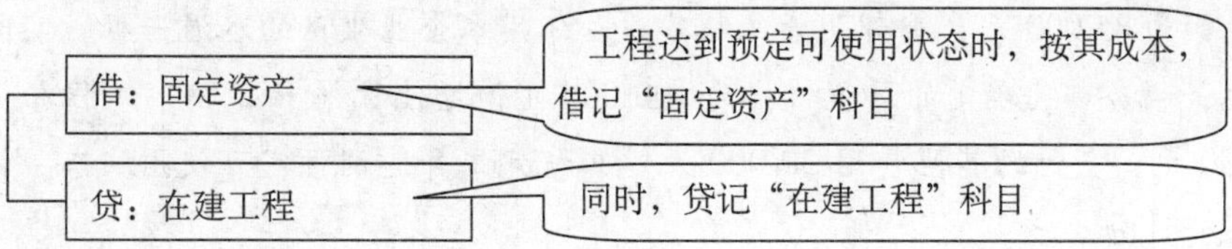

图 1－103

案例解析

【例 1－68】甲公司购入一台不需要安装即可投入使用的设备，取得的增值税专用发票上注明的设备价款为 30 000 元，增值税税额为 5 100 元，另支付运输费 300 元、包装费 400 元，款项以银行存款支付。假设甲公司属于增值税一般纳税人，增值税进项税额不纳入固定资产成本核算。

① 计算固定资产成本。

固定资产买价	30 000
加：运输费	300
包装费	400
合计	30 700

② 编制购入固定资产的会计分录。

借：固定资产　　30 700
　　应交税费——应交增值税(进项税额)　　5 100
　　贷：银行存款　　35 800

【例 1－69】甲公司用银行存款购入一台需要安装的设备，增值税专用发票上注明的设备买价为 200 000 元，增值税税额为 34 000 元，支付运输费 10 000 元，支付安装费 30 000 元，甲公司为增值税一般纳税人。甲公司应编制如下会计分录。

① 购入进行安装时。

借：在建工程　　210 000
　　应交税费——应交增值税(进项税额)　　34 000
　　贷：银行存款　　244 000

② 支付安装费时。

借：在建工程　　30 000
　　贷：银行存款　　30 000

③ 设备安装完毕交付使用时。

确定的固定资产成本＝210 000＋30 000＝240 000(元)。

借：固定资产　　240 000
　　贷：在建工程　　240 000

【**例1－70**】某企业自建厂房一幢，购入为工程准备的各种物资500 000元，支付的增值税税额为85 000元，全部用于工程建设。领用本企业生产的水泥一批，实际成本为80 000元，税务部门确定的计税价格为100 000元，增值税税率17%。工程人员应计工资100 000元，支付的其他费用30 000元。工程完工并达到预定可使用状态。该企业应编制如下会计分录。

① 购入工程物资时。

借：工程物资　585 000

　　贷：银行存款　585 000

② 工程领用工程物资时。

借：在建工程　585 000

　　贷：工程物资　585 000

③ 工程领用本企业生产的水泥。

借：在建工程　80 000

　　贷：库存商品　80 000

④ 分配工程人员工资时。

借：在建工程　100 000

　　贷：应付职工薪酬　100 000

⑤ 支付工程发生的其他费用时。

借：在建工程　30 000

　　贷：银行存款　30 000

⑥ 工程完工转入固定资产。

成本＝585 000＋97 000＋100 000＋30 000＝812 000(元)。

借：固定资产　812 000

　　贷：在建工程　812 000

【**例1－71**】甲公司将一幢厂房的建造工程出包给丙公司承建，按合理估计的发包工程进度和合同规定向丙公司结算进度款600 000元。工程完工后，收到丙公司有关工程结算单据，补付工程款400 000元。工程完工并达到预定可使用状态。甲公司应编制如下会计分录。

① 按合理估计的发包工程进度和合同规定向丙公司结算进度款时。

借：在建工程　600 000

　　贷：银行存款　600 000

② 补付工程款时。

借：在建工程　400 000

　　贷：银行存款　400 000

③ 工程完工并达到预定可使用状态时。

借：固定资产 1 000 000

贷：在建工程 1 000 000

(三)融资租入固定资产

业务概述

租赁有两种形式：一种是经营租赁，另一种是融资租赁。租赁开始日，是指租赁协议日与租赁各方就主要条款作出承诺日中的较早者。在租赁开始日，承租人应当将租赁认定为融资租赁或经营租赁，并确定租赁期开始日应确认的金额。

企业对租赁进行分类时，应当全面考虑租赁期届满时租赁资产所有权是否转移给承租人、承租人是否有购买租赁资产的选择权、租赁期占租赁资产使用寿命的比例等各种因素。租赁期，是指租赁协议规定的不可撤销的租赁期间。如果承租人有权选择续租该资产，并且在租赁开始日就可以合理确定承租人将会行使这种选择权，不论是否再支付租金，续租期也包括在租赁期之内。

具体地说，满足下列标准之一的，应认定为融资租赁。

(1)在租赁期届满时，资产的所有权转移给承租人。即如果在租赁协议中已经约定，或者根据其他条件在租赁开始日就可以合理地判断，租赁期届满时出租人会将资产的所有权转移给承租人，那么该项租赁应当认定为融资租赁。

(2)承租人有购买租赁资产的选择权，所订立的购价预计远低于行使选择权时租赁资产的公允价值，因而在租赁开始日就可合理地确定承租人将会行使这种选择权。

(3)租赁期占租赁资产使用寿命的大部分。这里的“大部分”指租赁期占租赁开始日租赁资产使用寿命的75%以上(含75%)。需要说明的是，这里的量化标准只是指导性标准，企业在具体运用时，必须以《企业会计准则第21号——租赁》规定的相关条件判断。还需要注意，这条标准强调的是租赁期占租赁资产使用寿命的比例，而非租赁期占该项资产全部可使用年限的比例。如果租赁资产是旧资产，在租赁前已使用年限超过资产自全新时起算可使用年限的75%以上(含75%)时，则这条判断标准不适用，不能使用这条标准确定租赁的分类。

(4)就承租人而言，租赁开始日最低租赁付款额的现值几乎相当于租赁开始日租赁资产的公允价值。这里的“几乎相当于”应为90%(含90%)以上。需要说明的是，这里的量化标准只是指导性标准，企业在具体运用时，必须以《企业会计准则第21号——租赁》规定的相关条件判断。

最低租赁付款额，是指在租赁期内承租人应支付或可能被要求支付的款项(不包括或有租金和履约成本)，加上由承租人或与其有关的第三方担保的资产余值。

承租人有购买租赁资产选择权，所订立的购买价款预计将远低于行使选择权时租赁资产的公允价值，因而在租赁开始日就可以合理确定承租人将会行使这种选择权的，购买价款应当记入最低租赁付款额。

(5)租赁资产有性质特殊，如果不作较大改造只有承租人才能使用。这条标准是指，租赁资产是出租人根据承租人对资产型号、规格等方面的特殊要求专门购买或建造的，具有专购、专用性质。这些租赁资产如果不作较大的重新改制，其他企业通常难以使用。这种情况下，该项租赁也应当认定为融资租赁。

账务处理

业务1　租赁期开始日的会计处理

租赁期开始日，是指承租人有权行使其使用租赁资产权利的日期，表明租赁行为的开始。在租赁期开始日，承租人应当对租入资产、最低租赁付款额和未确认融资费用进行初始确认。

企业采用融资租赁方式租入的固定资产，应在租赁期开始日，将租赁开始日租赁资产公允价值与最低租赁付款额现值两者中较低者，加上初始直接费用，作为租入资产的入账价值，借记"固定资产"等科目；按最低租赁付款额，贷记"长期应付款"科目；按发生的初始直接费用，贷记"银行存款"等科目；按其差额，借记"未确认融资费用"科目。编制会计分录如图1-104所示。

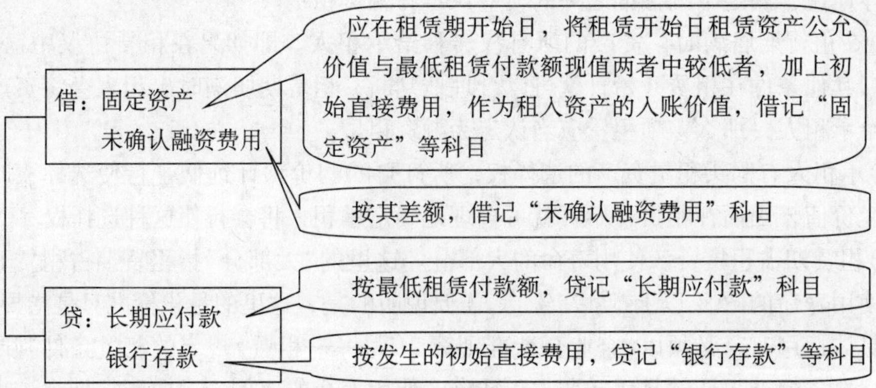

图1-104

初始直接费用，是指在租赁谈判和签订租赁协议的过程中发生的可直接归属于租赁项目的费用。承租人发生的初始直接费用，通常有印花税、佣金、律师费、差旅费、谈判费等。承租人发生的初始直接费用，应当记入租赁资产价值。

企业在计算最低租赁付款额的现值时，能够取得出租人租赁内含利率的，应当采用租赁内含利率作为折现率；否则，应当采用租赁合同规定的利率作为折现率。企业无法取得出租人的租赁内含利率且租赁合同没有规定利率的，应当采用同期银行贷款利率作为折现率。其中，租赁内含利率，是指在租赁开始日，使最低租赁收款额的现值与未担保余值的现值之和等于租赁资产公允价值与出租人的初始直接费用之和的折现率。

其中，未担保余值，指租赁资产余值中扣除就出租人而言的担保余值以后的资产余值。

租赁开始日是指租赁协议日与租赁各方就主要条款作出承诺日中较早者。双方应当确定租赁为融资租赁或经营租赁开始日确认的金额。

业务2　未确认融资费用的分摊

在融资租赁下，承租人向出租人支付的租金中，包含了本金和利息两部分，承租人支付租金时，一方面应减少长期应付款，另一方面应同时将未确认的融资费用按一定的方法确认为当期融资费用。

在分摊未确认的融资费用时，根据《企业会计准则第 21 号——租赁》的规定，承租人应当采用实际利率法。根据租赁开始日租赁资产和负债的入账价值基础不同，融资费用分摊率的选择也不同。未确认融资费用的分摊率的确定具体分为下列几种情况：

(1)以出租人的租赁内含利率为折现率将最低租赁付款额折现，且以该现值作为租赁资产入账价值的，应当将租赁内含利率作为未确认融资费用的分摊率。

(2)以合同规定利率为折现率将最低租赁付款额折现，且以该现值作为租赁资产入账价值的，应当将合同规定利率作为未确认融资费用的分摊率。

(3)以银行同期贷款利率为折现率将最低租赁付款额折现，且以该现值作为租赁资产入账价值的，应当将银行同期贷款利率作为未确认融资费用的分摊率。

(4)以租赁资产公允价值为入账价值的，应当重新计算分摊率。该分摊率是使最低租赁付款额的现值等于租赁资产公允价值的折现率。

存在优惠购买选择权的，在租赁期届满时，未确认融资费用应全部摊销完毕，租赁负债应当减少至优惠购买金额。在承租人或与其有关的第三方对租赁资产提供了担保的情况下，在租赁期届满时，未确认融资费用应当全部摊销完毕，租赁负债还应减少至担保余值。

担保余值，就承租人而言，是指由承租人或与其有关的第三方担保的资产余值。其中，资产余值是指在租赁开始日估计的租赁期届满时租赁资产的公允价值。为了促使承租人谨慎地使用租赁资产，尽量减少出租人自身的风险和损失，租赁协议有时要求承租人或与其有关的第三方对租赁资产的余值进行担保，此时的担保余值是针对承租人而言的。除此以外，担保人还可能是与承租人和出租人均无关、但在财务上有能力担保的第三方，如担保公司，此时的担保余值是针对出租人而言的。

业务3　履约成本的会计处理

履约成本，是指租赁期内为租赁资产支付的各种使用费用，如技术咨询、服务费、人员培训费、维修费和保险费等。

承租人发生的履约成本通常应记入当期损益。

业务4　或有租金的会计处理

或有租金，是指金额不固定，以时间长短以外的其他因素(如销售量、使用量、物价指数等)为依据计算的租金。

由于或有租金的金额不固定，无法采用系统合理的方法对其进行分摊，因此或有租金在实际发生时，记入当期损益。

业务5　租赁期届满时的会计处理

租赁期届满时，承租人通常对租赁资产的处理有三种情况，即返还、优惠续租和留购。

租赁期届满，承租人向出租人返还租赁资产的，通常根据存在的承租人担保余值，借记“长期应付款——应付融资租赁款”、“累计折旧”科目，贷记“固定资产——融资租入固定资产”科目。编制会计分录如图1－105所示。

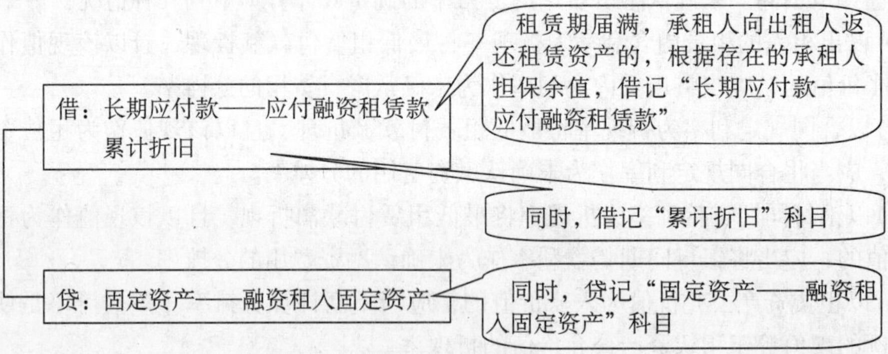

图1－105

如果承租人行使优惠续租选择权，则应视同该项租赁一直存在而作出相应的会计处理。如果承租人在租赁期届满时没有续租，根据租赁协议规定向出租人支付违约金时，应当借记“营业外支出”科目，贷记“银行存款”等科目。

在承租人享有优惠购买选择权的情况下，支付购买价款时，借记“长期应付款——应付融资租赁款”科目，贷记“银行存款”等科目；同时，将固定资产从“融资租赁固定资产”明细科目转入有关明细科目。编制会计分录如图1－106所示。

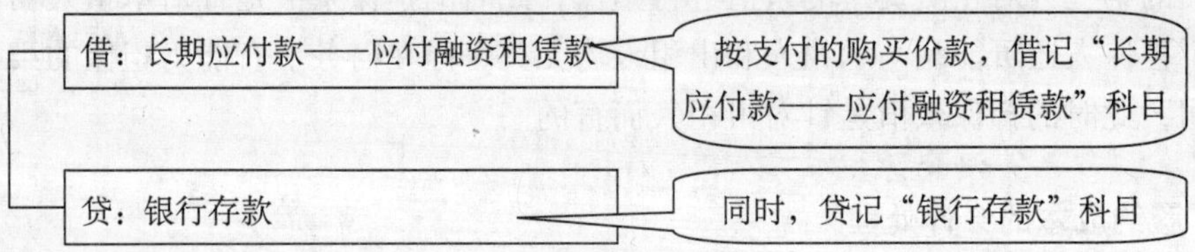

图1－106

▶▶案例解析

【例1－72】2×12年12月28日，A公司与B公司签订了一份租赁合同。合同主要条款如下：

① 租赁标的物：程控生产线。

② 租赁期开始日：租赁物运抵A公司生产车间之日(即2×13年1月1日)。

③ 租赁期：从租赁期开始日算起36个月(即2×13年1月1日—2011年12月31日)。

④ 租金支付方式：自租赁期开始日起每年年末支付租金 1 000 000 元。

⑤ 该生产线 2×13 年 1 月 1 日在 B 公司的公允价值为 2 600 000 元。

⑥ 租赁合同规定的利率为 8%（年利率）。

⑦ 该生产线为全新设备，估计使用年限为 5 年。

⑧ 2×14 年和 2×15 年两年，A 公司每年按该生产线所生产的产品——微波炉的年销售收入的 1% 向 B 公司支付经营分享收入。

A 公司：

① 采用实际利率法确认本期应分摊的未确认融资费用。

② 采用年限平均法计提固定资产折旧。

③ 2×14 年、2×15 年 A 公司分别实现微波炉销售收入 10 000 000 元和 15 000 000 元。

④ 2×15 年 12 月 31 日，将该生产线退还 B 公司。

⑤ A 公司在租赁谈判和签订租赁合同过程中发生可归属于租赁项目的手续费、差旅费 10 000 元。

A 公司的会计处理如下：

① 租赁开始日的账务处理。

第一步，判断租赁类型。

本例中租赁期（3 年）占租赁资产尚可使用年限（5 年）的 60%（小于 75%），没有满足融资租赁的第 3 条标准；另外最低租赁付款额的现值为2 577 100元（计算过程见后）大于租赁资产原账面价值的 90%，即 2 340 000 元（2 600 000×90%），满足融资租赁的第 4 条标准，因此，A 公司应当将该项租赁认定为融资租赁。

第二步，计算租赁开始日最低租赁付款额的现值，确定租赁资产的入账价值。

本例中，A 公司不知道出租人的租赁内含利率，因此应选择租赁合同规定的利率 8% 作为最低租赁付款额的折现率。

最低租赁付款额 = 各期租金之和 + 承租人担保的资产余值 = 1 000 000×3 + 0 = 3 000 000（元）。

计算现值的过程如下：

每期租金 1 000 000 元的年金现值 = 1 000 000×（P/A，3，8%）

查表得知：

（P/A，3，8%）= 2. 5771

每期租金的现值之和 = 1 000 000×2. 5771 = 2 577 100（元）。

小于租赁资产公允价值 2 600 000 元。

根据孰低原则，每年租金的现值之和较低，租赁资产的入账价值应为其折现值 2 577 100 元。

第三步，计算未确认融资费用。

未确认融资费用 = 最低租赁付款额 - 最低租赁付款额现值 = 3 000 000 - 2 577 100 = 422 900（元）。

第四步，将初始直接费用记入资产价值。

初始直接费用是指在租赁谈判和签订租赁协议的过程中发生的可直接归属于租赁项目的费用。承租人发生的初始直接费用，通常有印花税、佣金、律师费、差旅费、谈判费等。承租人发生的初始直接费用，应当记入租入资产价值。

账务处理为：

2×13 年 1 月 1 日，租入程控生产线。

融资租入固定资产入账价值 = 2 577 100 + 10 000 = 2 587 100(元)。

借：固定资产——融资租入固定资产　2 587 100
　　未确认融资费用　422 900
　　贷：长期应付款——应付融资租赁款　3 000 000
　　　　银行存款　10 000

② 分摊未确认融资费用的会计处理。

第一步，确定融资费用分摊率。

由于租赁资产的入账价值为其最低租赁付款额的折现值，因此该折现率就是其融资费用分摊率，即 8%。

第二步，在租赁期内采用实际利率法分摊未确认融资费用，如表 1-10 所示。

表 1-10　未确认融资费用分摊表(实际利率法)

2×16 年 12 月 31 日　　单位：元

日期 ①	租金 ②	确认的融资费用 ③ = 期初⑤ ×8%	应付本金减少额 ④ = ② - ③	应付本金余额期末 ⑤ = 期初⑤ - ④
(1)2×13.01.01				2 577 100.00
(2)2×13.12.31	1 000 000	206 168.00	793 832.00	1 783 268.00
(3)2×14.12.31	1 000 000	142 661.44	857 338.56	925 929.44
(4)2×15.12.31	1 000 000	74 070.56*	925 929.44*	0.00
合计	3 000 000	422 900.00	2 577 100.00	

*尾数调整：74 070.56 = 1 000 000 - 925 929.44
　　　　　925 929.44 = 925 929.44 - 0

第三步，账务处理如下。

2×13 年 12 月 31 日，支付第一期租金：

借：长期应付款——应付融资租赁款　1 000 000
　　贷：银行存款　1 000 000

2×13 年 1 ~ 12 月，每月分摊未确认融资费用时，每月财务费用为：

206 168 ÷ 12 = 17 180.67(元)。

借：财务费用　17 180.67
　　贷：未确认融资费用　17 180.67

2×14 年 12 月 31 日，支付第二期租金：

借：长期应付款——应付融资租赁款　1 000 000
　　贷：银行存款　1 000 000

2×14 年 1～12 月，每月分摊未确认融资费用时，每月财务费用为：

142 661.44÷12=11 888.45(元)。

借：财务费用　　11 888.45

　　贷：未确认融资费用　　11 888.45

2×15 年 12 月 31 日，支付第三期租金：

借：长期应付款——应付融资租赁款　　1 000 000

　　贷：银行存款　　1 000 000

2×15 年 1～12 月，每月分摊未确认融资费用时，每月财务费用为：

74 070.56÷12=6 172.55(元)。

借：财务费用　　6 172.55

　　贷：未确认融资费用　　6 172.55

③ 计提租赁资产折旧的会计处理。

第一步，融资租入固定资产折旧的计算，如表 1－11 所示。

第二步，账务处理。

2×13 年 2 月 28 日，计提本月折旧=812 866.82÷11=73 896.98(元)。

借：制造费用——折旧费　　73 896.98

　　贷：累计折旧　　73 896.98

2×13 年 3 月~2×15 年 12 月的会计分录，同上。

表 1－11　融资租入固定资产折旧计算表(年限平均法)

2×13 年 1 月 1 日　　金额单位：元

日期	固定资产原价	估计余值	折旧率	当年折旧费	累计折旧	固定资产净值
(1)2×13.01.01	2 587 100	0				2 587 100.00
(2)2×13.12.31			31.42%	812 866.82	812 866.82	1 774 233.18
(3)2×14.12.31			34.29%	887 116.59	1 699 983.41	887 116.59
(4)2×15.12.31			34.29%	887 116.59	2 587 100.00	0
合 计	2 587 100	0	100.00%	2 587 100.00		

注：根据合同规定，由于 A 公司无法合理确定在租赁期届满时能够取得租赁资产的所有权，因此，应当在租赁期与租赁资产尚可使用年限两者中的较短的期间内计提折旧。本例中租赁期为 3 年，短于租赁资产尚可使用年限 5 年，因此应按 3 年计提折旧。同时，根据"当月增加的固定资产，当月不提折旧，从下月起计提折旧"这一规定，本租赁合同应按 35 个月计提折旧，即 2×13 年应按 11 个月计提折旧，其他 2 年分别按 12 个月计提折旧。

④ 或有租金的会计处理。

2×14 年 12 月 31 日，根据合同规定应向 B 公司支付经营分享收入100 000 元。

借：销售费用　　100 000

　　贷：其他应付款—— B 公司　　100 000

2×15 年 12 月 31 日，根据合同规定应向 B 公司支付经营分享收入 150 000 元。

借：销售费用　　150 000

　　贷：其他应付款——B 公司　　150 000

⑤ 租赁期届满时的会计处理。

2×15 年 12 月 31 日，将该生产线退还 B 公司。

借：累计折旧　　2 587 100

　　贷：固定资产——融资租入固定资产　　2 587 100

(四)固定资产后续支出业务

▶▶业务概述

固定资产的后续支出是指固定资产在使用过程中发生的更新改造支出、修理费用等。企业的固定资产投入使用后，由于各个组成部分耐用程度不同或者使用条件不同，因而往往发生固定资产的局部损坏。为了保持固定资产的正常运转和使用，充分发挥其使用效能，就必须对其进行必要的后续支出。

▶▶账务处理

后续支出的处理原则为：符合固定资产确认条件的，应当记入固定资产成本，同时将被替换部分的账面价值扣除；不符合固定资产确认条件的，应当记入当期损益。

业务 1　资本化的后续支出

固定资产发生可资本化的后续支出时，企业一般应将该固定资产的原价、已计提的累计折旧和减值准备转销，将其账面价值转入在建工程，并停止计提折旧。发生的可资本化的后续支出，通过“在建工程”科目核算。在固定资产发生的后续支出完工并达到预定可使用状态时，再从在建工程转为固定资产，并按重新确定的使用寿命、预计净残值和折旧方法计提折旧。编制会计分录如图 1－107 所示。

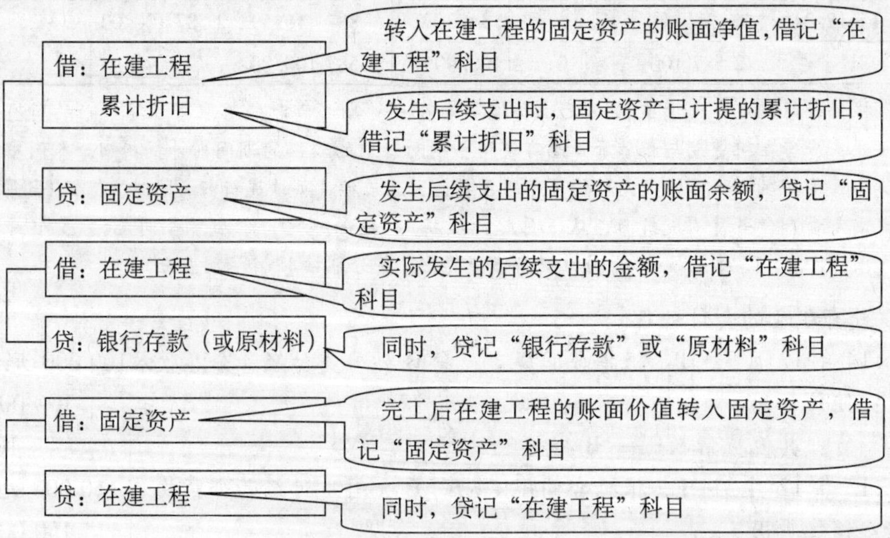

图 1－107

企业发生的一些固定资产后续支出可能涉及替换原固定资产的某组成部分。当发生的后续支出符合固定资产确认条件时，应将其记入固定资产成本，同时将被替换部分的账面价值扣除，以避免将替换部分的成本和被替换部分的成本同时记入固定资产成本，导致多计固定资产成本。如对某项机器设备进行检测时，发现其中的电机(未单独确认为一项固定资产)出现难以修复的故障，将其拆除后重新安装了一个新电机。在这种情况下，当发生的后续支出符合固定资产确认条件时，应将其记入固定资产成本，同时将被替换部分的账面价值扣除，以避免将替换部分的成本和被替换部分的成本同时记入固定资产成本，导致固定资产成本重复计算。

企业对固定资产进行定期检查发生的大修理费用，符合资本化条件的可以计入固定资产成本，不符合资本化条件的计入当期损益。

业务2　费用化的后续支出

固定资产的日常维护支出通常不满足固定资产的确认条件，应在发生时直接记入当期损益。企业生产车间和行政管理部门等发生的固定资产修理费用等后续支出记入管理费用；企业专设销售机构的，其发生的与专设销售机构相关的固定资产修理费用等后续支出，记入销售费用。固定资产更新改造支出不满足固定资产确认条件的，也应在发生时直接记入当期损益。

融资租入固定资产发生的固定资产后续支出，比照上述原则处理。经营租入固定资产发生的改良支出，应通过“长期待摊费用”科目核算，并在剩余租赁期与租赁资产尚可使用年限两者中较短的期间内，采用合理的方法进行摊销。

▸▸案例解析

【例1－73】甲公司是一家饮料生产企业，有关业务资料如下：

① 2×06年12月，该公司自行建成了一条饮料生产线并投入使用，建造成本为600 000元；采用年限平均法计提折旧；预计净残值率为固定资产原价的3%，预计使用年限为6年。

② 2×08年12月31日，由于生产的产品适销对路，现有这条饮料生产线的生产能力已难以满足公司生产发展的需要，但若新建生产线成本过高，周期过长，于是公司决定对现有生产线进行改扩建，以提高其生产能力。假定该生产线未发生过减值。

③ 至2×09年4月30日，该公司完成对这条生产线的改扩建工程，达到预定可使用状态。改扩建过程中发生以下支出：用银行存款购买工程物资一批，增值税专用发票上注明的价款为210 000元，增值税税额为35 700元，已全部用于改扩建工程；发生有关人员薪酬84 000元。

④ 该生产线改扩建工程达到预定可使用状态后，大大提高了生产能力，预计尚可使用年限为7年。假定改扩建后的生产线的预计净残值率为改扩建后其账面价值的4%；折旧方法仍为年限平均法。

假定甲公司按年度计提固定资产折旧，为简化计算过程，整个过程不考虑其他相关税费，甲公司的账务处理如下：

① 本例中，饮料生产线改扩建后生产能力大大提高，能够为企业带来更多的经济利益，改扩建的支出金额也能可靠计量，因此该后续支出符合固定资产的确认条件，应记入固定资产的成本。

固定资产后续支出发生前，该条饮料生产线的应计折旧额 = 600 000 ×（1 - 3%）= 582 000（元）。

年折旧额 = 582 000 ÷ 6 = 97 000（元）。

2 ×07 年 1 月 1 日至 2 ×08 年 12 月 31 日两年间，各年计提固定资产折旧：

借：制造费用　　97 000

　　贷：累计折旧　　97 000

② 2 ×08 年 12 月 31 日，将该生产线的账面价值 406 000 元（600 000 - 97 000 ×2）转入在建工程。

借：在建工程——饮料生产线　　406 000

　　累计折旧　　194 000

　　贷：固定资产——饮料生产线　　600 000

③ 发生改扩建工程支出。

借：工程物资　　210 000

　　应交税费——应交增值税（进项税额）　　35 700

　　贷：银行存款　　245 700

借：在建工程——饮料生产线　　294 000

　　贷：工程物资　　210 000

　　　　应付职工薪酬　　84 000

④ 2 ×09 年 4 月 30 日，生产线改扩建工程达到预定可使用状态，转为固定资产。

借：固定资产——饮料生产线　　700 000

　　贷：在建工程——饮料生产线　　700 000

⑤ 2 ×09 年 4 月 30 日，转为固定资产后，按重新确定的使用寿命、预计净残值和折旧方法计提折旧。

应计折旧额 = 700 000 ×（1 - 4%）= 672 000（元）。

月折旧额 = 672 000 ÷（7 ×12）= 8 000（元）。

2 ×09 年应计提的折旧额为 64 000 元（8 000 ×8），会计分录为：

借：制造费用　　64 000

　　贷：累计折旧　　64 000

2 ×10 年至 2 ×15 年每年应计提的折旧额为 96 000 元（8 000 ×12），会计分录为：

借：制造费用　　96 000

　　贷：累计折旧　　96 000

2 ×16 年应计提的折旧额为 32 000 元（8 000 ×4），会计分录为：

借：制造费用　　32 000

　　贷：累计折旧　　32 000

【例1-74】 2×16年6月30日，甲公司一台生产用升降机出现故障，经检修发现其中的电动机磨损严重，需要更换。该升降机购买于2×12年6月30日，甲公司已将其整体作为一项固定资产进行了确认，原价400 000元(其中的电动机在2008年6月30日的市场价格为85 000元)，预计净残值为0，预计使用年限为10年，采用年限平均法计提折旧。为继续使用该升降机并提高工作效率，甲公司决定对其进行改造，为此购买了一台更大功率的电动机代替原电动机。新购置电动机的价款为82 000元，增值税税额为13 940元，款项已通过银行转账支付；改造过程中，辅助生产车间提供了劳务支出15 000元。

假定原电动机磨损严重，没有任何价值。不考虑其他相关税费，甲公司的账务处理如下。

① 固定资产转入在建工程。

本例中的更新改造支出符合固定资产的确认条件，应予资本化；同时应终止确认原电动机价值。2×16年6月30日，原电动机的价值=85 000-(85 000÷10)×4=51 000(元)。

借：营业外支出——处置非流动资产损失　　51 000
　　在建工程——升降机　　189 000
　　累计折旧——升降机(400 000÷10×4)　　160 000
　　贷：固定资产——升降机　　400 000

② 更新改造支出。

借：工程物资——新电动机　　82 000
　　应交税费——应交增值税(进项税额)　　13 940
　　贷：银行存款　　95 940

借：在建工程——升降机　　97 000
　　贷：工程物资——新电动机　　82 000
　　　　生产成本——辅助生产成本　　15 000

③ 在建工程转回固定资产。

转回固定资产的金额=189 000+97 000=286 000(元)。

借：固定资产——升降机　　286 000
　　贷：在建工程——升降机　　286 000

(五)计提固定资产折旧

▶▶业务概述

企业应当在固定资产的使用寿命内，按照确定的方法对应计折旧额进行系统分摊。根据固定资产的性质和使用情况，合理确定固定资产的使用寿命和预计净残值。固定资产的使用寿命、预计净残值一经确定，不得随意变更，但是符合《企业会计准则第4号——固定资产》第十九条规定的除外。上述事项在报经股东大会或董事会、经理(厂长)会议或类似机构批准后，作为计提折旧的依据，并按照法律、行政法规等的规定报送有关各方备案。

企业应该对所有的固定资产计提折旧，已提足折旧仍继续使用的固定资产和单独计价入账的土地除外，在确定计提折旧的范围时还应注意以下几点：

(1)固定资产应当按月计提折旧。固定资产应自达到预定可使用状态时开始计提折旧，终止确认时或划分为持有代售非流动资产时停止计提折旧。当月增加的固定资产，当月不计提折旧，从下月起计提折旧；当月减少的固定资产，当月仍计提折旧，从下月起不计提折旧。

(2)固定资产提足折旧后，不论是否继续使用，均不再计提折旧，提前报废的固定资产也不再补提折旧。

(3)已达到预定可使用状态但尚未办理竣工决算的固定资产，应当按照估计价值确定其成本，并计提折旧；待办理竣工决算后再按实际成本调整原来的暂估价值，但不需要调整原已计提的折旧额。

(4)处于更新改造过程停止使用的固定资产，应将其账面价值转入在建工程，不再计提折旧。更新改造项目达到预定可使用状态转为固定资产后，再按重新确定的折旧方法和该项固定资产尚可使用寿命计提折旧。

▶▶账务处理

企业应当根据与固定资产有关的经济利益的预期实现方式，合理选择固定资产的折旧方法。

业务1　年限平均法

$$\text{年折旧额}=(\text{原价}-\text{预计净残值})\div\text{预计使用年限}=\text{原价}\times\text{年折旧率}$$

$$\text{年折旧率}=\frac{1-\text{预计净残值率}}{\text{预计使用寿命}}\times 100\%$$

业务2　工作量法

$$\text{单位工作量折旧额}=(\text{固定资产原价}-\text{预计净残值})\div\text{预计总工作量}$$

$$\text{某项固定资产月折旧额}=\text{该项固定资产当月工作量}\times\text{单位工作量折旧额}$$

业务3　双倍余额递减法

$$\text{年折旧额}=\text{期初固定资产净值}\times 2\div\text{预计使用年限}$$

由于双倍余额法不考虑固定资产的净残值，因此在应用这种方法时，必须注意不能使固定资产的账面折余价值小于其预计净残值。当双倍余额法计算的折旧金额小于这时用固定资产的折余价值扣除预计净残值后在剩余使用年限内平均摊销算得的折旧金额时，就要将固定资产折余价值(净值)扣除净残值后在剩余使用年限内平均摊销。

一般最后两年改为年限平均法。

业务4　年数总和法

$$年折旧额=(原价-预计净残值)\times 年折旧率$$

年折旧率用一递减分数表示，将逐期年数相加作为递减分数的分母，将逐期年数倒转顺序分别作为各年递减分数的分子。

固定资产应当按月计提折旧，计提的折旧应当记入“累计折旧”科目，并根据用途记入相关资产的成本或者当期损益。企业自行建造固定资产过程中使用的固定资产，其计提的折旧应记入在建工程成本；基本生产车间所使用的固定资产，其计提的折旧应记入制造费用；管理部门所使用的固定资产，其计提的折旧应记入管理费用；销售部门所使用的固定资产，其计提的折旧应记入销售费用；经营租出的固定资产，其应提的折旧额应记入其他业务成本。企业计提固定资产折旧时，借记“制造费用”、“销售费用”、“管理费用”等科目，贷记“累计折旧”科目。编制会计分录如图1-108所示。

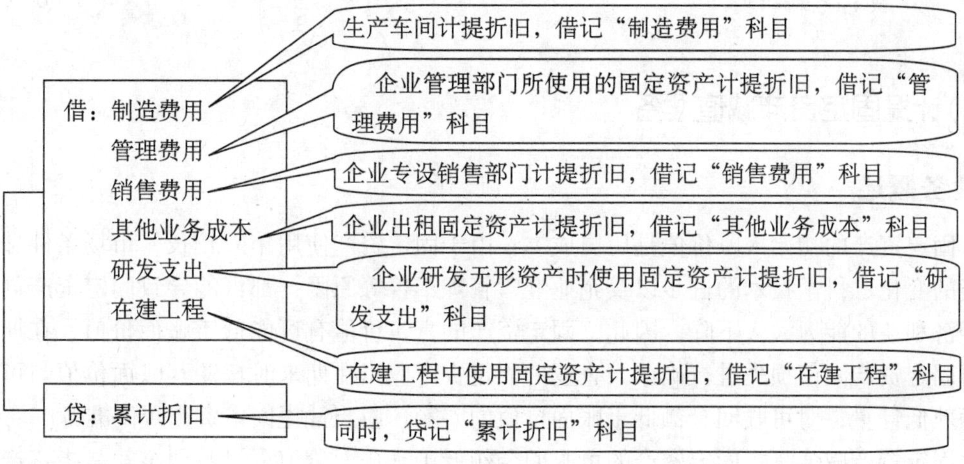

图1-108

▸▸案例解析

【例1-75】某企业采用年限平均法对固定资产计提折旧。2×16年1月份根据“固定资产折旧计算表”确定的各车间及厂部管理部门应分配的折旧额为：一车间1 500 000元，二车间2 400 000元，三车间3 000 000元，厂管理部门600 000元。该企业应编制如下会计分录：

借：制造费用——一车间	1 500 000	
——二车间	2 400 000	
——三车间	3 000 000	
管理费用	600 000	
贷：累计折旧		7 500 000

【例1－76】乙公司2×16年6月份固定资产计提折旧情况如下：一车间厂房计提折旧3 800 000元，机器设备计提折旧4 500 000元；管理部门房屋建筑物计提折旧6 500 000元，运输工具计提折旧2 400 000元；销售部门房屋建筑物计提折旧3 200 000元，运输工具计提折旧2 630 000元。当月新购置机器设备一台，价值为5 400 000元，预计使用寿命为10年，该企业同类设备计提折旧采用年限平均法。

本例中，新购置的机器设备本月不计提折旧。本月计提的折旧费用中，车间使用的固定资产计提的折旧费用记入制造费用，管理部门使用的固定资产计提的折旧费用记入管理费用，销售部门使用的固定资产计提的折旧费用记入销售费用。乙公司应编制如下会计分录：

借：制造费用——一车间	8 300 000
管理费用	8 900 000
销售费用	5 830 000
贷：累计折旧	23 030 000

（六）计提固定资产减值准备

▶▶业务概述

固定资产的初始入账价值是历史成本，由于固定资产使用年限较长，市场条件和经营环境的变化、科学技术的进步以及企业经营管理不善等原因，都可能导致固定资产创造未来经济利益的能力大大下降。因此，固定资产的真实价值有可能低于账面价值，在期末必须对固定资产减值损失进行确认。企业的固定资产应当在期末时按照其账面价值与可收回金额孰低计量，对可收回金额低于账面价值的差额，应当计提固定资产减值准备。

固定资产减值是指固定资产的可收回金额低于其账面价值。可收回金额是指资产的公允价值减去处置费用后的净值与资产预计未来现金流量的现值之间较高者。其中处置费用包括与资产处置有关的法律费用、搬运费以及使资产达到可销售状态所发生的直接费用等。

固定资产可能发生减值的迹象主要包括以下方面：

（1）固定资产市价在当期大幅下跌，其跌幅大大高于因时间推移或正常使用而预计的下跌，并且预计在近期内不可能恢复。

（2）企业所处经营环境，如技术、市场、经济或法律环境，或者产品的营销市场在当期或近期发生重大变化，并对企业产生负面影响。

（3）同期市场利率或市场的其他投资回报率等大幅提高，从而很可能影响企业计算固定资产可收回金额的折现率，并导致固定资产的可收回金额大幅度降低。

（4）有证据表明，固定资产已经陈旧过时或发生实体损坏。

（5）固定资产已经或者将被闲置、终止使用或者计划提前处置。

（6）企业内部报告的证据表明资产的经济绩效已经低于或者将低于预期，如资产所创造的净现金流量或者实现的营业利润（或者亏损）远远低于（或者高于）预计金额等。

(7)其他有可能表明固定资产已发生减值的迹象。

▶▶账务处理

固定资产在资产负债表日存在可能发生减值的迹象时，其可收回金额低于账面价值的，企业应当将该固定资产的账面价值减记至可收回金额，减记的金额确认为减值损失，记入当期损益，同时计提相应的资产减值准备，借记“资产减值损失——计提的固定资产减值准备”科目，贷记“固定资产减值准备”科目。固定资产减值损失一经确认，在以后会计期间不得转回。编制会计分录如图 1－109 所示。

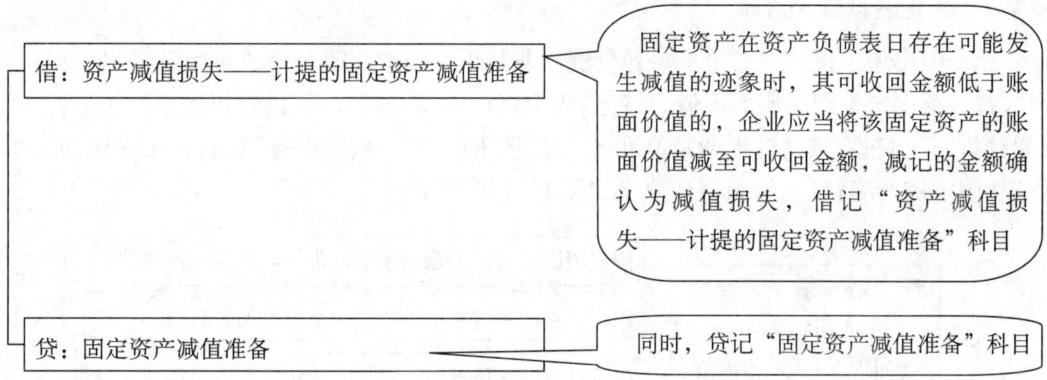

图 1－109

固定资产减值损失一经确认，在以后会计期间不得转回。当处置、出售固定资产或用固定资产对外投资、以非货币性资产交换方式换出、在债务重组中抵偿债务等情况，同时符合资产终止确认条件的，企业应当将相关资产减值准备予以转销。

▶▶案例解析

【例 1－77】2×16 年 12 月 31 日，丁公司的某生产线存在可能发生减值的迹象。经计算，该机器的可收回金额合计为 1 230 000 元，账面价值为1 400 000 元，以前年度未对该生产线计提过减值准备。

由于该生产线的可收回金额为 1 230 000 元，账面价值为 1 400 000 元。可收回金额低于账面价值，应按两者之间的差额 170 000 元(1 400 000－1 230 000)计提固定资产减值准备。丁公司应编制如下会计分录：

借：资产减值损失——计提的固定资产减值准备　　170 000

　　贷：固定资产减值准备　　170 000

(七)处置固定资产

▶▶业务概述

企业在生产经营过程中，可能将不适用或不需用的固定资产对外出售转让，或因磨损、技术进步等原因对固定资产进行报废，或因遭受自然灾害而对毁损的固定资产进行处理。固定资产满足下列条件之一的应当予以终止确认：该固定资产处于处置状态；该固定资产预期通过使用或处置不能产生经济利益。对于上述事项在进行会计核算时，应按规定程序办理有关手续，结转固定资产的账面价值，计算有关的清理收入、清理费用及残料价值等。

固定资产处置包括固定资产的出售、报废、毁损、对外投资、非货币性资产交换、债务重组等。处置固定资产应通过“固定资产清理”科目核算。

▸▸账务处理

业务1　固定资产转入清理

企业因出售、报废、毁损、对外投资、非货币性资产交换、债务重组等转出的固定资产，按该项固定资产的账面价值，借记“固定资产清理”科目；按已计提的累计折旧，借记“累计折旧”科目；按已计提的减值准备，借记“固定资产减值准备”科目；按其账面原价，贷记“固定资产”科目。编制会计分录如图1－110所示。

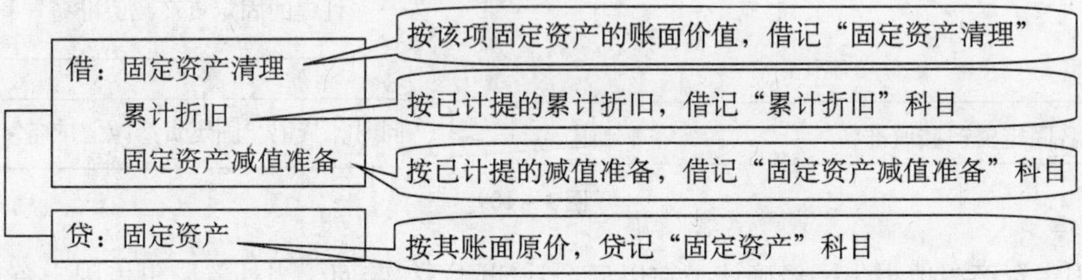

图1－110

业务2　发生的清理费用等

固定资产清理过程中应支付的相关税费及其他费用，借记“固定资产清理”科目，贷记“银行存款”、“应交税费——应交营业税”等科目。编制会计分录如图1－111所示。

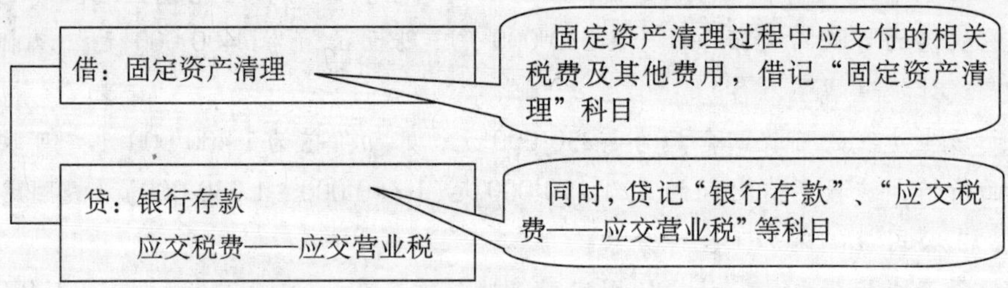

图1－111

业务3　结转残料价值和变价收入

企业收回出售固定资产的价款、残料价值和变价收入等，借记“银行存款”、“原材料”等科目，贷记“固定资产清理”科目。编制会计分录如图1－112所示。

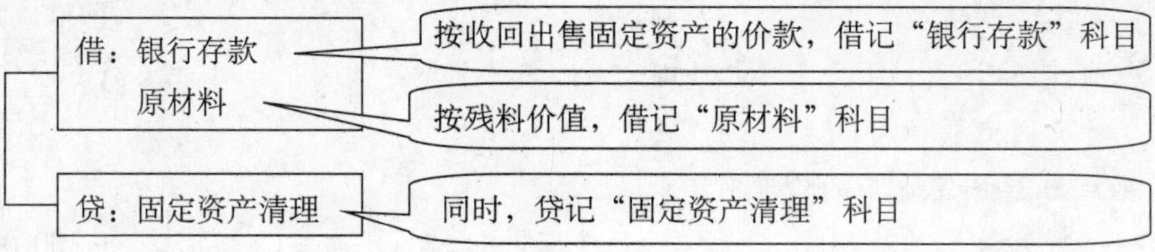

图 1－112

业务 4　保险赔偿等的处理

应由保险公司或过失人赔偿的损失，借记“其他应收款”等科目，贷记“固定资产清理”科目。编制会计分录如图 1－113 所示。

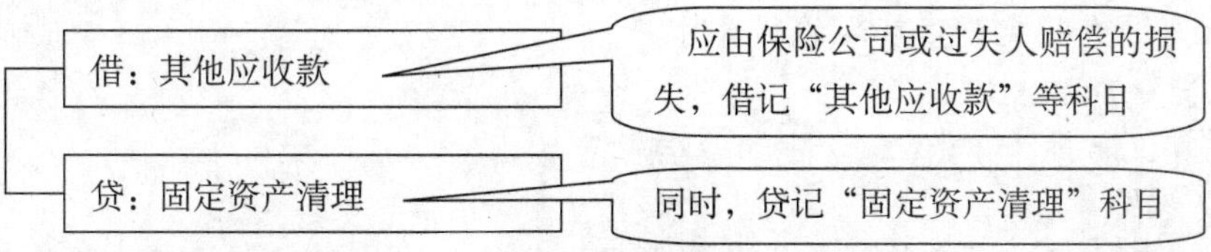

图 1－113

业务 5　清理净损益的处理

固定资产清理完成后，属于生产经营期间正常的处理损失，借记“营业外支出——处置非流动资产损失”科目，贷记“固定资产清理”科目；属于自然灾害等非正常原因造成的损失，借记“营业外支出——非常损失”科目，贷记“固定资产清理”科目。如为贷方余额，借记“固定资产清理”科目，贷记“营业外收入”科目。编制会计分录如图 1－114 所示。

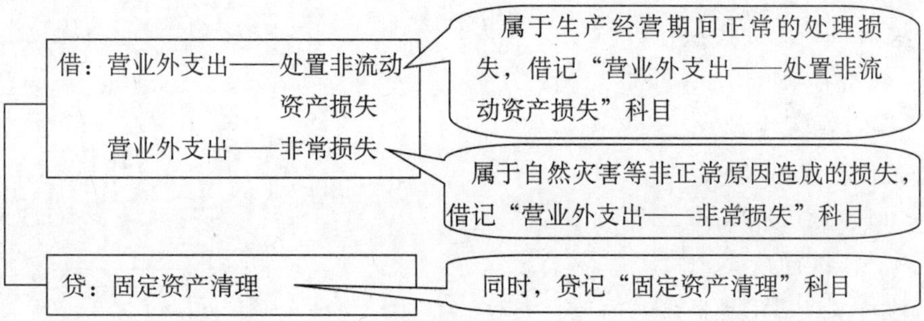

图 1－114

▸▸案例解析

【例 1－78】甲公司出售一座建筑物，原价为 2 000 000 元，已计提折旧 1 000 000 元，未计提减值准备，实际出售价格为 1 200 000 元，已通过银行收回价款。甲公司应编制如下会计分录。

① 将出售固定资产转入清理时。

借：固定资产清理　1 000 000
　　累计折旧　1 000 000
　　贷：固定资产　2 000 000

② 收回出售固定资产的价款时。

借：银行存款　1 200 000
　　贷：固定资产清理　1 200 000

③ 计算销售该固定资产应交纳的营业税，按规定适用的营业税税率为5%，应纳税为60 000元(1 200 000×5%)。

借：固定资产清理　60 000
　　贷：应交税费——应交营业税　60 000

④ 结转出售固定资产实现的利得时。

借：固定资产清理　140 000
　　贷：营业外收入——处置非流动资产利得　140 000

【例1-79】乙公司现有一台设备，由于性能等原因决定提前报废，原价为500 000元，已计提折旧450 000元，未计提减值准备。报废时的残值变价收入为20 000元，报废清理过程中发生清理费用3 500元。有关收入、支出均通过银行办理结算。假定不考虑相关税费影响，乙公司应编制如下会计分录。

① 将报废固定资产转入清理时。

借：固定资产清理　50 000
　　累计折旧　450 000
　　贷：固定资产　500 000

② 收回残料变价收入时。

借：银行存款　20 000
　　贷：固定资产清理　20 000

③ 支付清理费用时。

借：固定资产清理　3 500
　　贷：银行存款　3 500

④ 结转报废固定资产发生的净损失时。

借：营业外支出——处置非流动资产损失　33 500
　　贷：固定资产清理　33 500

【例1-80】丙公司因遭受水灾而毁损一座仓库，该仓库原价4 000 000元，已计提折旧1 000 000元，未计提减值准备。其残料估计价值50 000元，残料已办理入库。发生的清理费用20 000元，以现金支付。经保险公司核定应赔偿损失1 500 000元，尚未收到赔款。假定不考虑相关税费。丙公司应编制如下会计分录。

① 将毁损的仓库转入清理时。

借：固定资产清理　3 000 000
　　累计折旧　1 000 000
　　贷：固定资产　4 000 000

② 残料入库时。

借：原材料　50 000
　　贷：固定资产清理　50 000

③ 支付清理费用时。

借：固定资产清理　20 000
　　贷：库存现金　20 000

④ 确定应由保险公司理赔的损失时。

借：其他应收款　1 500 000
　　贷：固定资产清理　1 500 000

⑤ 结转毁损固定资产发生的损失时。

借：营业外支出——非常损失　1 470 000
　　贷：固定资产清理　1 470 000

(八)固定资产清查

业务概述

企业应定期或者至少于每年年末对固定资产进行清查盘点，以保证固定资产核算的真实性，充分挖掘企业现有固定资产的潜力。在固定资产清查过程中，如果发现盘盈、盘亏的固定资产，应填制固定资产盘盈盘亏报告表，清查固定资产的损溢，应及时查明原因，并按照规定程序报批处理。

账务处理

业务1　固定资产盘盈

企业在财产清查中盘盈的固定资产，作为前期差错处理。企业在财产清查中盘盈的固定资产，在按管理权限报经批准处理前应先通过“以前年度损益调整”科目核算。盘盈的固定资产，应按重置成本确定其入账价值，借记“固定资产”科目，贷记“以前年度损益调整”科目。编制会计分录如图1－115所示。

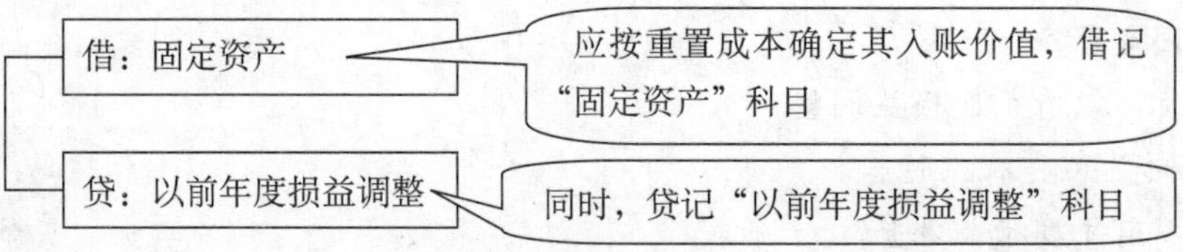

图1－115

业务2　固定资产盘亏

企业在财产清查中盘亏的固定资产，按盘亏固定资产的账面价值，借记“待处理财产损溢”科目；按已计提的累计折旧，借记“累计折旧”科目；按已计提的减值准备，借记“固定资产减值准备”科目；按固定资产的原价，贷记“固定资产”科目。按管理权限报经批准后处理时，按可收回的保险赔偿或过失人赔偿，借记“其他应收款”科目；按应记入营业外支出的金额，借记“营业外支出——盘亏损失”科目，贷记“待处理财产损溢”科目。编制会计分录如图1－116所示。

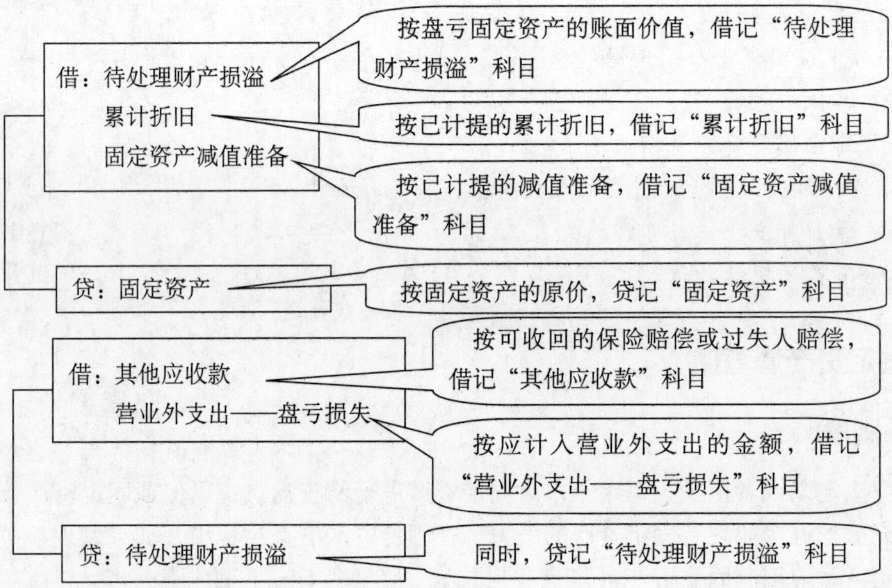

图1－116

▶▶案例解析

【例1－81】2×16年1月20日，丁公司在财产清查过程中，发现2×15年12月购入的一台设备尚未入账，重置成本为30 000元(假定与其计税基础不存在差异)。根据《企业会计准则第28号——会计政策、会计估计变更和差错更正》，该盘盈固定资产作为前期差错进行处理。假定丁公司按净利润的10%计提法定盈余公积，不考虑相关税费及其他因素的影响。丁公司应编制如下会计分录。

① 盘盈固定资产时。

借：固定资产	30 000	
贷：以前年度损益调整		30 000

② 结转为留存收益时。

借：以前年度损益调整	30 000	
贷：盈余公积——法定盈余公积		3 000
利润分配——未分配利润		27 000

【例1-82】乙公司进行财产清查时发现短缺一台笔记本电脑，原价为10 000元，已计提折旧7 000元。乙公司应编制如下会计分录。

①盘亏固定资产时。

借：待处理财产损溢	3 000	
累计折旧	7 000	
贷：固定资产		10 000

②报经批准转销时。

借：营业外支出——盘亏损失	3 000	
贷：待处理财产损溢		3 000

投资性房地产

投资性房地产是指为赚取资本租金或者资本增值而持有的房地产。投资性房地产主要包括已出租的土地使用权，持有并准备增值后转让的土地使用权、建筑物，不包括自用房地产(即为生产商品、提供劳务或者经营管理而持有的房地产)以及作为存货的房地产。

(一)取得投资性房地产

业务概述

与其他资产项目一样，某个项目在符合投资性房地产定义的前提下，同时满足下列两项条件的，才能确认为投资性房地产：与该投资性房地产有关的经济利益很可能流入企业；该投资性房地产的成本能够可靠地计量。

投资性房地产应当按照其取得时的成本进行计量。

账务处理

业务1　外购投资性房地产

企业外购的房地产，只有在购入的同时开始对外出租或用于资本增值，才能作为投资性房地产加以确认。

企业购入房地产，自用一段时间之后再改为出租或用于资本增值的，应当先将外购的房地产确认为固定资产或无形资产，自租赁期开始日或用于资本增值之日起，才能从固定资产或无形资产转换为投资性房地产。

企业外购投资性房地产时，应当按照取得时的实际成本进行初始计量。取得时的实际成本，包括购买价款、相关税费和可直接归属于该资产的其他支出。采用成本模式进行后续计量的，企业应当在购入投资性房地产时，借记“投资性房地产”科目，贷记“银行存款”等科目。编制会计分录如图1－117所示。

图1－117

采用公允价值模式进行后续计量的，企业应当在购入投资性房地产时，借记“投资性房地产——成本”科目，贷记“银行存款”等科目。编制会计分录如图1－118所示。

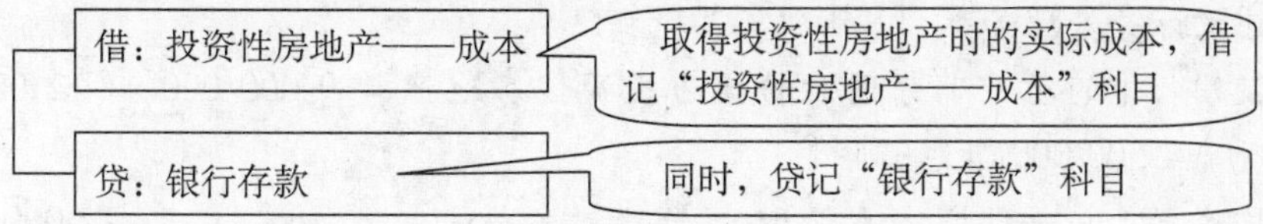

图 1－118

业务 2　自行建造投资性房地产

企业自行建造的房地产，只有在自行建造活动完成(即达到预定可使用状态)的同时开始对外出租或用于资本增值，才能将自行建造的房地产确认为投资性房地产。自行建造投资性房地产的成本，由建造该项房地产达到预定可使用状态前发生的必要支出构成。

企业自行建造房地产达到预定可使用状态后一段时间才对外出租或用于资本增值的，应当先将自行建造的房地产确认为固定资产、无形资产或存货，自租赁期开始日或用于资本增值之日开始，从固定资产、无形资产或存货转换为投资性房地产。

自行建造投资性房地产，其成本由建造该项资产达到预定可使用状态前发生的必要支出构成，包括土地开发费、建筑成本、安装成本、应予资本化的借款费用、支付的其他费用和分摊的间接费用等。采用成本模式进行后续计量的，应按照确定的自行建造投资性房地产成本，借记“投资性房地产”科目，贷记“在建工程”或“开发产品”科目。编制会计分录如图 1－119 所示。

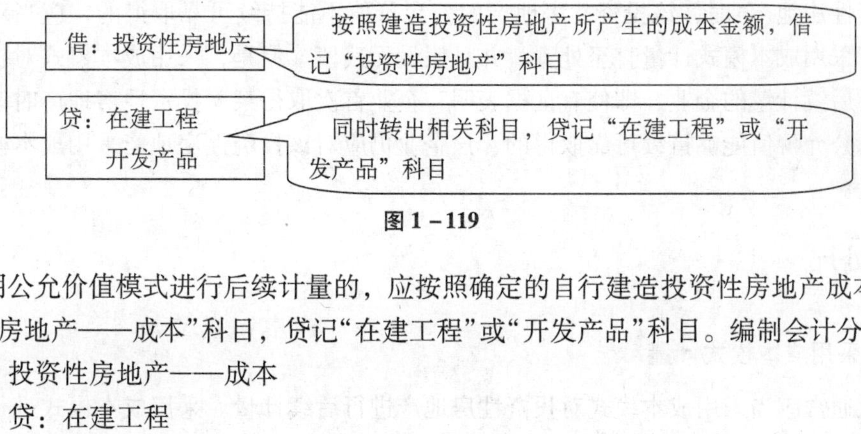

图 1－119

采用公允价值模式进行后续计量的，应按照确定的自行建造投资性房地产成本，借记“投资性房地产——成本”科目，贷记“在建工程”或“开发产品”科目。编制会计分录：

借：投资性房地产——成本

　　贷：在建工程

　　　　开发产品

▶▶案例解析

【**例 1－83**】2×16 年 2 月，甲公司从其他单位购入一块土地，并在这块土地上开始自行建造两栋厂房。2×16 年 11 月，甲公司预计厂房即将完工，与乙公司签订了经营租赁合同，将其中的一栋厂房租赁给乙公司使用。租赁合同约定，该厂房于完工时开始起租。2×16 年 12 月 5 日，两栋厂房同时完工。该块土地使用权的成本为 9 000 000 元；两栋厂房的实际造价均为 12 000 000 元，能够单独出售。假设甲公司采用成本模式进行后续计量。

甲公司的账务处理如下。

土地使用权中的对应部分同时转换为投资性房地产 = 9 000 000 ×（12 000 000 ÷ 24 000 000）= 4 500 000（元）。

借：固定资产——厂房　　12 000 000
　　投资性房地产——厂房　　12 000 000
　　贷：在建工程——厂房　　24 000 000

借：投资性房地产——已出租土地使用权　　4 500 000
　　贷：无形资产——土地使用权（9 000 000 ÷ 2）　　4 500 000

（二）投资性房地产的后续计量

▶▶业务概述

投资性房地产的后续计量有成本和公允价值两种模式，通常应当采用成本模式计量，满足特定条件时也可以采用公允价值模式计量。但是，同一企业只能采用一种模式对所有投资性房地产进行后续计量，不得同时采用两种计量模式。

有证据表明，在极少数情况下，采用公允价值对投资性房地产进行后续计量的企业，首次取得某项投资性房地产（或某项现有房地产在完成建造或开发活动或改变用途后首次成为投资性房地产）时，该投资性房地产的公允价值不能持续可靠取得的，应当对该投资性房地产采用成本模式计量直至处置，并且假设无残值。但是，采用成本模式对投资性房地产进行后续计量的企业，即使有证据表明，企业首次取得某项投资性房地产时该投资性房地产的公允价值能够持续可靠取得的，该企业仍应对该投资性房地产采用成本模式进行后续计量。

▶▶账务处理

业务1　采用成本模式计量

企业通常应当采用成本模式对投资性房地产进行后续计量。采用成本模式进行后续计量的投资性房地产，应当遵循以下会计处理规定。

按照固定资产或无形资产的有关规定，按期（月）计提折旧或摊销，借记“其他业务成本”等科目，贷记“投资性房地产累计折旧（摊销）”科目。编制会计分录如图 1 – 120 所示。

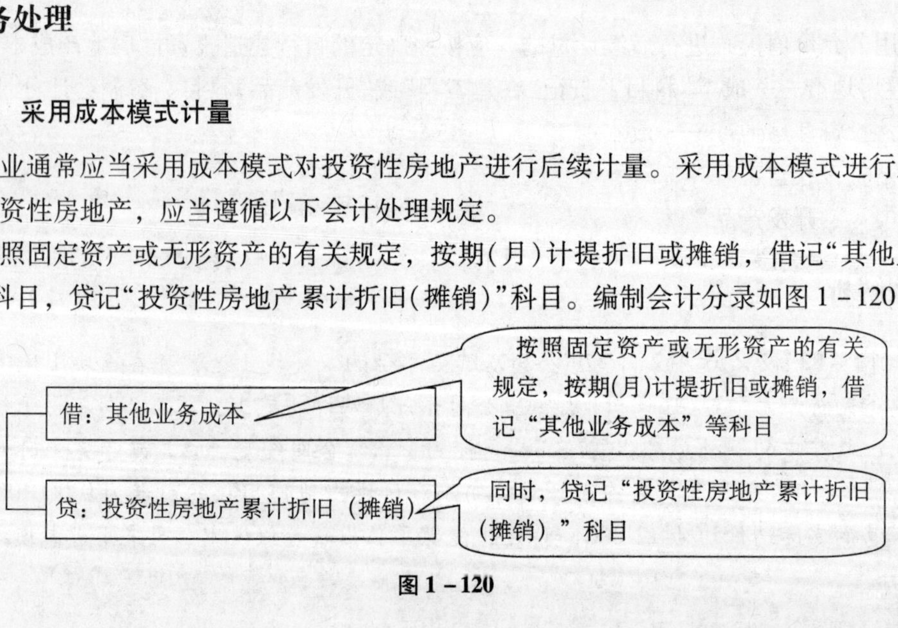

图 1 – 120

取得的租金收入，借记“银行存款”等科目，贷记“其他业务收入”等科目。编制会计分录如图1－121所示。

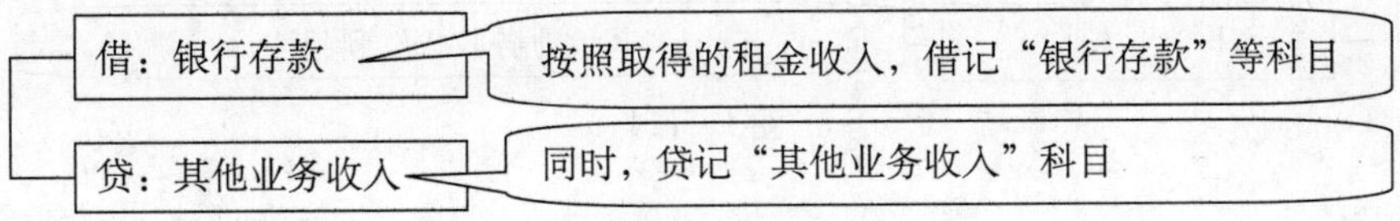

图1－121

投资性房地产存在减值迹象的，适用资产减值的有关规定。经减值测试后确定发生减值的，应当计提减值准备，借记“资产减值损失”科目，贷记“投资性房地产减值准备”科目。已经计提减值准备的投资性房地产，其减值损失在以后的会计期间不得转回。编制会计分录如图1－122所示。

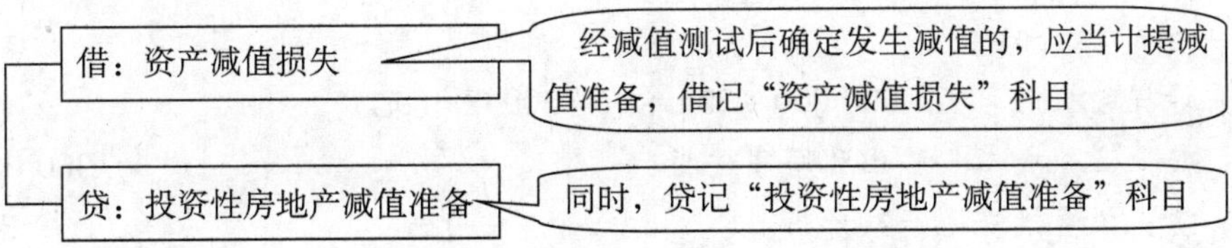

图1－122

业务2　采用公允价值模式计量的投资性房地产

只有存在确凿证据表明投资性房地产的公允价值能够持续可靠取得的情况下，企业才可以采用公允价值模式对投资性房地产进行后续计量。企业一旦选择采用公允价值计量模式，就应当对其所有投资性房地产均采用公允价值模式进行后续计量。

采用公允价值模式进行后续计量的投资性房地产，应当遵循以下会计处理规定：不对投资性房地产计提折旧或摊销。企业应当以资产负债表日投资性房地产的公允价值为基础调整其账面价值，公允价值与原账面价值之间的差额记入当期损益。

资产负债表日，投资性房地产的公允价值高于原账面价值的差额，借记“投资性房地产——公允价值变动”科目，贷记“公允价值变动损益”科目；公允价值低于原账面价值的差额，作相反的账务处理。编制会计分录如图1－123所示。

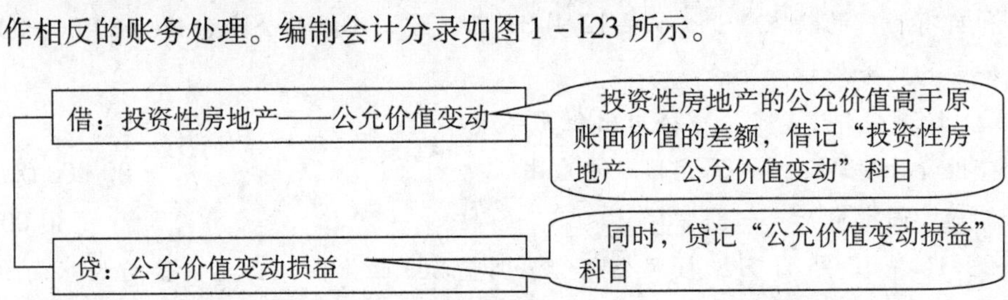

图1－123

取得的租金收入，借记“银行存款”等科目，贷记“其他业务收入”等科目。编制会计分录如图1－124所示。

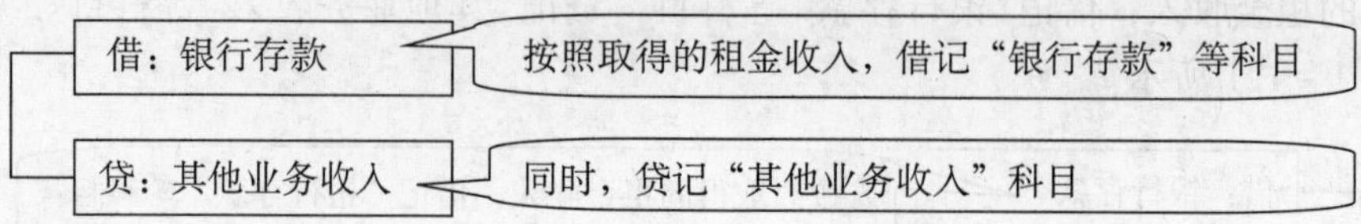

图1-124

案例解析

【例1-84】甲公司将一栋写字楼出租给乙公司使用，确认为投资性房地产，采用成本模式进行后续计量，假设这栋办公楼的成本为72 000 000元，按照年限平均法计提折旧，使用寿命为20年，预计净残值为零。经营租赁合同约定，乙公司每月等额支付甲公司租金400 000元。

甲公司的账务处理如下。

① 每月计提折旧。

每月计提的折旧 = (72 000 000 ÷ 20) ÷ 12 = 300 000(元)。

借：其他业务成本——出租写字楼折旧　　300 000

　　贷：投资性房地产累计折旧　　300 000

② 每月确认租金收入。

借：银行存款(或其他应收款)　　400 000

　　贷：其他业务收入——出租写字楼租金收入　　400 000

【例1-85】2×16年9月，甲公司与乙公司签订租赁协议，约定将甲公司新建造的一栋写字楼租赁给乙公司使用，租赁期为10年。2×16年12月1日，该写字楼开始起租，写字楼的工程造价为80 000 000元，公允价值也为相同金额。该写字楼所在区域有活跃的房地产交易市场，而且能够从房地产交易市场上取得同类房地产的市场报价，甲公司决定采用公允价值模式对该项出租的房地产进行后续计量。

在确定该投资性房地产的公允价值时，甲公司选取了与该处房产所处地区相近，结构及用途相同的房地产，参照公司所在地房地产交易市场上平均销售价格。结合周边市场信息和自有房产的特点。2×16年12月31日，该写字楼的公允价值为84 000 000元。

甲公司的账务处理如下。

① 2×16年12月1日，甲公司出租写字楼。

借：投资性房地产——写字楼——成本　　80 000 000

　　贷：固定资产——写字楼　　80 000 000

② 2×16年12月31日，按照公允价值调整其账面价值，公允价值与原账面价值之间的差额记入当期损益。

借：投资性房地产——写字楼——公允价值变动　　4 000 000

　　贷：公允价值变动损益——投资性房地产　　4 000 000

(三)处置投资性房地产

业务概述

当投资性房地产被处置，或者永久退出使用且预计不能从其处置中取得经济利益时，应当终止确认该项投资性房地产。企业出售、转让、报废投资性房地产或者发生投资性房地产毁损，应当将处置收入扣除其账面价值和相关税费后的金额记入当期损益。此外，企业因其他原因，如非货币性资产交换等而减少投资性房地产，也属于投资性房地产的处置。

账务处理

业务1　采用成本模式计量的投资性房地产的处置

出售、转让按成本模式进行后续计量的投资性房地产时，应当按实际收到的处置收入金额，借记“银行存款”等科目，贷记“其他业务收入”科目；按该项投资性房地产的账面价值，借记“其他业务成本”科目；按其账面余额，贷记“投资性房地产”科目；按照已计提的折旧或摊销，借记“投资性房地产累计折旧(摊销)”科目；原已计提减值准备的，借记“投资性房地产减值准备”科目。编制会计分录如图1－125所示。

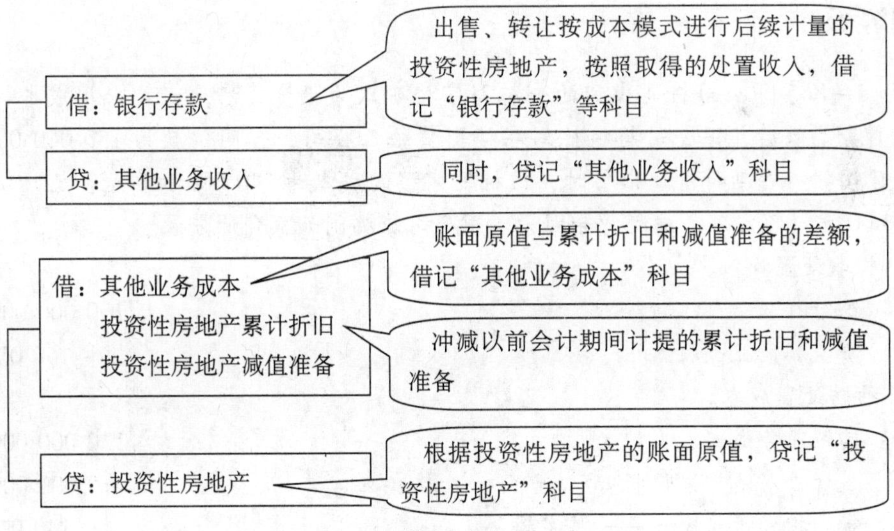

图1－125

业务2　采用公允价值模式计量的投资性房地产的处置

处置采用公允价值模式计量的投资性房地产，应当按实际收到的金额，借记“银行存款”等科目，贷记“其他业务收入”科目；按该项投资性房地产的账面余额，借记“其他业务成本”科目；按其成本，贷记“投资性房地产——成本”科目；按其累计公允价值变动，贷记或借记“投资性房地产——公允价值变动”科目。同时，结转投资性房地产累计公允价值变动。若存在原转换日计入资本公积的金额，也一并结转。编制会计分录如图1－126

所示。

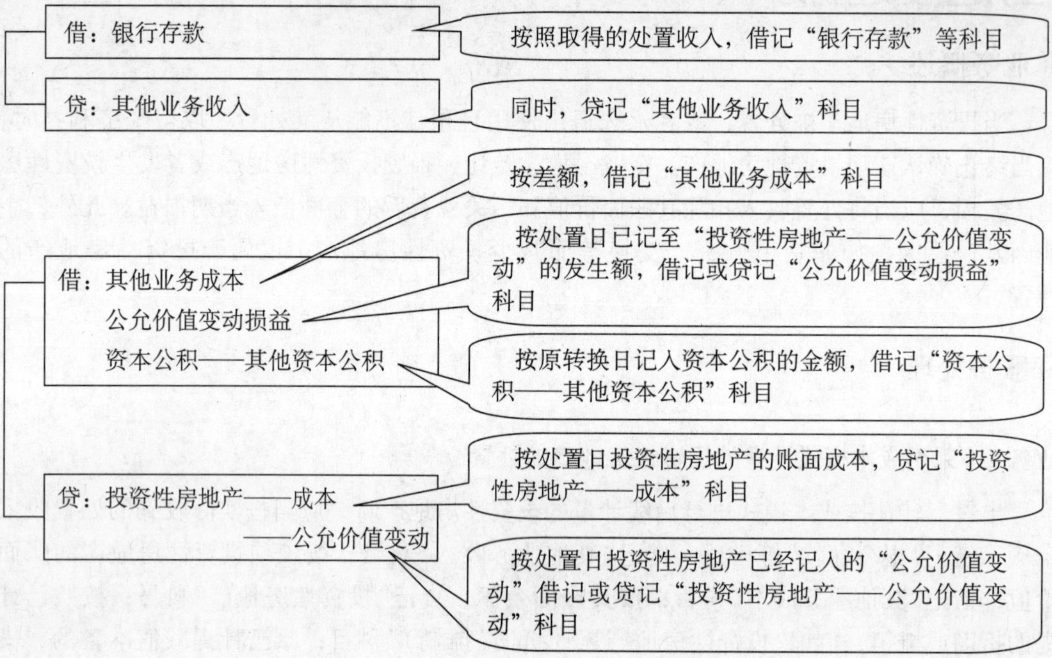

图 1－126

▶▶案例解析

【例 1－86】甲公司将其出租的一栋写字楼确认为投资性房地产，采用成本模式计量。租赁期届满后，甲公司将该栋写字楼出售给乙公司，合同价款为 150 000 000 元，乙公司已用银行存款付清。出售时，该栋写字楼的成本为 140 000 000 元，已计提折旧 10 000 000 元。假定不考虑税费等因素。甲公司应编制如下会计分录。

① 收取处置收入。

借：银行存款	150 000 000	
贷：其他业务收入		150 000 000

② 结转处置成本。

借：其他业务成本	130 000 000	
投资性房地产累计折旧	10 000 000	
贷：投资性房地产——写字楼		140 000 000

【例 1－87】甲公司将其出租的一栋写字楼确认为投资性房地产，采用公允价值模式计量。租赁期届满后，甲公司将该栋写字楼出售给乙公司，合同价款为 150 000 000 元，乙公司已用银行存款付清。出售时，该栋写字楼的成本为 120 000 000元，公允价值变动为借方余额 10 000 000 元。假定不考虑营业税等税费。甲公司应编制如下会计分录。

① 收取处置收入。

借：银行存款　　150 000 000

　　贷：其他业务收入　　150 000 000

② 结转处置成本。

借：其他业务成本　　130 000 000

　　贷：投资性房地产——××写字楼(成本)　　120 000 000

　　　　　　　　　——××写字楼(公允价值变动)　　10 000 000

③ 结转投资性房地产累计公允价值变动。

借：公允价值变动损益　　10 000 000

　　贷：其他业务成本　　10 000 000

(四)投资性房地产的转换

▶▶业务概述

当企业有确凿的证据表明持有的房地产用途发生改变时，则需要对其进行重新分类，例如将原来用于出租的房地产改为自用于生产或者管理，将自用的土地使用权出租获取租金，房地产商作为存货的房地产以经营租赁的方式进行出租，或者相反地，房地产商将之前经营出租的房地产重新开发以便对外销售。

▶▶账务处理

业务1　采用成本模式核算的投资性房地产的相互转换

由于是用成本模式进行核算，所以投资性房地产与存货、自用性房地产之间的转换均按照资产的账面价值进行。

投资性房地产转换为自用房地产时，即企业将之前用于出租的房地产现改为自用生产商品或者提供劳务，企业应该在转换日按照投资性房地产的账面余额，借记“固定资产”、“无形资产”科目，贷记“投资性房地产”科目；按照此投资性房地产以前会计期间计提的累计折旧或者摊销金额，借记“投资性房地产累计折旧”、“投资性房地产累计摊销”科目，贷记“累计折旧”、“累计摊销”科目；按照以前会计期间计提减值准备借记“投资性房地产减值准备”科目，贷记“固定资产减值准备”、“无形资产减值准备”科目。此处的转换日是指房地产能够达到自用的状态的日期，使企业可以将房地产用于生产产品或者提供劳务。编制会计分录如图1－127所示。

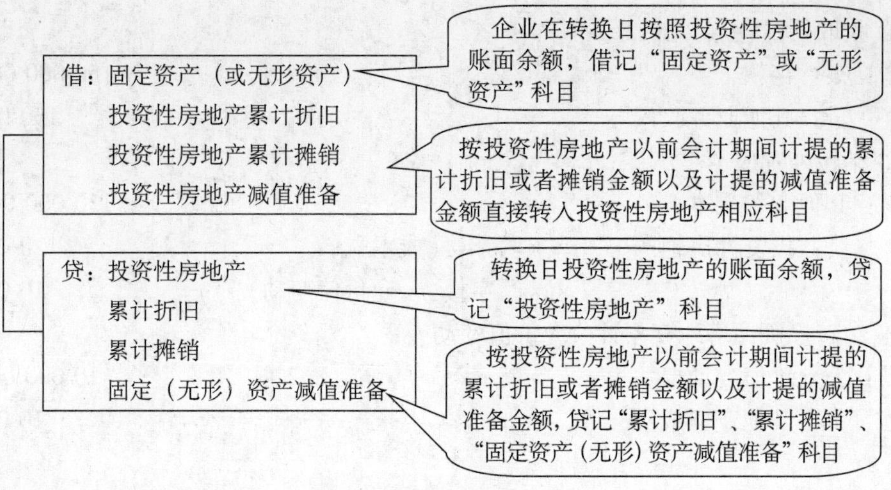

图1－127

投资性房地产转换为存货，即房地产开发商对之前用做出租的房地产重新开发，以待日后出售。企业应该在转换日作类似于投资性房地产转换为自用房地产的账务处理，应该将房地产在转换日的账面价值借记“开发产品”科目。此处的转换日是指企业董事会或类似机构作出明确的书面决议表明企业要将原投资性房地产重新开发以待对外出售的日期。

自用房地产转化为投资性房地产，即将企业之前用于生产产品或者提供劳务的房地产改用为出租，企业应该在租赁期开始日按照固定资产或者无形资产的原价，贷记“固定资产”或“无形资产”科目，借记“投资性房地产”科目；将以前会计年度计提的累计折旧和减值准备转入“投资性房地产累计折旧(摊销)”、“投资性房地产减值准备”科目。编制会计分录如图1－128所示。

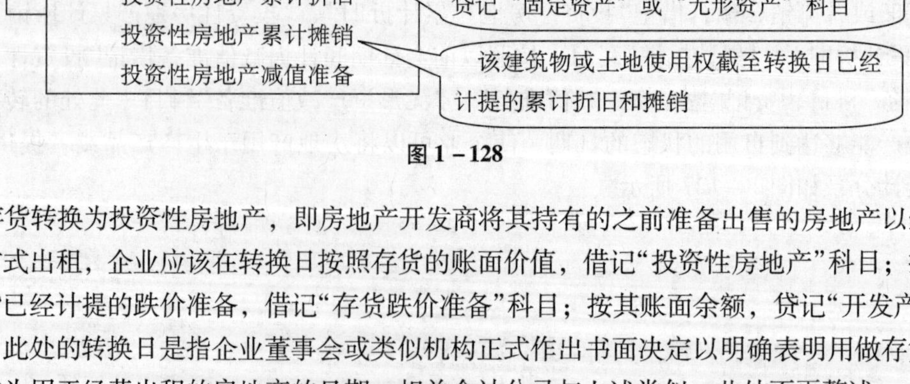

图1－128

存货转换为投资性房地产，即房地产开发商将其持有的之前准备出售的房地产以经营租赁的方式出租，企业应该在转换日按照存货的账面价值，借记“投资性房地产”科目；按照原来存货已经计提的跌价准备，借记“存货跌价准备”科目；按其账面余额，贷记“开发产品”等科目。此处的转换日是指企业董事会或类似机构正式作出书面决定以明确表明用做存货的房地产转为用于经营出租的房地产的日期。相关会计分录与上述类似，此处不再赘述。

业务 2　采用公允价值模式核算的投资性房地产的相互转换

由于是用公允价值模式进行核算，所以投资性房地产与存货、自用性房地产之间的转换均按照资产的公允价值进行。

投资性房地产转换为自用房地产时，企业应该按照投资性房地产的公允价值借记“固定资产”或“无形资产”科目，按照投资性房地产的成本贷记“投资性房地产——成本”科目，按照累计的公允价值变动贷记“投资性房地产——公允价值变动”科目，将借贷方的差额借记或者贷记“公允价值变动损益”科目。编制会计分录如图 1－129 所示。

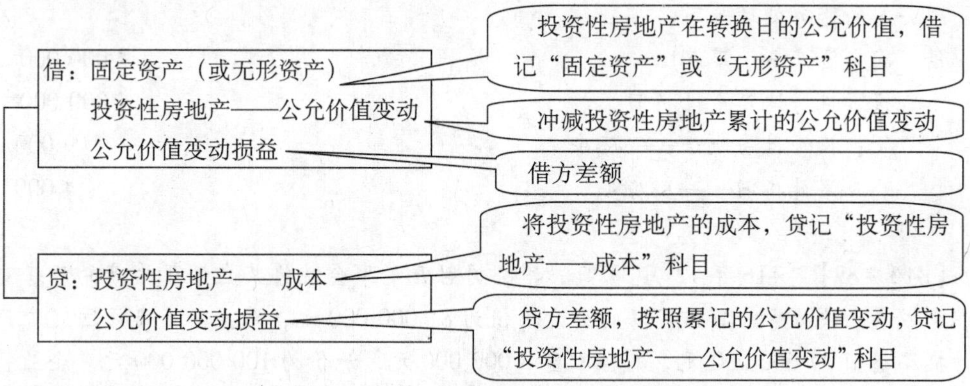

图 1－129

投资性房地产转换为存货时，企业应该在转换日按投资性房地产的公允价值借记“开发产品”科目，其他处理同投资性房地产转换为自用房地产。

自用房地产转化为投资性房地产时，企业应该在转换日按照该自用房地产的公允价值借记“投资性房地产——成本”科目；按照已经计提的累计摊销或累计折旧，借记“累计摊销”或“累计折旧”科目；按照已经计提减值准备的金额，借记“固定资产减值准备”或“无形资产减值准备”科目。当公允价值小于账面价值，应该将差额借记“公允价值变动损益”科目；当公允价值大于账面价值，则应该将其差额贷记“资本公积——其他资本公积”科目，在日后处置时转入当期的损益。编制会计分录如图 1－130 所示。

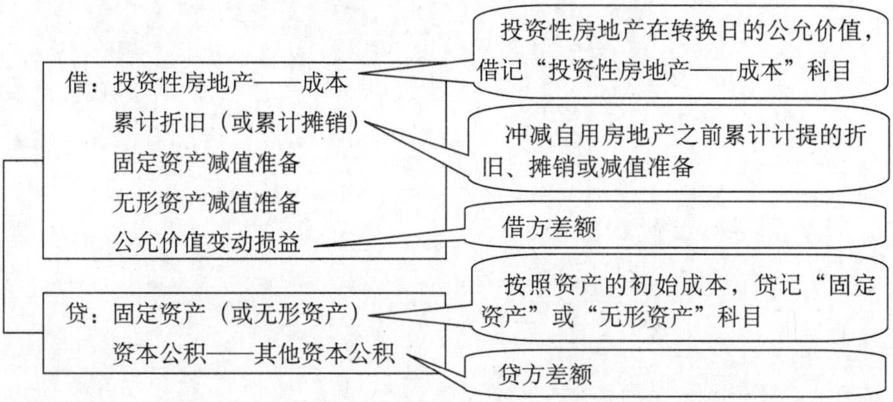

图 1－130

存货转换为投资性房地产时，应该按照存货在转换日的账面余额，贷记“开发产品”科目，其他会计处理同自用房地产转化为投资性房地产。

▶▶案例解析

【例1-88】 2×15年12月31日租赁期满，甲公司将出租在外的某厂房收回，公司董事会就将该厂房用于本公司生产产品形成了书面决议，决定从2×16年起开始自用于生产产品。该项房地产在转换前一直采用成本模式计量，截至2×15年12月31日其账面价值为5 000 000元，其中，原价9 000 000元，累计已提折旧4 000 000元。

甲公司的账务处理如下：

借：固定资产——厂房	9 000 000	
投资性房地产累计折旧	4 000 000	
贷：投资性房地产——厂房		9 000 000
累计折旧——厂房		4 000 000

【例1-89】 2×16年12月31日，甲公司召开董事会就将某自用于生产的厂房对外出租形成书面决议，当日该厂房的公允价值为81 000 000元，截至转换日该固定资产已经计提了折旧27 000 000元，减值准备3 000 000元，原价为100 000 000元。企业将该资产转化为投资性房地产决定采用公允价值模式进行计量。

甲公司的账务处理如下：

借：投资性房地产——成本	81 000 000	
累计折旧	27 000 000	
固定资产减值准备	3 000 000	
贷：固定资产 或 无形资产		100 000 000
资本公积——其他资本公积		11 000 000

无形资产

无形资产是指企业拥有或者控制的没有实物形态的可辨认非货币性资产，主要包括专利权、非专利技术、商标权、著作权、土地使用权和特许权等。

(一)取得无形资产

业务概述

无形资产在符合定义的前提下应该同时满足下列条件：与该无形资产有关的经济利益很可能流入企业；该无形资产的成本能够可靠计量。

无形资产应当按照成本进行初始计量。企业取得无形资产的主要方式有外购、自行研究开发等。取得的方式不同，其会计处理也有所差别。

账务处理

业务1　外购无形资产

外购无形资产的成本包括购买价款、相关税费以及直接归属于使该项资产达到预定用途所发生的其他支出。其中，直接归属于使该项资产达到预定用途所发生的其他支出，包括使无形资产达到预定用途所发生的专业服务费用、测试其是否能够正常发挥作用的费用。编制会计分录如图1－131所示。

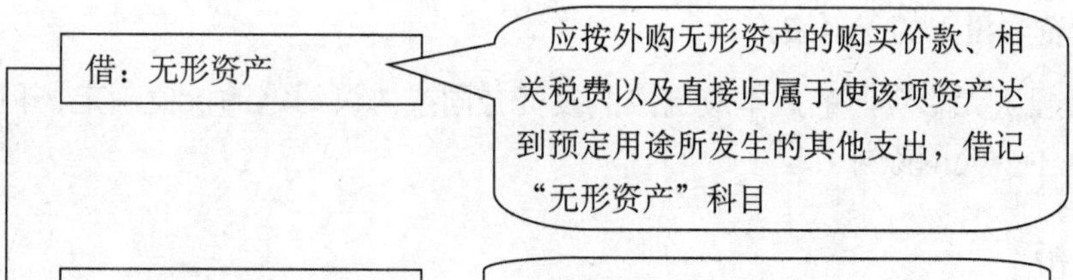

图1－131

业务2　自行研究开发无形资产

企业内部研究开发项目所发生的支出应区分研究阶段支出和开发阶段支出，企业自行开发无形资产发生的研发支出，不满足资本化条件的，借记“研发支出——费用化支出”科目；满足资本化条件的，借记“研发支出——资本化支出”科目，贷记“原材料”、“银行存款”、“应付职工薪酬”等科目。研究开发项目达到预定用途形成无形资产的，应按“研发支出——资本化支出”科目的余额，借记“无形资产”科目，贷记“研发支出——资本化支出”科目。期末，应将“研发支出——费用化支出”科目归集的金额转入“管理费用”科目，借记“管理费用”科目，贷记“研发支出——费用化支出”科目。如果无法可靠区分研究阶段的支出和开发阶段的支出，应将其所发生的研发支出全部费用化，记入当期损益。编制会计分录如图 1－132 所示。

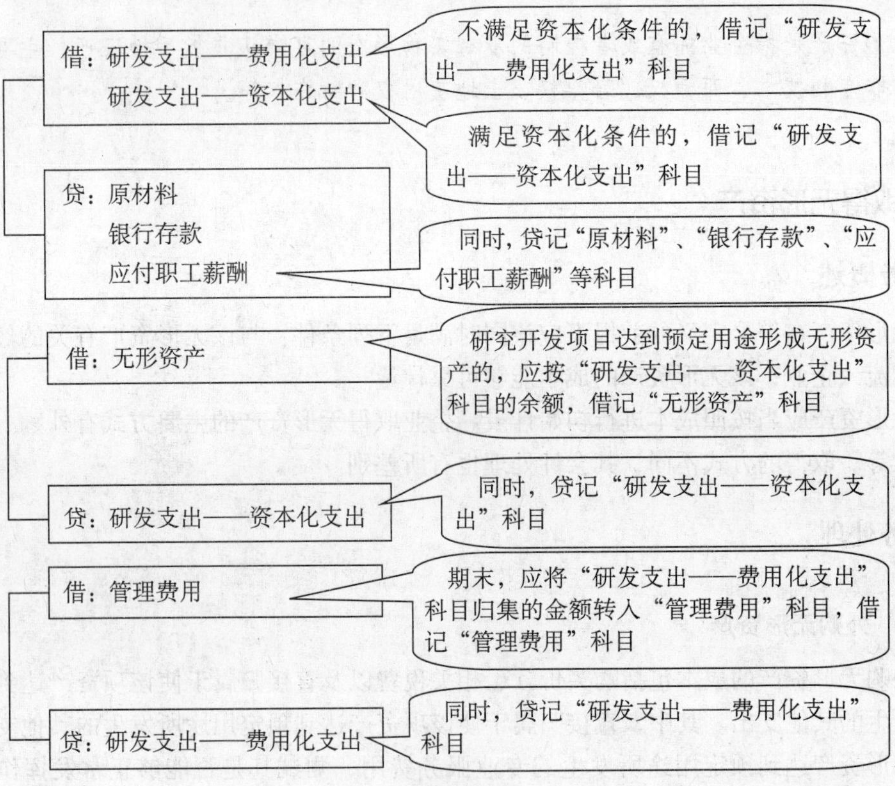

图 1－132

业务 3　投资者投入的无形资产

投资者投入无形资产的成本应当按照投资合同或协议约定的价值确定，但是合同或协议约定价值不公允的除外。

▶▶案例解析

【例 1－90】甲公司购入一项非专利技术，支付的买价和有关费用合计 900 000 元，以银行存款支付。甲公司应编制如下会计分录：

借：无形资产——非专利技术	900 000	
贷：银行存款		900 000

【例 1－91】甲公司自行研究、开发一项技术，截至 2×15 年 12 月 31 日，发生研发支出合计 2 000 000 元，经测试，该项研发活动完成了研究阶段，从 2×16 年 1 月 1 日开始进入开发阶段。2×16 年发生开发支出 300 000 元，假定符合《企业会计准则第 6 号——

无形资产》规定的开发支出资本化的条件。2×16 年 6 月 30 日，该项研发活动结束，最终开发出一项非专利技术。甲公司应编制如下会计分录。

①2×15 年发生的研究支出。

借：研发支出——费用化支出	2 000 000	
贷：银行存款		2 000 000

②2×15 年 12 月 31 日，发生的研发支出全部属于研究阶段的支出。

借：管理费用	2 000 000	
贷：研发支出——费用化支出		2 000 000

③2×16 年，发生开发支出并满足资本化确认条件。

借：研发支出——资本化支出	300 000	
贷：银行存款		300 000

④2×16 年 6 月 30 日，该技术研发完成并形成无形资产。

借：无形资产	300 000	
贷：研发支出——资本化支出		300 000

(二)无形资产摊销

业务概述

企业应当于取得无形资产时分析判断其使用寿命。使用寿命有限的无形资产应进行摊销，使用寿命不确定的无形资产不应摊销。使用寿命有限的无形资产，通常视其残值为零；对于使用寿命有限的无形资产应当自可供使用(即其达到预定用途)当月起开始摊销，处置当月不再摊销。

无形资产摊销方法包括直线法、生产总量法等。企业选择的无形资产的摊销方法，应当反映与该项无形资产有关的经济利益的预期实现方式。无法可靠确定预期实现方式的，应当采用直线法摊销。

账务处理

企业应当按月对无形资产进行摊销。无形资产的摊销额一般应当记入当期损益。企业自用的无形资产，其摊销金额记入管理费用；出租的无形资产，其摊销金额记入其他业务成本；某项无形资产包含的经济利益通过所生产的产品或其他资产实现的，其摊销金额应当记入相关资产成本。编制会计分录如图 1－133 所示。

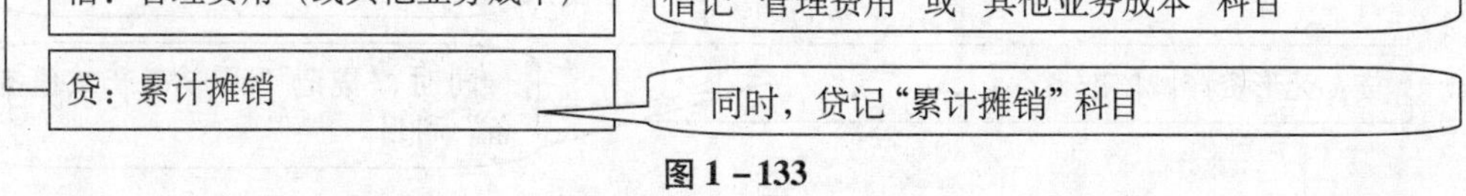

图 1－133

▶▶案例解析

【**例1－92**】甲公司购买了一项特许权，成本为4 800 000元，合同规定受益年限为10年，甲公司每月应摊销40 000元(4 800 000÷10÷12)。每月摊销时，甲公司应编制如下会计分录：

借：管理费用　　40 000

　　贷：累计摊销　　40 000

【**例1－93**】2×16年1月1日，甲公司将其自行开发完成的非专利技术出租给丁公司，该非专利技术成本为3 600 000元，双方约定的租赁期限为10年，甲公司每月应摊销30 000元(3 600 000÷10÷12)。每月摊销时，甲公司应编制如下会计分录：

借：其他业务成本　　30 000

　　贷：累计摊销　　30 000

(三)计提无形资产减值准备

▶▶业务概述

根据可获得的相关信息判断，有确凿证据表明无法合理估计其使用寿命的无形资产，应作为使用寿命不确定的无形资产。对于使用寿命不确定的无形资产，在持有期间内不需要进行摊销，但应当至少在每年年度终了按照《企业会计准则第8号——资产减值》的有关规定进行减值测试。

对于使用寿命确定的无形资产在资产负债表日存在可能发生减值的迹象时，应当计提无形资产减值准备。

▶▶账务处理

无形资产在资产负债表日存在可能发生减值的迹象时，其可收回金额低于账面价值的，企业应当将该无形资产的账面价值减记至可收回金额，减记的金额确认为减值损失，记入当期损益，同时计提相应的资产减值准备，按应减记的金额，借记“资产减值损失——计提的无形资产减值准备”科目，贷记“无形资产减值准备”科目。无形资产减值损失一经确认，在以后会计期间不得转回。编制会计分录如图1－134所示。

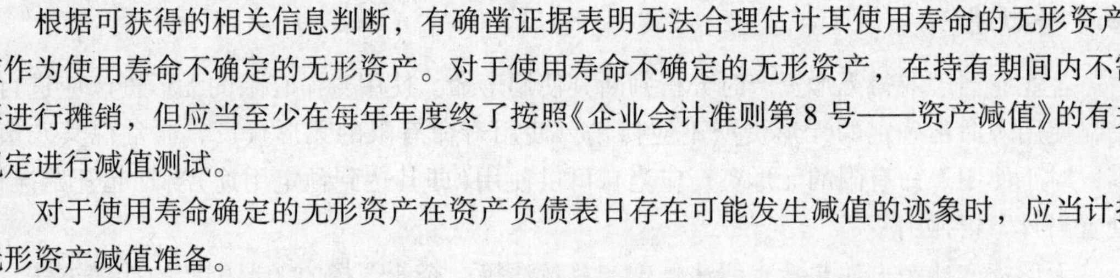

图1－134

案例解析

【例 1－94】2×16 年 12 月 31 日，市场上某项新技术生产的产品销售势头较好，已对甲公司产品的销售产生重大不利影响。甲公司外购的类似专利技术的账面价值为 800 000 元，剩余摊销年限为 4 年，经减值测试，该专利技术的可收回金额为 750 000 元。

由于甲公司的该专利技术在资产负债表日的账面价值为 800 000 元，可收回全额为 750 000 元。可收回全额低于其账面价值。应按其差额 50 000 元（800 000－750 000）计提减值准备。

甲公司应编制如下会计分录：

借：资产减值损失——计提的无形资产减值准备　　50 000

　　贷：无形资产减值准备　　50 000

（四）无形资产的处置和报废

业务概述

无形资产的处置和报废，主要是指无形资产对外出租、出售，或者是无法为企业带来未来经济利益时，应予转销并终止确认。

账务处理

业务 1　无形资产出租

企业让渡无形资产使用权并收取租金，在满足收入确认条件的情况下，应确认相关的收入和费用。

出租无形资产取得租金收入时，借记“银行存款”等科目，贷记“其他业务收入”等科目；摊销出租无形资产的成本和发生与转让有关的各种费用支出时，借记“其他业务成本”、“营业税金及附加”等科目，贷记“累计摊销”、“应交税费”等科目。编制会计分录如图 1－135 所示。

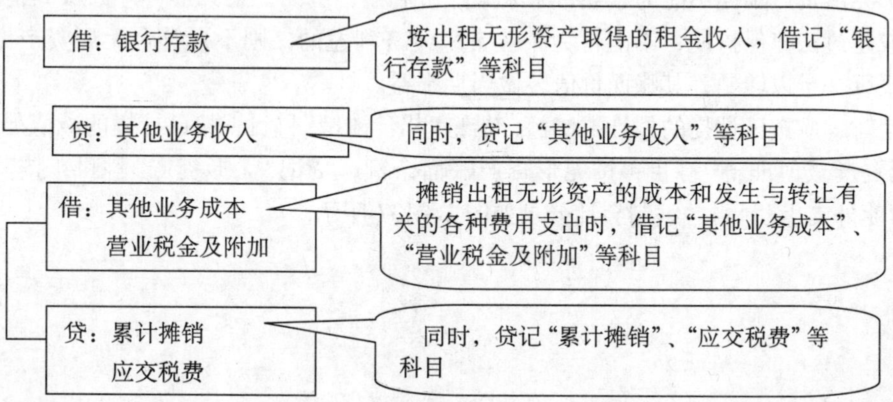

图 1－135

业务2　无形资产出售

企业出售无形资产，表明企业放弃该无形资产的所有权，应将所取得的价款与该无形资产账面价值的差额作为资产处置利得或损失，记入当期损益。但是值得注意的是，企业出售无形资产确认其利得的时间应按照收入确认中的相关原则进行确定。

出售无形资产时，应按实际收到的金额，借记“银行存款”等科目；按已计提的累计摊销额，借记“累计摊销”科目；原已计提减值准备的，借记“无形资产减值准备”科目；按应支付的相关税费及其他费用，贷记“应交税费”科目；按其账面余额，贷记“无形资产”科目；按其差额，贷记“营业外收入——处置非流动资产利得”科目或借记“营业外支出——处置非流动资产损失”科目。编制会计分录如图1－136所示。

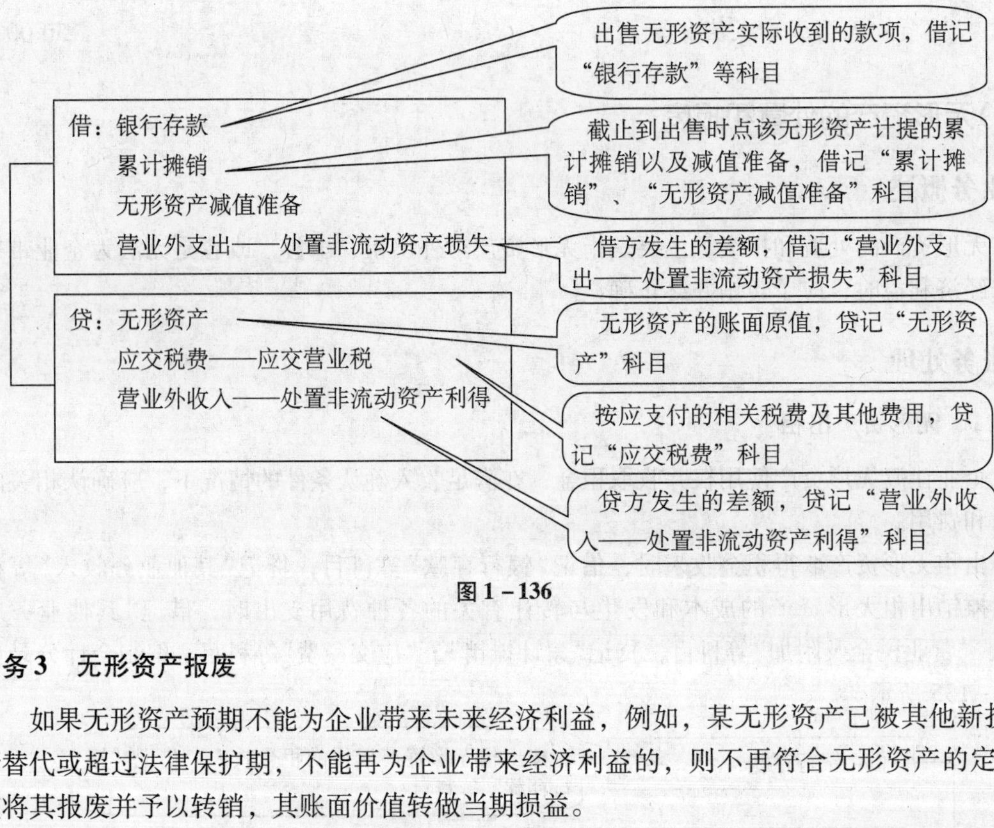

图1－136

业务3　无形资产报废

如果无形资产预期不能为企业带来未来经济利益，例如，某无形资产已被其他新技术所替代或超过法律保护期，不能再为企业带来经济利益的，则不再符合无形资产的定义，应将其报废并予以转销，其账面价值转做当期损益。

转销时，应按已计提的累计摊销额，借记“累计摊销”科目；按已计提的减值准备，借记“无形资产减值准备”科目；按无形资产账面余额，贷记“无形资产”科目；按其差额，借记“营业外支出”科目。编制会计分录如图1－137所示。

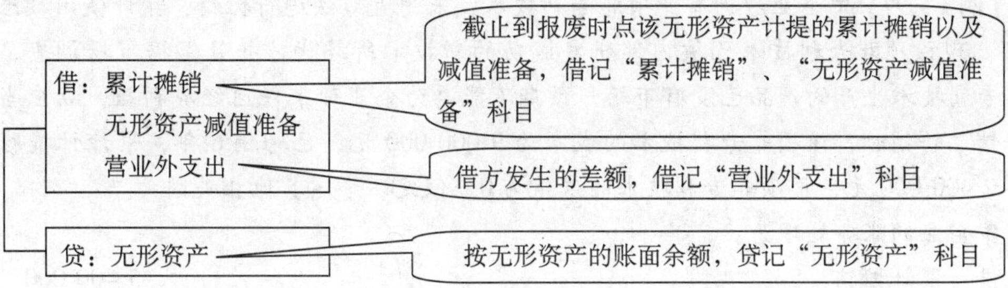

图 1－137

▸▸案例解析

【例 1－95】2×16 年 1 月 1 日，甲公司将某商标权出租给乙公司使用，租期为 4 年，每年收取租金 150 000 元。租金收入适用的营业税税率为 5%，甲公司在出租期间内不再使用该商标权。该商标权是甲公司 2×16 年 1 月 1 日购入的，初始入账价值为 1 800 000 元，预计使用年限为 15 年，采用直线法摊销。假定不考虑营业税以外的其他税费，并按年摊销。

甲公司的账务处理如下。

① 每年取得租金。

借：银行存款　150 000

　贷：其他业务收入——出租商标权　150 000

② 按年对该商标权进行摊销并计算应交的营业税。

借：其他业务成本——商标权摊销　120 000

　营业税金及附加(150 000 ×5%)　7 500

　贷：累计摊销　120 000

　　应交税费——应交营业税　7 500

【例 1－96】企业出售一项商标权，所得价款为 1 200 000 元，应交纳的营业税为 60 000 元(不考虑其他税费)。该商标权成本为 3 000 000 元，出售时已摊销金额为 1 800 000 元，已计提的减值准备为 300 000 元。

甲企业的账务处理为：

借：银行存款　1 200 000

　累计摊销　1 800 000

　无形资产减值准备——商标权　300 000

　贷：无形资产——商标权　3 000 000

　　应交税费——应交营业税　60 000

　　营业外收入——处置非流动资产利得　240 000

【**例1－97**】甲企业原拥有一项非专利技术，采用直线法进行摊销，预计使用期限为10年。现该项非专利技术已被内部研发成功的新技术所替代，并且根据市场调查，用该非专利技术生产的产品已没有市场，预期不能再为企业带来任何经济利益，故应当予以转销。转销时，该项非专利技术的成本为9 000 000元，已摊销6年，累计计提减值准备2 400 000元，该项非专利技术的残值为0。假定不考虑其他相关因素。

甲企业的账务处理为：

借：累计摊销	5 400 000	
无形资产减值准备——专利权	2 400 000	
营业外支出——处置非流动资产损失	1 200 000	
贷：无形资产——专利权		9 000 000

递延所得税资产

递延所得税资产是由于会计和税法的差异产生的企业可以递延到以后进行缴纳的税款。根据可抵扣暂时性差异以及适当的税率计算可以减少未来应交所得税的金额。

(一)递延所得税资产的取得

业务概述

所得税会计采用资产负债表法核算所得税，即以资产负债表为基础，通过比较资产负债表上列示的资产、负债，按照会计准则规定确定的账面价值与按照税法规定确定的计税基础之间的差异，即应纳税暂时差异或可抵扣暂时性差异的变动，从而确认或冲减相关的递延所得税负债与递延所得税资产，并在此基础上确定每一期间利润表中的所得税费用。

递延所得税资产的取得主要来自于企业产生的可抵扣暂时性差异，可抵扣暂时性差异是指在确定未来收回资产或清偿负债期间的应纳税所得额时，将导致产生可抵扣金额的暂时性差异，也就是说在当期税法所要求缴纳的所得税大于会计核算的所得税，在以后期间能够通过收回资产或者清偿债务使得该部分预交的所得税得以冲抵。可抵扣暂时性差额通常产生于两种情况，即资产的账面价值小于其计税基础和负债的账面价值大于计税基础。

资产的计税基础是指某项资产的未来期间按照税法规定可以税前抵扣的金额，即资产的初始取得成本减去以前期间按照税法规定已经税前扣除的金额后的余额，例如固定资产和无形资产等在资产负债表日的计税基础就是其成本扣除按照税法规定已在以前期间税前扣除累计折旧额或累计摊销后的金额。造成资产的账面价值小于其计税基础的情况主要有以下几种。

(1)固定资产的折旧方法、折旧年限和无形资产的摊销方法与税法规定的差异。

税法规定的折旧年限和折旧方法往往会和会计准则规定的不一致，当本期会计准则规定应该计提的折旧、摊销等金额大于税法规定的应该计提的折旧、摊销金额，此时资产账面价值小于其计税基础，产生可抵扣暂时性差额。

(2)存货的跌价准备、固定资产和无形资产的减值准备的计提。

按照税法的规定，企业在资产的持有期间计提的减值准备并没有真正实现损失，因此企业计提的资产减值准备只有在发生实质性损失时才予以税前抵扣，例如存货的销售实现、固定资产和无形资产的处置等。此时，在资产的持有期间也会产生账面价值和计税基础的差异。

(3)以公允价值计量的金融资产的公允价值变动。

类似于减值准备的计提，税法规定该类金融资产在持有期间的公允价值变动只有在实际处置时才在纳税中予以考虑，当会计期间该资产的公允价值下降，则导致资产的账面价值小于计税基础。

除了上述情况之外，还有一些其他资产也会产生类似的结果，例如计提减值准备等，此处不再赘述。

负债的计税基础是指负债的账面价值减去未来期间计算应纳税所得额时按照税法规定可予抵扣的金额。一般来说，负债的未来期间计算应纳税所得额时按照税法可以抵扣的金额为零，计税基础为其账面价值，但是某些负债确认的期间会影响应纳税所得额，使得其计税基础和账面价值之间存在差额。

造成负债的账面价值大于其计税基础的情况主要有以下几种。

(1)预计负债。

根据税法规定，企业的预计负债在企业计提时并没有实际发生，与销售产品相关的支出应该在发生时进行税前扣除。预计负债的账面价值为当年年初余额加上当年计提数减去当年冲减数，而其计税基础为零，因此预计负债产生了可抵扣暂时性差异。但是某些特殊情况下，税法规定有关一些事项计提的预计负债无论是否实际发生均不允许税前扣除，则在该情况下预计负债的账面价值等于计税基础，不产生暂时性差异。

(2)预收账款。

根据税法规定，某些在会计上不符合收入确认的款项应该计入当期应纳税额，此时企业将该部分款项计入预收款项，此项负债的计税基础为零，小于账面价值，因此预收账款产生了可抵扣暂时性差异。

▸▸账务处理

资产和负债的账面价值与其计税基础不同产生可抵扣暂时性差异的，在估计未来期间能够取得足够的应纳税所得额用以利用该可抵扣暂时性差异时，应当以很可能取得用来抵扣可抵扣暂时性差异的应纳税所得额为限，确认相关的递延所得税资产。确认递延所得税资产时应估计相关可抵扣暂时性差异的转回时间，采用转回期间使用的所得税税率为基础计算确定，无论相关的可抵扣暂时性差异转回期间如何，递延所得税资产均不予折现。

资产负债表日，企业根据所得税准则应予确认的递延所得税资产大于本科目余额的，借记“递延所得税资产”科目，贷记“所得税——递延所得税费用”、“资本公积——其他资本公积”等科目；应予确认的递延所得税资产小于本科目余额的，编制相反的会计分录。编制会计分录如图 1－138 所示。

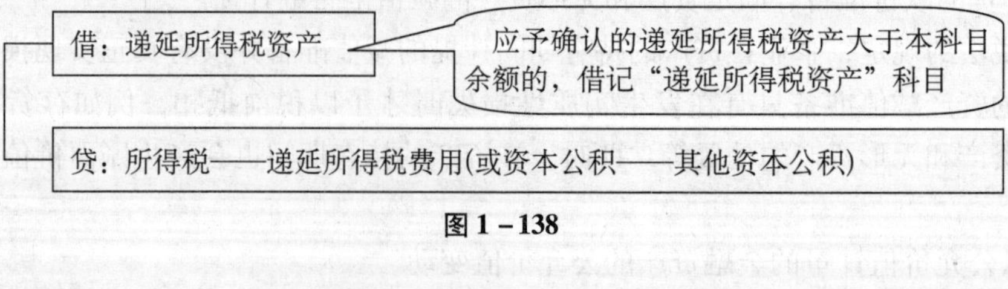

图 1－138

▶▶案例解析

【例 1－98】甲公司主要业务是生产热水器，其每年的税前利润是20 000 000元，2×15 年预计了2 000 000 元的保修费用，实际均匀发生于后两年，其适用的所得税税率为25%。

甲公司在此两年应编制如下会计分录：

2×15 年年末，会计将2 000 000 元的保修费用确认为预计负债，而根据税法只有当该费用实际发生时才可以予以税前扣除。此时预计负债的账面价值是2 000 000 万元，计税基础为0，产生了可抵扣暂时性差异2 000 000 元，产生的递延所得税资产为500 000 元，当期应交所得税为5 500 000 元[(20 000 000＋2 000 000)×25%]，所得税费用为5 000 000 元。

借：所得税——当期所得税费用　　5 000 000

　　递延所得税资产　　500 000

　　贷：应交税费——应交所得税　　5 500 000

2×16 年实际发生的保修费用为1 000 000 元，年末的预计负债为1 000 000元，计税基础仍是0，可抵扣暂时性差异为1 000 000 元，递延所得税资产的余额应该是250 000 元，当期应交所得税为5 250 000 元[(20 000 000＋1 000 000)×25%]，所得税费用为5 000 000 元。

借：所得税——当期所得税费用　　5 000 000

　　递延所得税资产　　250 000

　　贷：应交税费——应交所得税　　5 250 000

(二)递延所得税资产的转回

▶▶业务概述

当企业产生递延所得税资产的情况消失，例如预计负债的实现等将导致以前期间计提的递延所得税资产的转回。

▶▶账务处理

资产负债表日，预计未来期间很可能无法获得足够的应纳税所得额用以抵扣可抵扣暂时性差异的，按应减记的金额，借记"所得税——当期所得税费用"、"资本公积——其他资本公积"科目，贷记"递延所得税资产"科目。编制会计分录如图 1－139 所示。

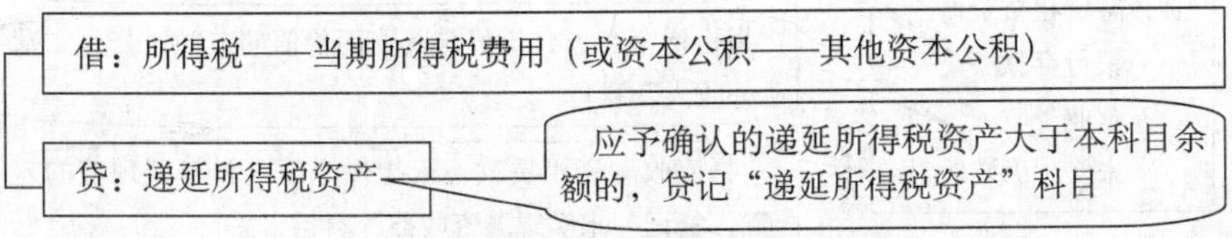

图 1－139

长期应收款

长期应收款是指企业融资租赁产生的应收款项和采用递延方式分期收款、实质上有融资性质的销售商品和提供劳务等经营活动产生的应收账款。

(一)出租人有关融资租赁的处理

▶▶业务概述

租赁有两种形式：一种是经营租赁，另一种是融资租赁。在融资租赁的情况下，出租人将与租赁资产所有权有关的风险和报酬实质上转移给承租人，将租赁资产的使用权长期转让给承租人，并以此获取租金。

▶▶账务处理

业务1　租赁债权的确认

出租人应该在租赁期的初始日将最低租赁收款额与初始直接费用之和作为应收融资租赁款的入账价值，借记"长期应收款——应收融资租赁款"科目；并同时记录未担保余值，借记"未担保余值"科目；按租赁资产的账面价值，贷记"融资租赁资产"科目；将租赁资产公允价值与其账面价值的差额，借记"营业外支出"或贷记"营业外收入"科目；按发生的初始直接费用，贷记"银行存款"科目；将应收融资租赁款、未担保余值之和与其现值的差额确认为未实现融资收益。编制会计分录如图1－140所示。

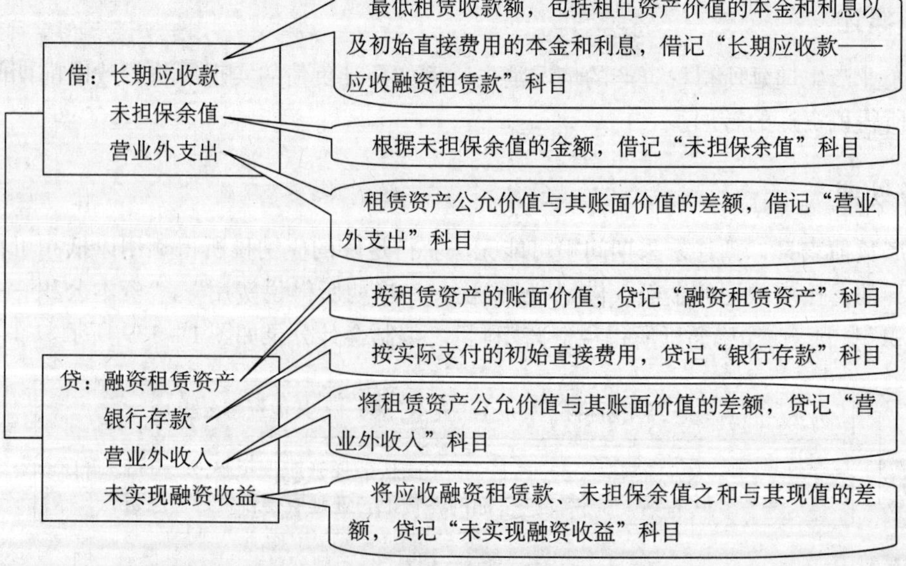

图1－140

业务2　未实现融资收益的分配

类似于之前所述的持有至到期投资采用的实际利率法计算方式，在融资收益实际实现时应该采用实际利率法计算当期实现的融资收入。出租人在每个会计期间收到租金时，按收到的租金借记“银行存款”科目，贷记“长期应收款——应收融资租赁款”科目。除此之外，出租人应该按照实际利率法计算出的实际收益借记“未实现融资收益”科目，贷记“租赁收入”科目。编制会计分录如图 1－141 所示。

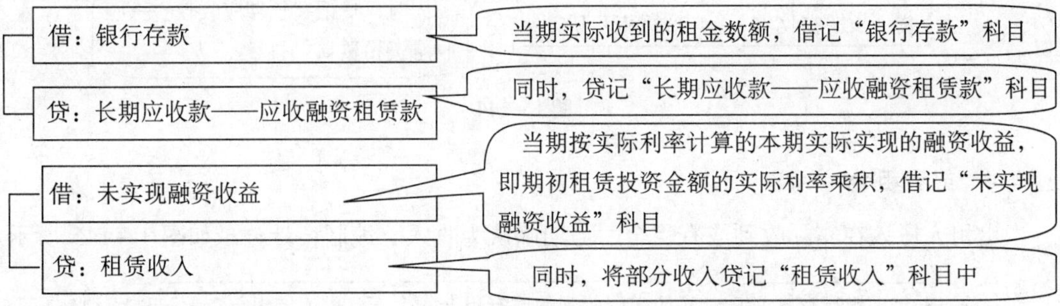

图 1－141

业务3　长期应收款计提坏账准备

类似于应收账款的坏账准备的计提，出租人应当定期根据承租人的财务状况和经营成果以及其他因素对应收融资租赁款的可回收性进行估计，采用合理的方法计提坏账准备，此处涉及的应收融资租赁款是指长期应收款扣除了备抵账户未实现融资收益的差额部分。计提坏账准备一经确定，不得由出租人随意变更。

在企业计提坏账准备时，编制会计分录如图 1－142 所示。

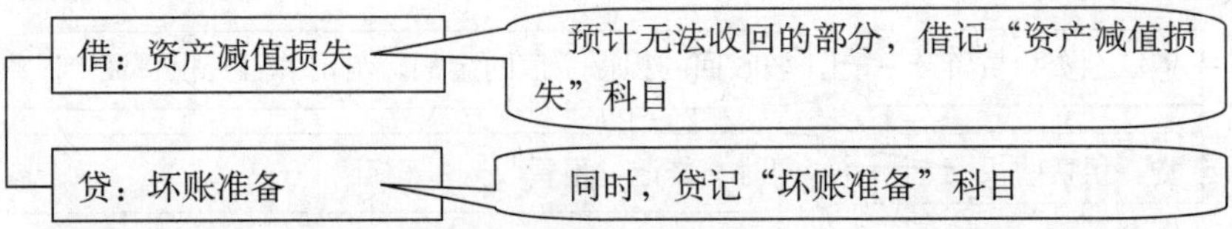

图 1－142

如果已经确定某部分的应收融资租赁款无法收回，则应该在账上确定为坏账损失，编制会计分录如图 1－143 所示。

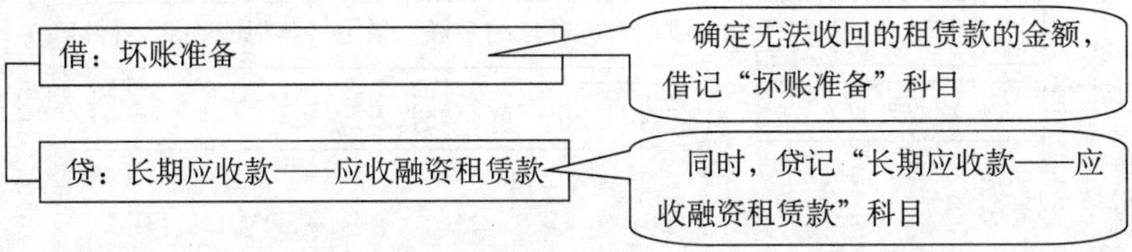

图 1－143

倘若该部分已经转销的坏账损失之后意外收回，则按照实际收回的金额，编制会计分录如图 1－144 所示。

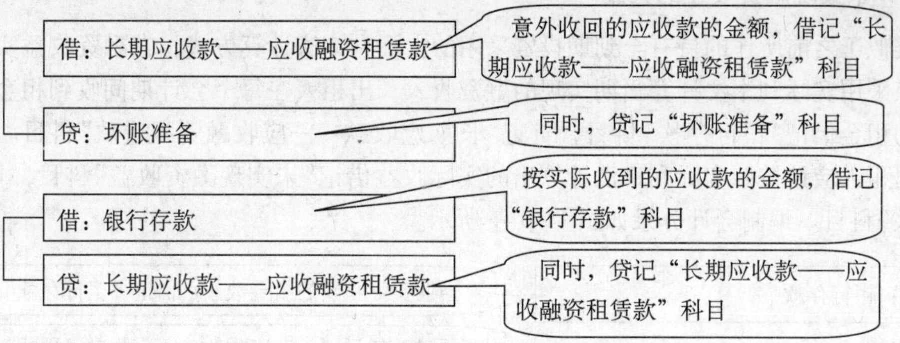

图 1－144

业务 4　或有租金

出租人应该在实际收到或有租金的当期确认为收入，编制会计分录如图 1－145 所示。

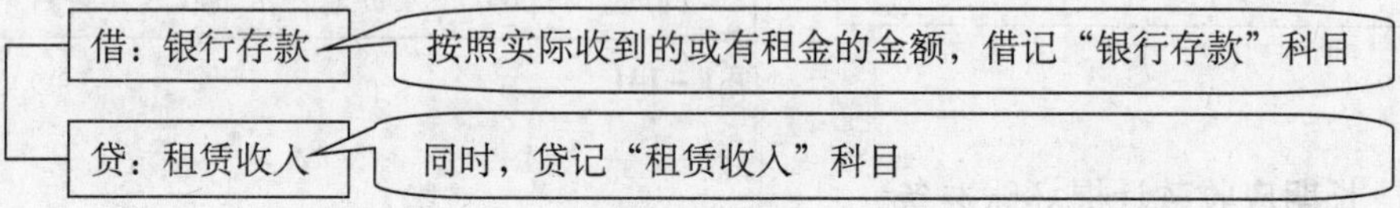

图 1－145

业务 5　租赁期届满

如果出租人最终收回租赁资产，应该按照以下四种情况进行处理。

(1)存在担保余值，不存在未担保余值时，出租人收到返还的租赁资产时，应该按照担保余值，编制会计分录如图 1－146 所示。

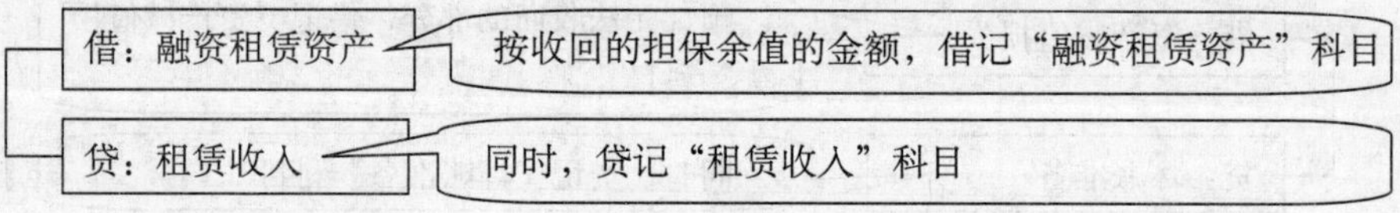

图 1－146

除此之外，如果收回的返还资产的价值小于担保余值，出租人应向承租人收取一定的补偿，编制会计分录如图 1－147 所示。

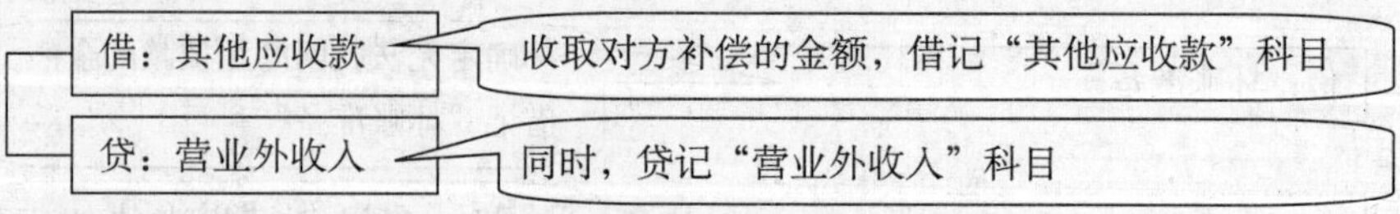

图 1－147

(2)存在担保余值和未担保余值时，编制会计分录如图 1－148 所示。

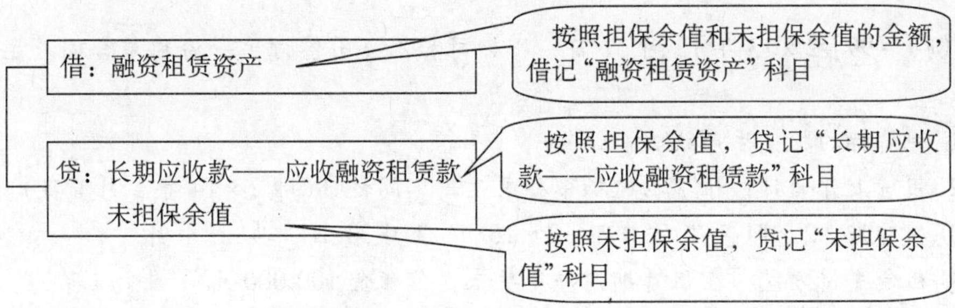

图 1－148

同上，如果出租人收到返还的资产的价值扣除未担保余值后的余额低于担保余值，则应该向承租人收取一定的补偿，编制会计分录：

借：其他应收款

　　贷：营业外收入

(3)存在未担保余值，但是不存在担保余值，出租人应该在收到租赁资产时，编制会计分录：

借：融资租赁资产

　　贷：未担保余值

(4)担保余值和未担保余值均不存在，出租人不用作会计处理，只需要作相应的备查登记。

如果承租人继续租赁资产，则出租人视同该项租赁一直存在。

如果承租人选择购买租赁资产，则出租人应该按收到的购买价款借记“银行存款”科目，贷记“长期应收款——应收融资租赁款”科目；根据未担保余值，借记“营业外支出——处置固定资产净损失”科目，贷记”未担保余值”科目。编制会计分录如图 1－149 所示。

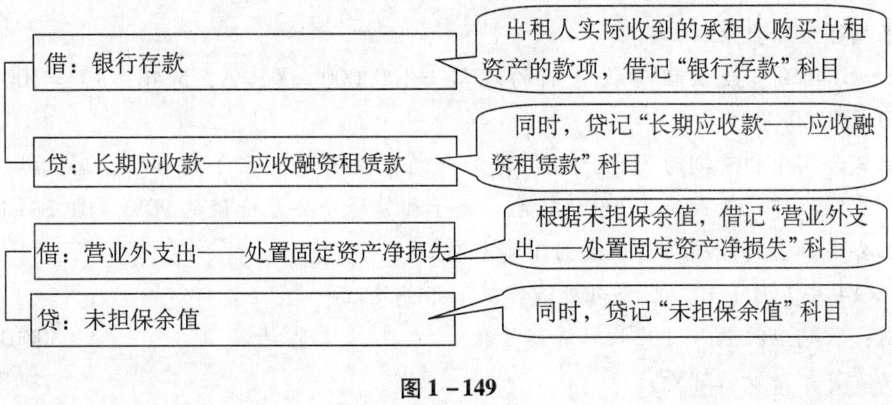

图 1－149

▶▶案例解析

【例1-99】2×13年12月31日，甲公司和乙公司签订了一份租赁合同。主要条款如下：

① 租赁标的物：生产线。

② 租赁期开始日：租赁物运抵甲公司生产车间之日(即2×14年1月1日)。

③ 租赁期：2×14年1月1日—2×16年12月31日，共36个月。

④ 租金支付方式：在租赁期内每年年末支付租金100 000元。

⑤ 该生产线在2×14年1月1日乙公司的公允价值为260 000元。

⑥ 租赁合同规定的年利率为8%。

⑦ 该生产线为全新设备，预计可以使用的年限为5年。

⑧ 2×15年和2×16年，甲公司根据生产线所生产的产品的年销售收入的1%于每年年底向乙公司支付经营分享收入。

甲公司情况如下。

① 采用年限平均法计提固定资产折旧。

② 2×15年和2×16年甲公司分别利用该生产线实现销售收入800 000元和1 200 000元。

③ 租赁期满将生产线还给乙公司。

④ 在租赁谈判和签订租赁合同过程中发生可归属于租赁项目的手续费、差旅费等总计10 000元。

乙公司情况如下。

发生初始直接费用10 000元，乙公司应该作如下处理。

① 租赁债权的确认。

首先应该计算租赁内含利率，即使最低租赁收款额的现值与未担保余值的现值之和等于租赁资产公允价值与出租人的初始直接费用之和的折现率。

100 000×(P/A，R，3)=260 000+10 000=270 000(元)。

根据年金系数表得知：

R=5.46%；最低租赁收款额的现值=100 000×(P/A，5.46，3)=100 000×2.7000=2 700 000(元)。

租赁合同中租赁期为3年，占租赁资产尚可使用年限5年的60%，小于规定中的75%；最低租赁收款额为2 700 000元，大于租赁资产公允价值的90%，即234 000元，所以乙公司应当将该项租赁认定为融资租赁。

2×14年1月1日，乙公司应该作以下账务处理：

借：长期应收款——应收融资租赁款	300 000	
贷：融资租赁资产		260 000
银行存款		10 000
未实现融资收益		30 000

② 分配未实现融资收益。

如表 1－12 所示。

表 1－12　未实现融资收益分配表

2×14 年 1 月 1 日

日期 ①	租金 ②	确认的融资收入③ ＝期初⑤×5.46%	租赁投资净额减 少额④＝②－③	租赁投资净额余额 期末⑤＝期初⑤－④
2×14.1.1				270 000
2×14.12.31	100 000	14 742	85 258	184 742
2×15.12.31	100 000	10 086.91	89 913.09	94 828.91
2×16.12.31	100 000	5 171.09	94 828.91	0
合计	300 000	30 000	270 000	

乙公司应该编制如下会计分录：

2×14 年 12 月 31 日，收到当年的租金：

借：银行存款　100 000

　贷：长期应收款——应收融资租赁款　100 000

借：未实现融资收益　14 742

　贷：租赁收入　14 742

2×15 年 12 月 31 日：

借：银行存款　100 000

　贷：长期应收款——应收融资租赁款　100 000

借：未实现融资收益　10 086.91

　贷：租赁收入　10 086.91

2×16 年 12 月 31 日：

借：银行存款　100 000

　贷：长期应收款——应收融资租赁款　100 000

借：未实现融资收益　5 171.09

　贷：租赁收入　5 171.09

③ 或有租金。

根据合同规定，乙公司应该在 2×15 年 12 月 31 日和 2×16 年 12 月 31 日确认经营分享收入，企业应该作如下会计分录：

借：应收账款——甲公司　8 000

　贷：租赁收入　8 000

借：应收账款——甲公司　12 000

　贷：租赁收入　12 000

④ 租赁期满，乙公司将生产线收回，并作备查登记。

(二)具有融资性质的分期收款销售商品或提供劳务

▸▸业务概述

企业采用分期收款方式销售商品或者提供劳务，是指企业已经交付商品或者提供劳务，但是货款分期收回。这种销售方法主要适用于销售价值较高的商品，例如房子、汽车、轮船等。如果延期应该收到的金额要大于所售商品的价值则实质上是企业向购货方提供免费的资金使用，即具有融资性质。

▸▸账务处理

企业应该将符合收入确认条件的那部分确认为收入，即按照应收的合同或协议价款的公允价值确认收入金额，该公允价值一般按照其未来现金流量现值或商品现销价格计算确定，贷记“主营业务收入”科目等。根据约定的应收金额借记“长期应收款”科目，公允价值和应收的合同或协议价款之间的差额应该贷记“未实现融资收益”科目，在合同或协议期间内按照实际利率法确定的金额进行摊销，并且同时冲减财务费用，摊销时借记“未实现融资收益”科目，贷记“财务费用”科目。在实际的工作中，如果合同或协议的价款与公允价值之间的差额不是很大，为了简便和高效也可以采用直线法进行摊销。编制会计分录如图1－150和图1－151所示。

(1)当企业售出商品时。

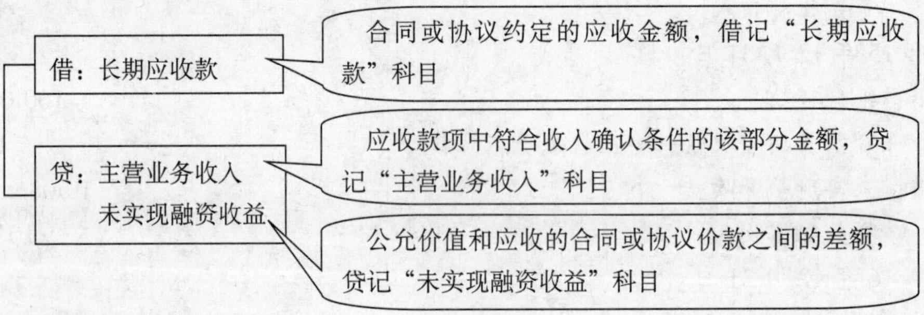

图1－150

(2)每年年末收到应收款时。

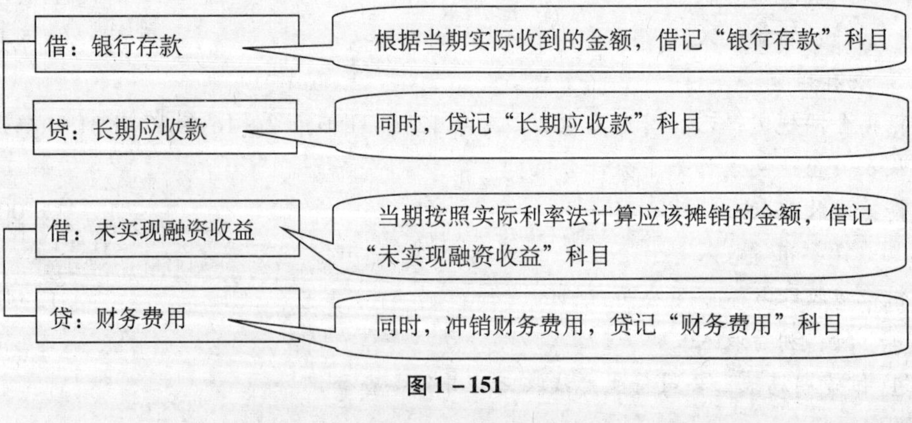

图1－151

▶▶案例解析

【例 1－100】甲公司年初采用分期收款方式向乙公司销售一套大型设备，合同价格为 10 000 000 元，合同约定从销售当年年末开始分 5 次于每年 12 月 31 日等额收取，如果购货方在销售成立日一次性支付货款只需付 8 000 000 元。假定甲公司相关的增值税纳税义务在合同约定的收款日期发生。

分析：根据上述条件，甲公司应该确认商品收入的金额为 8 000 000 元，即合同价款 10 000 000 元的公允价值可以确认为 8 000 000 元。然后根据应收价款计算实际利率：

200 ×（P/A，r，5）= 800 万元

当 r = 7%，200 × 4.1002 = 820.04 > 800

当 r = 8%，200 × 3.9927 = 798.54 < 800

r = 7.93%

期末摊销的未实现融资收益如表 1－13 所示。

表 1－13　摊销额计算表

年份	未收本金	财务费用	收现总额	已收本金
t	A = 期初 A－期初 D	B = A × 7.93%	C	D = C－B
销售日	800			
第 1 年末	800	63.44	200	136.56
第 2 年末	663.44	52.61	200	147.39
第 3 年末	516.05	40.92	200	159.08
第 4 年末	356.97	28.31	200	171.69
第 5 年末	185.28	14.72	200	185.28
总额		200	1 000	800

根据上表的计算结果，甲公司在各会计期间应该作如下会计分录。

① 销售实现时。

借：长期应收款　　10 000 000

　　贷：主营业务收入　　8 000 000

　　　　未实现融资收益　　2 000 000

② 第一年年末收取货款。

借：银行存款 23 400 000

  贷：长期应收款 20 000 000

    应交税费——应交增值税（销项税额） 3 400 000

借：未实现融资收益 634 400

  贷：财务费用 634 400

③ 第二年年末至第五年年末收取货款的会计处理与第一年类似。

第二篇

负债类交易和事项的会计处理

负债是指企业由于过去的交易或事项形成的、预期会导致未来经济利益流出企业并且能够可靠计量的现实义务。负债可以按照偿还时间的长短分为长期负债和短期负债。

短期借款

短期借款是指企业向银行或其他金融机构等借入的期限在1年以下(含1年)的各种借款，通常是为了满足正常生产经营的需要，例如企业以应收债权取得质押借款等。

(一)短期借款的借入、付息和偿还

业务概述

企业应通过“短期借款”科目，核算短期借款的发生、偿还等情况。短期借款应当按照借款本金和约定的利息按期计提利息，并且记入当期损益(财务费用)。

账务处理

企业从银行或其他金融机构取得短期借款时，根据实际借入的金额借记“银行存款”科目，贷记“短期借款”科目。编制会计分录如科2－1所示。

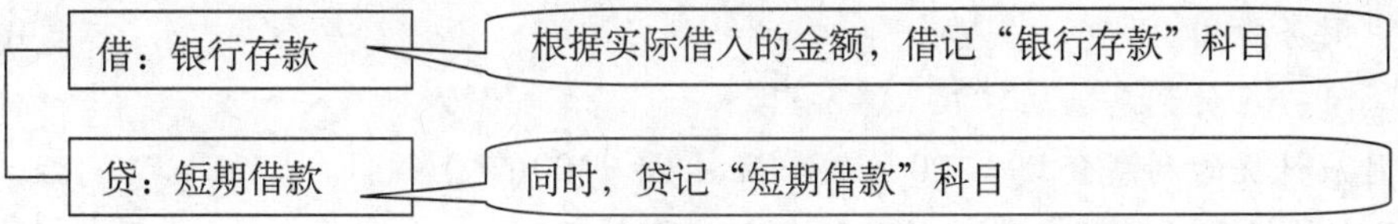

图2－1

在实际工作中，银行一般于每季度末收取短期借款利息，因此，企业的短期借款利息一般采用月末预提的方式进行核算。短期借款利息属于筹资费用，应记入“财务费用”科目。企业应当在资产负债表日按照计算确定的短期借款利息费用，借记“财务费用”科目，贷记“应付利息”科目。编制会计分录如图2－2所示。

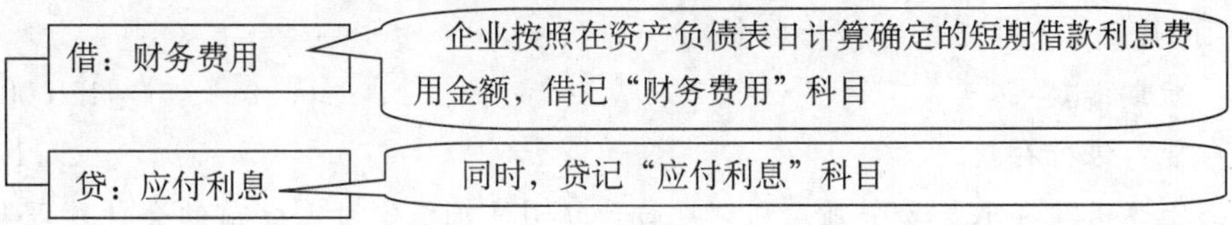

图2－2

实际支付利息时，借记“应付利息”科目，贷记“银行存款”科目。编制会计分录如图2－3所示。

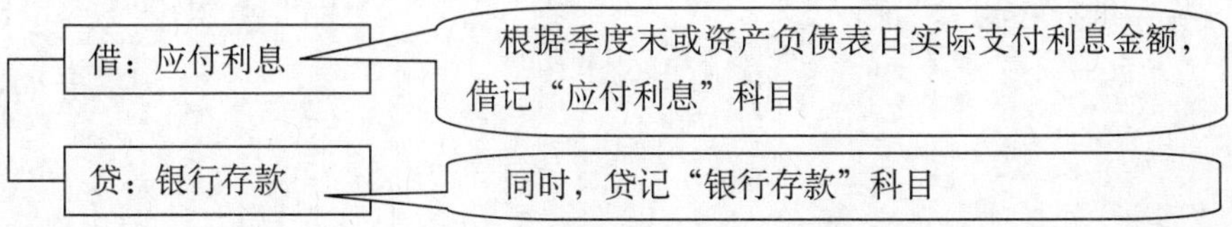

图2－3

企业短期借款到期偿还本金时，借记“短期借款”科目，贷记“银行存款”科目。编制会计分录如图 2-4 所示。

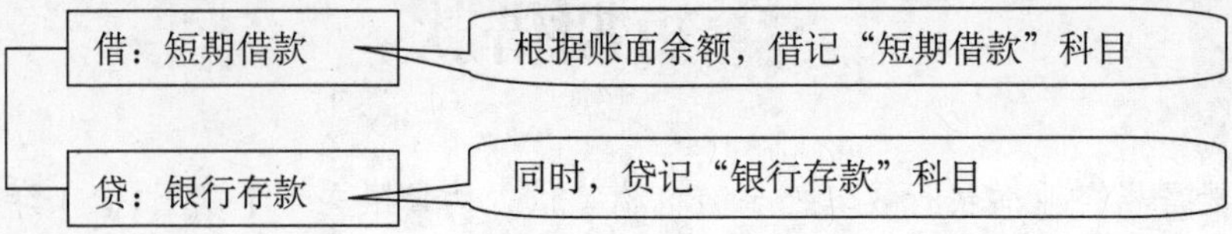

图 2-4

▸▸案例解析

【例 2-1】 A 股份有限公司于 2×16 年 1 月 1 日向银行借入一笔生产经营用短期借款，共计 120 000 元，期限为 9 个月，年利率为 4%。根据与银行签署的借款协议，该项借款的本金到期后一次归还，利息分月预提、按季支付。A 股份有限公司的有关会计分录如下。

①1 月 1 日，借入短期借款。

借：银行存款　120 000

　　贷：短期借款　120 000

②1 月末，计提 1 月份应计利息。

借：财务费用　400

　　贷：应付利息　400

本月应计提的利息金额 = 120 000 × 4% ÷ 12 = 400(元)。

2 月末计提 2 月份利息费用的处理与 1 月份相同。

③3 月末支付第一季度银行借款利息。

借：财务费用　400

　　应付利息　800

　　贷：银行存款　1 200

第二、三季度的会计处理同上。

④10 月 1 日，偿还银行借款本金。

借：短期借款　120 000

　　贷：银行存款　120 000

如果上述借款期限是 8 个月，则到期日为 9 月 1 日，8 月末之前的会计处理与上述相同。9 月 1 日，偿还银行借款本金，同时支付 7 月和 8 月已提未付利息：

借：短期借款　120 000

　　应付利息　800

　　贷：银行存款　120 800

以公允价值计量且变动记入当期损益的金融负债

以公允价值计量且变动记入当期损益的金融负债包括交易性金融负债和直接指定为以公允价值计量且其变动记入当期损益的金融负债。

(一)取得以公允价值计量且变动记入当期损益的金融负债

▶▶业务概述

以公允价值计量且变动记入当期损益的金融负债包括交易性金融负债和直接指定为以公允价值计量且其变动记入当期损益的金融负债。

▶▶账务处理

企业应该按公允价值对以公允价值计量且变动记入当期损益的金融负债进行初始计量，发生的相关交易费用应直接记入当期损益(投资收益)编制会计分录如图2－5所示。

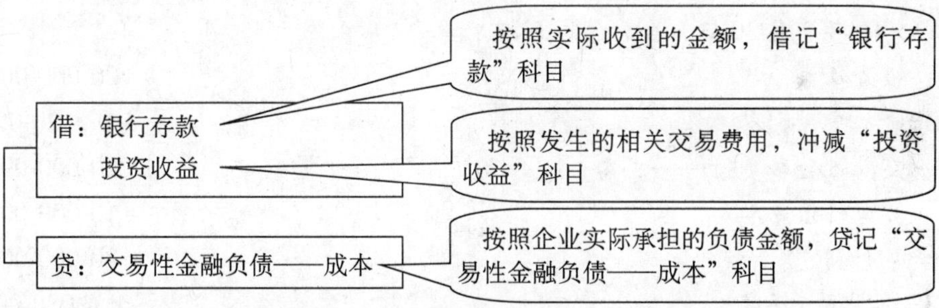

图 2－5

▶▶案例解析

【例2－2】2×15年10月1日，甲公司为了购买生产经营所需的原材料及配套件，经批准按面值公开发行10亿人民币短期融资券，期限为1年，票面利率为8%，每张面值为100元，到期一次性还本付息。公司将该短期融资券指定为以公允价值计量且其变动记入当期损益的金融负债。假定发行短期融资券相关的交易费用为1 000万元。2×15年12月31日，该短期融资券市场价格每张106元(不含利息)；2×16年3月31日，该短期融资债券市场价格每张103元(不含利息)；2×16年6月30日，该短期融资券市场价格每张101元(不含利息)；2×16年9月30日到期完成兑付。假定不考虑其他相关因素，则甲公司从发行短期融资券至其到期的会计分录如下。

①2×15年10月1日，发行短期融资券。

借：银行存款	990 000 000	
投资收益	10 000 000	
贷：交易性金融负债——成本		1 000 000 000

②2×15年12月31日，确认公允价值变动，并计算利息费用。

借：公允价值变动损益	60 000 000	
贷：交易性金融负债——公允价值变动		60 000 000
借：投资收益	20 000 000	
贷：应付利息		20 000 000

③2×16年3月31日，季末确认公允价值变动，计算利息费用。

借：交易性金融负债——公允价值变动	30 000 000	
贷：公允价值变动损益		30 000 000
借：投资收益	20 000 000	
贷：应付利息		20 000 000

④2×16年6月30日，季末确认公允价值变动，计算利息费用。

借：交易性金融负债——公允价值变动	20 000 000	
贷：公允价值变动损益		20 000 000
借：投资收益	20 000 000	
贷：应付利息		20 000 000

⑤2×16年9月30日，金融债券到期。

借：投资收益	20 000 000	
贷：应付利息		20 000 000
借：交易性金融负债——成本	1 000 000 000	
公允价值变动	10 000 000	
应付利息	80 000 000	
贷：银行存款		1 080 000 000
投资收益		10 000 000
借：投资收益	10 000 000	
贷：公允价值变动损益		10 000 000

(二)以公允价值计量且变动记入当期损益的金融负债的后续计量

▶▶业务概述

该负债需要根据公允价值进行后续计量，因此在每个资产负债表日都必须对其公允价值进行计量，并对该价值变动进行处理。

▸▸账务处理

资产负债表日，企业应当按照公允价值进行后续计量，其公允价值变动形成的利得或损失应当记入当期损益。交易性金融负债的公允价值高于其账面余额的差额，借记“公允价值变动损益”科目，贷记“交易性金融负债——公允价值变动”科目；公允价值低于其账面余额的差额，编制相反会计分录。编制会计分录如图 2 -6 所示。

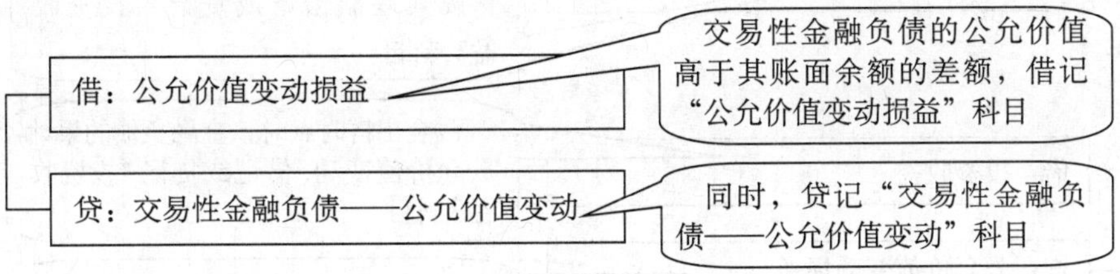

图 2 -6

资产负债表日，按交易性金融负债票面利率计算的利息，借记“投资收益”科目，贷记“应付利息”科目。编制会计分录如图 2 -7 所示。

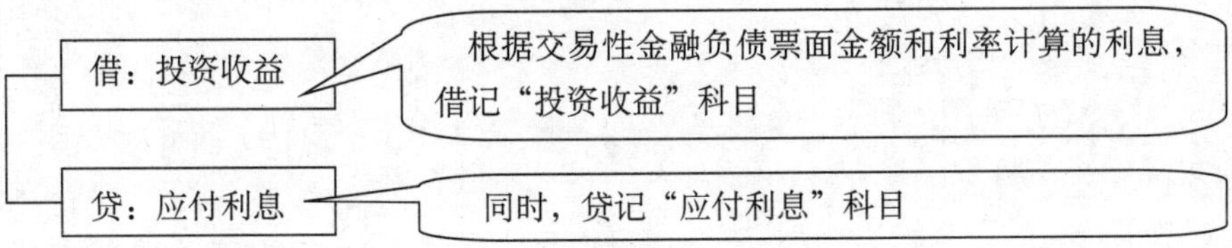

图 2 -7

(三)以公允价值计量且变动记入当期损益的金融负债的处置

▸▸业务概述

企业出于调整其资产结构或者其他原因出售交易性金融负债或者回购该金融负债。

▸▸账务处理

企业出售交易性金融负债时，应按其账面余额，借记“交易性金融负债——成本、公允价值变动”科目；按实际支付的金额，贷记“银行存款”科目；将差额借记或者贷记“投资收益”科目。同时，将累计的交易性金融负债的公允价值变动借记或者贷记到“投资收益”科目中。编制会计分录如图 2 -8 所示。

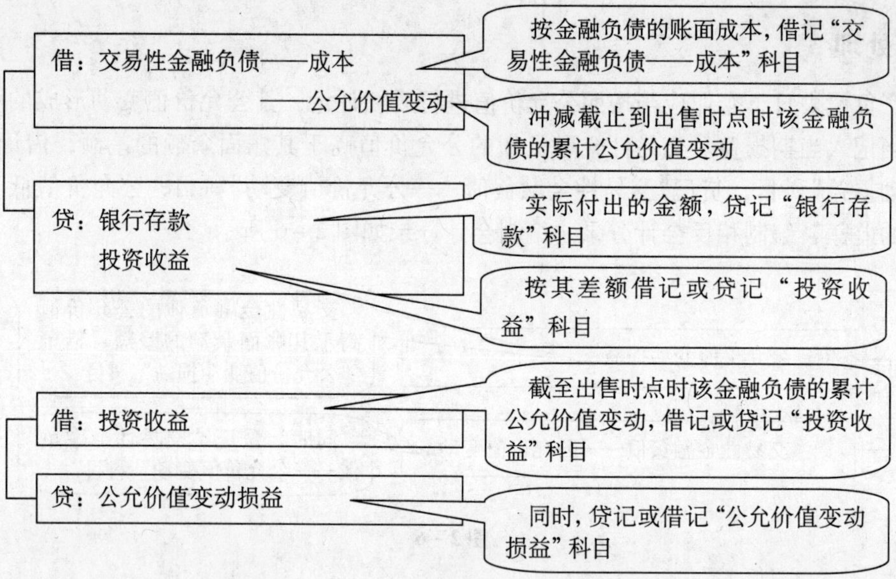
借：交易性金融负债——成本
——公允价值变动
按金融负债的账面成本，借记“交易性金融负债——成本”科目
冲减截止到出售时点时该金融负债的累计公允价值变动
贷：银行存款
投资收益
实际付出的金额，贷记“银行存款”科目
按其差额借记或贷记“投资收益”科目
借：投资收益
截至出售时点时该金融负债的累计公允价值变动，借记或贷记“投资收益”科目
贷：公允价值变动损益
同时，贷记或借记“公允价值变动损益”科目

图2-8

应付账款

应付账款是指因购买材料、商品或接受劳务供应等而发生的债务，即由买卖双方过去的物资劳务与支付货款在时间上的不一致而产生的负债。

(一)应付账款的发生

业务概述

应付账款入账时间的确定，应以所购买物资的所有权有关的风险和报酬已经转移或劳务已经接受为标志。但在实际工作中应区别情况处理：

在物资和发票账单同时到达的情况下，如果物资验收入库的同时支付货款，则不通过"应付账款"科目核算；如果物资验收入库后仍未付款，则按发票账单登记入账，主要是为了确认所购入物资是否在质量、数量和品种上都与合同上定明的条件相符，以免因先入账而在验收入库时发现购入物资问题进行调账。

在物资和发票账单不是同时到达的情况下，在发票账单已到而物资未到的情况下，应当直接根据发票账单支付物资价款和运杂费，记入有关物资的成本和应付账款；在物资已到、发票账单未到也无法确定实际成本的情况下，月度末需要按所购物资和应付债务暂估入账，待下月初再用红字予以冲回的办法。

账务处理

企业购入材料、商品或接受劳务等所产生的应付账款，应按应付金额入账，购入材料、商品等验收入库，但货款尚未支付，根据有关凭证(发票账单、随货同行发票上记载的实际价款或暂估价值)，借记"材料采购"、"在途物资"等科目；按可抵扣的增值税税额，借记"应交税费——应交增值税(进项税额)"科目；按应付的价款，贷记"应付账款"科目。企业接受供应单位提供劳务而发生的应付未付款项，根据供应单位的发票账单，借记"生产成本"、"管理费用"等科目，贷记"应付账款"科目。编制会计分录如图2-9所示。

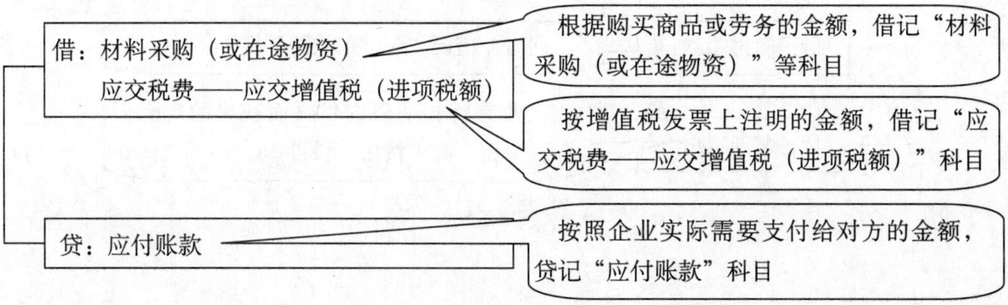

图2-9

▸▸案例解析

【例2-3】乙百货商场于2×16年4月2日从A公司购入一批家电产品并已验收入库。增值税专用发票上列明该批家电的价款为1 000 000元，增值税为170 000元。按照购货协议的规定，乙百货商场如在15天内付清货款，将获得1%的现金折扣(假定计算现金折扣时需考虑增值税)。乙百货商场的有关会计分录如下：

借：库存商品	1 000 000	
应交税费——应交增值税(进项税额)	170 000	
贷：应付账款——A公司		1 170 000

(二)归还应付账款

▸▸业务概述

企业偿还应付账款或开出商业汇票抵付应付账款时，如果应付账款附有现金折扣的，应按照扣除现金折扣前的应付款总额入账。因在折扣期限内付款而获得的现金折扣，应在偿付应付账款时冲减财务费用。

▸▸账务处理

企业偿还应付账款或开出商业汇票抵付应付账款时，借记"应付账款"科目，贷记"银行存款"、"应付票据"等科目。编制会计分录如图2-10所示。

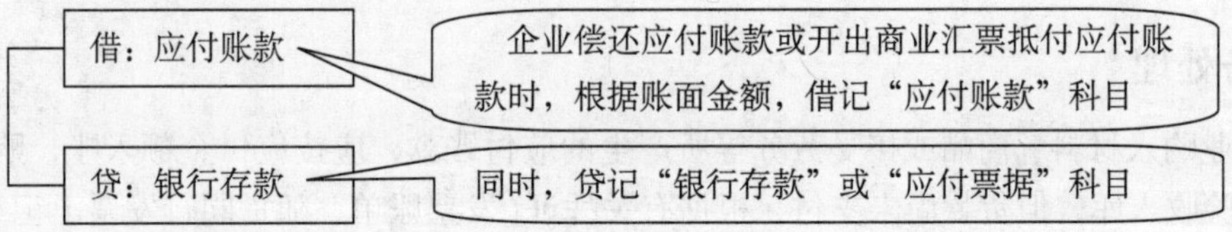

图2-10

如果应付账款附有现金折扣的，应按照扣除现金折扣前的应付款总额入账。因在折扣期限内付款而获得的现金折扣，应在偿付应付账款时冲减财务费用。编制会计分录如图2-11所示。

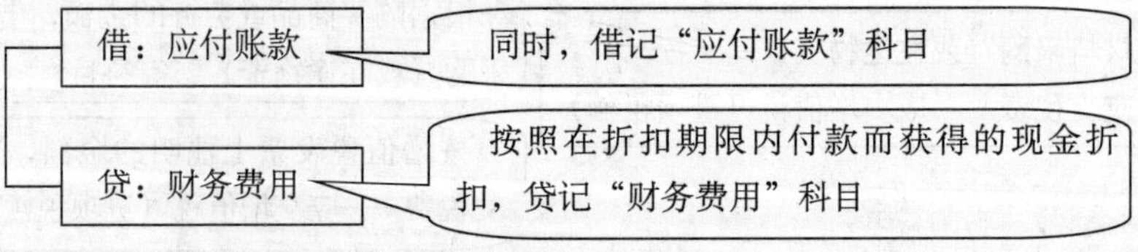

图2-11

案例解析

【例2-4】承【例2-3】，乙百货商场于2×16年4月10日，按照扣除现金折扣后的金额，用银行存款付清了所欠A公司货款。乙百货商场的有关会计分录如下：

借：应付账款——A公司　　1 170 000

　　贷：银行存款　　1 158 300

　　　　财务费用　　11 700

本例中，乙百货商场在4月10日(即购货后的第8天)付清所欠A公司的货款，按照购货协议可以获得现金折扣。

乙百货商场获得的现金折扣=1 170 000×1%=11 700(元)。

实际支付的货款=1 170 000-1 170 000×1%=1 158 300(元)。

应付票据

应付票据，是指企业在商品购销活动和对工程价款进行结算因采用商业汇票结算方式而发生的，由出票人出票、委托付款人在指定日期无条件支付确定的金额给收款人或者票据的持票人。

(一)应付票据的发生

业务概述

应付票据包括商业承兑汇票和银行承兑汇票。应付票据按是否带息分为带息应付票据和不带息应付票据两种。通常而言，商业汇票的付款期限不超过6个月，因此在会计上应作为流动负债进行管理和核算。同时，由于应付票据的偿付时间较短，在会计实务中，一般均按照开出、承兑的应付票据的面值入账。

账务处理

企业因购买材料、商品和接受劳务供应等而开出、承兑的商业汇票，应当按其票面金额作为应付票据的入账金额，借记“材料采购”、“原材料”、“库存商品”、“应付账款”、“应交税费——应交增值税(进项税额)”等科目，贷记“应付票据”科目。企业支付的银行承兑汇票手续费应当记入当期财务费用，借记“财务费用”科目，贷记“银行存款”科目。编制会计分录如图2－12所示。

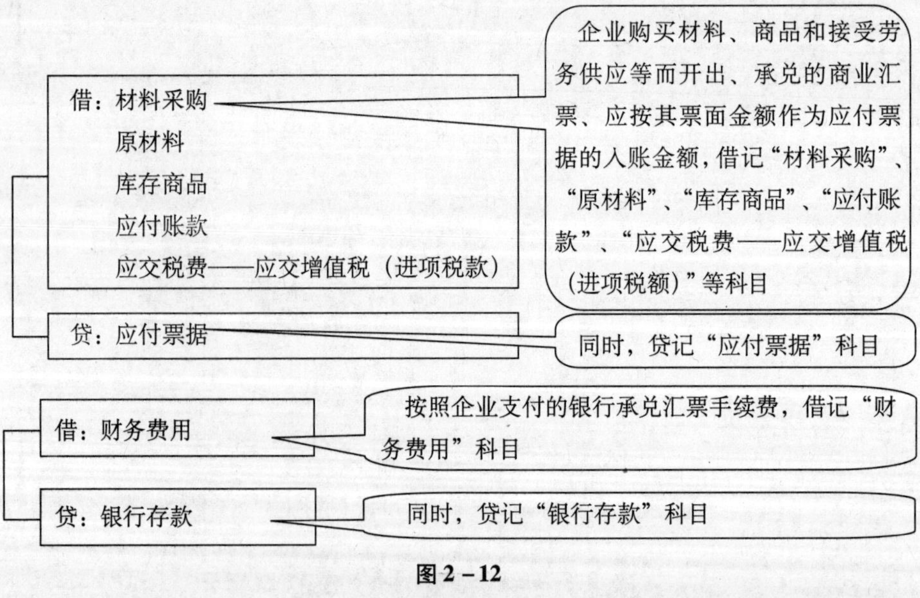

图2－12

▸▸案例解析

【例2-5】甲企业为增值税一般纳税人。该企业于2×16年2月6日，开出并承兑一张面值为58 500元、期限5个月的不带息商业承兑汇票，用以采购一批材料，材料已收到，按计划成本核算。增值税专用发票上注明的材料价款为50 000元，增值税税额为8 500元。该企业的有关会计分录如下：

借：材料采购　　50 000

　　应交税费——应交增值税(进项税额)　　8 500

　　贷：应付票据　　58 500

假设上例中的商业汇票为银行承兑汇票，甲企业已交纳承兑手续费29元。该企业的有关会计分录如下：

借：财务费用　　29

　　贷：银行存款　　29

(二)不带息应付票据的偿还

▸▸业务概述

应付票据到期支付票款时，应按账面余额予以结转。应付商业承兑汇票到期，如企业无力支付票款，应将应付票据按账面余额转做应付账款；应付银行承兑汇票到期，如企业无力支付票款，应将应付票据的账面余额转做短期借款。

▸▸账务处理

应付票据到期支付票款时，按照账面余额借记“应付票据”科目，贷记“银行存款”科目。编制会计分录如图2-13所示。

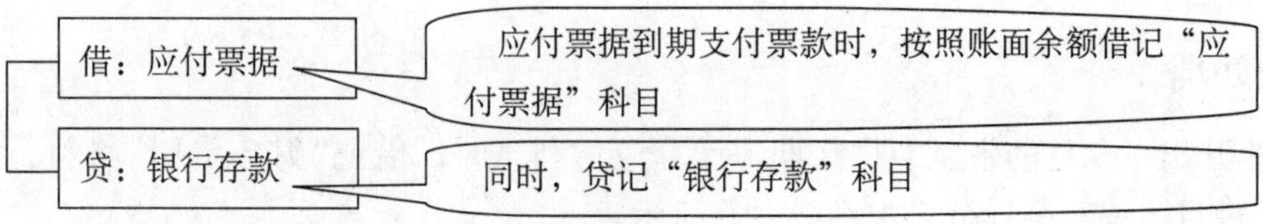

图2-13

应付商业承兑汇票到期，如企业无力支付票款，按照账面余额，借记“应付票据”科目，贷记“应付账款”科目。编制会计分录如图2-14所示。

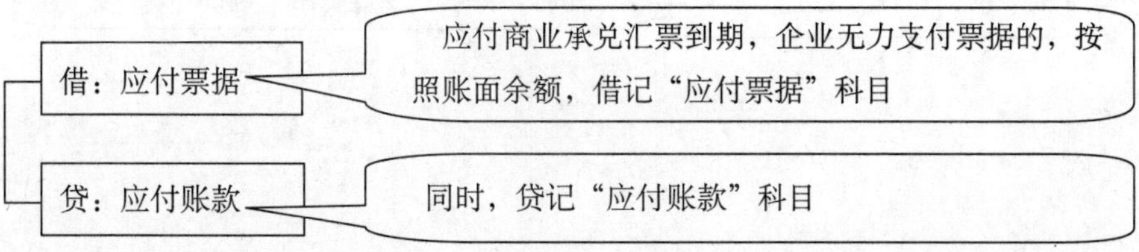

图2-14

应付银行承兑汇票到期，如企业无力支付票款，按照账面余额，借记“应付票据”科目，贷记“短期借款”科目。编制会计分录如图 2－15 所示。

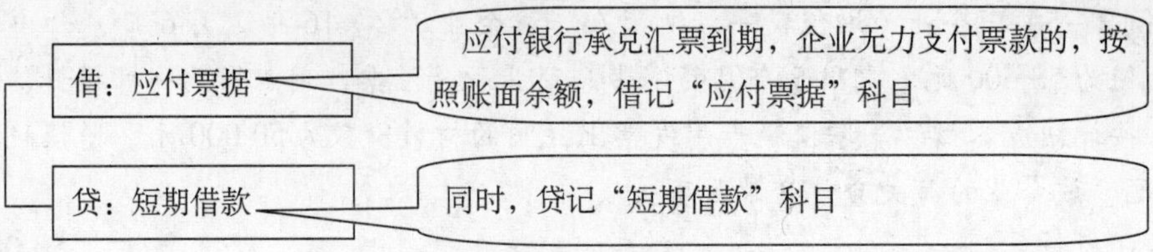

图 2－15

▶▶案例解析

【例 2－6】接【例 2－5】，2×16 年 7 月 6 日，甲企业于 2 月 6 日开出的商业汇票到期。甲企业通知其开户银行以银行存款支付票款。该企业的有关会计分录如下：

借：应付票据　58 500

　　贷：银行存款　58 500

假设上述商业汇票为银行承兑汇票，该汇票到期时甲企业无力支付票款。该企业的有关会计分录如下：

借：应付票据　58 500

　　贷：短期借款　58 500

（三）带息应付票据的偿还

▶▶业务概述

与不带息应付票据的会计处理的不同之处是，企业开出、承兑的带息票据应于期末计算应付利息。

▶▶账务处理

企业开出、承兑的带息票据在期末计算应付利息时，借记“财务费用”科目，贷记“应付票据”科目。编制会计分录如图 2－16 所示。

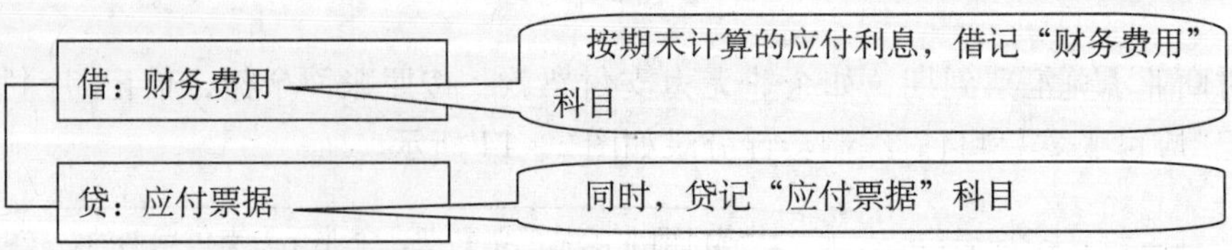

图 2－16

▸▸案例解析

【例2-7】2×16年3月1日，乙企业开出带息商业汇票一张，面值320 000元，用于抵付其前欠H公司的货款。该票据票面利率为6%，期限为3个月。该企业的有关会计分录如下。

①3月1日，乙企业开出商业汇票。

借：应付账款——H公司 320 000

贷：应付票据 320 000

②3月31日，乙企业计算开出的带息应付票据应计利息。

借：财务费用 1 600

贷：应付票据 1 600

3月份应计提的应付票据利息 = 320 000 × 6% ÷ 12 = 1 600(元)。

乙企业4月末和5月末的会计处理同上。

③6月1日，乙企业开出的带息商业汇票到期，企业以银行存款全额支付到期票款和3个月的票据利息。该企业的有关会计分录如下：

借：应付票据 324 800

贷：银行存款 324 800

该商业汇票到期应偿还的金额 = 本金 + 利息 = 320 000 + 320 000 × 6% ÷ 12 × 3 = 324 800(元)。

④6月1日，带息商业汇票到期，若乙企业无力支付票款，应将应付票据的账面余额转入“应付账款”科目。该企业的有关会计分录如下：

借：应付票据 324 800

贷：应付账款 324 800

预收账款

预收账款是买卖双方协议商定，由购货方预先支付一部分货款给供应方而发生的一项负债。

业务概述

企业按照合同规定先向购货单位预收款项，后以货物或者劳务偿付，预收账款比较多的应通过“预收账款”科目核算预收账款的取得、偿付等情况。企业应当按照购货单位设置明细科目进行明细核算。预收货款业务不多的企业，可以不单独设置“预收账款”科目，其所发生的预收货款，可通过“应收账款”科目核算。

账务处理

单独设置“预收账款”科目核算的，贷方反映预收的货款和补付的货款；借方反映应收的货款和退回多收的货款；期末贷方余额反映尚未结清的预收款项，借方余额反映应收的款项。企业预收购货单位的款项时，借记“银行存款”科目，贷记“预收账款”科目。编制会计分录如图 2－17 所示。

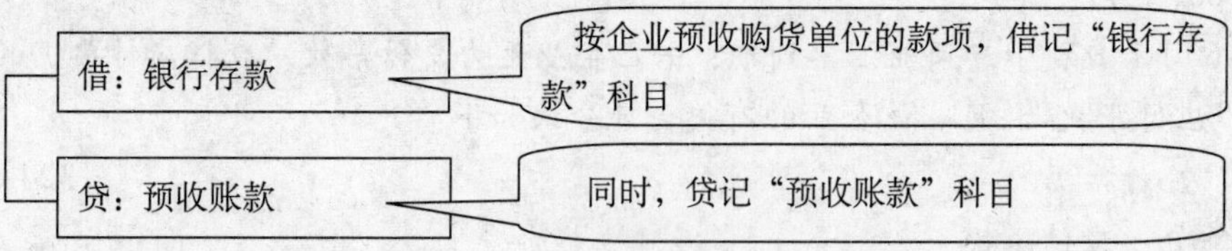

图 2－17

销售实现时，按实现的收入和应交的增值税销项税额，借记“预收账款”科目；按照实现的营业收入，贷记“主营业务收入”科目；按照增值税专用发票上注明的增值税税额，贷记“应交税费——应交增值税(销项税额)”等科目。编制会计分录如图 2－18 所示。

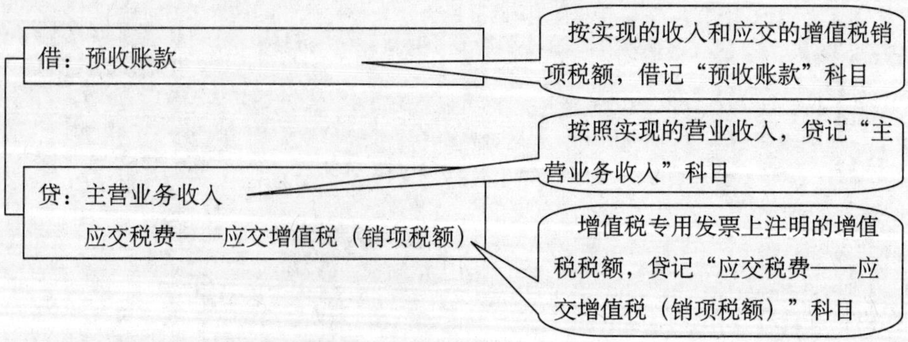

图 2－18

企业收到购货单位补付的款项，借记“银行存款”科目，贷记“预收账款”科目。编制会计分录如图 2－19 所示。

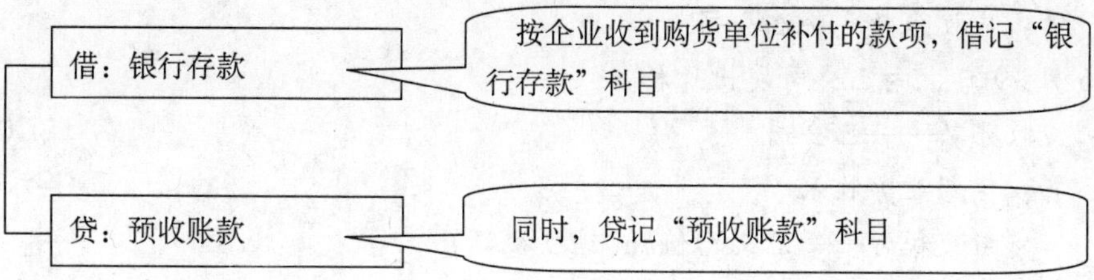

图 2－19

向购货单位退回其多付的款项时，借记“预收账款”科目，贷记“银行存款”科目。编制会计分录如图 2－20 所示。

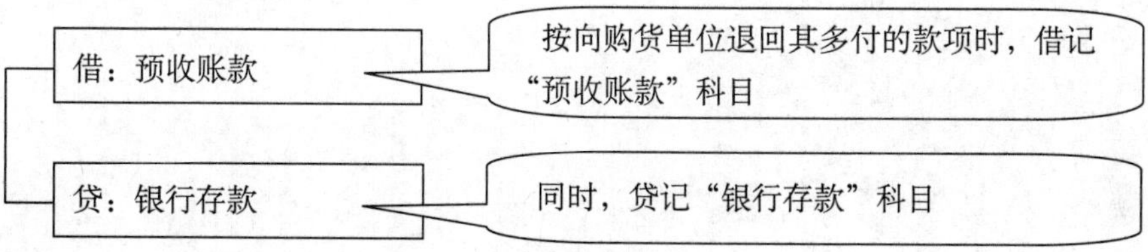

图 2－20

▶▶案例解析

【例 2－8】甲公司为增值税一般纳税人。2×16 年 6 月 3 日，甲公司与乙公司签订供货合同，向其出售一批产品，货款金额共计 100 000 元，应交增值税 17 000 元。根据购货合同的规定，乙公司在购货合同签订后一周内，应当向甲公司预付货款 60 000 元，剩余货款在交货后付清。2×16 年 6 月 9 日，甲公司收到乙公司交来的预付货款 60 000 元并存入银行，6 月 19 日甲公司将货物发到乙公司并开出增值税专用发票，乙公司验收后付清了剩余货款。甲公司的有关会计分录如下。

①6 月 9 日，收到乙公司交来预付货款 60 000 元。

借：银行存款	60 000	
贷：预收账款——乙公司		60 000

②6 月 19 日，按合同规定向乙公司发出货物。

借：预收账款——乙公司	117 000	
贷：主营业务收入		100 000
应交税费——应交增值税（销项税额）		17 000

③ 收到乙公司补付的货款。

借：银行存款	57 000	
贷：预收账款		57 000

假设甲公司不设置“预收账款”科目，通过“应收账款”科目核算有关业务。甲公司的有关会计分录如下。

①6月9日收到乙公司交来的预付货款60 000元。

借：银行存款　　60 000

　　贷：应收账款——乙公司　　60 000

②6月19日，向乙公司发出货物。

借：应收账款——乙公司　　117 000

　　贷：主营业务收入　　100 000

　　　　应交税费——应交增值税(销项税额)　　17 000

③收到乙公司补付的货款。

借：银行存款　　57 000

　　贷：应收账款——乙公司　　57 000

应付职工薪酬

应付职工薪酬是指企业为获得职工提供的服务而给予职工各种形式的报酬以及其他相关支出。

(一)货币性职工薪酬计提

▶▶业务概述

应付职工薪酬中的职工包括与企业订立劳动合同的所有人员、未订立劳动合同但是由企业正式任命的企业治理层和管理层以及为企业提供与职工类似服务的人员。

应付职工薪酬核算企业因职工提供服务支付或者放弃的对价，主要包括以下内容：

(1)职工工资、奖金、津贴、补贴；

(2)职工福利费；

(3)医疗保险费、养老保险费、事业保险费、工伤保险费和生育保险费等社会保险费；

(4)住房公积金；

(5)工会经费和职工教育经费；

(6)非货币性福利；

(7)因解除与职工劳动关系而给予的补偿；

(8)其他与获得职工提供服务相关的支出。

企业应当在职工为其提供服务的会计期间，将应付的职工薪酬确认为负债，并根据接收职工提供服务的收益对象记入相应的成本或者费用。

企业在计量应付职工薪酬时，应当注意国家是否有相关的明确计提标准加以区别处理：一般而言，企业应向社会保险经办机构(或企业年金基金账户管理人)缴纳的医疗保险费、养老保险费、失业保险费、工伤保险费、生育保险费等社会保险费，应向住房公积金管理中心缴存的住房公积金，以及应向工会部门缴纳的工会经费等，国家(或企业年金计划)统一规定了计提基础和计提比例，应当按照国家规定的标准计提；而对于职工福利费等职工薪酬，国家(或企业年金计划)没有明确规定计提基础和计提比例，企业应当根据历史经验数据和实际情况，合理预计当期应付职工薪酬。当期实际发生金额大于预计金额的，应当补提应付职工薪酬；当期实际发生金额小于预计金额的，应当冲回多提的应付职工薪酬。

▶▶账务处理

生产部门人员的职工薪酬，借记“生产成本”、“制造费用”、“劳务成本”等科目，贷记“应付职工薪酬”科目。管理部门人员的职工薪酬，借记“管理费用”科目，贷记“应付职工薪酬”科目。销售人员的职工薪酬，借记“销售费用”科目，贷记“应付职工薪酬”科目。

应由在建工程、研发支出负担的职工薪酬，借记“在建工程”、“研发支出”科目，贷记“应付职工薪酬”科目。编制会计分录如图 2－21 所示。

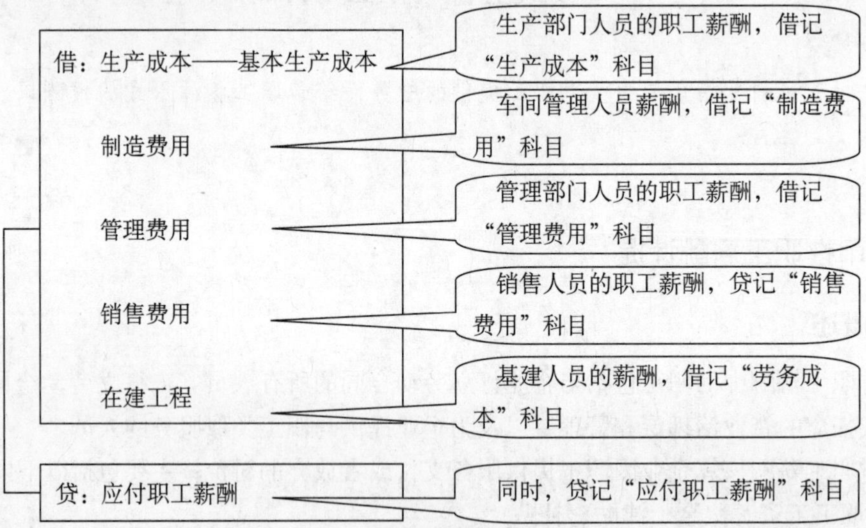

图 2－21

▸▸案例解析

【例 2－9】丙企业下设一所职工食堂，每月根据在岗职工数量及岗位分布情况、相关历史经验数据等计算需要补贴食堂的金额，从而确定企业每期因职工食堂而需要承担的福利费金额。2×16 年 11 月，企业在岗职工共计 100 人，其中管理部门 20 人，生产车间 80 人，企业的历史经验数据表明，每个职工每月需补贴食堂 120 元。该企业的有关会计分录如下：

借：生产成本	9 600	
管理费用	2 400	
贷：应付职工薪酬——职工福利(120×100)		12 000

【例 2－10】根据国家规定的计提标准计算，甲企业本月应向社会保险经办机构缴纳职工基本养老保险费共计 64 680 元，其中，应记入基本生产车间生产成本的金额为 44 800 元，应记入制造费用的金额为 9 800 元，应记入管理费用的金额为 10 080 元。该企业的有关会计分录如下：

借：生产成本——基本生产成本	44 800	
制造费用	9 800	
管理费用	10 080	
贷：应付职工薪酬——社会保险费(基本养老保险)		64 680

(二)非货币性职工薪酬的计提

▶▶业务概述

企业以其生产的产品作为非货币性福利提供给职工的，应按该产品的公允价值和相关税费记入相关资产成本或当期损益，并确认应付职工薪酬；同时确认主营业务收入，其销售成本的结转和相关税费的处理与正常商品销售相同。

企业以外购商品作为非货币性福利提供给职工的，应按该商品的公允价值和相关税费计入相关资产成本或当期损益，同时确认应付职工薪酬；实际购买时冲销应付职工薪酬。

企业还可能将其拥有的住房等资产无偿提供给职工使用，应根据相应的收益对象记入相关成本。需要注意的是，企业在进行账务处理时应先通过"应付职工薪酬"科目归集当期应记入成本费用的非货币性福利，以准确确定企业人工成本。

▶▶账务处理

业务1　以其自产产品作为非货币性福利发放给职工

企业应当根据受益对象，按照该产品的公允价值，记入相关资产成本或当期损益，同时确认应付职工薪酬，借记"管理费用"、"生产成本"、"制造费用"等科目，贷记"应付职工薪酬——非货币性福利"科目。编制会计分录如图2－22所示。

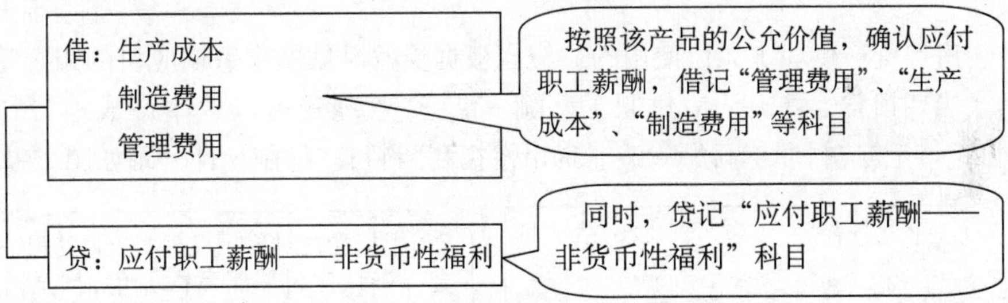

图2－22

业务2　外购商品作为非货币性福利发放给职工

企业应当按照该商品的公允价值和相关税费(不确认为收入)，记入成本费用同时确认应付职工薪酬。编制会计分录如图2－23所示。

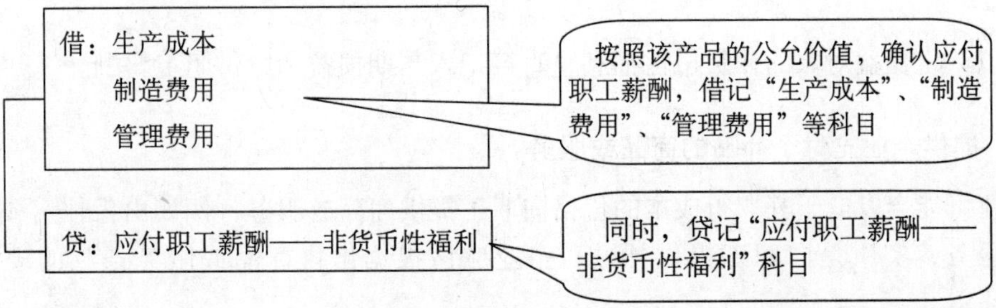

图2－23

业务3　将拥有的房屋或租赁住房等资产无偿提供给职工使用

企业应当根据受益对象，将该住房每期应计提的折旧记入相关资产成本或当期损益，同时确认应付职工薪酬，借记“管理费用”、“生产成本”、“制造费用”等科目，贷记“应付职工薪酬——非货币性福利”科目，并且同时借记“应付职工薪酬——非货币性福利”科目，贷记“累计折旧”科目。编制会计分录如图2－24所示。

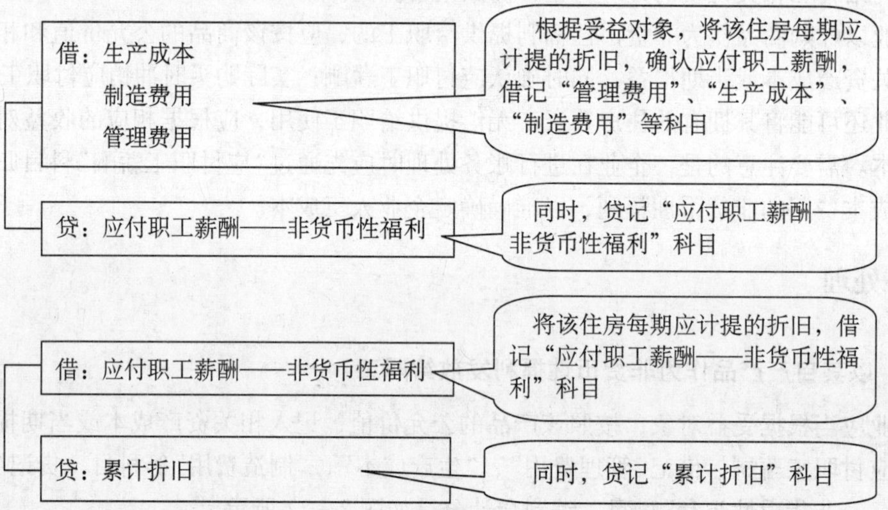

图2－24

租赁住房等资产供职工无偿使用的，应当根据受益对象，将每期应付的租金记入相关资产成本或当期损益，并确认应付职工薪酬，借记“管理费用”、“生产成本”、“制造费用”等科目，贷记“应付职工薪酬——非货币性福利”科目。编制会计分录如图2－25所示。

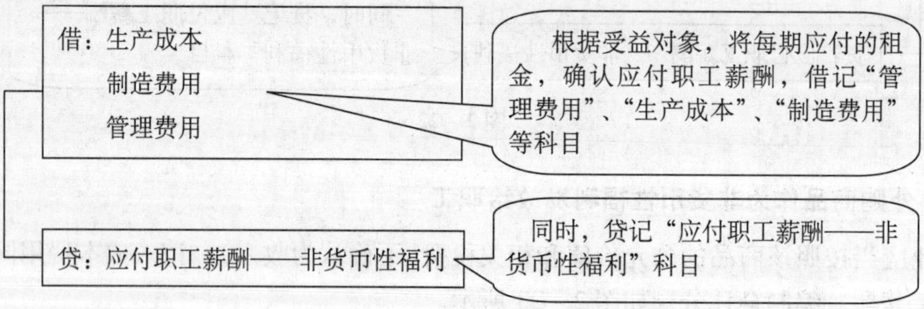

图2－25

难以认定受益对象的非货币性福利，直接记入当期损益和应付职工薪酬。

业务4　提供企业支付了补贴的商品或服务

企业可能会以低于其取得成本的价格向职工提供商品或服务，例如出售住房或提供医疗保健服务，实质是向职工提供补贴，企业应该根据出售商品或服务条款的规定分别处理：

(1)如果合同规定获得了商品或服务后职工至少应提供服务的年限，以出售住房为例，编制会计分录如图2－26所示。

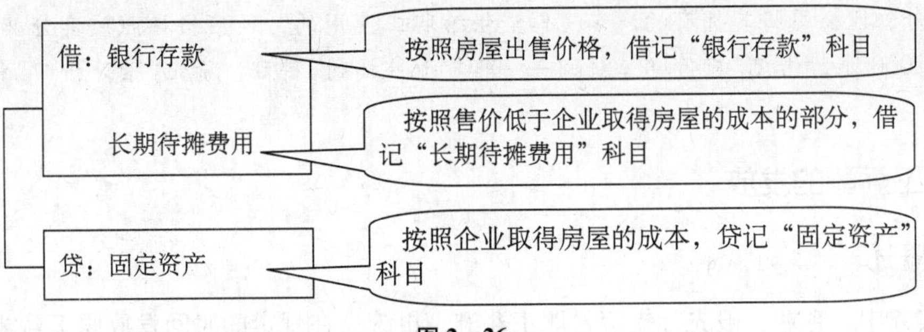

图2－26

(2)如果未规定职工应提供服务的年限，则表示对职工过去服务的补贴，企业应将出售商品或服务的价格与成本之间的差额计入当期损益。

▶▶案例解析

【例2－11】B公司为小家电生产企业，共有职工200名，其中170名为直接参加生产的职工，30名为总部管理人员。2013年2月，B公司以其生产的每台成本为900元的电暖器作为春节福利发放给公司每名职工。该型号的电暖器市场售价为每台1 000元，B公司适用的增值税税率为17%。该公司的有关会计分录如下：

借：生产成本　　198 900

　　管理费用　　35 100

　　贷：应付职工薪酬——非货币性福利　　234 000

本例中，应确认的应付职工薪酬＝200×1 000×17%＋200×1 000 ＝234 000（元）。

其中，应记入“生产成本”科目的金额＝170×1 000×17%＋170×1 000＝198 900（元）。

应记入“管理费用”科目的金额＝30×1 000×17%＋30×1 000＝35 100(元)。

【例2－12】B公司为总部各部门经理级别以上职工提供汽车免费使用，同时为副总裁以上高级管理人员每人租赁一套住房。B公司总部共有部门经理以上职工20名，每人提供一辆桑塔纳汽车免费使用，假定每辆桑塔纳汽车每月计提折旧1 000元；该公司共有副总裁以上高级管理人员5名，公司为其每人租赁一套面积为200平方米带有家具和电器的公寓，月租金为每套8 000元。B公司的有关会计分录如下：

借：管理费用　　60 000

　　贷：应付职工薪酬——非货币性福利　　60 000

借：应付职工薪酬——非货币性福利　　20 000

　　贷：累计折旧　　20 000

应确认的应付职工薪酬＝20×1 000＋5×8 000＝60 000(元)。

其中，提供企业拥有的汽车供职工使用的非货币性福利为 20 000 元(20×1 000)。

租赁住房供职工使用的非货币性福利为 40 000 元(5×8 000)。

此外，B 公司将其拥有的汽车无偿提供给职工使用的，还应当按照该部分非货币性福利 20 000 元，借记“应付职工薪酬——非货币性福利”科目，贷记“累计折旧”科目。

(三)职工薪酬的发放

▸▸业务概述

在实务中，企业一般先计提应付职工薪酬，再统一在规定的时间发放职工薪酬。

▸▸账务处理

业务 1　支付职工工资、奖金、津贴和补贴

企业按照有关规定向职工支付工资、奖金、津贴等，借记“应付职工薪酬——工资”科目，贷记“银行存款”、“库存现金”等科目；企业从应付职工薪酬扣还的各种款项(代垫的家属药费、个人所得税等)，借记“应付职工薪酬”科目，贷记“其他应收款”、“应交税费——应交个人所得税”等科目。编制会计分录如图 2－27 所示。

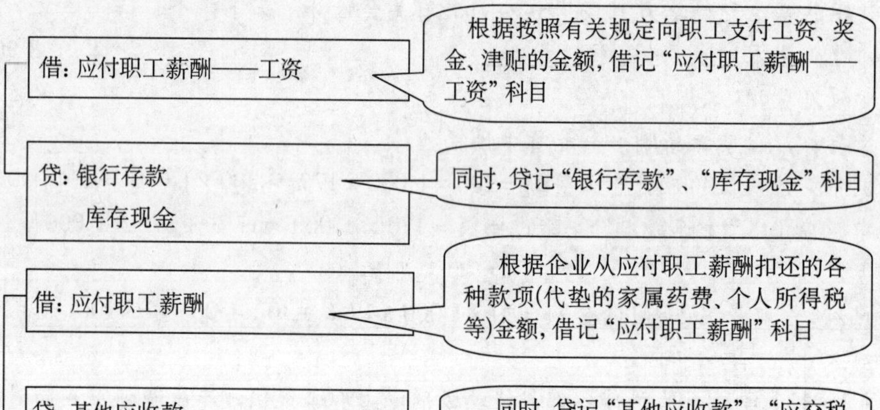

图 2－27

业务 2　支付职工福利费

企业向职工食堂、职工医院、生活困难职工等支付职工福利费时，借记“应付职工薪酬——职工福利”科目，贷记“银行存款”、“库存现金”等科目。编制会计分录如图 2－28 所示。

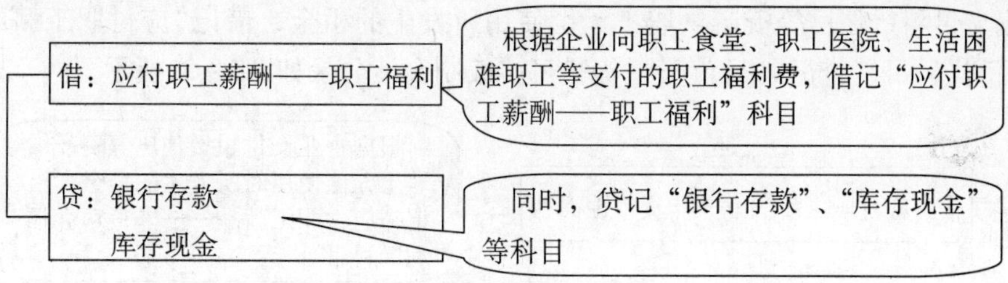

图 2－28

业务3　支付工会经费、职工教育经费和缴纳社会保险费、住房公积金

企业支付工会经费和职工教育经费用于工会运作和职工培训，或按照国家有关规定缴纳社会保险费或住房公积金时，借记“应付职工薪酬——工会经费（或职工教育经费、社会保险费、住房公积金）”科目，贷记“银行存款”、“库存现金”等科目。编制会计分录如图2－29所示。

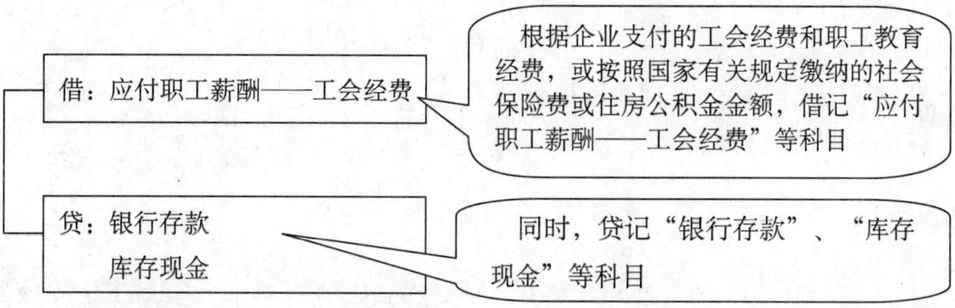

图 2－29

业务4　发放非货币性福利

企业以自产产品作为职工薪酬发放给职工时，应确认主营业务收入，借记“应付职工薪酬——非货币性福利”科目，贷记“主营业务收入”科目，同时结转相关成本，涉及增值税销项税额的，还应进行相应的处理。编制会计分录如图2－30所示。

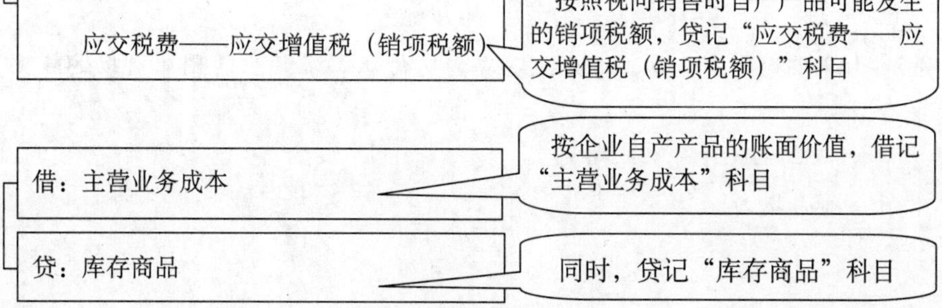

图 2－30

企业支付租赁住房等资产供职工无偿使用所发生的租金，借记“应付职工薪酬——非货币性福利”科目，贷记“银行存款”等科目。编制会计分录如图2－31所示。

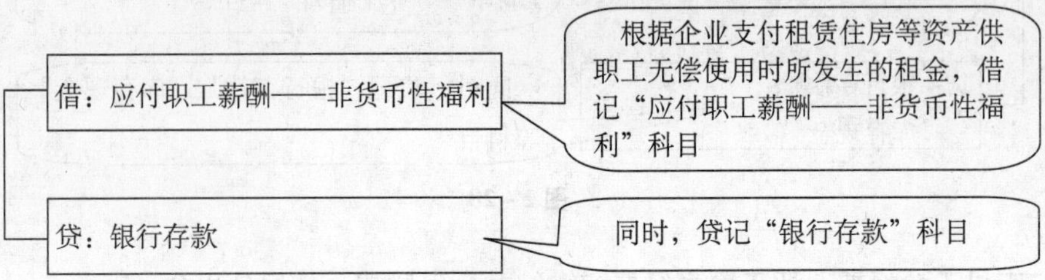

图2－31

企业向职工提供支付了补贴的商品或服务，并且规定了职工获得后应该提供服务的年限，应于每期摊销时编制会计分录：

借：管理费用等

　　贷：应付职工薪酬——非货币性福利

借：应付职工薪酬——非货币性福利

　　贷：长期待摊费用

▸▸案例解析

【例2－13】A企业根据“工资结算汇总表”结算本月应付职工工资总额462 000元，其中代扣职工房租40 000元，企业代垫职工家属医药费2 000元，实发工资420 000元。该企业的有关会计分录如下。

① 向银行提取现金。

借：库存现金　　420 000

　　贷：银行存款　　420 000

② 发放工资，支付现金。

借：应付职工薪酬——工资　　420 000

　　贷：库存现金　　420 000

③ 代扣款项时。

借：应付职工薪酬——工资　　42 000

　　贷：其他应收款——职工房租　　40 000

　　　　　　　　　——代垫医药费　　2 000

【例2－14】2×16年9月，甲企业以现金支付职工张某生活困难补助800元。甲企业的有关会计分录如下：

借：应付职工薪酬——职工福利　　800

　　贷：库存现金　　800

【例2-15】2×16年11月，丙企业支付12 000元补贴给食堂。丙企业的有关会计分录如下：

借：应付职工薪酬——职工福利 12 000

　　贷：库存现金 12 000

【例2-16】B企业以银行存款缴纳参加职工医疗保险的医疗保险费40 000元，B企业的有关会计分录如下：

借：应付职工薪酬——社会保险费 40 000

　　贷：银行存款 40 000

【例2-17】接【例2-11】和【例2-12】，B公司向职工发放电暖器作为福利，应确认主营业务收入，同时要根据相关税收规定，计算增值税销项税额。B公司的有关会计分录如下：

借：应付职工薪酬——非货币性福利 234 000

　　贷：主营业务收入 200 000

　　　　应交税费——应交增值税(销项税额) 34 000

借：主营业务成本 180 000

　　贷：库存商品——电暖器 180 000

B公司应确认的主营业务收入=200×1 000=200 000(元)。

B公司应确认的增值税销项税额=200×1 000×17%=34 000(元)。

B公司应结转的销售成本=200×900=180 000(元)。

B公司每月支付副总裁以上高级管理人员住房租金时，应编制如下会计分录：

借：应付职工薪酬——非货币性福利 40 000

　　贷：银行存款 40 000

(四)辞退福利的计量

▸▸业务概述

企业在职工劳动合同到期之前解除与职工的劳动关系，或者为鼓励职工自愿接受裁减而提出给予补偿的建议，并且同时满足下列条件的，应当确定因解除与职工的劳动关系给予补偿而产生的预计负债，同时记入当期损益(管理费用)：企业已经制定正式的解除劳务关系计划或提出自愿裁减建议，并即将实施；企业不能单方面撤回解除劳动关系计划或裁减建议。

▸▸账务处理

如果实质性辞退工作在一年内实施完毕，但补偿款项超过一年支付的辞退计划，企业应当选择恰当的折现率，以折现后的金额计量应记入当期管理费用的辞退福利金额，该项金额与实际应支付的辞退福利之间的差额，作为未确认融资费用在以后各期实际支付辞退福利款项时，记入财务费用。

业务1　企业确认因辞退产生的预计负债时

编制会计分录如图 2－32 所示。

借：管理费用（按照折现后的辞退福利，借记“管理费用”科目）

　　未确认融资费用（两者之间的差额，借记“未确认融资费用”科目）

贷：应付职工薪酬——辞退福利（实际应支付的辞退福利，贷记“应付职工薪酬——辞退福利”科目）

图 2－32

业务2　实际支付辞退福利时

编制会计分录如图 2－33 所示。

借：应付职工薪酬——辞退福利（根据实际支付的辞退福利，借记“应付职工薪酬——辞退福利”科目）

贷：银行存款（同时，贷记“银行存款”科目）

借：财务费用（根据当用实际利率计算应该摊销的金额，借记“财务费用”科目）

贷：未确认融资费用（同时，贷记“未确认融资费用”科目）

图 2－33

▶▶案例解析

【例 2－18】甲公司是一家加工企业，2×16 年 8 月进行了一次较大的公司规模调整，为了公司以后能更好地发展，其管理层制定了一项辞退计划，已经与职工工会达成一致意见，并且董事会正式批准，实质性辞退工作将于下一年度内实施完毕，但是根据协议，补偿款项 2 400 000 元均将在计划实施两年后支付，企业适当的折现率为 7%。

① 企业实施辞退计划时，经计算，补偿款项 2 400 000 元折现后为2 096 253元。

编制会计分录：

借：管理费用　　　　2 096 253

　　未确认融资费用　　　　303 747

　　贷：应付职工薪酬——辞退福利　　　　2 400 000

② 两年后，企业实际支付辞退款项时，进行如下处理。

借：应付职工薪酬——辞退福利　　2 400 000

　　贷：银行存款　　2 400 000

借：财务费用　　303 747

　　贷：未确认融资费用　　303 747

(五)以现金结算的股份支付

业务概述

股份支付是指企业为获取职工和其他方提供服务而授予权益工具或者承担权益工具为基础确定的负债的交易。其中，以现金结算的股份支付指企业为了获取服务承担以股份或其他权益工具(仅指企业自身权益工具)为基础计算确定的交付现金或其他资产义务的交易。股份支付的确认与计量应当以真实、完整、有效的股份支付协议为基础。该股份支付应当按照企业承担的以股份或其他权益工具为基础计算确定的负债的公允价值计量。

账务处理

业务1　授予日的初始确认和计量

授予后立即可行权的以现金结算的股份支付，应当在授予日以企业承担负债的公允价值记入相关成本或费用，相应增加负债。完成等待期内的服务或达到规定业绩条件以后才可行权的以现金结算的股份支付，在等待期内的每个资产负债表日，应当以对可行权情况的最佳估计为基础，按照企业承担负债的公允价值金额，将当期取得的服务记入成本或费用和相应的负债，而在授予日不作会计处理。

业务2　等待期内的每个资产负债表日

股份支付在授予后通常不可立即行权，一般需要在职工或其他方履行一定期限的服务或在企业达到一定业绩条件之后才可行权。等待期内每个资产负债表日，企业应将取得的职工提供的服务记入成本费用，记入成本费用的金额应当按照权益工具的公允价值计量。后续信息表明企业当期承担债务的公允价值与以前估计值存在差异，应该对其进行调整，并在可行权日调整至实际可行权水平。编制会计分录如图2-34所示。

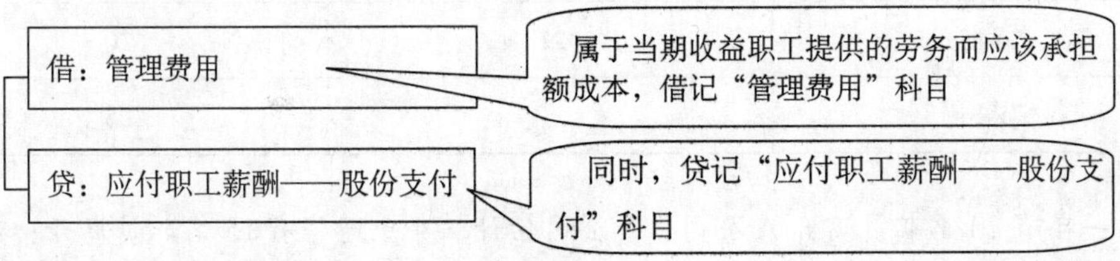

图2-34

业务3　可行权日后

企业在可行权日之后不再确认由换入服务引起的成本费用的增加，但应当在相关负债结算前的每个资产负债表日以及结算日对其公允价值重新计量，其变动记入公允价值变动损益。编制会计分录如图2－35所示。

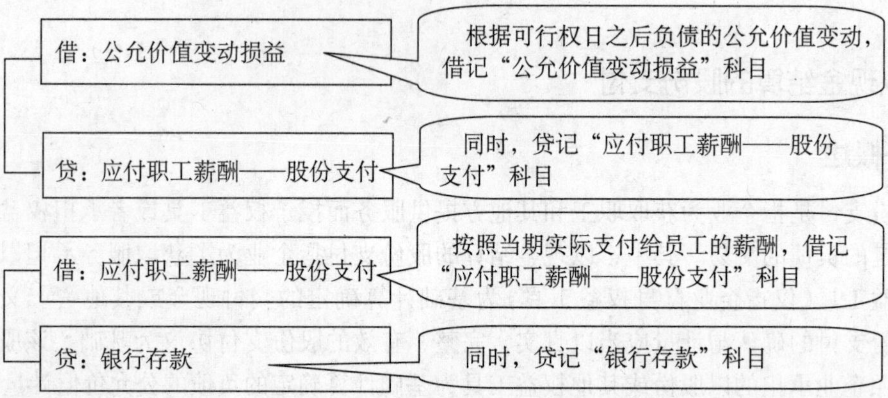

图2－35

案例解析

【例2－19】2×12年年初，公司为其200名中层以上职员每人授予100份现金股票增值权，这些职员从2×12年1月1日起在该公司连续服务3年，即可按照当时股价的增长幅度获得现金，该增值权应在2×16年12月31日之前行使。A公司估计，该增值权在负债结算之前的每一资产负债表日以及结算日的公允价值和可行权后的每份增值权现金支出额如表2－1所示。

表2－1

单位：元

年份	公允价值	支付现金
2×12	14	
2×13	15	
2×14	18	16
2×15	21	20
2×16		25

第一年有20名职员离开A公司，A公司估计三年中还将有15名职员离开；第二年又有10名职员离开公司，公司估计还将有10名职员离开；第三年又有15名职员离开。

第三年末，有70人行使股份增值权取得了现金。第四年末，有50人行使了股份增值权。第五年末，剩余35人也行使了股份增值权。

① 费用和应付职工薪酬的计算过程见表2－2。

表2－2 费用和应付职工薪酬计算表

单位：元

年份	负债计算(1)	支付现金计算(2)	当期费用(3)
2×12	(200－35)×100×14×1/3＝77 000		77 000
2×13	(200－40)×100×15×2/3＝160 000		83 000
2×14	(200－45－70)×100×18＝153 000	70×100×16＝112 000	105 000
2×15	(200－45－70－50)×100×21＝73 500	50×100×20＝100 000	20 500
2×16	73 500－73 500＝0	35×100×25＝87 500	14 000
总额		299 500	299 500

其中：本期(3)＝本期(1)－上期(1)＋本期(2)。

② 会计处理如下。

2×12年1月1日：

授予日不作处理。

2×12年12月31日：

借：管理费用 77 000

贷：应付职工薪酬——股份支付 77 000

2×13年12月31日：

借：管理费用 83 000

贷：应付职工薪酬——股份支付 83 000

2×14年12月31日：

借：管理费用 105 000

贷：应付职工薪酬——股份支付 105 000

借：应付职工薪酬——股份支付 112 000

贷：银行存款 112 000

2×15年12月31日(可行权日后)：

借：公允价值变动损益 20 500

贷：应付职工薪酬——股份支付 20 500

借：应付职工薪酬——股份支付 100 000

贷：银行存款 100 000

2×16 年 12 月 31 日：

借：公允价值变动损益	14 000	
贷：应付职工薪酬——股份支付		14 000
借：应付职工薪酬——股份支付	87 500	
贷：银行存款		87 500

应付股利

应付股利是指企业经过董事会或者股东大会以及类似机构决议确定分配的现金股利或利润，通过股票进行红利分配不在科目中进行核算。

▶▶业务概述

企业根据股东大会或类似机构审议批准的利润分配方案，先确定或宣告支付现金股利或利润，但此时尚未实际支付；在宣告发放后的某一时刻，企业会向投资者实际支付现金股利或利润。

▶▶账务处理

企业根据股东大会或类似机构审议批准的利润分配方案，确认应付给投资者的现金股利或利润时，借记“利润分配——应付现金股利或利润”科目，贷记“应付股利”科目。编制会计分录如图 2－36 所示。

图 2－36

向投资者实际支付现金股利或利润时，借记“应付股利”科目，贷记“银行存款”科目。编制会计分录如图 2－37 所示。

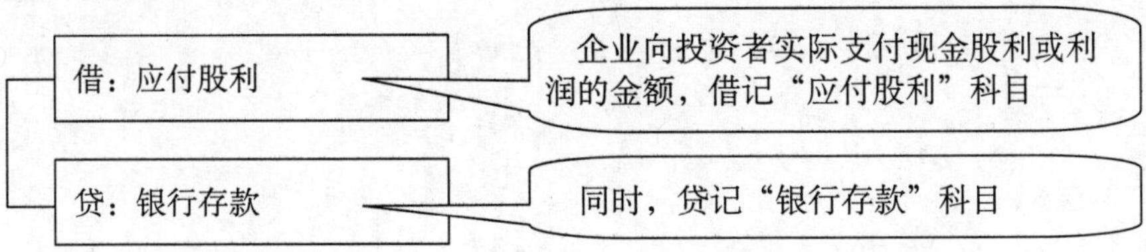

图 2－37

此外，需要说明的是：企业董事会或类似机构通过的利润分配方案中拟分配的现金股利或利润，不作账务处理，不作为应付股利核算，但应在附注中披露。企业分配的股票股利不通过“应付股利”科目核算。

案例解析

【例 2 - 20】 A 有限责任公司有甲、乙两个股东，分别占注册资本的 40% 和 60%。2×15 年度该公司实现净利润 8 000 000 元，经过股东会批准，决定 2×16 年分配股利 5 000 000 元。股利已经用银行存款支付。A 有限责任公司的有关会计分录如下：

借：利润分配——应付股利　　5 000 000

　贷：应付股利——甲股东(5 000 000×40%)　　2 000 000

　　　　　　　——乙股东(5 000 000×60%)　　3 000 000

借：应付股利——甲股东　　2 000 000

　　　　　　——乙股东　　3 000 000

　贷：银行存款　　5 000 000

应交税费

应交税费是指企业尚未缴纳暂时留在企业的各种税费，反映多种税费的缴纳情况，形成企业的一项负债。

(一)增值税

业务概述

业务1　一般纳税人的购销业务

自2016年5月1日开始，我国开始全面实施营业税改增增值税，我们根据《中华人民共和国增值税暂行条例》和《关于全面推开营业税改征增值税试点的通知》等有关规定，现对增值税有关会计处理规定介绍如下：

增值税一般纳税人应当在"应交税费"科目下设置"应交增值税"、"未交增值税"、"预缴增值税"、"待抵扣进项税额"、"待认证进项税额"、"待转销项税额"等明细科目。

(1)增值税一般纳税人应在"应交增值税"明细账内设置"进项税额"、"销项税额抵减"、"已交税金"、"转出未交增值税"、"减免税款"、"销项税额"、"出口退税"、"进项税额转出"、"转出多交增值税"、"简易计税"等专栏。其中：

①"进项税额"专栏，记录一般纳税人购进货物、加工修理修配劳务、服务、无形资产或不动产而支付或负担的、准予从销项税额中抵扣的增值税额；

②"销项税额抵减"专栏，记录一般纳税人按照现行增值税制度规定因扣减销售额而减少的销项税额；

③"已交税金"专栏，记录一般纳税人已交纳的当月应交增值税额；

④"转出未交增值税"和"转出多交增值税"专栏，分别记录一般纳税人月度终了转出当月应交未交或多交的增值税额；

⑤"减免税款"专栏，记录一般纳税人按现行增值税制度规定准予减免的增值税额；

⑥"销项税额"专栏，记录一般纳税人销售货物、加工修理修配劳务、服务、无形资产或不动产应收取的增值税额，以及从境外单位或个人购进服务、无形资产或不动产应扣缴的增值税额；

⑦"出口退税"专栏，记录一般纳税人出口产品按规定退回的增值税额；

⑧"进项税额转出"专栏，记录一般纳税人购进货物、加工修理修配劳务、服务、无形资产或不动产等发生非正常损失以及其他原因而不应从销项税额中抵扣，按规定转出的进项税额；

⑨“简易计税”专栏，记录一般纳税人采用简易计税方法应交纳的增值税额。

(2)“未交增值税”明细科目，核算一般纳税人月度终了从“应交增值税”或“预缴增值税”明细科目转入当月应交未交、多交或预缴的增值税额，以及当月交纳以前期间未交的增值税额。

(3)“预缴增值税”明细科目，核算一般纳税人转让不动产、提供不动产经营租赁服务、提供建筑服务、采用预收款方式销售自行开发的房地产项目等，按现行增值税制度规定应预缴的增值税额。

(4)“待抵扣进项税额”明细科目，核算一般纳税人已取得增值税扣税凭证并经税务机关认证，按照现行增值税制度规定准予以后期间从销项税额中抵扣的进项税额。包括：一般纳税人自2016年5月1日后取得并按固定资产核算的不动产或者2016年5月1日后取得的不动产在建工程，按现行增值税制度规定准予以后期间从销项税额中抵扣的进项税额；实行纳税辅导期管理的一般纳税人取得的尚未交叉稽核比对的增值税扣税凭证上注明或计算的进项税额。

(5)“待认证进项税额”明细科目，核算一般纳税人由于未取得增值税扣税凭证或未经税务机关认证而不得从当期销项税额中抵扣的进项税额。包括：一般纳税人已取得增值税扣税凭证、按照现行增值税制度规定准予从销项税额中抵扣，但尚未经税务机关认证的进项税额；一般纳税人取得货物等已入账，但由于尚未收到相关增值税扣税凭证而不得从当期销项税额中抵扣的进项税额。

(6)“待转销项税额”明细科目，核算一般纳税人销售货物、加工修理修配劳务、服务、无形资产或不动产，已确认相关收入(或利得)但尚未发生增值税纳税义务而需于以后期间确认为销项税额的增值税额。

小规模纳税人只需在“应交税费”科目下设置“应交增值税”明细科目，不需要设置上述专栏。

会计处理

业务1　一般纳税人取得资产或接收劳务等业务的会计处理

(1)一般纳税人采购等业务进项税额允许抵扣的会计处理。

一般纳税人购进货物、加工修理修配劳务、服务、无形资产，按应计入相关成本费用的金额，借记“在途物资”或“原材料”、“库存商品”、“生产成本”、“无形资产”、“固定资产”、“管理费用”等科目，按可抵扣的增值税额，借记“应交税费——应交增值税(进项税额)”科目，按应付或实际支付的金额，贷记“应付账款”、“应付票据”、“银行存款”等科目。发生退货的，应根据税务机关开具的红字增值税专用发票做相反的会计分录。具体的会计处理如图2-38所示。

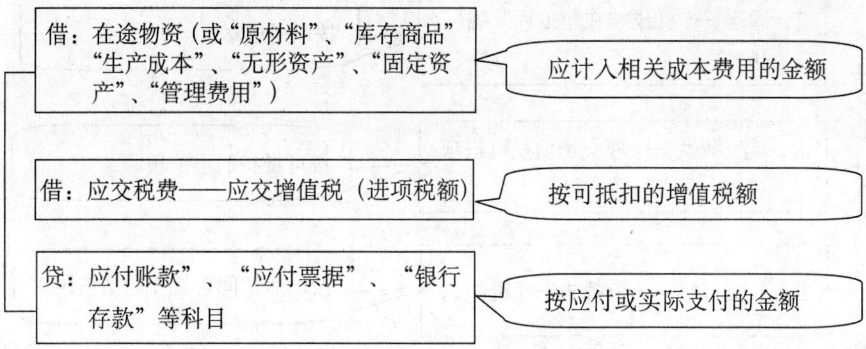

图 2－38

【例 2－21】 东方公司为增值税一般纳税人，2016 年 11 月购入办工用房一套，该房屋不含税价格为 200 万元，增值税销项税额为 22 万元。以上业务的会计处理如下：

按照现行规定，房屋不动产的增值税进项税额，需要在未来 24 个月内摊销进行抵扣。

本月可以抵扣的增值税进项税额 = 220 000/24 = 9166(元)

借：固定资产——房屋	2 000 000	
应交税费——应交增值税(进项税额)	220 000	
应交税费——待抵扣进项税额	210 834	
贷：银行贷款		2 220 000

(2)采购等业务进项税额不得抵扣的会计处理。一般纳税人购进货物、加工修理修配劳务、服务、无形资产或不动产，用于简易计税方法计税项目、免征增值税项目、集体福利或个人消费等，其进项税额按照现行增值税制度规定不得从销项税额中抵扣的，应计入相关成本费用，不通过“应交税费——应交增值税(进项税额)”科目核算。

(3)购进不动产或不动产在建工程按规定进项税额分年抵扣的会计处理。一般纳税人自 2016 年 5 月 1 日后取得并按固定资产核算的不动产或者 2016 年 5 月 1 日后取得的不动产在建工程，其进项税额按现行增值税制度规定自取得之日起分 2 年从销项税额中抵扣的，应当按取得成本，借记“固定资产”、“在建工程”等科目，按当期可抵扣的增值税额，借记“应交税费——应交增值税(进项税额)”科目，按以后期间可抵扣的增值税额，借记“应交税费——待抵扣进项税额”科目，按应付或实际支付的金额，贷记“应付账款”、“应付票据”、“银行存款”等科目。尚未抵扣的进项税额待以后期间允许抵扣时，按允许抵扣的金额，借记“应交税费——应交增值税(进项税额)”科目，贷记“应交税费——待抵扣进项税额”科目。具体的会计处理如图 2－39 所示。

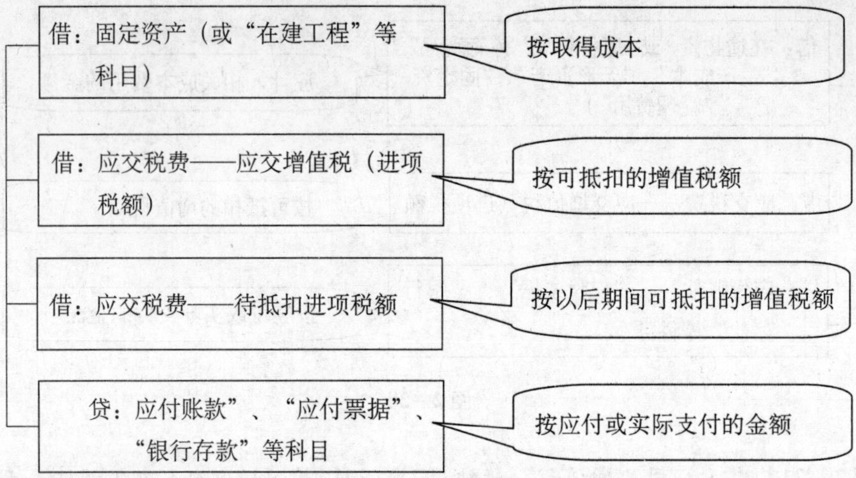

图 2-39

(4)货物等已验收入库但尚未取得增值税扣税凭证的会计处理。购进的货物等已到达并验收入库，但尚未收到增值税扣税凭证的，应按货物清单或相关合同协议上的价格暂估入账。按应计入相关成本费用的金额，借记“原材料”、“库存商品”、“无形资产”、“固定资产”等科目，按未来可抵扣的增值税额，借记“应交税费——待认证进项税额”科目，按应付或实际支付的金额，贷记“应付账款”、“应付票据”、“银行存款”等科目。待取得相关增值税扣税凭证并经认证后，借记“应交税费——应交增值税(进项税额)”或“应交税费——待抵扣进项税额”科目，贷记“应交税费——待认证进项税额”科目。

(5)购买方作为扣缴义务人的会计处理。

按照现行增值税制度规定，境外单位或个人在境内发生应税行为，在境内未设有经营机构的，以购买方为增值税扣缴义务人。境内一般纳税人购进服务、无形资产或不动产，按应计入相关成本费用的金额，借记“生产成本”、“无形资产”、“固定资产”、“管理费用”等科目，按可抵扣的增值税额，借记“应交税费——待认证进项税额”科目，按应付或实际支付的金额，贷记“应付账款”等科目，按应代扣缴的增值税额，贷记“应交税费——应交增值税(销项税额)”科目。购买方代扣代缴增值税取得解缴税款的完税凭证时，按代扣缴的增值税额，借记“应交税费——应交增值税(已交税金)”科目，贷记“银行存款”科目；同时，按完税凭证上注明的增值税额，借记“应交税费——应交增值税(进项税额)”或“应交税费——待抵扣进项税额”科目，贷记“应交税费——待认证进项税额”科目。

(6)小规模纳税人采购等业务的会计处理。小规模纳税人购买物资、服务、无形资产或不动产，取得增值税专用发票上注明的增值税应计入相关成本费用，不通过“应交税费——应交增值税”核算。

业务 2　销售等业务的会计处理

(1)销售业务的会计处理。企业销售货物、加工修理修配劳务、服务、无形资产或不动产，应当按应收或已收的金额，借记“应收账款”、“应收票据”、“银行存款”等科目，按取得的收入金额，贷记“主营业务收入”、“其他业务收入”、“固定资产清理”等科目，按现行增值税制度规定计算的销项税额（或采用简易计税方法计算的应纳增值税额），贷记“应交税费——应交增值税（销项税额或简易计税）”科目（小规模纳税人应贷记“应交税费——应交增值税”科目）。具体的会计处理如图 2－40 所示。

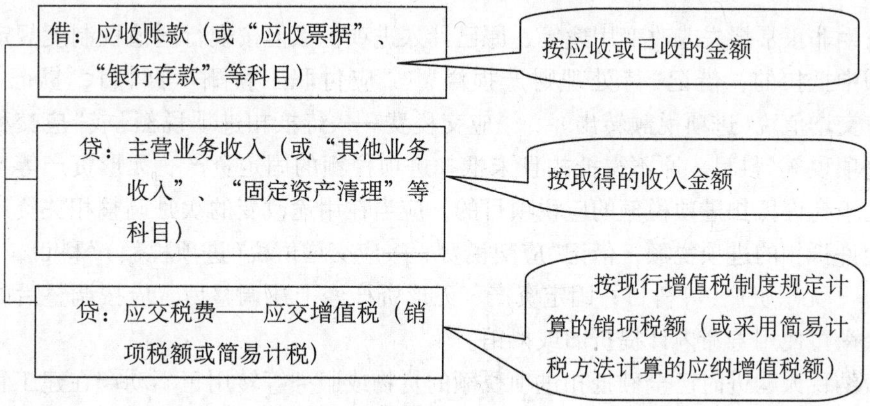

图 2－40

发生销售退回的，应根据税务机关开具的红字增值税专用发票做相反的会计分录。会计上收入或利得确认时点先于增值税纳税义务发生时点的，应将相关销项税额计入“应交税费——待转销项税额”科目，待实际发生纳税义务时再转入“应交税费——应交增值税（销项税额或简易计税）”科目。

（2）视同销售的会计处理。企业发生现行增值税制度规定视同销售的行为，应当按照国家统一的会计制度进行相应的会计处理，并按照现行增值税制度规定计算的销项税额（或采用简易计税方法计算的应纳增值税额），借记“应付职工薪酬”、“利润分配”等科目，贷记“应交税费——应交增值税（销项税额或简易计税）”科目（小规模纳税人应计入“应交税费——应交增值税”科目）。

业务 3　差额征税的会计处理

（1）企业发生相关成本费用允许扣减销售额的会计处理。按现行增值税制度规定企业发生相关成本费用允许扣减销售额的，应当按减少的销项税额，借记“应交税费——应交增值税（销项税额抵减）”科目（小规模纳税人应借记“应交税费——应交增值税”科目），按应付或实际支付的金额与上述增值税额的差额，借记“主营业务成本”等科目，按应付或实际支付的金额，贷记“应付账款”、“应付票据”、“银行存款”等科目。

（2）金融商品转让按规定以盈亏相抵后的余额作为销售额的会计处理。对于金融商品转让，可以先将含税金额一并计入“投资收益”科目；待期末一次性进行调整，借记“投资收益”科目，贷记“应交税费——应交增值税（销项税额）”科目（小规模纳税人应贷记“应交税费——应交增值税”科目）。金融商品转让盈亏相抵后出现负差，按现行增值税制度规定可结转下一纳税期与下期转让金融商品销售额相抵的，企业应在账外备查登记。

业务4　出口退税的会计处理

出口产品按规定退税的，借记“其他应收款”科目，贷记“应交税费——应交增值税（出口退税）”科目（小规模纳税人应贷记“应交税费——应交增值税”科目）。

业务5　进项税额抵扣情况发生改变的会计处理

因发生非正常损失或改变用途等，原已计入进项税额但按现行增值税制度规定不得从销项税额中抵扣的，借记“待处理财产损溢”、“应付职工薪酬”等科目，贷记“应交税费——应交增值税（进项税额转出）”、“应交税费——待抵扣进项税额”或“应交税费——待认证进项税额”科目。原不得抵扣且未抵扣进项税额的固定资产、无形资产等，因改变用途等用于允许抵扣进项税额的应税项目的，应当在用途改变的次月调整相关资产账面价值，按允许抵扣的进项税额，借记“应交税费——应交增值税（进项税额）”科目，贷记“固定资产”、“无形资产”等科目；固定资产、无形资产经上述调整后，应按调整后的账面价值在剩余尚可使用寿命内计提折旧或摊销。

一般纳税人购进时已全额抵扣进项税额的货物或服务等转用于不动产在建工程的，原已抵扣进项税额的40%部分应于转用当期转出，借记“应交税费——待抵扣进项税额”科目，贷记“应交税费——应交增值税（进项税额转出）”科目。

业务6　月末转出多交增值税和未交增值税的会计处理。

月度终了，企业应当将当月应交未交或多交的增值税自“应交增值税”明细科目转入“未交增值税”明细科目。

对于当月应交未交的增值税，借记“应交税费——应交增值税（转出未交增值税）”科目，贷记“应交税费——未交增值税”科目；对于当月多交的增值税，借记“应交税费——未交增值税”科目，贷记“应交税费——应交增值税（转出多交增值税）”科目。具体的会计处理如图2－41所示。

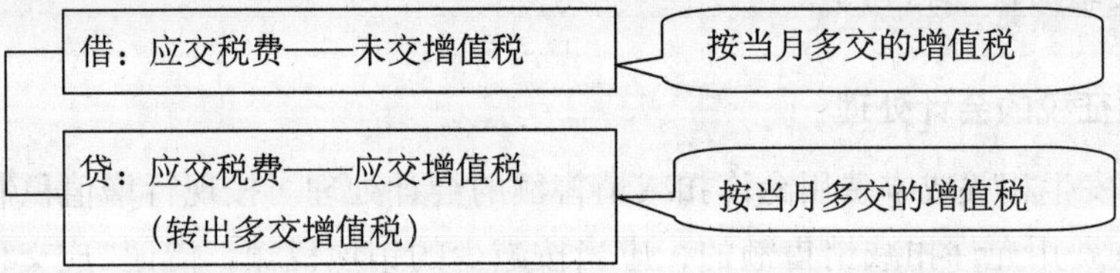

图2－41

业务7　交纳增值税的会计处理。

（1）交纳当月应交增值税的会计处理。企业交纳当月应交的增值税，借记“应交税费——应交增值税（已交税金）”科目（小规模纳税人应借记“应交税费——应交增值税”科目），贷记“银行存款”科目。

（2）交纳以前期间未交增值税的会计处理。企业交纳以前期间未交的增值税，借记“应交税费——未交增值税”科目，贷记“银行存款”科目。

（3）预缴增值税的会计处理。企业预缴增值税，借记“应交税费——预缴增值税”科目，贷记“银行存款”科目。月末，企业应将“预缴增值税”明细科目余额转入“未交增值税”明细科目，借记“应交税费——未交增值税”科目，贷记“应交税费——预缴增值税”科目。

业务8　增值税期末留抵税额的会计处理

兼有销售服务、无形资产或者不动产的原增值税一般纳税人，截止到纳入营改增试点之日前的增值税期末留抵税额按照现行增值税制度规定不得从销售服务、无形资产或不动产的销项税额中抵扣的，应在“应交税费”科目下增设“增值税留抵税额”明细科目。纳入营改增试点当月月初，原增值税一般纳税人应按不得从销售服务、无形资产或不动产的销项税额中抵扣的增值税留抵税额，借记“应交税费——增值税留抵税额”科目，贷记“应交税费——应交增值税（进项税额转出）”科目。待以后期间允许抵扣时，按允许抵扣的金额，借记“应交税费——应交增值税（进项税额）”科目，贷记“应交税费——增值税留抵税额”科目。

业务9　增值税税控系统专用设备和技术维护费用抵减增值税额的会计处理

按现行增值税制度规定，企业初次购买增值税税控系统专用设备支付的费用以及缴纳的技术维护费允许在增值税应纳税额中全额抵减的，按规定抵减的增值税应纳税额，借记“应交税费——应交增值税（减免税款）”科目（小规模纳税人应借记“应交税费——应交增值税”科目），贷记“管理费用”等科目。增值税税控系统专用设备作为固定资产核算的，则贷记“递延收益”科目；在后续固定资产折旧期间，借记“递延收益”科目，贷记“管理费用”等科目。

▶▶案例解析

【例2－22】某企业为增值税一般纳税人，本期购入一批材料，增值税专用发票上注明的增值税税额为170 000元，材料价款为1 000 000元。材料已经入库，货款已经支付，该企业将该批材料全部用于办公楼工程建设。

① 材料购入时。

借：原材料	1 000 000	
应交税费——应交增值税（进项税额）	170 000	
贷：银行存款		1 170 000

② 工程领用材料时。

借：在建工程	1 170 000	
贷：原材料		1 000 000
应交税费——应交增值税（进项税额转出）		170 000

(二)消费税

▶▶业务概述

消费税是以消费品的流转额作为课税对象的各种税收的统称，是政府向消费品征收的税项。消费税实行价内税，只在应税消费品的生产、委托加工和进口环节缴纳，在以后的批发和零售等环节，因为价款中已包含消费税，不用再缴纳消费税，税费最终由消费者承担。

▶▶账务处理

业务1　企业对外销售产品

编制会计分录如图2－42所示。

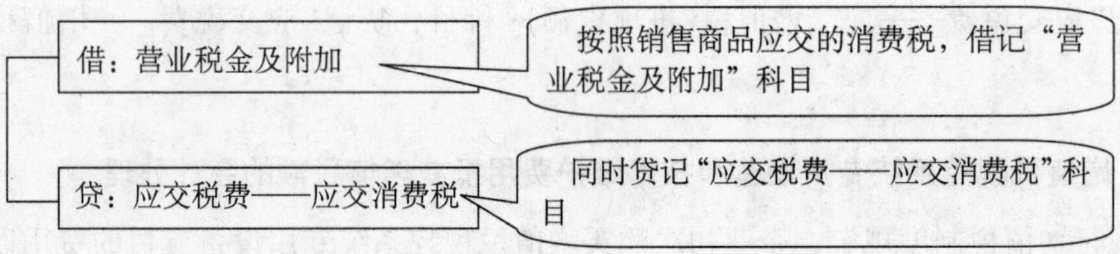

图2－42

业务2　企业将自产应税消费品用于在建工程、非应税项目等

编制会计分录如图2－43所示。

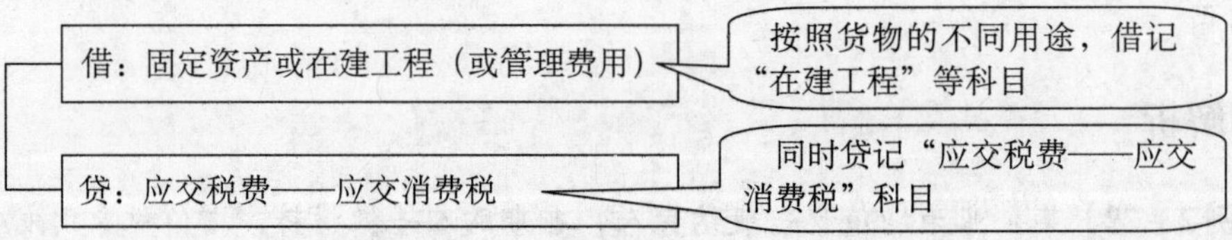

图2－43

业务3　企业委托加工应税消费品和外购应税消费品

企业将原材料交付给加工企业进行加工之后，需要按照加工费标准支付给对方一定的加工费，如果按税法规定需要交纳消费税的，还应该计算交纳消费税，并且由受托方在向委托方交货时代扣代缴税款。

加工物资应负担的消费税，凡属加工物资收回后直接用于销售的，应将受托方代收代缴的消费税记入委托加工物资的成本；凡属加工物资收回后用于连续生产的，按规定准予抵扣的，按受托方代收代缴的消费税记入“应交税费——应交消费税”科目的借方，待应缴消费税的加工物资连续生产完工销售后，抵交其应缴纳的销售环节的消费税。

委托加工材料收回用于连续生产应税消费品，编制会计分录如图2－44所示。

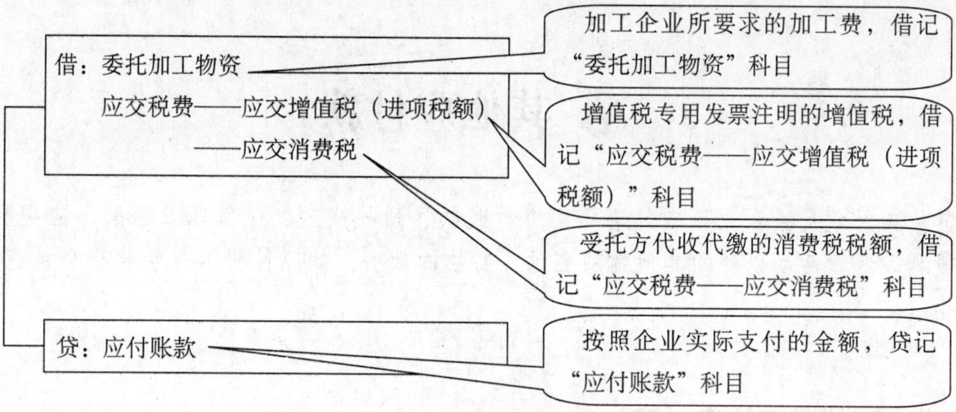

图 2－44

委托加工材料收回用于直接销售，编制会计分录如图 2－45 所示。

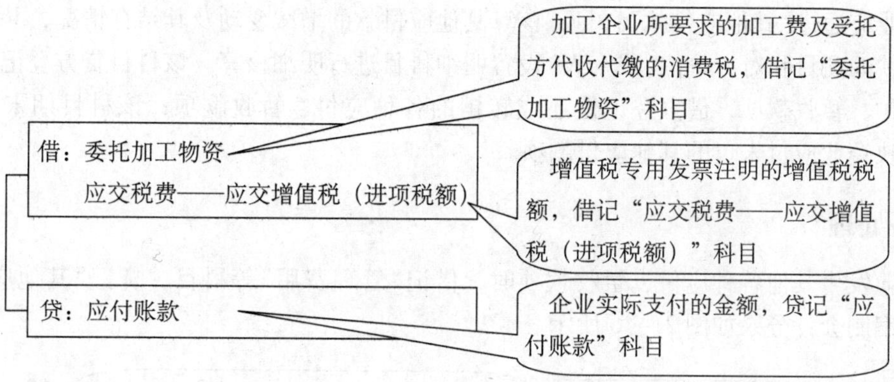

图 2－45

业务 4　消费税的缴纳业务

企业按规定期限缴纳消费税，收到银行退回的税收缴款书后，编制会计分录：

借：应交税费——应交消费税

　　贷：银行存款

▶▶案例解析

见【例 1－45】。

其他应付款

其他应付款是指企业除应付票据、应付账款、预收账款、应付职工薪酬、应交税费、应付股利等经营活动以外的其他各项应付、暂收的款项，如应付租入包装物租金、存入保证金等。

(一)发生和偿还其他应付款

▶▶业务概述

企业应通过“其他应付款”科目，核算其他应付款的增减变动及其结存情况，并按照其他应付款的项目和对方单位(或个人)设置明细科目进行明细核算。该科目贷方登记发生的各种应付、暂收款项，借方登记偿还或转销的各种应付、暂收款项；该科目期末贷方余额，反映企业应付未付的其他应付款项。

▶▶账务处理

企业发生其他各种应付、暂收款项时，借记“管理费用”等科目，贷记“其他应付款”科目。编制会计分录如图 2 –46 所示。

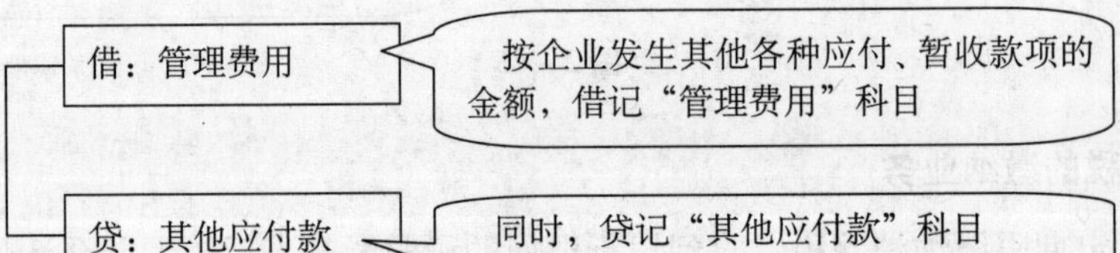

图 2 –46

支付或退回其他各种应付、暂收款项时，借记“其他应付款”科目，贷记“银行存款”等科目。编制会计分录如图 2 –47 所示。

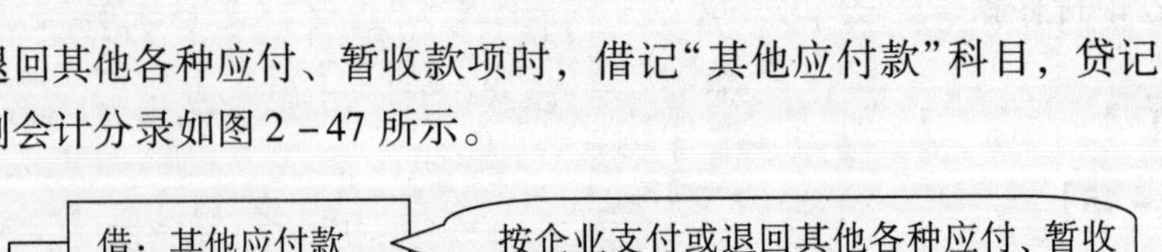

图 2 –47

案例解析

【例2-23】甲公司从2×16年1月1日起，以经营租赁方式租入管理用办公设备一批，每月租金5 000元，按季支付。3月31日，甲公司以银行存款支付应付租金。甲公司的有关会计分录如下。

①1月31日，计提应付经营租入固定资产租金。

借：管理费用　5 000

　　贷：其他应付款　5 000

2月底，计提应付经营租入固定资产租金的会计处理同上。

②3月31日，支付租金。

借：其他应付款　10 000

　　管理费用　5 000

　　贷：银行存款　15 000

(二)售后回购

业务概述

售后回购，即销售商品的同时，销售方同意日后再将同样或类似的商品购回。此时，销售方应该根据合同或协议条款判断企业是否已将商品所有权上的主要风险报酬转移给购货方，从而确定是否能够确认销售商品收入。在大部分情况下，回购价格往往高于原售价，实质上相当于融资交易，商品所有权上的主要风险和报酬没有转移。

账务处理

由于此事项实质上并不构成企业的收入，因此企业收到的款项应该确认为负债，贷记“其他应付款”科目，而回购价格大于原售价的部分应该分摊到回购期的各个期间中，借记“财务费用”科目。

企业与购买方签订协议后，将商品销售出去，编制会计分录如图2-48所示。

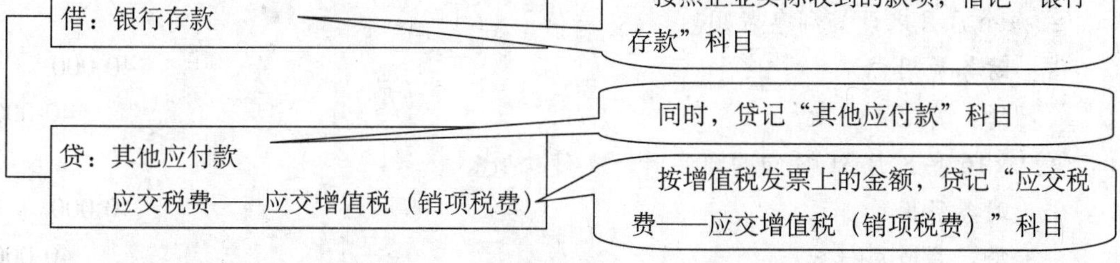

图2-48

回购价大于原售价的差额应该于每期期末进行摊销，编制会计分录如图2-49所示。

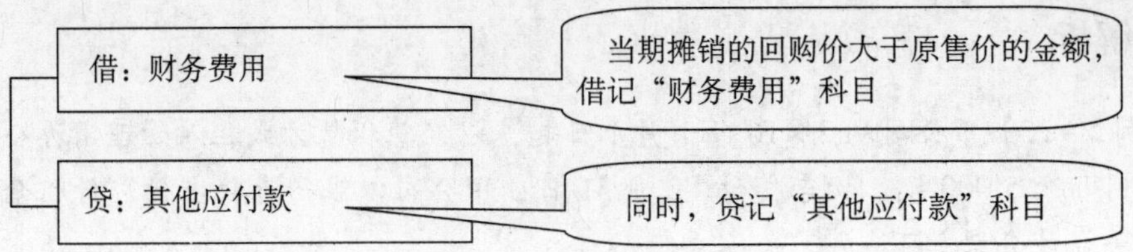

图 2－49

回购时，编制会计分录如图 2－50 所示。

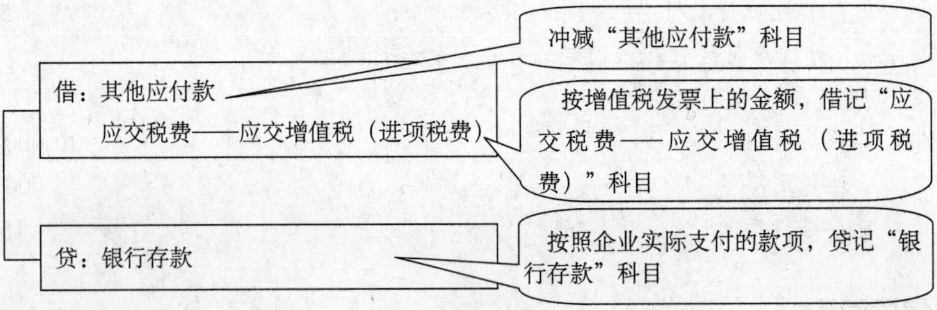

图 2－50

案例解析

【例 2－24】2×15 年 4 月 1 日，甲公司由于资金紧张，与乙公司签订销售回购的合同，合同约定甲公司向乙公司销售一批商品，开出增值税专用发票上注明的销售价款为 2 000 000 元，增值税税额为 340 000 元。该批商品的成本为 1 600 000 元，商品未发出，但是款项已经收到，甲公司应该于 2×15 年 8 月 31 日将所售商品购回，回购价为 2 200 000 元，增值税为 374 000 元。

甲公司应该编制以下会计分录：

① 2×15 年 4 月 1 日，甲公司销售商品，开出增值税专用发票。

借：银行存款	2 340 000	
贷：其他应付款		2 000 000
应交税费——应交增值税(销项税额)		340 000

② 每个月月末计提利息费用。

借：财务费用	40 000	
贷：其他应付款		40 000

③ 2×16 年 8 月 31 日回购商品时，支付款项。

借：财务费用	40 000	
贷：其他应付款		40 000
借：其他应付款	2 200 000	
应交税费——应交增值税(进项税额)	374 000	
贷：银行存款		2 574 000

长期借款

长期借款是指企业向银行或其他金融机构借入的期限在1年以上(不含1年)的各种借款。

(一)取得长期借款

▶▶业务概述

企业取得长期借款一般用于固定资产的购建、改扩建工程、大修理工程、对外投资以及为了保持长期经营能力等方面。

▶▶账务处理

企业借入长期借款，应按实际收到的金额，借记“银行存款”科目，贷记“长期借款——本金”科目；如存在差额，还应借记“长期借款——利息调整”科目。编制会计分录如图2－51所示。

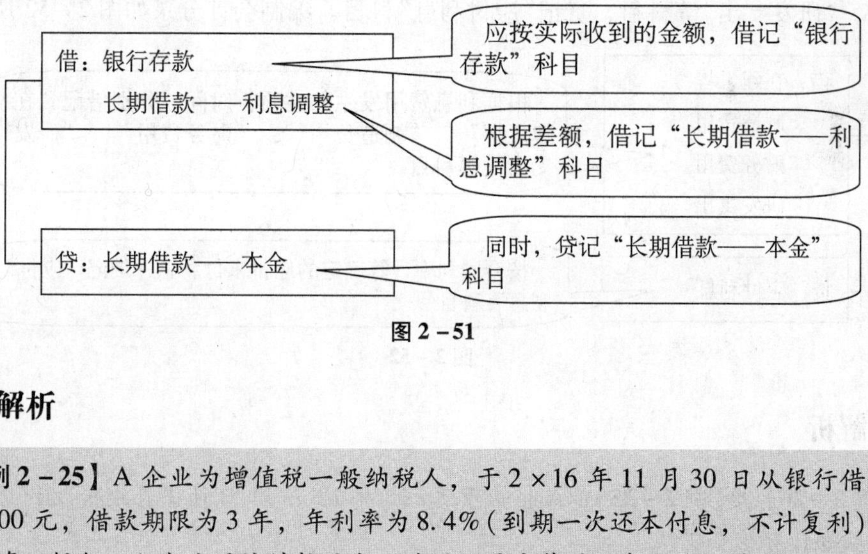

图2－51

▶▶案例解析

【例2－25】A企业为增值税一般纳税人，于2×16年11月30日从银行借入资金4 000 000元，借款期限为3年，年利率为8.4%(到期一次还本付息，不计复利)。所借款项已存入银行。A企业用该借款于当日购买不需安装的设备一台，价款3 000 000元，增值税税额510 000元，另支付保险等费用100 000元，设备已于当日投入使用。A企业的有关会计分录如下：

①取得借款时。

借：银行存款　　4 000 000

　　贷：长期借款——本金　　4 000 000

② 支付设备款保险费时。

借：固定资产	3 100 000	
应交税费——应交增值税(进项税额)	510 000	
贷：银行存款		3 610 000

(二)发生长期借款利息

▶▶业务概述

长期借款利息费用应当在资产负债表日按照实际利率法计算确定，实际利率与合同利率差异较小的，也可以采用合同利率计算确定利息费用。

▶▶账务处理

长期借款计算确定的利息费用，应当按以下原则记入有关成本、费用：属于筹建期间的，记入管理费用；属于生产经营期间的，记入财务费用。如果长期借款用于购建固定资产等符合资本化条件的资产，在资产尚未达到预定可使用状态前，所发生的利息支出数应当资本化，记入在建工程等相关资产成本；资产达到预定可使用状态后发生的利息支出，以及按规定不予资本化的利息支出，记入财务费用。

长期借款按合同利率计算确定的应付未付利息，借记“在建工程”、“制造费用”、“财务费用”、“研发支出”等科目，贷记“应付利息”科目。编制会计分录如图 2－52 所示。

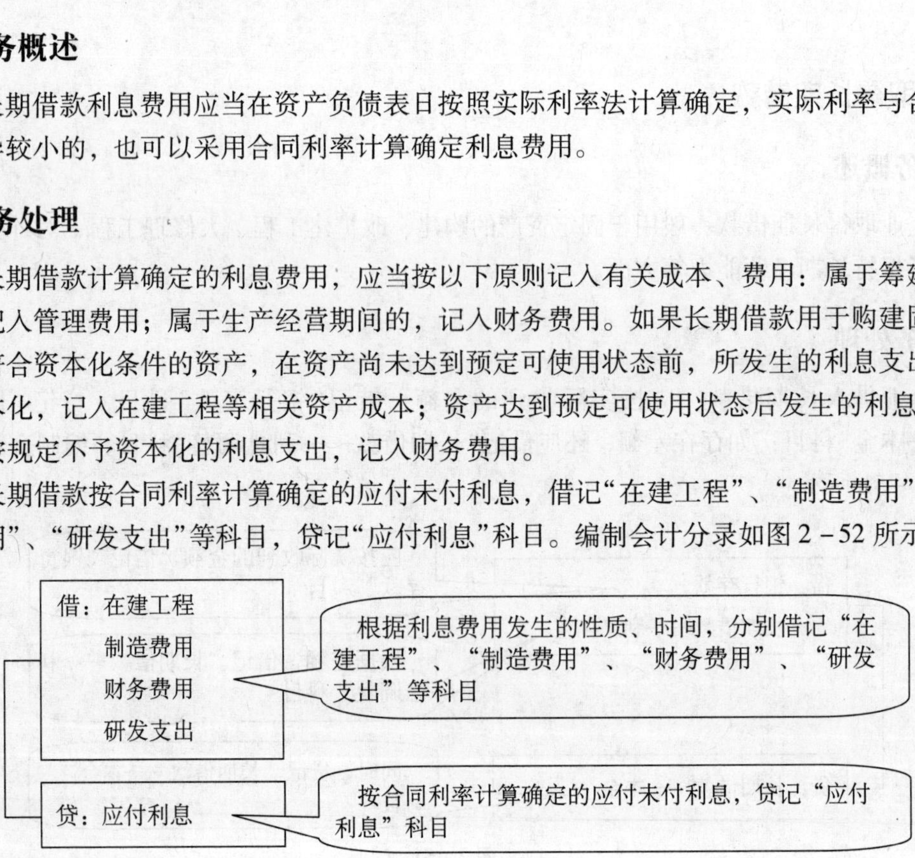

图 2－52

▶▶案例解析

【例 2－26】 接**【例 2－25】**，A 企业于 2×15 年 12 月 31 日计提长期借款利息。该企业的有关会计分录如下：

借：财务费用	28 000	
贷：应付利息		28 000

2×15 年 12 月 31 日计提的长期借款利息＝4 000 000×8.4%÷12 ＝28 000（元）。

2×16 年 1 月至 20014 年 10 月末预提利息分录同上。

(三)偿还长期借款

业务概述

企业到期偿还长期借款的业务。

账务处理

企业归还长期借款的本金时，应按归还的金额，借记“长期借款——本金”科目，贷记“银行存款”科目；按归还的利息，借记“应付利息”科目，贷记“银行存款”科目。编制会计分录如图2-53所示。

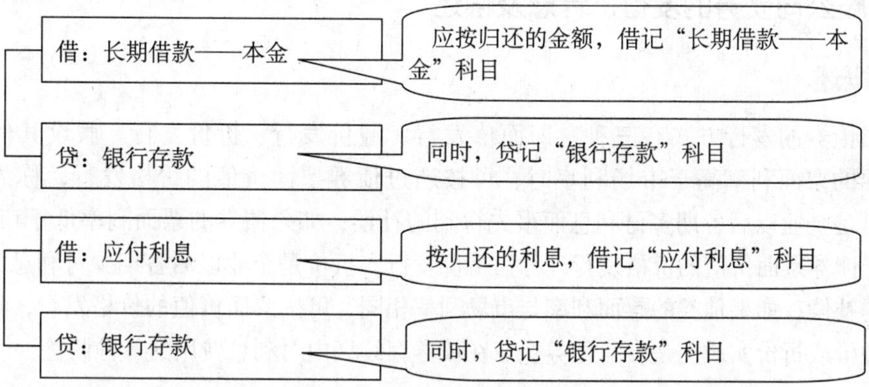

图2-53

案例解析

【例2-27】接【例2-25】，2×16年11月30日，企业偿还该笔银行借款本息。该企业的有关会计分录如下：

借：财务费用	28 000
长期借款——本金	4 000 000
应付利息	980 000
贷：银行存款	5 008 000

应付债券

应付债券是指企业发行的1年期以上的债券，构成了企业的长期负债。应付债券是企业举借长期债务而发行的一种书面凭证，是企业依照法定程序对外发行、约定在一定期限内还本付息的有价证券。

(一)一般公司债券的发行、计息及偿还

业务概述

公司债券的发行方式有三种，即面值发行、溢价发行、折价发行。假设其他条件不变，债券的票面利率高于市场利率时，可按超过债券票面价值的价格发行，称为溢价发行，溢价是企业以后各期多付利息而事先得到的补偿；如果债券的票面利率低于市场利率，可按低于债券票面价值的价格发行，称为折价发行，折价是企业以后各期少付利息而预先给投资者的补偿；如果债券的票面利率与市场利率相同，可按票面价值的价格发行，称为面值发行。溢价或折价实质上是发行债券企业在债券存续期内对利息费用的一种调整。

账务处理

企业应设置“应付债券”科目，并在该科目下设置“面值”、“利息调整”、“应计利息”等明细科目，核算应付债券发行、计提利息、还本付息等情况。该科目贷方登记应付债券的本金和利息，借方登记归还的债券本金和利息，期末贷方余额表示企业尚未偿还的长期债券。

业务1 发行债券

企业发行债券时，应按实际收到的金额，借记“银行存款”等科目；按债券票面金额，贷记“应付债券——面值”科目；存在差额的，还应借记或贷记“应付债券——利息调整”科目。编制会计分录如图2－54所示。

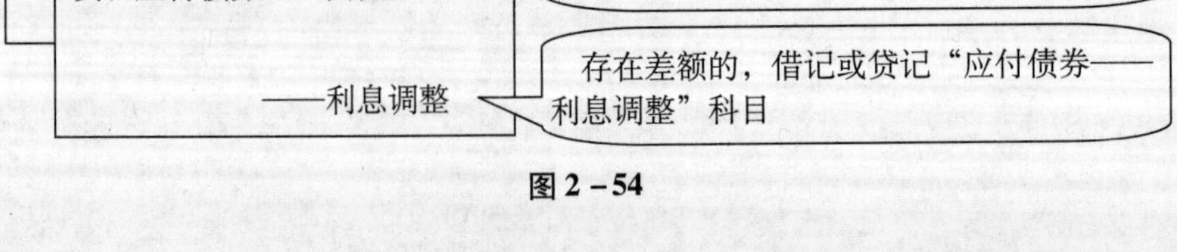

图2－54

业务2　计提债券利息

利息调整应在债券存续期间内采用实际利率法进行摊销。

企业发行的债券通常分为到期一次还本付息或分期付息两种。资产负债表日，对于分期付息、一次还本的债券，企业应按应付债券的摊余成本和实际利率计算确定的债券利息费用，借记“在建工程”、“制造费用”、“财务费用”等科目；按票面利率计算确定的应付未付利息，贷记“应付利息”科目；按其差额，借记或贷记“应付债券——利息调整”科目。编制会计分录如图2－55所示。

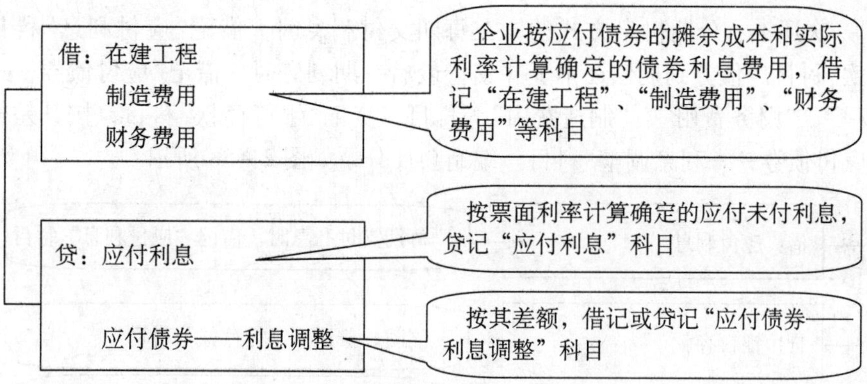

图2－55

对于一次还本付息的债券，企业应于资产负债表日按摊余成本和实际利率计算确定的债券利息费用，借记“在建工程”、“制造费用”、“财务费用”等科目；按票面利率计算确定的应付未付利息，贷记“应付债券——应计利息”科目；按其差额，借记或贷记“应付债券——利息调整”科目。编制会计分录如图2－56所示。

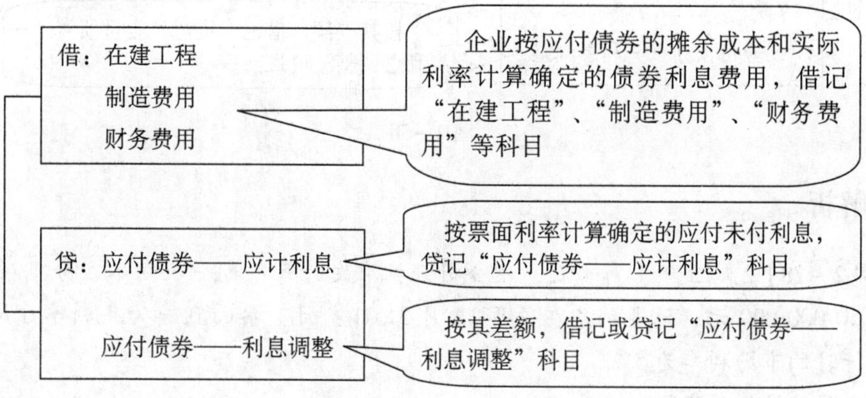

图2－56

业务3　债券还本付息

采用一次还本付息方式的，企业应于债券到期支付债券本息时，借记“应付债券——面值”、“应付债券——应计利息”科目，贷记“银行存款”科目。编制会计分录如图2－57所示。

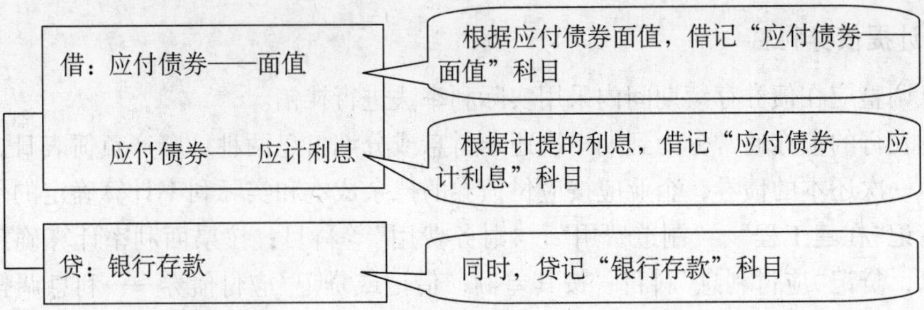

图 2-57

采用一次还本、分期付息方式的，在每期支付利息时，借记“应付利息”科目，贷记“银行存款”科目。债券到期偿还本金并支付最后一期利息时，借记“应付债券——面值”、“在建工程”、“财务费用”、“制造费用”等科目，贷记“银行存款”科目，按其差额，借记或贷记“应付债券——利息调整”科目。编制会计分录如图 2-58 所示。

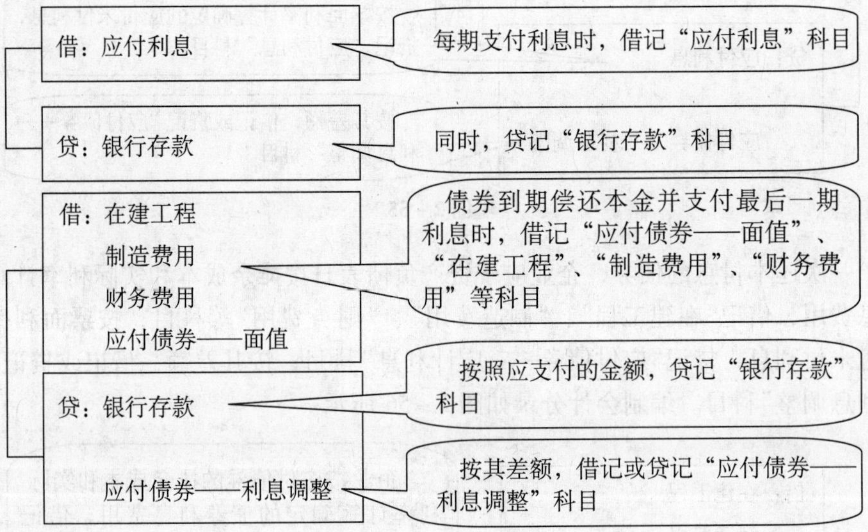

图 2-58

案例解析

【例 2-28】2×13 年 1 月 1 日，甲公司经批准发行 5 年期一次还本、分期付息的公司债券 60 000 000 元，债券利息在每年 12 月 31 日支付，票面利率为年利率 6%。假定债券发行时的市场利率为 5%。

甲公司该批债券实际发行价格为：

60 000 000 ×（P/F, 5%，5）+ 60 000 000 × 6% ×（P/A, 5%，5）= 60 000 000 × 0.7835 + 60 000 000 × 6% × 4.3295 = 62 596 200（元）。

甲公司根据上述资料，采用实际利率法和摊余成本计算确定的利息费用如表 2-3 所示。

表2-3 甲公司利息费用一览表

日 期	现金流出 (a)	实际利息费用(b) =期初(d)×5%	已偿还的本金(c) =(a)-(b)	摊余成本余额(d) =期初(d)-(c)
2×13年1月1日				62 596 200
2×13年12月31日	3 600 000	3 129 810	470 190	62 126 010
2×14年12月31日	3 600 000	3 106 300. 50	493 699. 50	61 632 310. 50
2×14年12月31日	3 600 000	3 081 615. 53	518 384. 47	61 113 926. 03
2×15年12月31日	3 600 000	3 055 696. 30	544 303. 70	60 569 622. 33
2×15年12月31日	3 600 000	3 030 377. 67*	569 622. 33	60 000 000
小 计	18 000 000	15 403 800	2 596 200	60 000 000
2×16年12月31日	60 000 000	—	60 000 000	0
合 计	78 000 000	15 403 800	62 596 200	—

*尾数调整：60 000 000+3 600 000-60 569 622. 33=3 030 377. 67(元)

根据表2-3的资料，甲公司的账务处理如下。

①2×12年1月1日，发行债券时。

借：银行存款　　62 596 200

　　贷：应付债券——面值　　60 000 000

　　　　　　　　——利息调整　　2 596 200

②2×12年12月31日，计算利息费用时。

借：财务费用(或在建工程)　　3 129 810

　　应付债券——利息调整　　470 190

　　贷：应付利息——××银行　　3 600 000

③2×12年12月31日，支付利息时。

借：应付利息——××银行　　3 600 000

　　贷：银行存款　　3 600 000

2×13年、2×14年、2×15年确认利息费用的会计分录与2×12年相同，金额与利息费用一览表的对应金额一致。

④2×16年12月31日，归还债券本金及最后一期利息费用时。

借：财务费用(或在建工程)　　3 030 377. 67

　　应付债券——面值　　60 000 000. 00

　　　　　　——利息调整　　596 622. 33

　　贷：银行存款　　63 600 000. 00

(二)可转换债券的发行、计息及偿还

▶▶业务概述

可转换公司债券属于混合金融工具，对于发行方具有负债和股权的双重性质。我国发行可转换公司债券采取记名式无纸化发行方式。根据《企业会计准则第 37 号——金融工具列报》的规定，应当在可转换公司债券初始确认时将负债和权益成分进行分拆，分别进行处理。企业在进行分拆时，应当先确定负债成分的公允价值并以此作为其初始确认金额，确认为应付债券；再按照该可转换公司债券整体的发行价格扣除负债成分初始确认金额后的金额，确定权益成分的初始确认金额，确认为资本公积。负债成分的公允价值是合同规定的未来现金流量按一定利率折现的现值。其中，利率根据市场上具有可比信用等级并在相同条件下提供几乎相同现金流量，但不具有转换权的工具的适用利率确定。发行该可转换公司债券发生的交易费用，应当在负债成分和权益成分之间按照其初始确认金额的相对比例进行分摊。

▶▶账务处理

业务 1　发行可转换公司债券

企业发行的可转换公司债券在“应付债券”科目下设置“可转换公司债券”明细科目核算。企业应按实际收到的款项，借记“银行存款”等科目；按可转换公司债券包含的负债成分面值，贷记“应付债券——可转换公司债券——面值”科目；按权益成分的公允价值，贷记“资本公积——其他资本公积”科目；按其差额，借记或贷记“应付债券——可转换公司债券——利息调整”科目。编制会计分录如图 2－59 所示。

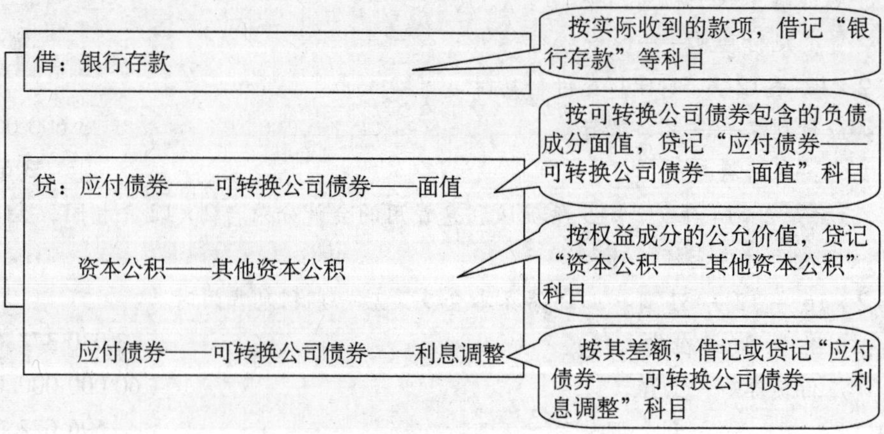

图 2－59

发行可转换公司债券发生的交易费用，应当在负债成分和权益成分之间按照各自的相对公允价值进行分摊。负债成分负担的发行费用记入“应付债券——可转换公司债券(利息调整)”科目，权益成分负担的的发行费用记入“资本公积——其他资本公积”科目。

业务2　转换股份前

对于可转换公司债券的负债成分，在转换为股份前，其会计处理与一般公司债券相同，即按照实际利率和摊余成本确认利息费用，按照面值和票面利率确认应付债券或应付利息，差额作为利息调整。

业务3　转换股份时

可转换公司债券持有人行使转换权利，将其持有的债券转换为股票的，按可转换公司债券的余额，借记"应付债券——可转换公司债券——面值"科目，借记或贷记"应付债券——可转换公司债券——利息调整"科目；按其权益成分的金额，借记"资本公积——其他资本公积"科目；按股票面值和转换的股数计算的股票面值总额，贷记"股本"科目；按其差额，贷记"资本公积——股本溢价"科目。如用现金支付不可转换股票的部分，还应贷记"库存现金"、"银行存款"等科目。编制会计分录如图2-60所示。

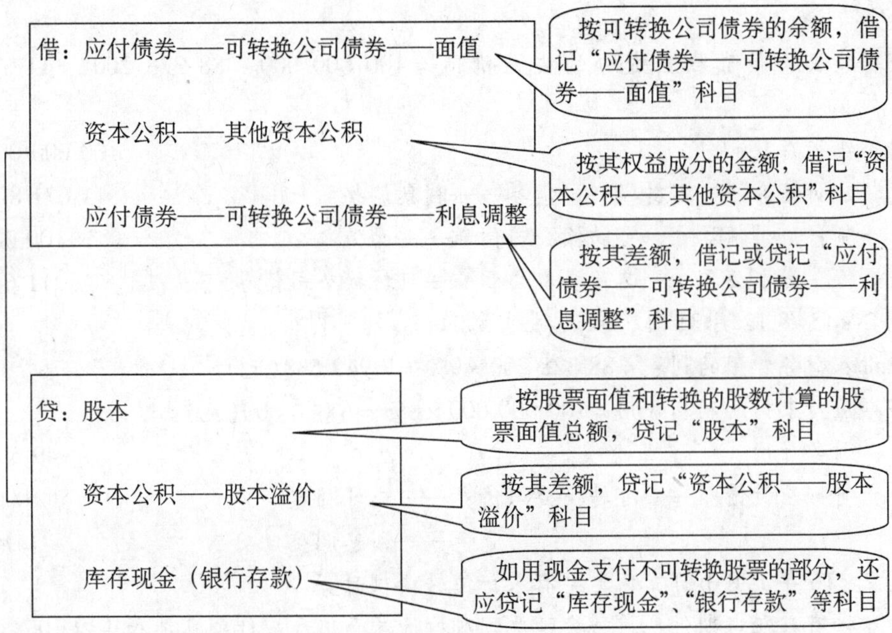

图2-60

企业发行附有赎回选择权的可转换公司债券，其在赎回日可能支付的利息补偿金，即债券约定赎回期届满日应当支付的利息减去应付债券票面利息的差额，应当在债券发行日至债券约定赎回届满日期间计提应付利息，计提的应付利息分别记入相关资产成本或财务费用。

案例解析

【例2-29】甲上市公司经批准于2×15年1月1日按每份面值100元发行了1 000 000份5年期一次还本付息的可转换公司债券，共计100 000 000元，款项已收存银行，债券票面年利率为6%。债券发行1年后可转换为甲上市公司普通股股票，转股时每份债券可转10股，股票面值为每股1元。假定2×16年1月1日债券持有人将持有的可转换公司债券全部转换为甲上市公司普通股股票。甲上市公司发行可转换公司债券时，二级市场上与之类似的没有转换权的债券市场利率为9%。该可转换公司债券发生的利息费用不符合资本化条件。

甲上市公司有关该可转换公司债券的账务处理如下。

①2×15年1月1日，发行可转换公司债券时。

可转换公司债券负债成分的公允价值＝100 000 000×(P/F，9%，5)＋100 000 000×6%×(P/A，9%，5)＝100 000 000×0.6499＋100 000 000×6%×3.8897＝88 328 200(元)。

可转换公司债券权益成分的公允价值＝100 000 000－88 328 200＝11 671 800(元)。

借：银行存款　100 000 000
　　应付债券——可转换公司债券——利息调整　11 671 800
　　贷：应付债券——可转换公司债券——面值　100 000 000
　　　　资本公积——其他资本公积——可转换公司债券　11 671 800

②2×15年12月31日，确认利息费用时。

应记入财务费用的利息＝88 328 200×9%＝7 949 538(元)。

当期应付未付的利息费用＝100 000 000×6%＝6 000 000(元)。

借：财务费用　7 949 538
　　贷：应付债券——可转换公司债券——应计利息　6 000 000
　　　　　　　　　　　　　　　　　——利息调整　1 949 538

③2×16年1月1日，债券持有人行使转换权时。

债券持有人在当期付息前转换股票，应按债券面值和应计利息之和除以10，计算转换的股份数。

转换的股份数＝(100 000 000＋6 000 000)÷10＝10 600 000(股)。

借：应付债券——可转换公司债券——面值　100 000 000
　　　　　　　　　　　　　　　——应计利息　6 000 000
　　资本公积——其他资本公积——可转换公司债券　11 671 800
　　贷：股本　10 600 000
　　　　应付债券——可转换公司债券——利息调整　9 722 262
　　　　资本公积——股本溢价　97 349 538

长期应付款

长期应付款是指企业除了长期借款和应付债券以外的其他各种长期应付款项，包括应付融资租入固定资产的租赁费和以分期付款方式购入固定资产发生的应付款项。

(一)分期付款方式购入固定资产

业务概述

企业购买资产采用延期支付相关款项的方式，若此延期支付的购买价款超过正常信用条件实质上具有融资性质的，所购资产的成本应当以延期支付购买价款的现值为基础确定。

账务处理

企业应该按购买价款的现值，借记“固定资产”、“在建工程”等科目；按应支付的价款总额贷记“长期应付款”科目；按购买日首付的价款额，贷记“银行存款”科目；将实际支付的价款与购买价款的现值之间的差额借记“未确认融资费用”，并且在信用期内采用实际利率法进行摊销，记入相关资产成本或当期损益。编制会计分录如图 2－61 所示。

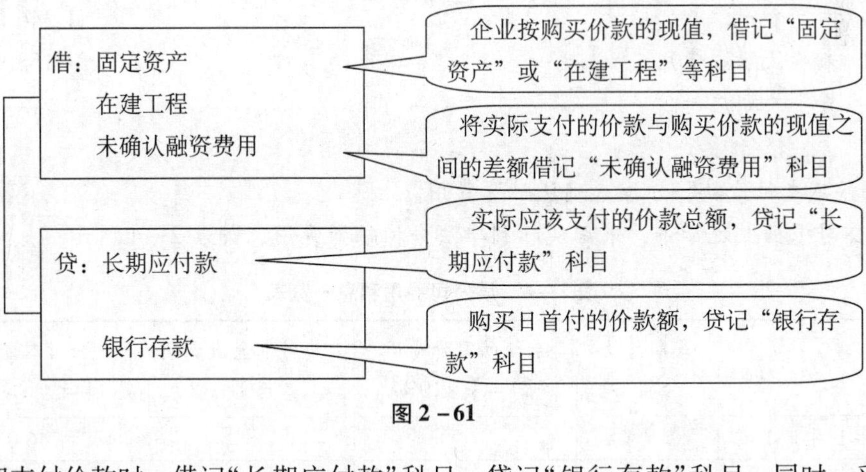

图 2－61

按期支付价款时，借记“长期应付款”科目，贷记“银行存款”科目。同时，采用实际利率法计算确定当期的利息费用，借记“财务费用”、“在建工程”、“研发支出”科目，贷记“未确认融资费用”科目。编制会计分录如图 2－62 所示。

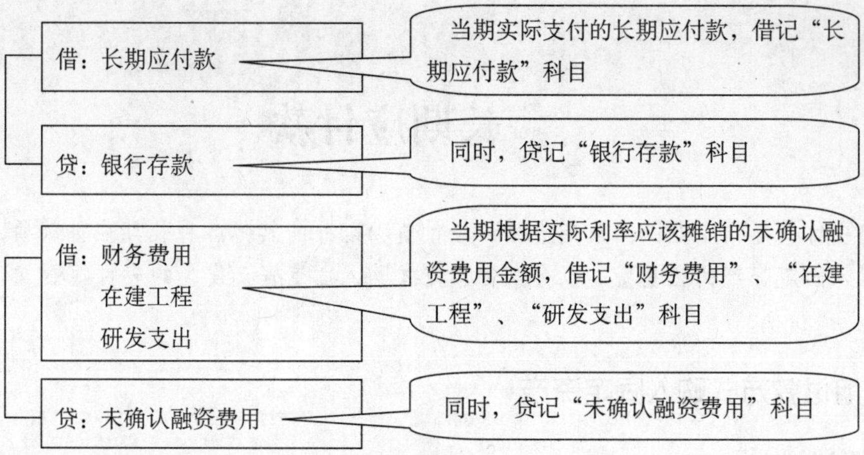

图 2－62

案例解析

【例 2－30】某公司 2×13 年 1 月 1 日以分期付款方式购入一台设备，总价款为 1 500 000 元，购货合同约定购买之日首付 600 000 元，以后每年年末支付 300 000 元，分 3 年于 2014 年 12 月 31 日付清。假设银行同期贷款利率为 10%，根据上述经济业务，公司应该作如下会计处理。

① 2×13 年 1 月 1 日购入时。

分期应付款的应付本金＝300 000×(P/A，10%，3)＝300 000×2.4869＝746 070（元）。

总价款的现值＝600 000＋746 070＝1 346 070(元)。

未确认融资费用＝1 500 000－1 346 070＝153 930(元)。

借：固定资产　　1 346 070

　　未确认融资费用　　153 930

　　贷：长期应付款　　900 000

　　　　银行存款　　600 000

② 按期支付价款，分摊未确认融资费用。

该公司根据上述资料，采用实际利率法分摊融资费用，如表 2－4 所示。

表 2－4　某公司费用利息一览表

日　期	每期付款金额①	确认的融资费用②＝④×10%	应付本金减少额③＝①－②	应付本金余额④＝期初④－③
2×13 年 1 月 1 日				746 070
2×14 年 12 月 31 日	300 000	74 607	225 393	520 677
2×15 年 12 月 31 日	300 000	52 067.70	247 932.30	272 744.70
2×16 年 12 月 31 日	300 000	27 255.30	272 744.70	0
合　计	900 000	153 930	746 070	—

2×14 年 12 月 31 日，企业应该编制如下会计分录：

借：长期应付款　300 000

　　贷：银行存款　300 000

借：财务费用　74 607

　　贷：未确认融资费用　74 607

2×15 年 12 月 31 日，企业应该编制如下会计分录：

借：长期应付款　300 000

　　贷：银行存款　300 000

借：财务费用　52 067.70

　　贷：未确认融资费用　52 067.70

2×16 年 12 月 31 日，企业应该编制如下会计分录：

借：长期应付款　300 000

　　贷：银行存款　300 000

借：财务费用　27 255.30

　　贷：未确认融资费用　27 255.30

（二）应付融资租入固定资产的租赁费

见“固定资产——（三）融资租入固定资产”。

债务重组

债券重组是指债务人发生财务困难的情况下，债权人按照其与债务人达成的协议或者法院的裁定作出让步的事项。

(一)以资产清偿债务

▸▸业务概述

以资产清偿债务是指债务人转让其资产给债权人以清偿债务的债务重组方式。债务人用于清偿债务的资产主要有：现金、存货、金融资产、固定资产、无形资产等。此处的现金包括库存现金、银行存款和其他货币资金。

▸▸账务处理

业务1　以现金清偿债务

以现金清偿债务的，债务人应当在满足金融负债终止确认条件时，终止确认重组债务，并将重组债务的账面价值与实际支付现金之间的差额确认为债务重组利得，记入营业外收入。重组债务的账面价值，一般为债务的面值或本金，如应付账款；如有利息的，还应加上应计未付利息，如长期借款等。编制会计分录如图 2 - 63 所示。

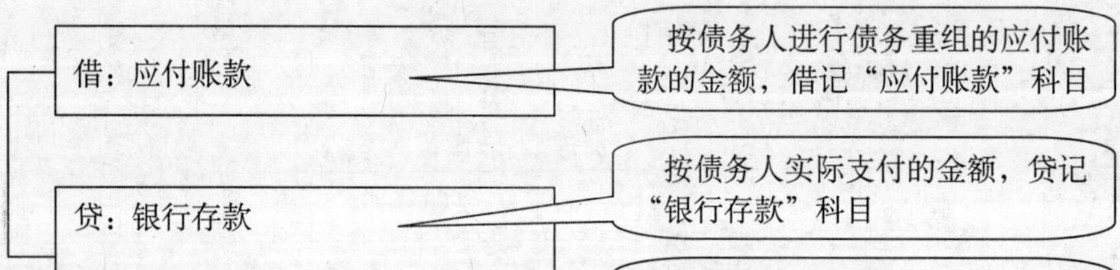

图 2 - 63

债权人应当在满足金融资产终止确认条件时，终止确认重组债权，并将重组债权的账面余额与收到的现金之间的差额确认为债务重组损失，记入营业外支出。债权人已对债权计提减值准备的，应当先将该差额冲减减值准备，冲减后尚有余额的，记入营业外支出，冲减后减值准备仍有余额的，应予转回并抵减当期资产减值损失。编制会计分录如图 2 - 64 所示。

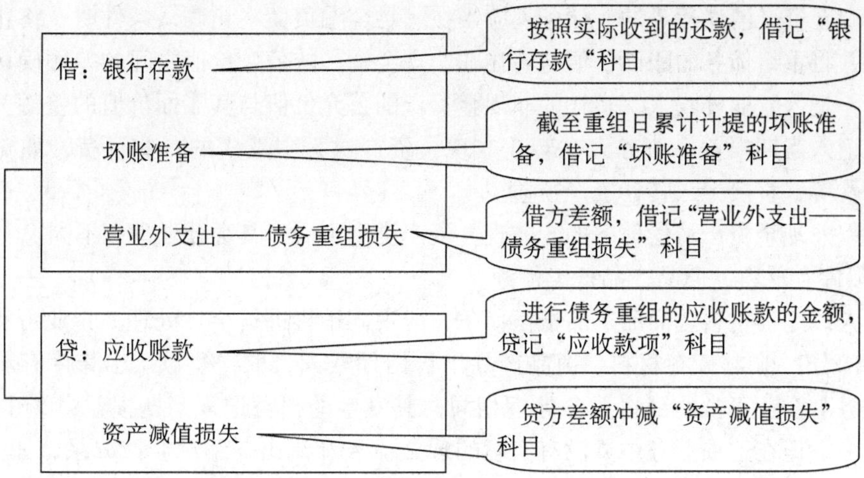

图 2－64

业务 2　以非现金资产清偿债务

以非现金资产清偿债务，债权人应当在满足金融资产终止确认条件时，终止确认重组债权，并将重组债权的账面余额与受让的非现金资产的公允价值之间的差额，记入当期损益。债权人已对债权计提减值准备的，应当先将该差额冲减减值准备，冲减后尚有余额的记入营业外支出，冲减后减值准备仍有余额的，应予转回并抵减当期资产减值损失。

以非现金资产清偿债务的，债权人编制会计分录如图 2－65 所示。

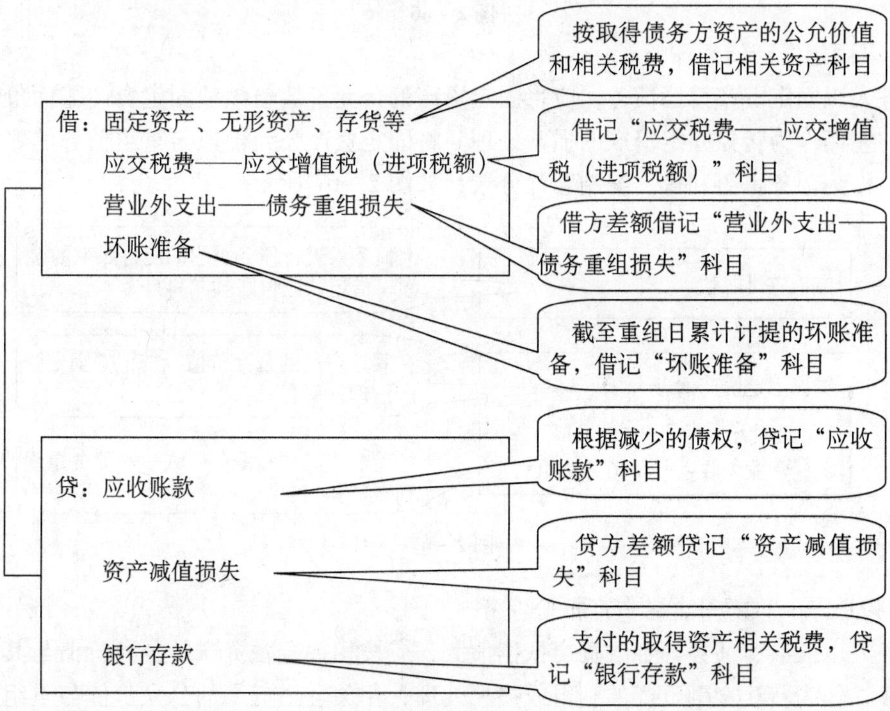

图 2－65

以非现金资产清偿债务的，债务人应当在满足金融负债终止确认条件时，终止确认重组债务，并将重组债务的账面价值与转让的非现金资产的公允价值之间的差额确认为债务重组利得，记入营业外收入。转让的非现金资产的公允价值与其账面价值的差额为转让资产损益，记入当期损益。债务人在转让非现金资产过程中发生的一些税费，如资产评估费、运杂费等，直接记入转让资产损益。

企业以非现金资产清偿债务的，非现金资产类别不同，其会计处理也不同。

(1)以库存材料、商品产品抵偿债务。

债务人以库存材料、商品产品抵偿债务，应视同销售进行会计处理。企业可将该项业务分为两部分：① 将库存材料、商品产品出售给债权人，取得货款。出售库存材料、商品产品业务与企业正常的销售业务处理相同，其发生的损益记入当期损益；② 以取得货币清偿债务。但在这项业务中并没有实际的现金流入和流出。编制会计分录，如图 2－66 所示。

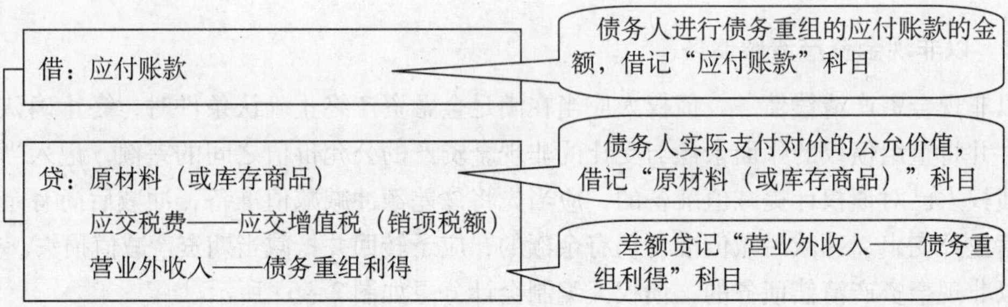

图 2－66

(2)以固定资产清偿债务。

债务人以固定资产清偿债务，应将固定资产的公允价值与该项固定资产账面价值和清理费用的差额作为转让固定资产的损益处理。将固定资产公允价值与重组债务的账面价值的差额，作为债务重组利得。编制会计分录，如图 2－67 所示。

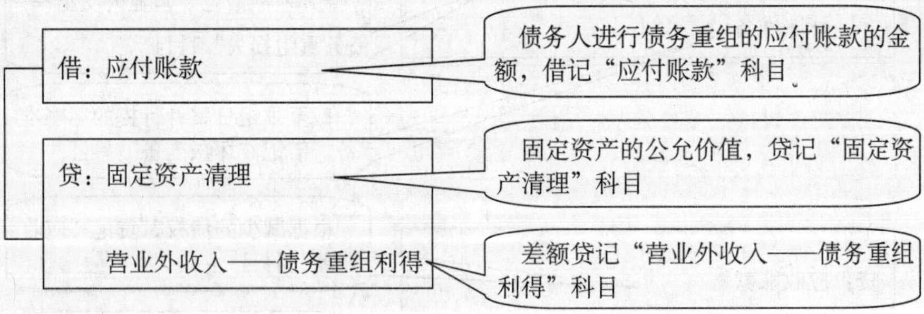

图 2－67

(3)以股票、债券等金融资产抵偿债务。

债务人以股票、债券等金融资产抵偿债务，应按相关金融资产的公允价值与其账面价值的差额，作为转让金融资产的利得或损失处理；相关金融资产的公允价值与重组债务的账面价值的差额，作为债务重组利得。

▸▸案例解析

【例2-31】乙公司于2×16年2月15日销售一批材料给甲公司，开具的增值税专用发票上的价款为300 000元，增值税税额为51 000元。按合同规定，甲公司应于2×16年5月15日前偿付价款。由于甲公司发生财务困难，无法按合同规定的期限偿还债务，经双方协商于2×16年7月1日进行债务重组。债务重组协议规定，乙公司同意减免甲公司50 000元债务，余额用现金立即清偿。乙公司于2×16年7月8日收到甲公司通过银行转账偿还的剩余款项。乙公司已为该项应收账款计提了30 000元坏账准备。

① 甲公司的账务处理。

计算债务重组利得

应付账款账面余额	351 000
减：支付的现金	301 000
债务重组利得	50 000

会计分录为：

借：应付账款——乙公司	351 000	
贷：银行存款		301 000
营业务收入——债务重组利得		50 000

② 乙公司账务处理。

计算债务重组损失

应收账款账面余额	351 000
减：收到的现金	301 000
差额	50 000
减：已计提坏账准备	30 000
债务重组损失	20 000

会计分录为：

借：银行存款	301 000	
坏账准备	30 000	
营业外支出——债务重组损失	20 000	
贷：应收账款——甲公司		351 000

【例2-32】甲公司向乙公司购买了一批货物，价款450 000元（包括应收取的增值税税额），按照购销合同约定，甲公司应于2×16年11月5日前支付该价款，但至2×16年11月30日甲公司尚未支付。由于甲公司财务发生困难，短期内不能偿还债务，经双方协商，乙公司同意甲公司以其生产的产品偿还债务。该产品的公允价值为360 000元，实际成本为315 000元，适用的增值税税率为17%。乙公司于2×16年12月5日收到甲公司抵债的产品，并作为商品入库；乙公司对该项应收账款计提了10 000元坏账准备。

① 甲公司的账务处理。

计算债务重组利得＝450 000－（360 000＋360 000×17%）＝28 800（元）。

借：应付账款——乙公司　450 000
　　贷：主营业务收入　360 000
　　　　应交税费——应交增值税（销项税额）　61 200
　　　　营业外收入——债务重组利得　28 800
借：主营业务成本　315 000
　　贷：库存商品　315 000

本例中，销售产品取得的利润体现在主营业务利润中，债务重组利得作为营业外收入处理。

② 乙公司的账务处理。

本例中，重组债权的账面价值与受让的产成品公允价值和未支付的增值税进行税额的差额18 800元（450 000－10 000－360 000－360 000×17%），应作为债务重组损失。

借：库存商品　360 000
　　应交税费——应交增值税（进项税额）　61 200
　　坏账准备　10 000
　　营业外支出——债务重组损失　18 800
　　贷：应收账款——甲公司　450 000

【例2－33】 2×16年4月5日，乙公司销售一批材料给甲公司，价款1 100 000元（包括应收取的增值税税额），按购销合同约定，甲公司应于2×16年7月5日前支付价款，但至2012年9月30日甲公司尚未支付。由于甲公司发生财务困难，短期内无法偿还债务。经过协商，乙公司同意甲公司用其一台机器设备抵偿债务。该项设备的账面原价为1 200 000元，累计折旧为330 000元，公允价值为850 000元。抵债设备已于2012年10月10日运抵乙公司，乙公司将其用于本企业产品的生产。

① 甲公司的账务处理。

计算债务重组利得＝1 100 000－（850 000＋850 000×17%）＝105 500（元）。

计算固定资产清理损益＝850 000－（1 200 000－330 000）＝－20 000（元）。

首先，将固定资产净值转入固定资产清理：

借：固定资产清理——××设备　870 000
　　累计折旧　330 000
　　贷：固定资产——××设备　1 200 000

其次，结转债务重组利得：

借：应付账款——乙公司　1 100 000
　　贷：固定资产清理——××设备　850 000
　　　　应交税费——应交增值税（销项税额）　144 500
　　　　营业外收入——债务重组利得　105 500

最后，结转转让固定资产损失：

借：营业外支出——处置非流动资产损失　20 000
　　贷：固定资产清理——××设备　20 000

② 乙公司的账务处理。

计算债务重组损失＝1 100 000－（850 000＋850 000×17%）＝105 500（元）。

借：固定资产——××设备　850 000
　　应交税费——应交增值税（进项税额）　144 500
　　营业外支出——债务重组损失　105 500
　　贷：应收账款——甲公司　1 100 000

【例2－34】 乙公司于2×16年7月1日销售给甲公司一批产品，价款500 000元，按购销合同约定，甲公司应于2×16年10月1日前支付价款。至2×16年10月20日，甲公司尚未支付。由于甲公司发生财务困难，短期内无法偿还债务。经过协商，乙公司同意甲公司以其所持有作为可供出售金融资产核算的某公司股票抵偿债务。该股票账面价值440 000元，公允价值变动记入资本公积的金额为0，债务重组日的公允价值为450 000元。乙公司为该项应收账款提取了坏账准备25 000元。用于抵债的股票已于2×16年10月25日办理了相关转让手续；乙公司将取得的股票作为可供出售金融资产核算。假定不考虑相关税费和其他因素。

① 甲公司的账务处理。

计算债务重组利得＝500 000－450 000＝50 000（元）。

转让股票收益＝450 000－440 000＝10 000（元）。

借：应付账款——乙公司　500 000
　　贷：可供出售金融资产——××股票——成本　440 000
　　　　营业外收入——债务重组利得　50 000
　　　　投资收益　10 000

② 乙公司的账务处理。

计算债务重组损失＝500 000－450 000－25 000＝25 000（元）。

借：可供出售金融资产——××股票——成本　450 000
　　坏账准备　25 000
　　营业外支出——债务重组损失　25 000
　　贷：应收账款——甲公司　500 000

（二）将债务转为资本

▶▶业务概述

将债务转为资本是指债务人将债务转为资本，同时债权人将债券转为股权的债务重组方式。其结果是，债务人因此而增加股本（或实收资本），债权人因此而增加长期股权投资等。债务人根据转换协议，将应付可转换公司债券转为资本的，属于正常情况下的债务转为资本，不能作为本章所指的债务重组。

▶▶账务处理

债务人应当在满足金融负债终止确认条件时，终止确认重组债务，并将债权人放弃债权而享有的股权份额确认为实收资本(股份有限公司为股本)；股权的公允价值与实收资本之间的差额确认为资本溢价，记入资本公积。重组债务账面价值超过股权的公允价值的差额，作为债务重组利得记入当期营业外收入。编制会计分录如图 2－68 所示。

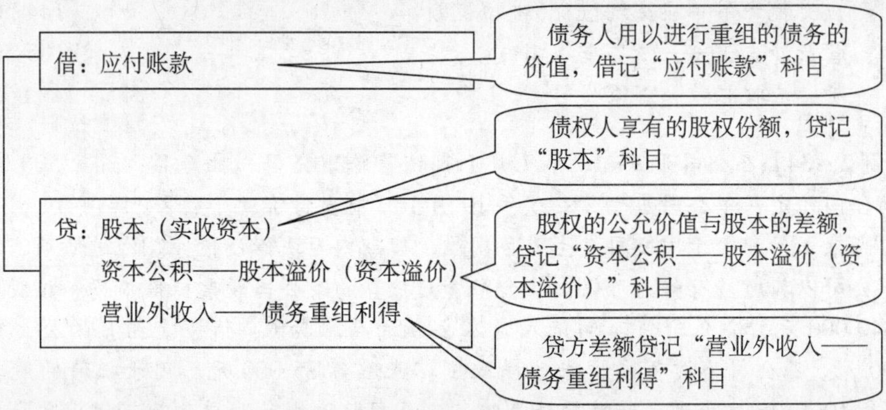

图 2－68

债权人应当在满足金融资产终止确认条件时，终止确认重组债权，并将因放弃债权而享有股份的公允价值确认为对债务人的投资，重组债权的账面余额与股份的公允价值之间的差额确认为债务重组损失，记入营业外支出。债权人已对债权计提减值准备的，应当先将该差额冲减减值准备，减值准备不足以冲减的部分，作为债务重组损失记入营业外支出。发生的相关税费，分别按照长期股权投资或者金融工具确认计量的规定进行处理。编制会计分录如图 2－69 所示。

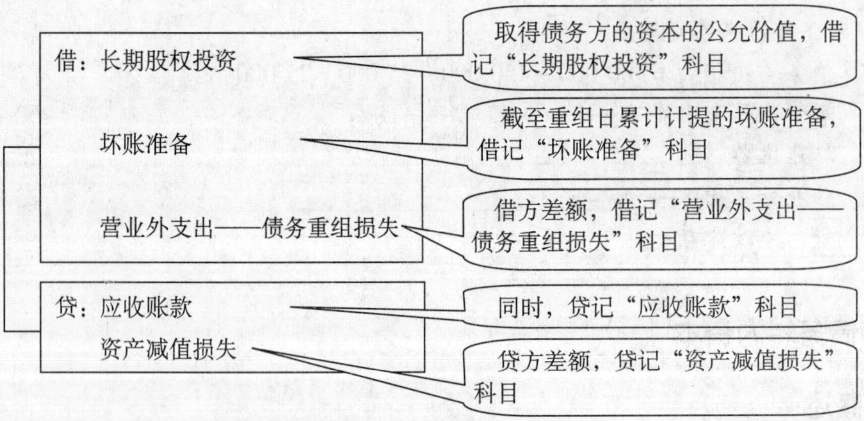

图 2－69

【例 2－35】2×16 年 2 月 10 日，乙公司销售一批材料给甲公司，价款 200 000 元（包括应收取的增值税税额），合同约定 6 个月后结清款项。6 个月后，由于甲公司发生财务困难，无法支付该价款，与乙公司协商进行债务重组。经双方协议，乙公司同意甲公司将该债务转为甲公司的股份。乙公司对该项应收账款计提了坏账准备 10 000 元。转股后甲公司注册资本为 5 000 000 元，抵偿股权占甲公司注册资本的 2%。债务重组日，抵债股权的公允价值为152 000元。2×16年11月1日，相关手续办理完毕。假定不考虑其他相关税费。

① 甲公司的账务处理。

应记入资本公积的金额 =152 000 -5 000 000 ×2% =52 000(元)。

债务重组利得 =200 000 -152 000 =48 000(元)。

借：应付账款——乙公司	200 000	
贷：实收资本——乙公司		100 000
资本公积——资本溢价		52 000
营业外收入——债务重组利得		48 000

② 乙公司的账务处理。

债务重组损失 =200 000 -152 000 -10 000 =38 000(元)。

借：长期股权投资——甲公司	152 000	
坏账准备	10 000	
营业外支出——债务重组损失	38 000	
贷：应收账款——甲公司		200 000

(三)修改其他债务条件

业务概述

修改其他债务条件是指修改不包括上述两种方式在内的其他债务条件进行债务重组的方式，如减少债务本金、降低利率、减少或免去债务利息、延长偿还期限等。

账务处理

企业采用修改其他债务条件进行债务重组的，应当区分是否涉及或有应付(或应收)金额进行会计处理。或有应付(或应收)金额，是指需要根据未来某种事项出现而发生的应付(或应收)金额，而且该未来事项的出现具有不确定性。

业务1　不涉及或有应付(或应收)金额的债务重组

以修改其他债务条件进行债务重组的，如果修改后的债务条款中不涉及或有应付金额，则债务人应当将重组债务的账面价值大于重组后债务的入账价值的差额作为债务重组利得，记入营业外收入。

以修改其他债务条件进行债务重组的，如果修改后的债务条款中不涉及或有应收金额，债权人应当将修改其他债务条件后的债权的公允价值作为重组后债权的账面价值，重组债权的账面余额与重组后债权的账面价值之间的差额作为债务重组损失，记入营业外支出。如债权人已对该债权计提减值准备的，应当先将该差额冲减减值准备，减值准备不足以冲减的部分作为债务重组损失记入营业外支出。

业务2　涉及或有应付(或应收)金额的债务重组

以修改其他债务条件进行债务重组，修改后的债务条款如涉及或有应付金额，且该或有应付金额符合《企业会计准则第13号——或有事项》中有关预计负债确认条件的，债务人应当将该或有应付金额确认为预计负债。比如，债务重组协议规定，债务人在债务重组后一定期间内，其业绩改善到一定程度或者符合一定要求(如扭亏为盈、摆脱财务困境等)，应向债权人额外支付一定款项，当债务人承担的或有应付金额符合预计负债确认条件时，应当将该或有应付金额确认为预计负债。重组债务的账面价值与重组后债务的入账价值和预计负债金额之和的差额作为债务重组利得，记入营业外收入。或有应付金额在随后的会计期间没有发生的，企业应当冲销已确认的预计负债，同时确认营业外收入。编制会计分录如图2－70所示。

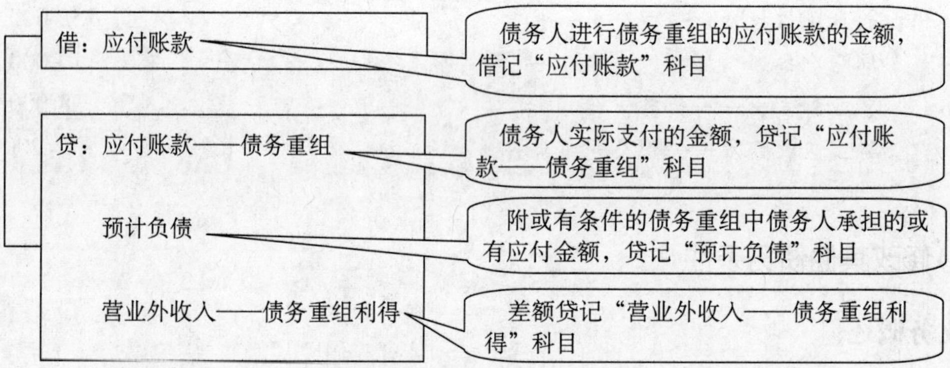

图2－70

以修改其他债务条件进行债务重组的，修改后的债务条款中涉及或有应收金额的，债权人不应当确认或有应收金额，不得将其记入重组后债权的账面价值。根据谨慎性要求，或有应收金额属于或有资产，或有资产不予确认。只有在或有应收金额实际发生时，才记入当期损益。编制会计分录如图2－71所示。

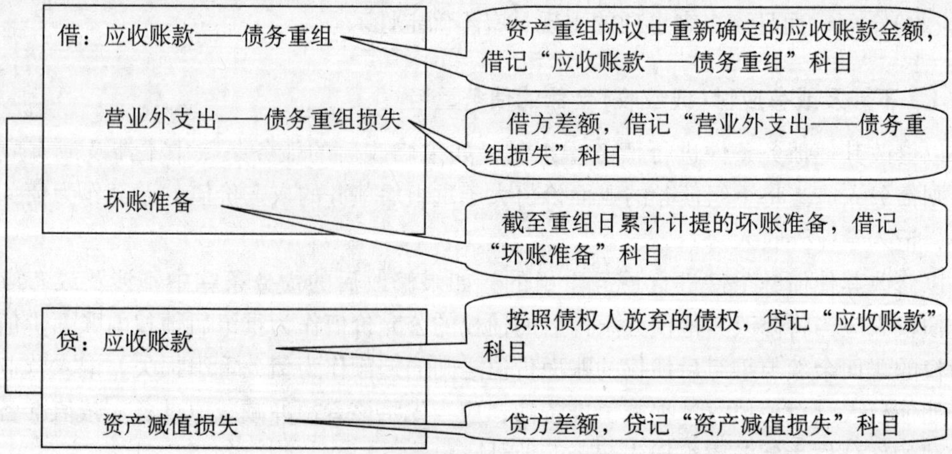

图2－71

▶▶案例解析

【例2－36】乙银行2×14年12月31日应收甲公司贷款的账面余额为10 700 000元，其中，700 000元为累计应收的利息，贷款年利率7%。由于甲公司连年亏损，资金周转困难，不能偿付应于2×14年12月31日到期的贷款。经双方协商，于2×15年1月1日进行债务重组。乙银行同意将贷款本金减至8 000 00元，免去债务人所欠的全部利息；将利率从7%降低到5%（等于实际利率），并将债务到期日延长至2×16年12月31日，利息按年支付。该项债务重组协议从协议签订日起开始实施。乙银行为该项贷款计提了500 000元贷款减值准备。

① 甲公司账务处理。

2×15年1月1日，计算债务重组利得＝10 700 000－8 000 000 ＝2 700 000（元）。

借：长期借款——乙银行　10 700 000
　　贷：长期借款——债务重组——乙银行　8 000 000
　　　　营业外收入——债务重组利得　2 700 000

2×15年12月31日，计提和支付利息。

借：财务费用　400 000
　　贷：应付利息——乙银行　400 000
借：应付利息——乙银行　400 000
　　贷：银行存款　400 000

2×16年12月31日，偿还本金及最后一年利息。

借：财务费用　400 000
　　贷：应付利息——乙银行　400 000
借：长期借款——债务重组——乙银行　8 000 000
　　应付利息——乙银行　400 000
　　贷：银行存款　8 400 000

② 乙银行的账务处理。

2×15年1月1日，计算债务重组损失＝10 700 000－8 000 000－500 000＝2 200 000(元)。

借：长期贷款——债务重组——甲公司——本金　8 000 000
　　贷款减值准备　500 000
　　营业外支出——债务重组损失　2 200 000
　　贷：长期贷款——甲公司——本金、利息调整、应计利息　10 700 000

2×15年12月31日，收到利息。

借：银行存款——甲公司　400 000
　　贷：利息收入　400 000

2×16年12月31日，收到本金及最后一年利息。

借：银行存款——甲公司　8 400 000
　　贷：长期贷款——债务重组——甲公司　8 000 000
　　　　利息收入　400 000

(四)以上三种方式的组合

业务概述

以上三种方式的组合，是指采用以上三种方式共同清偿债务的债务重组方式。例如，以转让资产清偿某项债务的一部分，另一部分债务通过修改其他债务条件进行债务重组。

账务处理

以上三种方式的组合方式进行债务重组，主要有以下几种情况。

业务1　债务人以现金、非现金资产两种方式的组合清偿某项债务

债务人应将重组债务的账面价值与支付的现金、转让的非现金资产的公允价值之间的差额作为债务重组利得。非现金资产的公允价值与其账面价值的差额作为转让资产损益。

债权人应将重组债权的账面余额与收到的现金、受让的非现金资产的公允价值，以及已计提坏账准备之间的差额作为债务重组损失。

业务2　债务人以现金、将债务转为资本两种方式的组合清偿某项债务

债务人应将重组债务的账面价值与支付的现金、债权人因放弃债权而享有的股权的公允价值之间的差额作为债务重组利得。股权的公允价值与股本(或实收资本)差额作为资本公积。

债权人应将重组债权的账面余额与收到的现金、因放弃债权而享有股权的公允价值，以及已计提坏账准备之间的差额作为债务重组损失。

业务3　债务人以非现金资产、将债务转为资本两种方式的组合清偿某项债务

债务人应将重组债务的账面价值与转让的非现金资产的公允价值、债权人因放弃债权而享有的股权的公允价值之间的差额作为重组债务利得。非现金资产的公允价值与账面价值的差额作为转让资产损益；股权的公允价值与股本(或实收资本)的差额作为资本公积。

债权人应将重组债权的账面余额与受让的非现金资产的公允价值、因放弃债权而享有的股权的公允价值，以及已计提坏账准备的差额作为债务重组损失。

业务4　债务人以现金、非现金资产、将债务转为资本三种方式的组合清偿某项债务

债务人应将重组债务的账面价值与支付的现金、转让的非现金资产的公允价值、债权人因放弃债权而享有股权的公允价值的差额作为债务重组利得；非现金资产的公允价值与账面价值的差额作为转让资产损益；股权的公允价值与股本(或实收资本)的差额作为资本公积。

债权人应将重组债权的账面余额与收到的现金、受让的非现金资产的公允价值、因放弃债权而享有的股权的公允价值，以及已计提坏账准备的差额作为债务重组损失。

业务5　以资产、将债务转为资本等方式清偿某项债务的一部分，并对该项债务的另一部分以修改其他债务条件进行债务重组

在这种方式下，债务人应先以支付的现金、转让的非现金资产的公允价值、债权人因放弃债权而享有的股权的公允价值冲减重组债务的账面价值，余额与将来应付金额进行比较，据此计算债务重组利得。债权人因放弃债权而享有的股权的公允价值与股本(或实收资本)的差额作为资本公积；非现金资产的公允价值与其账面价值的差额作为转让资产损益，于当期确认。

债权人应先以收到的现金、受让的非现金资产的公允价值、因放弃债权而享有的股权的公允价值冲减重组债权的账面价值，余额与将来应收金额进行比较，据此计算债务重组损失。

▸▸案例解析

【例2-37】2×15年1月10日，乙公司销售一批产品给甲公司，价款1 300 000元(包括应收取的增值税税额)。至2×15年12月31日，乙公司对该应收账款计提的坏账准备为18 000元。由于甲公司发生财务困难，无法偿还债务，与乙公司协商进行债务重组。2×16年1月1日，甲公司与乙公司达成债务重组协议如下：

甲公司以材料一批偿还部分债务。该批材料的账面价值为280 000元(未提取减值准备)，公允价值为300 000元，适用的增值税税率为17%。假定材料同日运抵乙公司，甲公司开出增值税专用发票，乙公司将该批材料作为原材料验收入库。

将250 000元的债务转为甲公司的股份，其中，50 000元为股份面值。假定股份转让手续同日办理完毕，乙公司将其作为长期股权投资核算。

乙公司同意减免甲公司所负全部债务扣除实物抵债和股权抵债后剩余债务的40%，其余债务的偿还期延长至2×16年6月30日。

① 甲公司账务处理。

债务重组后债务的公允价值=[1 300 000-300 000×(1+17%)-250 000×5]×(1-40%)=419 400(元)。

债务重组利得=1 300 000-351 000-250 000-419 400=279 600(元)。

借：应付账款——乙公司	1 300 000	
贷：其他业务收入——销售××材料		300 000
应交税费——应交增值税(销项税额)		51 000
股本		50 000
资本公积——股本溢价		200 000
应付账款——债务重组——乙公司		419 400
营业外收入——债务重组利得		279 600
借：其他业务成本——销售××材料	280 000	
贷：原材料——××材料		280 000

② 乙公司的账务处理。

债务重组损失 = 1 300 000 − 351 000 − 250 000 − 419 400 − 18 000 = 261 600（元）。

借：原材料——××材料	300 000	
应交税费——应交增值税（进项税额）	51 000	
长期股权投资——甲公司	250 000	
应收账款——债务重组——甲公司	419 400	
坏账准备	18 000	
营业外支出——债务重组损失	261 600	
贷：应收账款——甲公司		1 300 000

预计负债

预计负债产生于企业发生或有事项承担的符合条件的义务。企业在日常的经营活动中无法避免地会发生一些具有很大不确定性的经济事项，这些事项是由过去的交易形成的，其对企业的财务状况和经营成果的具体影响需要根据未来事项的发生情况加以确定。这些事项即为或有事项，例如：未决诉讼或未决仲裁是企业由于过去的经济行为被其他单位起诉，这种状况是现存的和已经发生的，而之后是否会败诉目前还是难以确定的，需要根据之后的法院判决确定。企业为其他单位提供债务担保，若对方无法按期偿还款项，则担保方将负连带责任，此事项构成或有事项。产品质量保证、亏损合同、重组义务等均属于或有事项。

或有负债是指过去的交易或事项形成的潜在义务，其存在须通过未来不确定事项的发生或不发生予以证实；或过去的交易或事项形成的现实义务，履行该义务不是很可能导致经济利益流出企业或该义务的金额不能可靠计量。

履行或有事项相关义务而导致经济利益流出的可能性可以分为以下几个层次："基本确定"是指发生的可能性大于95%；"很可能"是指发生的可能性大于50%但是小于或等于95%；"可能"是指发生的可能性大于5%但小于或等于50%；"极小可能"是指发生的可能性大于0但小于或等于5%。一般来说，当结果的可能性为"很可能"时通过"预计负债"进行核算，当结果的可能性为"可能"时不记账只披露，当结果的可能性为"极小可能"时不记账也不披露。

企业计量预计负债的金额时通常考虑下列情况：

(1)充分考虑与或有事项有关的风险和不确定性，在此基础上确定最佳估计数。

第一，如果所需支出存在一个连续范围并且该区间的各种结果发生的可能性均等，则最佳估计数应当按照该范围内的中间值确定。

第二，如果所需支出不存在一个连续范围，或者存在连续范围但是范围内各种结果发生的可能性不相同，则若该事项仅仅涉及单个项目，最佳估计数按照最可能发生的金额确定；若该事项涉及多个项目，最佳估计数按照各种可能结果和相关概率计算确定。例如某公司涉及一项诉讼事件，根据以往的经验以及专家的判断，该公司胜诉的可能性为20%，败诉的可能性为80%，并且需要赔偿30万元，则该公司应该确认的负债金额为30万元。某公司本年销售产品1 000万元，根据产品质量保证条款的规定，产品售出一年内，如果发生正常质量问题，企业将免费修理，根据往常经验，出现小的问题发生的修理费为销售额的3%，出现较大的质量问题发生的修理费为销售额的5%，预测本年度售出的产品80%不会发生质量问题，有5%会发生较大的质量问题，有15%会发生比较小的质量问题。因此，本年度该企业应该确认的预计负债的最佳估计数为：$(1\ 000\times3\%)\times15\%+(1\ 000\times5\%)\times5\%=7$(万元)。

(2)预计负债的金额通常等于未来应支付的金额，但未来应支付金额与其现值相差较大的当按照未来应支付金额的现值确定。

(3)有确凿证据表明相关未来事项将会发生的应考虑未来相关事项的影响。

(4)预计负债的金额不应考虑预期处置相关资产形成的利得。

如果企业清偿因或有事项而确认的预计负债全部或部分预期由第三方补偿的金额只有在基本确定能收到时，才能作为资产单独确认，确认的补偿金额不能超过所确认预计负债的账面价值。例如企业能够从保险公司或者相关责任人处取得的赔偿。根据资产和负债不能够随意抵销的原则，预期可获得的补偿在基本确定能够收到时应确认为一项资产，而不能作为预计负债金额的扣减。

企业应当在资产负债表日对预计负债的账面价值进行复核，有确凿证据表明账面价值不能真实反映当前最佳估计数的，应当按照当前最佳估计数对账面价值进行调整。如果属于会计差错的，应当根据会计政策、会计估计变更和会计差错更正准则进行处理。

(一)未决诉讼或未决仲裁

▶▶业务概述

企业在日常的经营活动中时常面临诉讼、仲裁的风险，但是这些风险具体对企业的财务状况和经营成果产生多少影响具有较大的不确定性。诉讼，是指当事人不能通过协商解决争议，因而在人民法院起诉、应诉，请求人民法院通过审判程序解决纠纷的活动。诉讼尚未裁决之前，对于被告者来说，可能形成一项或有负债或者预计负债；对于原告来说，则可能形成一项或有资产。

仲裁，是指经济法的各方当事人依照事先约定或事后达成的书面仲裁协议，共同选定仲裁机构并由其对争议依法作出具有约束力裁决的一种活动。作为当事人一方，仲裁的结果在仲裁决定公布以前是不确定的，会构成一项潜在义务或现时义务，或者潜在资产。

▶▶账务处理

如果相关未决诉讼引起的相关义务符合预计负债的确认条件，发生损失的可能性属于“很可能”并且能够可靠预计，则企业应将预计要发生的支出确认为预计负债，借记“营业外支出”、“管理费用”等科目，贷记“预计负债——预计未决诉讼”科目；实际支付确定的诉讼费用时，应该借记“预计负债——预计未决诉讼损失”科目，贷记“银行存款”等科目。编制会计分录如图2－72所示。

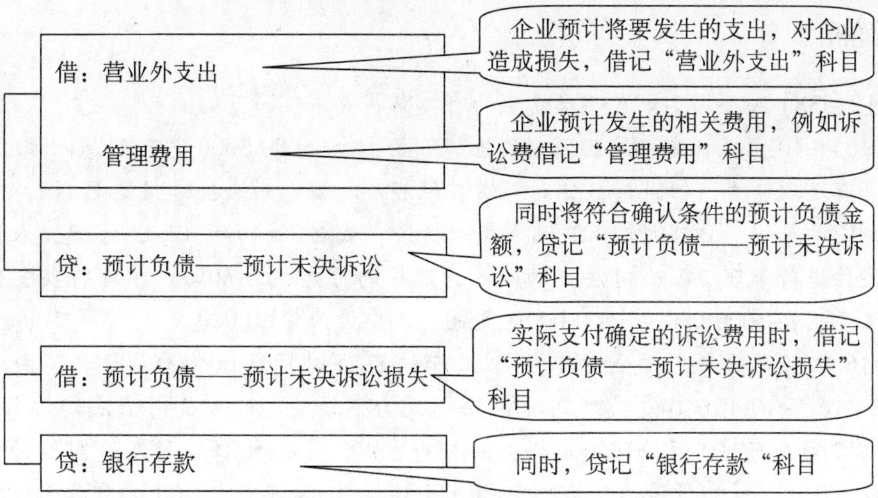

图 2－72

企业到期实际发生的诉讼损失金额和已经计提的相关预计负债之间的差额应该作如下处理。

(1)在前期资产负债表日，企业依据当时实际情况和所掌握的信息合理确认了预计负债，但法院的判决结果很可能和估计的金额不相等，这时应当将本期实际发生的诉讼损失与已确认的预计负债之间的差额，直接记入或冲减营业外支出。编制会计分录如图 2－73 所示。

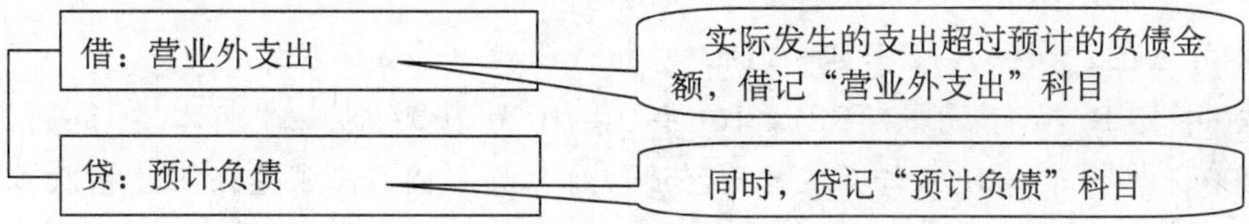

图 2－73

(2)在前期资产负债日，企业依据当时实际情况和所掌握的证据，确实无法合理预计诉讼损失，未确认预计负债；在本期取得裁决结果时将其作为当期的损失，直接记入营业外支出。

(3)在资产负债表日至财务报告批准报出日之间取得了裁决结果，则作为资产负债表日后调整事项处理。

(4)在前期资产负债表日，企业依据当时的实际情况和所掌握的信息应当能够合理估计诉讼损失，但企业所作的估计与当时的事实严重不符的，在以后资产负债表日发现时应当按照前期重大会计差错进行处理。

▶▶案例解析

【例 2－38】A 公司 2×16 年度发生的有关交易或事项如下：

2×16 年 10 月 1 日有一笔已到期的银行贷款本金 10 000 000 元，利息1 500 000元，A 公司具有还款能力，但因与 B 银行存在其他经济纠纷，而未按时归还 B 银行的贷款。2×16 年 12 月 1 日，B 银行向人民法院提起诉讼。截至 2×16 年 12 月 31 日，人民法院尚未对案件进行审理。A 公司法律顾问人为败诉的可能性为 60%，预计将要支付的罚息、诉讼费用在1 000 000～1 200 000元之间，其中诉讼费 50 000 元。

2×16 年 8 月 6 日，A 公司委托 B 银行向 K 公司贷款 60 000 000 元，由于经营困难，2×16 年 10 月 6 日贷款到期时 K 公司无力偿还贷款，A 公司依法起诉 K 公司，2×16 年 12 月 6 日，人民法院一审判决 A 公司胜诉，责成 K 公司向 A 公司偿付贷款本息70 000 000 元，并支付罚息及其他费用6 000 000元，两项合计 76 000 000 元，但由于种种原因，K 公司未履行判决，直到 2×16 年 12 月 31 日，A 公司尚未采取进一步的行动。

① A 公司的会计处理如下。

A 公司败诉的可能性为 60%，即很可能败诉，则 A 公司应在 2×16 年 12 月 31 日确认一项预计负债＝(1 000 000＋1 200 000)÷2＝1 100 000(元)。

借：管理费用——诉讼费　　50 000
　　营业外支出——罚息支出(1 100 000－50 000)　　1 050 000
　　贷：预计负债——未决诉讼——B 银行　　1 100 000

A 公司应在 2×16 年 12 月 31 日的财务报表附注中作如下披露：

本公司欠 B 银行贷款于 2×16 年 10 月 1 日到期，到期本金和利息合计 11 500 000 元，由于与 B 银行存在其他经济纠纷，故本公司尚未偿还上述借款本金和利息，为此，B 银行起诉本公司，除要求本公司偿还本金和利息外，还要求支付罚息等费用。由于以上情况，本公司在 2×16 年 12 月 31 日确认了一项预计负债 1 100 000 元。目前，此案正在审理中。

② A 公司的会计处理如下。

虽然一审判决 A 公司胜诉，将很可能从 K 公司收回委托贷款本金、利息及罚息，但是由于 K 公司本身经营困难，该款项是否能全额收回存在较大的不确定性，因此 A 公司 2×16 年 12 月 31 日不应确认资产，但应考虑该项委托贷款的减值问题。

A 公司应在 2×16 年 12 月 31 日的财务报表附注中作如下披露：

本公司于 2×16 年 8 月 6 日委托 B 银行向 K 公司贷款 60 000 000 元，K 公司逾期未还，为此本公司依法向人民法院起诉 K 公司。2×16 年 8 月 6 日，一审判决本公司胜诉，并可从 K 公司索偿款项 76 000 000 元，其中贷款本金 60 000 000 元、利息 10 000 000 元以及罚息等其他费用 6 000 000 元。截至 2×16 年 12 月 31 日，K 公司未履行判决，本公司也未采取进一步的措施。

(二)债务担保

业务概述

担保是为了担保债权实现而采取的措施。当事人以一定的财产为基础，能够督促债务人履行债务，保证债权实现，担保方在被担保方无法履行合同的情况下，常常承担连带责任。作为提供担保的一方，从保护投资者、债权人的利益出发，客观、充分地反映企业因担保义务而承担的潜在风险是十分必要的。

账务处理

企业对外提供担保可能产生的负债如果符合预计负债的确认条件，则应当确认为预计负债。企业对外提供债务担保常常会涉及未决诉讼，这时可以分别按照以下情况进行处理：

(1)已判决败诉，但企业正在上诉，或者经上一级人民法院裁定暂缓执行，或者由上一级人民法院发回重审等，企业应当在资产负债表日，根据已有判决结果合理估计可能产生的损失金额，确认为预计负债，并记入当期营业外支出。

(2)人民法院尚未判决的，企业应向其律师或法律顾问等咨询，估计败诉的可能性，以及败诉后可能发生的损失金额，并取得有关书面意见。如果败诉的可能性大于胜诉的可能性，并且损失金额能够合理估计的，应当在资产负债表日将预计担保损失金额确认为预计负债，并记入当期营业外支出。编制会计分录如图 2 – 74 所示。

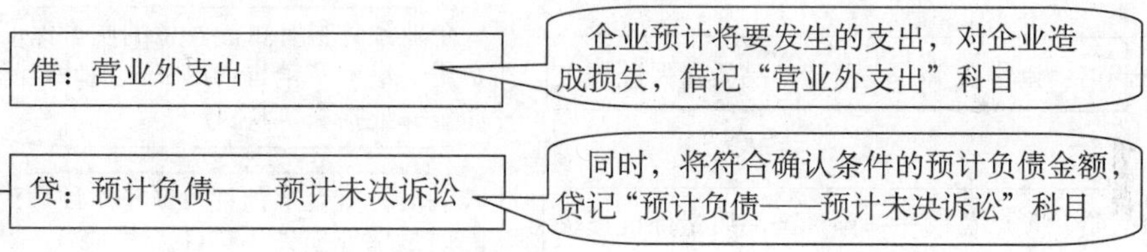

图 2 – 74

案例解析

【例 2 – 39】 2×15 年 10 月，A 公司为 B 公司人民币 20 000 000 元、期限 2 年的银行贷款提供全额担保；2×16 年 4 月，A 公司为 C 公司美元1 000 000元、期限 1 年的银行贷款提供 50% 的担保。截至 2×16 年 12 月 31 日，各贷款单位的情况如下：

B 公司贷款逾期未还，银行已起诉 B 公司和 A 公司，A 公司因连带责任需赔偿多少金额尚无法确定；C 公司由于受政策影响和内部管理不善等原因，经营效益不如以往，可能不能偿还到期债务。

本例中，就 B 公司而言，A 公司很可能需履行连带责任，但损失金额是多少，目前还难以预计；就 C 公司而言，A 公司可能需履行连带责任。这两项债务担保形成 A 公司的或有负债，但不符合预计负债的确认条件，A 公司应在 2×16 年 12 月 31 日的财务报表附注中披露相关债务担保的被担保单位、担保金额以及财务影响等。

(三)产品质量保证

▶▶业务概述

产品质量保证，通常指销售商或制造商为了在消费者中树立信誉、扩大销售和提高产品的市场竞争能力，在销售产品或提供劳务后对客户提供服务的一种承诺。在约定期内(或终身保修)，若产品或劳务在正常使用过程中出现质量或与之相关的其他属于正常范围的问题，企业负有更换产品、免费或只收成本价进行修理等责任。按照权责发生制的要求，上述相关支出符合确认条件的就应在收入实现时确认相关预计负债。

▶▶账务处理

由于产品质量出现问题基本是无法避免的，其发生的金额往往也可以根据以往经验合理预计，即企业在对外售出产品同时作出的质量保证而发生的费用可能性为“很可能”，并且能可靠计量，所以产品质量保证通常可以确认为一项预计负债。企业应该在销售产品之后根据相关质量保证条款并且结合以往的经验，确定预计质量保证费用的最佳估计数以及负债金额。企业在确认时应该借记“销售费用——预计产品质量保证损失”科目，贷记“预计负债——预计产品质量保证损失”科目；当实际发生产品质量保证费用时，应该借记“预计负债——预计产品质量保证损失”科目，贷记“银行存款”等科目。编制会计分录如图2－75所示。

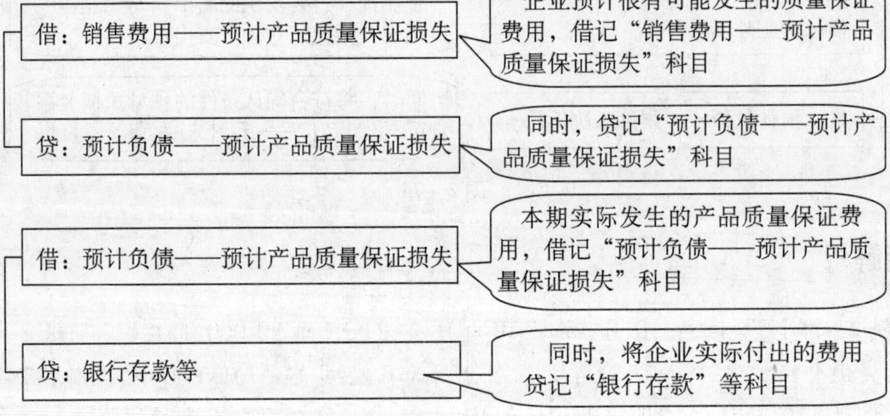

图2－75

在对产品质量保证确认预计负债时，还需要注意以下三个方面：① 如果发现保证费用的实际发生额与预计数相差较大，应及时对预计比例进行调整；② 如果企业针对特定批次产品确认预计负债，则在保修期结束时，应将“预计负债——产品质量保证”科目余额冲销，同时冲销销售费用；③ 已对其确认预计负债的产品，如企业不再生产了，那么应在相应的产品质量保证期满后，将“预计负债——产品质量保证”余额冲销，同时冲销销售费用。

▶▶案例解析

【例2-40】A公司为机床生产和销售企业。A公司对购买其机床的消费者作出承诺：机床售出后3年内如出现非意外事件造成的机床故障和质量问题，A公司免费负责保修(含零配件更换)。A公司2012年第1季度、第2季度、第3季度、第4季度分别销售机床400台、600台、800台和700台，每台售价为50 000元。根据以往的经验，机床发生的保修费一般为销售额的1%～1.5%之间。A公司2012年四个季度实际发生的维修费用分别为40 000元、400 000元、360 000元和700 000元(假定用银行存款支付50%，另50%为耗用的原材料)。假定2×16年12月31日，“预计负债——产品质量保证——机床”科目年末余额为240 000元。

本例中，A公司因销售机床而承担了现实义务，该现实义务的履行很可能导致经济利益流出A公司，且该义务的金额能够可靠计量。A公司应在每季度末确认一次预计负债。

① 第1季度，发生产品质量保证费用(维修费)。

借：预计负债——产品质量保证——机床　　40 000

　　贷：银行存款　　20 000

　　　　原材料　　20 000

应确认的产品质量保证负债金额＝400×50 000×(1%＋1.5%)÷2＝250 000(元)。

借：销售费用——产品质量保证——机床　　250 000

　　贷：预计负债——产品质量保证——机床　　250 000

第1季度末，“预计负债——产品质量保证——机床”科目余额＝240 000＋250 000－40 000＝450 000(元)。

② 第2季度，发生产品质量保证费用(维修费)。

借：预计负债——产品质量保证——机床　　400 000

　　贷：银行存款　　200 000

　　　　原材料　　200 000

应确认的产品质量保证负债金额＝600×50 000×(1%＋1.5%)÷2＝375 000(元)。

借：销售费用——产品质量保证——机床　　375 000

　　贷：预计负债——产品质量保证——机床　　375 000

第2季度末，“预计负债——产品质量保证——机床”科目余额＝450 000＋375 000－400 000＝425 000(元)。

③ 第3季度，发生产品质量保证费用(维修费)。

借：预计负债——产品质量保证——机床　　360 000

　　贷：银行存款　　180 000

　　　　原材料　　180 000

应确认的产品质量保证负债金额＝800×50 000×(1%＋1.5%)÷2＝500 000(元)。

借：销售费用——产品质量保证——机床　　500 000
　　贷：预计负债——产品质量保证——机床　　500 000

第 3 季度末，“预计负债——产品质量保证——机床”科目余额 =425 000 +500 000 -360 000 =565 000(元)。

④ 第 4 季度，发生产品质量保证费用(维修费)。

借：预计负债——产品质量保证——机床　　700 000
　　贷：银行存款　　350 000
　　　　原材料　　350 000

应确认的产品质量保证负债金额 = 700 × 50 000 × (1% + 1.5%) ÷ 2 =437 500(元)。

借：销售费用——产品质量保证——机床　　437 500
　　贷：预计负债——产品质量保证——机床　　437 500

第 4 季度末，“预计负债——产品质量保证——机床”科目余额 =565 000 +437 500 -700 000 =302 500(元)。

(四)待执行合同变成亏损合同

业务概述

待执行合同是指合同各方尚未履行任何合同义务，或部分地履行了同等义务的合同。亏损合同是指履行合同义务不可避免发生的成本超过预期经济利益的合同。亏损合同产生的义务满足预计负债的确认条件，应当确认为预计负债。企业在履行合同义务过程中，如发生的成本预期将超过与合同相关的未来流入的经济利益，待执行合同即变成了亏损合同，但是如果与该合同相关的义务不需任何补偿即可撤销，则不存在现实义务，不应该确认为预计负债。反之，义务不可撤销，企业履行该义务很可能导致经济利益流出企业和金额能够可靠计量，通常应当确认为预计负债。企业与其他企业签订的商品销售合同、劳务合同、租赁合同等，均可能变为亏损合同。

账务处理

预计负债的计量应当反映了退出该合同的最低净成本，即履行该合同的成本与未能履行该合同而发生的补偿或处罚两者之中的较低者。企业对亏损合同进行会计处理时需要注意合同如果存在标的资产，应当对标的资产进行减值测试并按规定确认减值损失，如果预计亏损超过该减值损失，应该将超过部分确认为预计负债；如果合同不存在标的资产，则亏损合同相关义务满足预计负债确认条件的直接确认为预计负债。

▶▶案例解析

【例2-41】甲公司2×15年12月10日与丙公司签订不可撤销合同，约定在2×16年3月1日以每件200元的价格向丙公司提供A产品1 000件，若不能按期交货，将对甲公司处以总价款20%的违约金。签订合同时，A产品尚未开始生产，甲公司准备生产A产品时，原材料价格突然上涨，预计生产A产品的单位成本将超过合同单价。不考虑相关税费。

① 若生产A产品的单位成本为210元。

履行合同发生的损失=1 000×(210-200)=10 000(元)。

不履行合同支付的违约金=1 000×200×20% =40 000(元)。

本例中，甲公司与丙公司签订了不可撤销合同，但是执行合同不可避免发生的费用超过了预期获得的经济利益，属于亏损合同。由于该合同变为亏损合同时不存在标的资产，甲公司应当按照履行合同造成的损失与违约金两者中的较低者确认一项预计负债，即应确认预计负债10 000元。

借：营业外支出——亏损合同损失——A产品　　10 000

　　贷：预计负债——亏损合同损失——A产品　　10 000

待产品完工后，将已确认的预计负债冲减产品成本。

借：预计负债——亏损合同损失——A产品　　10 000

　　贷：库存商品——A产品　　10 000

② 若生产A产品的单位成本为270元。

履行合同发生的损失=1 000×(270-200)=70 000(元)。

不履行合同支付的违约金=1 000×200×20% =40 000(元)。

应确认预计负债40 000元。

借：营业外支出——亏损合同损失——A产品　　40 000

　　贷：预计负债——亏损合同损失——A产品　　40 000

支付违约金时。

借：预计负债——亏损合同损失——A产品　　40 000

　　贷：银行存款　　40 000

【例2-42】甲公司与乙公司于2×15年11月签订不可撤销合同，甲公司向乙公司销售A设备50台，合同价格每台1 000 000元(不含税)。该批设备在2×16年1月25日交货。至2×15年年末，甲公司已生产40台A设备，由于原材料价格上涨，单位成本达到1 020 000元，每销售一台A设备亏损20 000元，因此这项合同已成为亏损合同。预计其余未生产的10台A设备的单位成本与已生产的A设备的单位成本相同。则甲公司应对有标的资产的40台A设备计提存货跌价准备，对没有标的资产的10台A设备确认预计负债。不考虑相关税费。

有关账务处理如下。

① 有标的资产的部分，合同为亏损合同，确认减值损失。

借：资产减值损失——存货跌价准备——A 设备　　800 000
　　贷：存货跌价准备——A 设备(40 ×20 000)　　800 000

② 无标的资产的部分，合同为亏损合同，确认预计负债。

借：营业外支出——亏损合同损失——A 设备　　200 000
　　贷：预计负债——亏损合同损失——A 设备(10 ×20 000)　　200 000

在产品生产出来后，将预计负债冲减成本。

借：预计负债——亏损合同损失——A 设备　　200 000
　　贷：库存商品——A 设备　　200 000

递延收益

递延收益是指尚待确认的收入或收益，是权责发生制在确认收益方面的运用。本科目主要核算企业根据政府补助准则确认的应在以后期间记入当期损益的政府补助金额以及售后租回的未实现收益。

(一)收到政府补助

业务概述

政府补助是指企业从政府无偿取得货币性资产或者非货币性资产，但是政府作为企业所有者向企业投入的资本不属于此类。政府补助具有无偿性和直接取得资产这两个特征，目前来说我国政府补贴主要有财政拨款、财政贴息、税收返还、无偿划拨非货币性资产四种形式。其中财政拨款是政府为了支持某些企业而无偿拨付的款项；财政贴息是政府为了支持某些特定领域或区域发展而根据国家宏观经济形式和政策目标对承贷企业的银行存款利息给予的补贴；税收返还是指政府按照国家有关规定采取先征后返或退的税收优惠形式；无偿划拨非货币性资产主要指无偿划拨土地使用权等。

有时企业收到的政府补助是用于补偿以后期间费用或损失或者收到的是与资产相关的政府补助，企业应该先记入“递延收益”科目，然后在确认相关费用的期间或者相关资产的使用期间记入当期收益。

账务处理

从政府补助给企业带来经济利益或者弥补成本或费用的形式不同，可以将其分为两种不同的分类：与资产相关的政府补助和与收益相关的政府补助，两种补助的会计处理方法是不同的。

业务1　与资产相关的政府补助

与资产相关的政府补助是指企业取得的用于构建或以其他方式形成长期资产的政府补助，例如政府给予企业财政贴息以支持其建造固定资产或者购买无形资产。企业应该在实际收到款项时按照到账的实际金额确认和计量，不能全部确认为当期收益，因为购买的资产涉及到以后期间的受益，所以应当随着相关资产的使用逐渐记入以后的使用期间。即收到补助时，企业应该按照实际收到的实际金额，借记“银行存款”科目，贷记“递延收益”科目；当企业使用补助购买资产时，按照资产章节中的处理进行即可，借记“在建工程”或“研发支出”等科目，贷记“银行存款”等科目；从此长期资产可供使用时起计提相关折旧或摊销，将递延收益平均分摊到各期的损益中，借记“递延收益”科目，贷记“营业外收入”科目。如果相关资产在处置之前还有未分摊完的递延收益，则全部转入资产处置当期的收益。编制会计分录如图 2－76 所示。

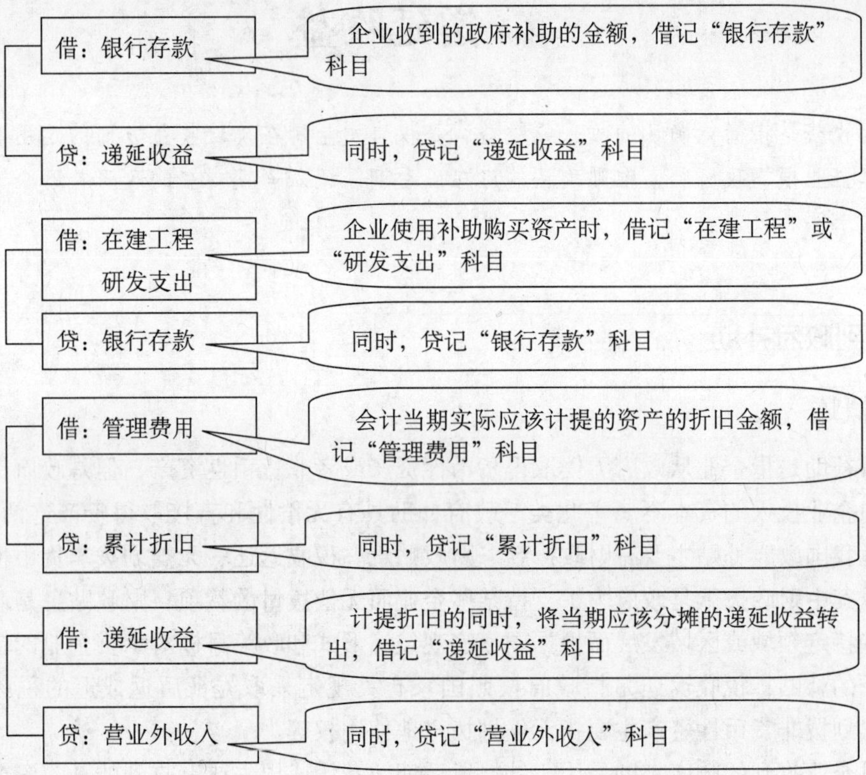

图 2－76

业务 2　与收益相关的政府补助

除了与资产相关的政府补助之外，其他都是与收益相关的政府补助，主要是以银行转账的方式支付的，例如政府对企业某些特定产品由于非市场原因导致的价格低于成本的一种补偿。企业应当在当期实际收到款项时按照到账的金额确认和计量，除非企业能够找到确凿证据表明该项补助是按照固定的定额标准支付的。

企业收到的与收益有关的政府补助用于补偿企业以后期间费用和损失的，在初始取得时应该先确认为递延收益，然后在相关费用得到确认的期间记入当期的营业外收入，企业应该按照实际收到的金额借记“银行存款（或其他应收款）”科目，贷记“递延收益”科目；按期分摊递延收益的，企业应该借记“递延收益”科目，贷记“营业外收入”科目。如果企业收到的政府补助是为了弥补企业在以前期间已经发生的费用，则企业应该在收到补助时直接借记“银行存款”科目，贷记“营业外收入”科目。

补助用于弥补以后期间的费用或损失，编制会计分录如图 2－77 所示。

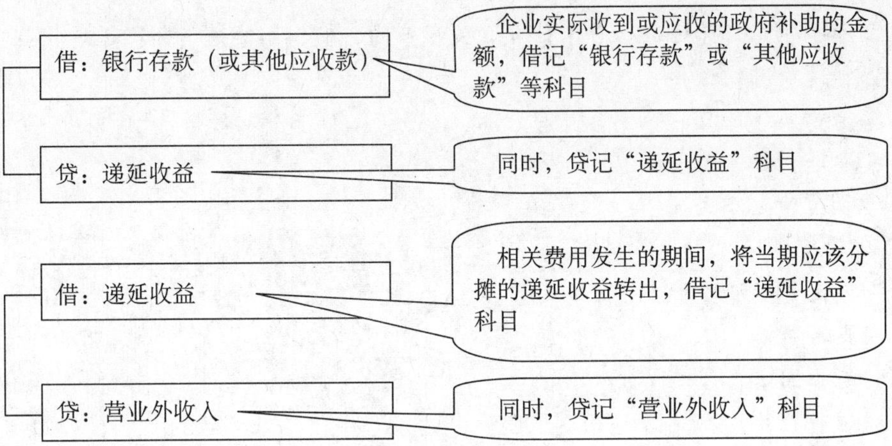

图 2－77

补助用于弥补以前期间的费用或损失，编制会计分录如图 2－78 所示。

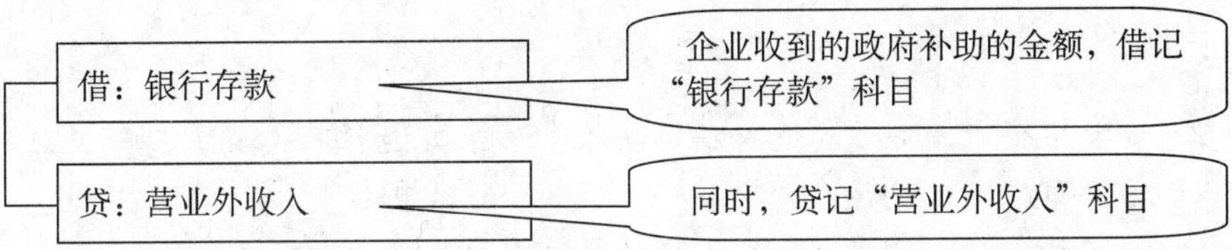

图 2－78

如果企业收到的政府补助中既包含与资产相关的补助又包括与收益相关的补助，则企业应该将它们分开，并分别进行会计处理。如果企业难以明确区分两者，则将收到的政府补助全部记入与收益相关的政府补助，分情况记入当期收益或者在以后期间分期确认。

▸▸案例解析

【例 2－43】 2×07 年 1 月，甲企业预计需要购买一台机床设备，预计需要支出 7 000 000 元，但是由于资金不足，按照相关规定向政府提出需要补助 2 400 000 元。2×07 年 3 月 1 日，政府批准企业的申请并且拨付甲企业2 400 000元财政拨款，甲企业于当日收到此笔资金。2004 年 3 月 31 日甲企业购入需要安装的机床设备，实际支出 6 000 000 元，预计使用年限为 10 年，采用直线法计提折旧，残值为 0。2×16 年 3 月 31 日出售该台设备，取得价款 700 000 元(假定不考虑其他因素)。

甲企业账务处理如下。

① 2×07 年 3 月 1 日实际收到政府补助时进行确认。

借：银行存款	2 400 000	
贷：递延收益		2 400 000

② 2×07 年 3 月 31 日购入机床设备。

借：固定资产	6 000 000	
贷：银行存款		6 000 000

③ 2×07 年 4 月开始每个月末计提相关资产的折旧，同时进行分摊递延收益。

借：制造费用　　50 000
　　贷：累计折旧　　50 000
借：递延收益　　20 000
　　贷：营业外收入　　20 000

④ 出售设备时。

借：固定资产清理　　600 000
　　累计折旧　　5 400 000
　　贷：固定资产　　6 000 000
借：银行存款　　700 000
　　贷：固定资产清理　　600 000
　　　　营业外收入　　100 000
借：递延收益　　240 000
　　贷：营业外收入　　240 000

【例 2 -44】甲企业储备政府进行补助的粮食，根据国家有关规定，甲企业每储备 1 单位能够收到 0.042 元的补助，该补贴于每年初支付。甲企业 2×16 年实际生产该产品 2 亿单位，于 2×16 年 1 月 20 日收到财政拨付的补贴款。

甲企业应该编制如下会计分录。

① 2×16 年 1 月 1 日，甲企业确认应收的财政补贴款。

借：其他应收款　　8 400 000
　　贷：递延收益　　8 400 000

② 2×16 年 1 月 20 日，甲企业收到财政补贴。

借：银行存款　　8 400 000
　　贷：其他应收款　　8 400 000

③ 2×16 年 1 月，将属于本期的补贴转入当期收益。

由于递延收益是针对 2×16 年全年度的，1 月份应确认的收入为：

8 400 000 ÷ 12 = 700 000（元）。

借：递延收益　　700 000
　　贷：营业外收入　　700 000

（二）售后租回

▶▶ 业务概述

售后租回是指企业在出售资产的同时，双方签订合同或协议约定销售方在日后将同样的商品租回。虽然不同于之前所述的经营租赁和融资租赁，销售方实质上将固定资本转化为货币，既获得了所需要的流动性，又保留了对资产的使用权，但是在这种方式下，双方亦需要根据相关的标准将此交易确认为融资租赁或者经营租赁。承租方既作为资产的出售者又作为资产的使用者，其会计账务处理与前面所述的租赁处理有些许差异。

▶▶账务处理

因为售后租回交易中资产的售价和租金是捆绑在一起进行决定的，所以应该把资产的出售和租回看做一项交易。在这种方式下，销售方应根据合同或协议条款判断销售商品是否满足收入确认条件。通常情况下，售后租回属于融资交易，企业不应确认收入，应该按照以下情况分别进行处理。

业务1　售后租回交易形成融资租赁

当售后租回形成融资租赁，则出租方实质上将与该资产所有权有关的全部风险和报酬转移给承租方，即实际上销售方(承租方)依旧承担着与资产相关的风险和报酬，因此售价与资产账面价值之间的差额并没有实现，而是相应地高估或者低估了资产的价值。承租人应该将售价与资产账面价值之间的差额记入"递延收益"科目予以递延，并按照该项租赁资产的折旧进度进行分摊，即按与该资产计提折旧采用的折旧率相同的比例对为实现售后租回损益进行分摊，作为折旧费用的调整。

销售方出售资产时，应该按照固定资产账面净值借记"固定资产清理"科目，按固定资产已提折旧借记"累计折旧"科目，同时按出售固定资产账面原值贷记"固定资产"科目；按照以前会计期间计提的减值准备，借记"固定资产价值准备"。编制会计分录：

借：固定资产清理
　　累计折旧
　　固定资产价值准备
　　贷：固定资产

销售方收到出售资产的价款时，应该借记"银行存款"科目，贷记"固定资产清理"科目，将差额记入"递延收益——未实现融资损益"科目。编制会计分录如图2－79所示。

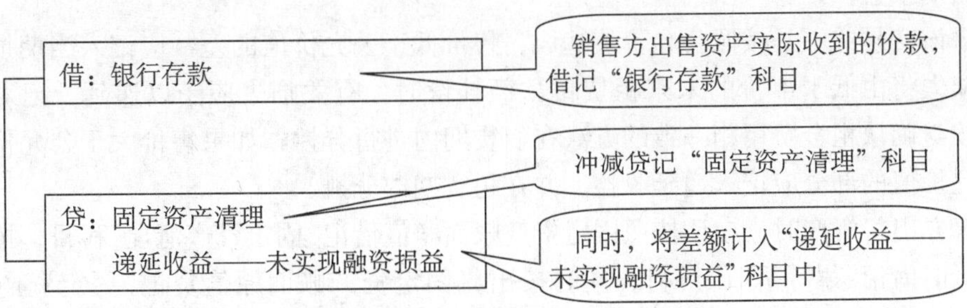

图2－79

承租方租回资产时，按照租赁资产的公允价值和最低租赁付款额的现值较低者，借记"融资租赁资产"科目，同时贷记"长期应付款——应付融资租赁款"科目，将差额记入"未确认融资费用"科目。编制会计分录：

借：融资租赁资产

　　未确认融资费用

　　贷：长期应付款——应付融资租赁款

在之后的租赁期间根据租赁资产的折旧进度分摊未实现售后租回损益时，借记或者贷记"递延收益——未实现售后租回损益"科目，贷记或借记"制造费用"、"销售费用"、"管理费用"等科目。编制会计分录或相反分录如图2－80所示。

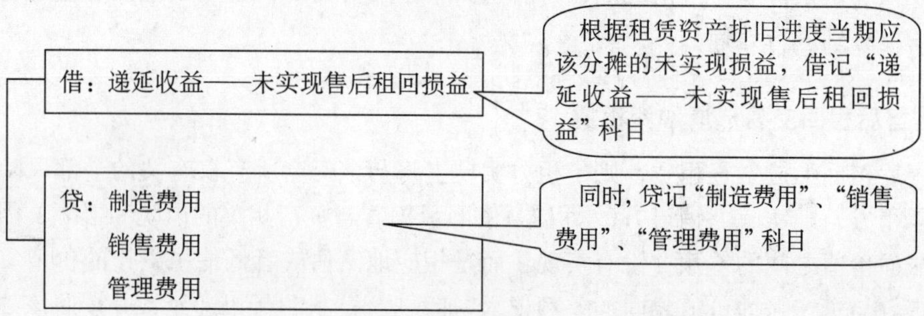

图2－80

购买方购买资产应该按照实际支付的价款，借记"融资租赁资产"科目，同时贷记"银行存款"科目。之后的会计处理与一般融资租赁业务相同。编制会计分录：

借：融资租赁资产

　　贷：银行存款

业务2　售后租回交易形成经营租赁

当售后租回形成融资租赁，出租方实质上保留了与该资产所有权有关的全部风险和报酬。因此，销售方应该分别根据以下情况进行处理：

如果有确凿证据表明售后租回的交易是按照公允价值达成的，售价与资产账面价值应该记入当期损益。

如果该交易并不是按照公允价值达成，售价低于公允价值的差额应记入当期损益，但是若该损失将由低于市价的未来租赁付款额补偿时，有关损失应予以递延，记入递延收益，并按与确认租金费用相一致的方法在租赁期内进行分摊；如果售价大于公允价值，其大于公允价值的部分应记入递延收益，并在租赁期内分摊。

销售方出售资产时，应该按照固定资产账面净值借记"固定资产清理"科目，按固定资产已提折旧借记"累计折旧"科目，同时按出售固定资产账面原值贷记"固定资产"科目；按照以前会计期间计提的减值准备，借记"固定资产价值准备"。编制会计分录：

借：固定资产清理

　　累计折旧

　　固定资产价值准备

　　贷：固定资产

销售方收到出售资产的价款时，应该借记“银行存款”科目，贷记“固定资产清理”科目，将差额记入“递延收益——未实现融资损益”、“营业外收入”或“营业外支出”科目。编制会计分录如图 2－81 所示。

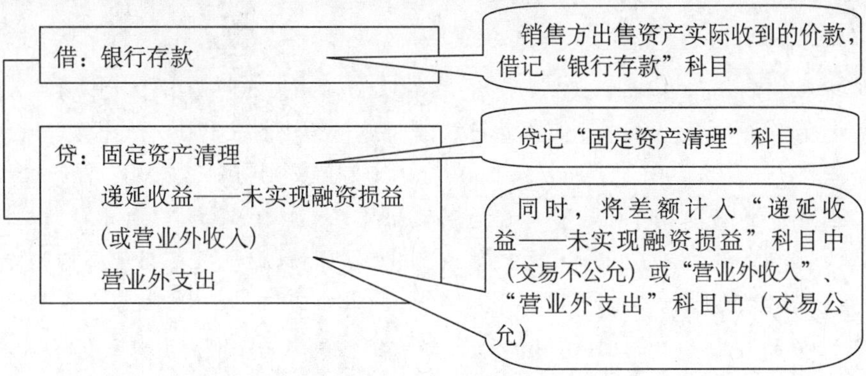

图 2－81

租回资产时，承租人应该作备查登记。

在之后的租赁期间根据租金的支付比例分摊未实现售后租回损益时，借记或者贷记“递延收益——未实现售后租回损益”科目，贷记或借记“制造费用”、“销售费用”、“管理费用”等科目。会计分录如图 2－82 所示。

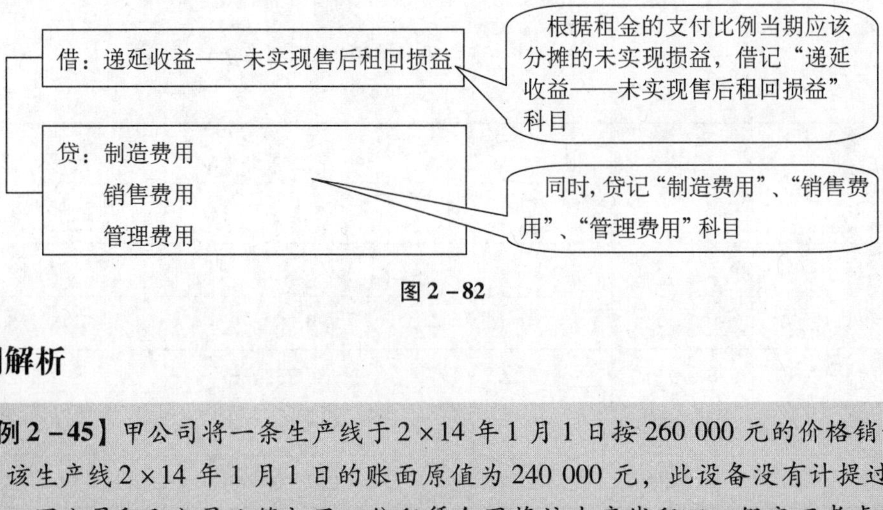

图 2－82

▶▶案例解析

【例 2－45】甲公司将一条生产线于 2×14 年 1 月 1 日按 260 000 元的价格销售给乙公司。该生产线 2×14 年 1 月 1 日的账面原值为 240 000 元，此设备没有计提过折旧。在当天，甲公司和乙公司又签订了一份租赁合同将该生产线租回，假定不考虑相关税费，该合同主要内容如下：

租赁标的物：生产线。

租赁期开始日：租赁物运抵甲公司生产车间之日为 2×14 年 1 月 1 日。

租赁期：2×14 年 1 月 1 日—2×16 年 12 月 31 日，共 36 个月。

租金支付方式：在租赁期内每年年末支付租金 100 000 元。

租赁合同规定的年利率为8%。

该生产线为全新设备，预计可以使用的年限为5年。

甲公司采用年限平均法计提固定资产折旧。

分析：

① 首先判断租赁的类型。

本例中租赁期3年占租赁资产尚可使用年限(5年)的60%(小于75%)，没有满足融资租赁的第3条标准；另外最低租赁付款额的现值为2 577 100元(计算过程见后)大于租赁资产公允价值的90%，即2 340 000(2 600 000×90%)元，满足融资租赁的第4条标准，因此甲公司应当将该租赁认定为融资租赁。

本例中，甲公司不知道出租人的租赁内含利率，因此，应选择租赁合同规定的利率8%作为最低租赁款额的折现率。

每期租金的现值之和 = 100 000 ×（P/A，8%，3）= 100 000 × 2.5771 = 257 710（元）。

每期租金现值之和小于租赁资产公允价值260 000元，根据孰低原则，租赁资产的入账价值应为租赁付款额现值257 710元。

② 计算未实现售后租回损益。

未实现售后租回损益 = 售价 - 资产的账面价值 = 260 000 - 240 000 = 20 000(元)。

③ 分配未实现融资费用。

甲公司未确认融资费用如表2-5所示。

表2-5 未确认融资费用分摊表(实际利率法)

2×14年12月31日　　　　单位：元

日期 ①	租金 ②	确认的融资费用 ③ = 期初⑤×8%	应付本金减少额 ④ = ② - ③	应付本金余额期末 ⑤ = 期初⑤ - ④
(1)2×14.01.01				257 710
(2)2×14.12.31	100 000	20 616.80	79 383.20	178 326.80
(3)2×15.12.31	100 000	14 266.14	85 733.86	92 592.94
(4)2×16.12.31	100 000	7 407.06*	92 592.94*	0.00
合计	300 000	42 290.00	257 710.00	

*尾数调整：7 407.06 = 100 000 - 92 592.94
　　　　　92 592.94 = 92 592.94 - 0.00

④ 在折旧期内按照折旧的进度分摊未实现售后租回损益。

甲公司未实现售后租回收益如表2-6所示。

表2-6　未实现售后租回收益分摊表

2×14年1月1日　　单位：元

日期	售价	固定资产账面价值	摊销期	分摊率	摊销额	未实现售后租回损益
(1)2×14.1.1	260 000	240 000	35个月			20 000
(2)2×14.12.31				31.42%	6 284	13 716
(3)2×15.12.31				34.29%	6 858	6 858
(4)2×16.12.31				34.29%	6 858	0
合计	260 000	240 000		100%	20 000	

由于当月购入的固定资产当月不计提折旧，所以本例中该租赁资产的折旧期为35个月，即未实现售后租回损益的分摊期也为35个月。

⑤ 账务处理。

2×14年1月1日，甲公司出售固定资产。

借：固定资产清理　　240 000
　　贷：固定资产　　240 000
借：银行存款　　260 000
　　贷：固定资产清理　　240 000
　　　　递延收益——未实现售后租回损益　　20 000

2×14年2月28日，甲企业确认本月应分摊的未实现售后租回损益。

借：递延收益——未实现售后租回损益　　571.27
　　贷：制造费用——折旧费　　571.27

乙公司2013年1月1日向甲公司购买生产线。

借：融资租赁资产　　260 000
　　贷：银行存款　　260 000

其他相关会计处理与其他一般租赁业务的会计处理相同，此处不再赘述。

【例2-46】2×15年1月1日，甲公司将一台办公设备以100 000元的价格出售给乙公司，该设备的账面价值为80 000元，市价为90 000元，双方签订的租赁合同中约定租期为4年，每年年末支付租金20 000元。

分析：

① 首先判断租赁的类型。

由于此项租赁没有满足融资租赁的任何一条标准，所以应该作为经营租赁处理。

② 计算未实现售后租回损益。

未实现售后租回损益=售价-资产的账面价值=100 000-80 000=20 000(元)。

③ 在租赁期内按照租金支付比例分摊未实现售后租回损益，如表2-7所示。

表2-7 未实现售后租回收益分摊表

2×15年1月1日 单位：元

日期	售价	固定资产账面价值	支付的租金	分摊率	摊销额	未实现售后租回损益
(1)2×15.1.1	100 000	80 000				20 000
(2)2×15.12.31			20 000	25%	5 000	15 000
(3)2×16.12.31			20 000	25%	5 000	10 000
(4)2×16.12.31			20 000	25%	5 000	5 000
			20 000	25%	5 000	0
合计	100 000	80 000	80 000	100%	20 000	

④ 会计账务处理。

2×15年1月1日，甲公司出售固定资产。

借：固定资产清理 80 000
　　贷：固定资产 80 000
借：银行存款 100 000
　　贷：固定资产清理 80 000
　　　　递延收益——未实现售后租回损益 20 000

2×15年12月31日，本年应分摊未实现售后租回损益。

借：递延收益——未实现售后租回损益(经营租赁) 5 000
　　贷：管理费用 5 000

其他会计处理同一般经营租赁业务，此处不再赘述。

⑤ 如果有确凿证据表明，售后租回交易是按照公允价值达成的，售价与资产账面价值之间的差额应该记入当期的损益。

2×15年1月1日，甲公司出售固定资产。

借：固定资产清理 80 000
　　贷：固定资产 80 000
借：银行存款 100 000
　　贷：固定资产清理 80 000
　　　　营业外收入 20 000

2×15年1月1日乙公司购买设备。

借：固定资产 100 000
　　贷：银行存款 100 000

其他会计处理同一般经营租赁业务，此处不再赘述。

递延所得税负债

递延所得税负债是由于会计和税法的差异产生的企业应在以后期间进行缴纳的税款。根据应纳税暂时性差异以及适当的税率计算未来应多交所得税的金额。

(一)递延所得税负债的取得

业务概述

递延所得税负债与递延所得税资产相对应，当资产和负债的账面价值和其计税基础不同时，便产生了暂时性差额，即在未来收回资产或清偿负债的期间，应纳税所得额增加或减少并导致未来期间应交所得税增加或减少的情况，形成企业资产和负债，在符合一定条件下确认为递延所得税资产和递延所得税负债。

递延所得税负债的取得主要来自于企业产生的应纳税暂时性差异，应纳税暂时性差异是指在未来收回资产或清偿负债期间的应纳税所得额时，将导致产生应税金额的暂时性差异，即在未来期间不考虑该事项影响的应纳税所得额的基础上，由于该暂时性差异的转回将进一步增加转回期间的应纳税所得额和应交所得税金额，在其产生当期应当确认为递延所得税负债。应纳税暂时性差额通常产生于两种情况，即资产的账面价值大于其计税基础和负债的账面价值小于计税基础。

资产在资产负债表日的计税基础就是其成本扣除按照税法规定已在以前期间税前扣除累计折旧额或累计摊销后的金额。造成资产的账面价值大于其计税基础的情况主要有以下几种。

(1)固定资产的折旧方法、折旧年限以及无形资产的摊销方法和税法规定的差异。

税法规定的折旧年限和方法往往会和会计准则规定的年限和方法不一致，当本期会计准则规定应该计提的折旧、摊销等金额小于税法规定的应该计提的折旧、摊销金额，此时资产账面价值大于其计税基础，产生应纳税暂时性差额。

(2)以公允价值计量的金融资产的公允价值变动。

税法规定该类金融资产在持有期间的公允价值变动只有在实际处置时才在纳税中予以考虑，当会计期间该资产的公允价值上升，导致资产的账面价值大于计税基础。

负债的计税基础是指负债的账面价值减去未来期间计算应纳税所得额时按照税法规定可予抵扣的金额。企业预计在未来期间清偿该项负债时的经济利益流出小于账面价值在扣除税法规定未来期间允许税前扣除的金额之后的差额。该暂时性差异实际上是税法规定的该项负债在未来期间可以税前扣除的金额，当负债的账面价值小于其计税基础，表明该项负债在未来期间可以税前抵扣的金额为负数，即在未来期间增加应纳税所得额和应交所得税金额，产生纳税暂时性差异，确认为递延所得税负债。

▶▶账务处理

除了所得税准则中明确规定可不确认递延所得税负债的情况以外，企业对于所得应纳税暂时性差异均应确认相关的递延所得税负债。资产负债表日与直接记入所有者权益的交易或事项有关的递延所得税负债在确认时，借记"资本公积——其他资本公积"科目，贷记"递延所得税负债"科目；其他一般情况下，企业根据所得税准则应予确认的递延所得税资产大于本科目余额的，借记"所得税——递延所得税费用"科目，贷记"递延所得税负债"科目，应予确认的递延所得税资产小于本科目余额的编相反的会计分录。

编制会计分录如图 2 -83 所示。

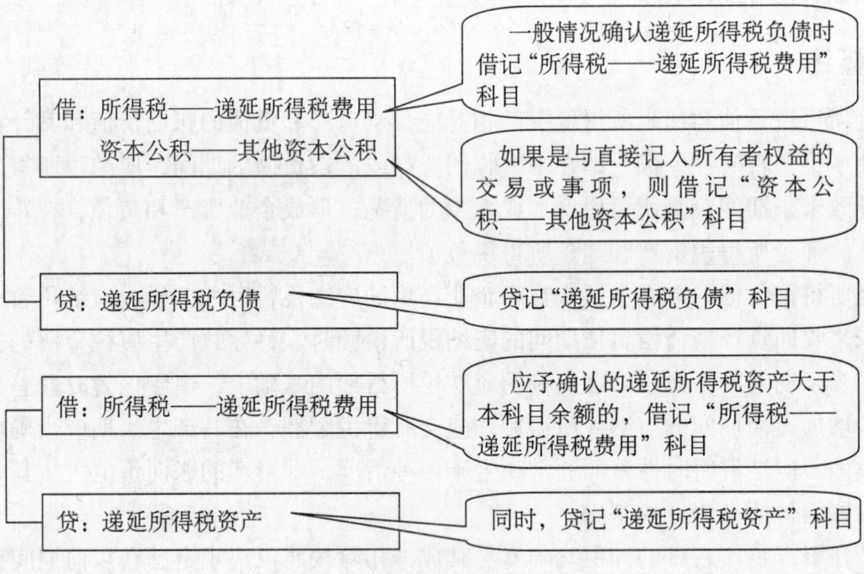

图 2 -83

▶▶案例解析

【例 2 -47】甲公司于 2×15 年 12 月底购入一台机器设备，成本为525 000元，预计使用年限为 6 年，预计净残值为零。会计上按直线法计提折旧，因该设备符合税法规定的税收优惠条件，计税时可按年数总和法计提折旧，假定税法规定的使用年限及净残值均与会计相同。本例中，假定该公司各会计期间均未对固定资产计提减值准备，除该项固定资产产生的会计与税法之间的差异外，不存在其他会计与税收的差异。

分析：

该项固定资产各年度的账面价值与计税基础确定如下。

① 2×16 年资产负债表日。

账面价值 = 实际成本 - 会计折旧 =525 000 - 87 500 =437 500(元)。

计税基础 = 实际成本 - 税前扣除的折旧额 =525 000 - 150 000 =375 000(元)。

可见，账面价值 437 500 元大于其计税基础 375 000 元，两者之间产生的 62 500 元差异将增加未来期间的应纳税所得额和应交所得税，属于应纳税暂时性差异，应确认为与其相关的递延所得税负债15 625元(62 500×25%)，账务处理如下：

借：所得税费用　　15 625

　　贷：递延所得税负债　　15 625

该公司每年因固定资产账面价值与计税基础不同应予确认的递延所得税情况如表2-8所示。

表2-8　甲公司递延所得税费用表

单位：元

	2×16年	2×17年	2×18年	2×19年	2×20年	2×21年
实际成本	525 000	525 000	525 000	525 000	525 000	525 000
累计会计折旧	87 500	175 000	262 500	350 000	437 500	525 000
账面价值	437 500	350 000	262 500	175 000	87 500	0
累计计税折旧	150 000	275 000	375 000	450 000	500 000	525 000
计税基础	375 000	250 000	150 000	75 000	25 000	0
暂时性差异	62 500	100 000	112 500	100 000	62 500	0
使用税率	25%	25%	25%	25%	25%	25%
递延所得税负债余额	15 625	25 000	28 125	25 000	15 625	0

②2×17年资产负债表日。

账面价值=525 000-87 500-87 500=350 000(元)。

计税基础=实际成本-累计已税前扣除的折旧额=525 000-275 000 =250 000(元)。

因资产的账面价值350 000元大于其计税基础100 000元，两者之间的差异为应纳税暂时性差异，应确认与其相关的递延所得税负债25 000元，但期初余额为15 625元，当期应进一步确认递延所得税负债9 375元，账务处理如下：

借：所得税费用　　9 375

　　贷：递延所得税负债　　9 375

③2×18年资产负债表日，情况与上述类似。

借：所得税费用　　3 125

　　贷：递延所得税负债　　3 125

④2×19年资产负债表日。

借：递延所得税负债　　3 125

　　贷：所得税费用　　3 125

⑤2×20年资产负债表日。

借：递延所得税负债　　9 375

　　贷：所得税费用　　9 375

⑥ 2×21 年资产负债表日。

该项固定资产的账面价值及计税基础均为零，两者之间不存在暂时性差异，原已确认的与该项资产相关的递延所得税负债应予全额收回，账务处理如下：

借：递延所得税负债　　15 625

　　贷：所得税费用　　15 625

（二）递延所得税负债的转回

业务概述

当企业产生递延所得税负债的情况消失，企业需要将导致以前期间计提的递延所得税负债转回。

账务处理

资产负债表日，企业计算本期期末的递延所得税负债的余额小于上期期末的递延所得税负债余额，则企业应该根据减少的金额，借记“递延所得税负债”科目，贷记“所得税——递延所得税费用”、“资本公积——其他资本公积”科目。编制会计分录如图 2－84 所示。

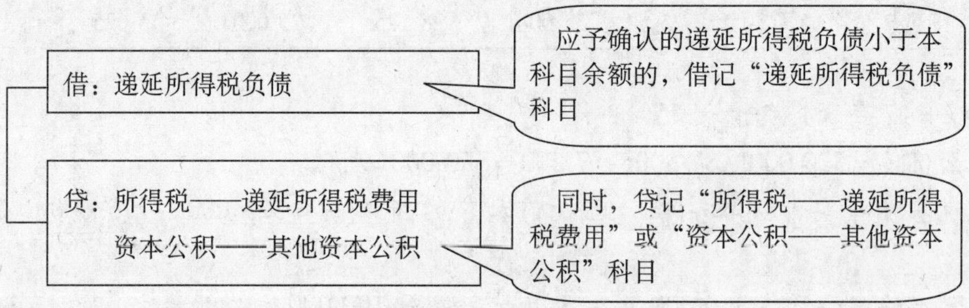

图 2－84

第三篇

权益类交易和事项的会计处理

所有者权益是指投资者在企业中享有的经济利益，其金额为资产扣除负债后的余额。所有者权益可供企业在经营期内长期使用，不必向投资者返还，投资者有权凭其投入的资本行使经营管理权并享受税后利润分配，同时承担企业的经营风险。所有者权益按照经济内容可以划分为实收资本、资本公积、盈余公积和未分配利润。

实收资本

实收资本是指企业的投资者投入形成企业法定资本的各种资产的价值，不仅包括货币资金还包括非货币的实物。

(一)接受投资

业务概述

我国法律规定，投资者设立企业首先必须投入资本，因为注册资本是为了提高企业承担民事责任的能力而设定的财产保证，一般情况下实收资本不需要偿还给出资人，可以长久使用。各位投资者的出资比例往往决定其在企业中的决策权力以及分配利润的资格。

企业接受投资者作价投入的房屋、建筑物、机器设备等固定资产、材料物资、无形资产等，应按投资合同或协议约定价值确定价值(但投资合同或协议约定价值不公允的除外)和在注册资本中可以享有的份额。

账务处理

有限责任公司应该设置“实收资本”科目核算企业收到投资人投入的资本，而股份有限公司应该设置“股本”科目核算企业收到股东投入到企业的资本。初建时，各投资者按照合同、协议或公司章程投入企业资本。企业收到投资时，一般在实际收到或者存入企业开户银行时，按实际收到的金额，借记“银行存款”科目；按投入资本在注册资本或股本中所占份额，贷记“实收资本”或“股本”科目；按其差额，贷记“资本公积——资本溢价”或“资本公积——股本溢价”等科目。编制会计分录如图3－1所示。

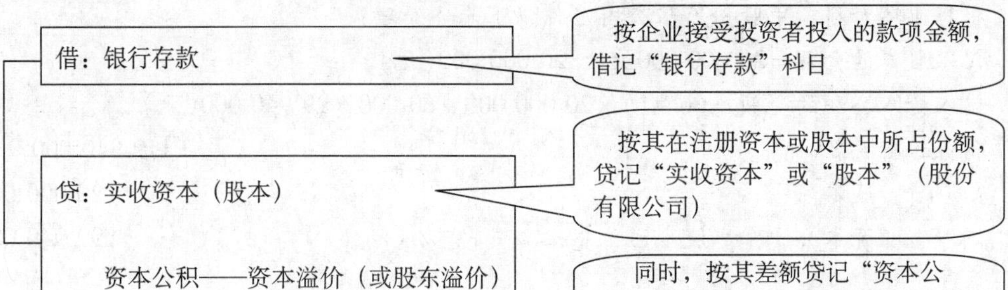

图3－1

企业接受投资者作价投入的存货、固定资产和无形资产，应按投资合同或协议约定价值确定资产价值(但投资合同或协议约定价值不公允的除外)和在注册资本中应享有的份额，借记“库存商品”、“固定资产”、“应交税费——应交增值税（进项税额）”、“无形资产”等科目，贷记“实收资本”科目。会计分录如图3－2所示。

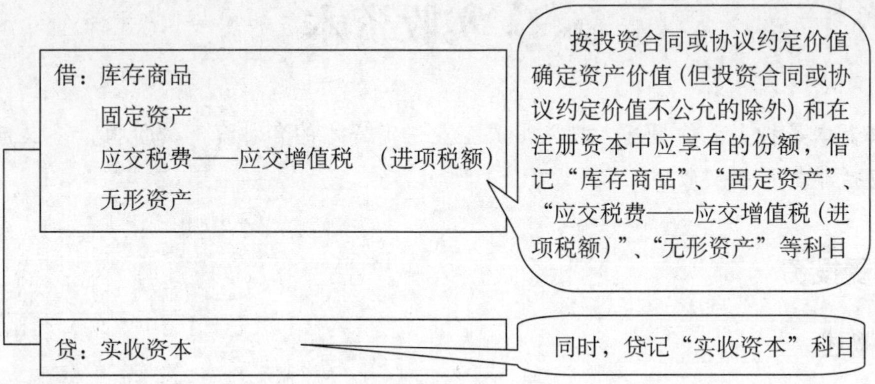

图3－2

案例解析

【例3－1】甲、乙、丙共同出资设立有限责任公司A，公司注册资本为10 000 000元，甲、乙、丙持股比例分别为50%、30%和20%。2×16年1月5日，A公司如期收到各投资者一次性缴足的款项。

根据上述资料，A公司应作以下账务处理：

借：银行存款	10 000 000	
贷：实收资本——甲		5 000 000
——乙		3 000 000
——丙		2 000 000

【例3－2】甲股份有限公司发行普通股20 000 000股，每股面值为1元，发行价格为6元。股款120 000 000元已经全部收到，发行过程中发生相关税费60 000元。

根据上述资料，甲股份有限公司应作以下账务处理：

记入股本的金额＝20 000 000×1＝20 000 000（元）。

记入资本公积的金额＝（6－1）×20 000 000－60 000＝99 940 000（元）。

借：银行存款	119 940 000	
贷：股本		20 000 000
资本公积——股本溢价		99 940 000

【例3－3】甲公司于设立时收到乙公司作为资本投入的不需要安装的机器设备一台，合同约定该机器设备的价值为2 000 000元，增值税进项税额为340 000元。经约定，甲公司接受乙公司的投入资本为2 340 000元。合同约定的固定资产价值与公允价值相符，不考虑其他因素。

甲公司进行会计处理时，应编制如下会计分录：

借：固定资产　　2 000 000
　　应交税费——应交增值税(进项税额)　　340 000
　　贷：实收资本——乙公司　　2 340 000

本例中，该项固定资产合同约定的价值与公允价值相符，甲公司接受乙公司投入的固定资产按约定的金额作为实收资本，因此可按 2 340 000 元的金额贷记“实收资本”科目。

【例 3-4】A 公司于设立时收到 B 公司作为资本投入的原材料一批，该批原材料投资合同或协议约定价值(不含可抵扣的增值税进项税额部分)为 100 000 元，增值税进项税额为 17 000 元。B 公司已开具了增值税专用发票。假设合同约定的价值与公允价值相符，该进项税额允许抵扣，不考虑其他因素，原材料按实际成本进行日常核算。

A 公司在进行会计处理时，应编制如下会计分录：

借：原材料　　100 000
　　应交税费——应交增值税(进项税额)　　17 000
　　贷：实收资本——B 公司　　117 000

本例中，原材料的合同约定价值与公允价值相符，因此，可按照100 000元的金额借记“原材料”科目；同时，该进项税额允许抵扣，因此，增值税专用发票上注明的增值税税额 17 000 元，应借记“应交税费——应交增值税(进项税额)”科目。A 公司接受的 B 公司投入的原材料按合同约定金额作为实收资本，因此可按 117 000 元的金额贷记“实收资本”科目。

【例 3-5】A 公司于设立时收到 B 公司作为资本投入的非专利技术一项，该非专利技术投资合同约定价值为 60 000 元，同时收到 C 公司作为资本投入的土地使用权一项，投资合同约定价值为 80 000 元。假设 A 公司接受该非专利技术和土地使用权符合国家注册资本管理的有关规定，可按合同约定作为实收资本入账，合同约定的价值与公允价值相符，不考虑其他因素。

A 公司在进行会计处理时，应编制如下会计分录：

借：无形资产——非专利技术　　60 000
　　　　　　　　土地使用权　　80 000
　　贷：实收资本——B 公司　　60 000
　　　　　　　　——C 公司　　80 000

本例中，非专利技术与土地使用权的合同约定价值与公允价值相符，因此，可分别按照 60 000 元和 80 000 元的金额借记“无形资产”科目。B、C 公司投入的非专利技术和土地使用权按合同约定全额作为实收资本，因此可分别按 60 000 元和 80 000 元的金额贷记“实收资本”科目。

(二)新增、转增资本

▶▶业务概述

一般情况下，企业的实收资本应相对固定不变，但在某些特定情况下，实收资本也可能发生增减变化。我国企业法人登记管理条例中规定，除国家另有规定外，企业的注册资金应当与实收资本相一致，当实收资本比原注册资金增加或减少的幅度超过20%时，应持资金使用证明或者验资证明，向原登记主管机关申请变更登记。如擅自改变注册资本或抽逃资金，要受到工商行政管理部门的处罚。公司增加注册资本或者股东认缴新增资本的出资或认购新股，需要按照相关规定执行。企业增加资本的途径一般有以下三种：将资本公积转为实收资本或股本，将盈余公积转为实收资本或者股本，所有者的新投入。公司法定公积金转增为注册资本的，验资证明应当载明留存的该项公积金不少于转增前公司注册资本的25%。

▶▶账务处理

将资本公积转为实收资本或者股本时，企业应该按照相应的金额借记“资本公积——资本溢价”或“资本公积——股本溢价”科目，贷记“实收资本”或“股本”科目。编制会计分录：

借：资本公积——资本溢价(或股本溢价)

　　贷：实收资本(或股本)

将盈余公积转为实收资本时，企业应该借记“盈余公积”科目，贷记“实收资本”或“股本”科目。编制会计分录：

借：盈余公积

　　贷：实收资本(或股本)

需要注意的是：由于资本公积和盈余公积均属于所有者权益，用其转增资本时，如果是独资企业比较简单，直接结转即可；如果是股份公司或有限责任公司，应该按照原投资者各自出资比例相应增加各投资者的出资额。编制会计分录如图3-3所示。

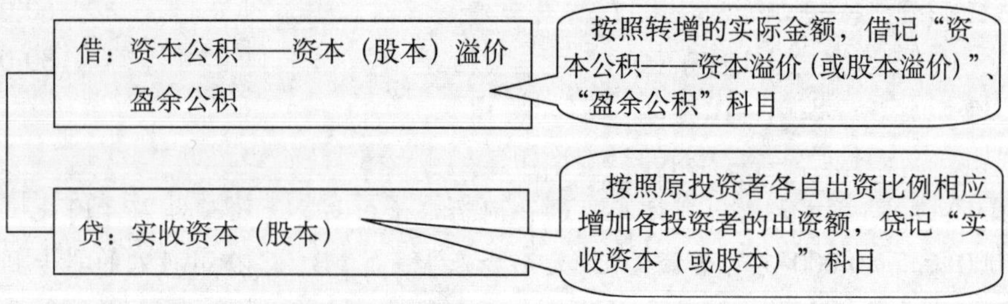

图3-3

所有者新投入资本，企业应该将接受投资者投入的资本借记“银行存款”、“固定资产”、“无形资产”、“长期股权投资”等科目，贷记“实收资本”或“股本”等科目。编制会计分录如图3-4所示。

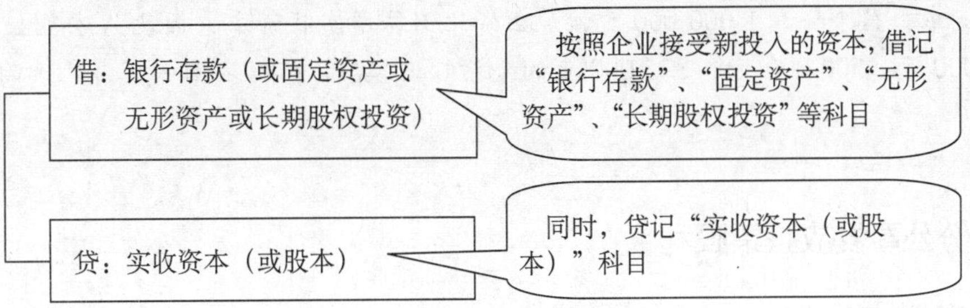

图3－4

案例解析

【例3－6】甲、乙、丙三人共同投资设立了A有限责任公司，原注册资本为4 000 000元，甲、乙、丙分别出资500 000元、2 000 000元和1 500 000元。为扩大经营规模，经批准，A公司注册资本扩大为5 000 000元，甲、乙、丙按照原出资比例分别追加投资125 000元、500 000元和375 000元。A公司如期收到甲、乙、丙追加的现金投资。A公司应编制如下会计分录：

借：银行存款　1 000 000
　贷：实收资本——甲　125 000
　　　　　　——乙　500 000
　　　　　　——丙　375 000

本例中，甲、乙、丙按原出资比例追加实收资本，因此，A公司应分别按照125 000元、500 000元和375 000元的金额贷记“实收资本”科目中甲、乙、丙明细分类账。

【例3－7】接【例3－6】，因扩大经营规模需要，经批准，A公司按原出资比例将资本公积1 000 000元转增资本。A公司应编制如下会计分录：

借：资本公积　1 000 000
　贷：实收资本——甲　125 000
　　　　　　——乙　500 000
　　　　　　——丙　375 000

本例中，资本公积1 000 000元按原出资比例转增实收资本，因此A公司应分别按照125 000元、500 000元和375 000元的金额贷记“实收资本”科目中甲、乙、丙明细分类账。

【例3－8】接【例3－6】，因扩大经营规模需要，经批准，A公司按原出资比例将盈余公积1 000 000元转增资本。A公司应编制如下会计分录：

借：盈余公积　1 000 000
　贷：实收资本——甲　125 000
　　　　　　——乙　500 000
　　　　　　——丙　375 000

本例中，盈余公积 1 000 000 元按原出资比例转增实收资本，因此 A 公司应分别按照 125 000 元、500 000 元和 375 000 元的金额贷记“实收资本”科目中甲、乙、丙明细分类账。

（三）股份公司发放股票股利

▶▶业务概述

股份有限公司发放股票股利，实际上只是在所有者权益内部进行转换，对股本本身没有实质性的影响。股份有限公司采用发放股票股利实现增资时，应该在发放股票股利时按照各股东原来持有的股份分配。在实际工作中，如果股票股利存在不足 1 股的情况，可以改为现金支付或者由股东相互转让。

▶▶账务处理

股票股利的分配，分配方案经股东大会批准后，应在办理增资手续后，借记“利润分配——转作股本的股利”科目，贷记“股本”科目。编制会计分录如图 3 – 5 所示。

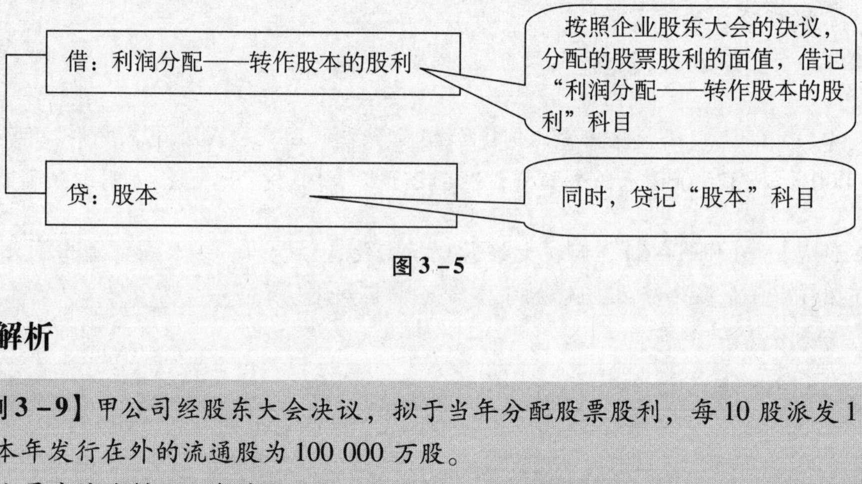

图 3 – 5

▶▶案例解析

【例 3 – 9】甲公司经股东大会决议，拟于当年分配股票股利，每 10 股派发 1 股股票股利，本年发行在外的流通股为 100 000 万股。

甲公司应该编制如下会计分录：

借：利润分配——转作股本的股利　　100 000 000

　　贷：股本　　100 000 000

（四）可转换债券到期转换

▶▶业务概述

公司发行的可转换债券属于具有负债和权益双重成分的非衍生金融工具，当可转换公司债券持有人到期行使转换权利，将其所持有的债券转换为股票，使债券发行公司实现了负债转为股东权益的过程。

账务处理

可转换公司债券持有人行使转换权利时，按照可转换公司债券的余额借记“应付债券——可转换债券(面值、利息调整)”科目，按股票面值和转换的股数计算的股票面值总额，贷记“股本”科目，按其权益成分的金额借记“资本公积——其他资本公积”科目，按照差额贷记“资本公积——股本溢价”科目。如用现金支付不可转换股票的部分，还应贷记“库存现金”、“银行存款”等科目(其他相关详细分录见“应付债券”部分)。编制会计分录如图3－6所示。

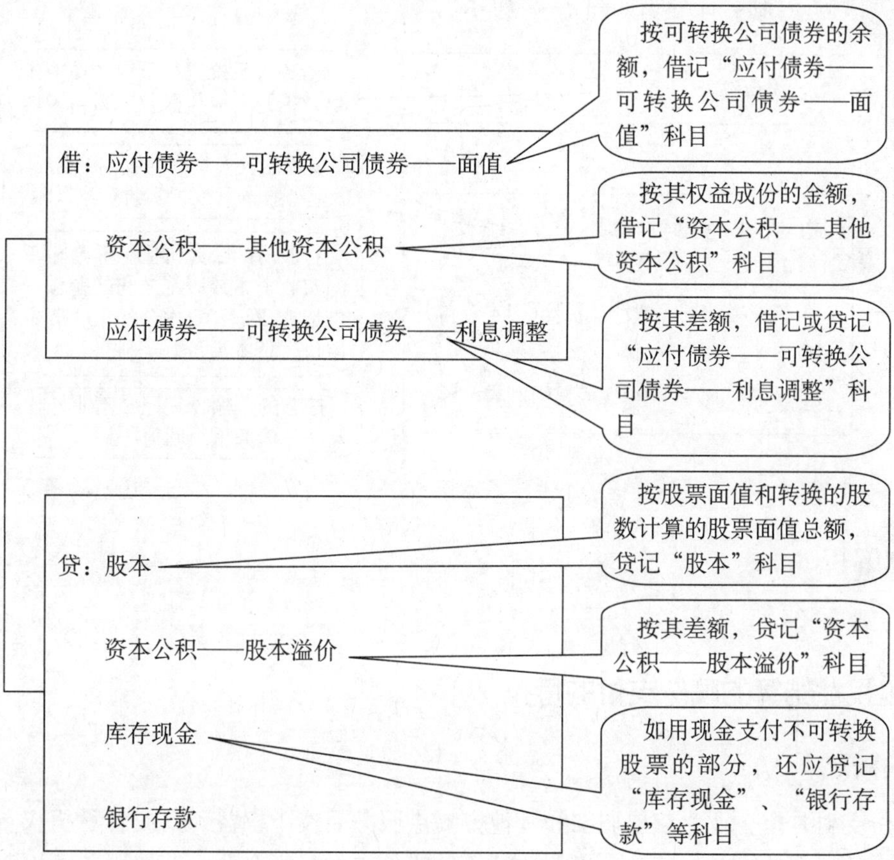

图3－6

案例解析

见【例2－28】。

(五)债务转为资本

业务概述

当债务人发生财务困难时，债权人可能会与债务人达成协议作出一些让步，其中包括将债务转为资本，债权人将债权转为股权，债务人因此而增加股本(或实收资本)，债权人因此而增加长期股权投资等。债务人根据转换协议，将应付可转换公司债券转为资本的，属于正常情况下的债务转为资本，不能作为本章所指的债务重组。

账务处理

企业将重组债务转为资本的，应该按重组债务的账面余额借记“应付账款”等科目；按照债权人因为放弃债权而享有本企业股份的面值总额，贷记“实收资本”或“股本”科目；将股份的公允价值总额与相应的实收资本或股本之间的差额，借记或贷记“资本公积——资本溢价”或“资本公积——股本溢价”科目；按总的差额，贷记“营业外收入——债务重组利得”科目。编制会计分录如图 3－7 所示。

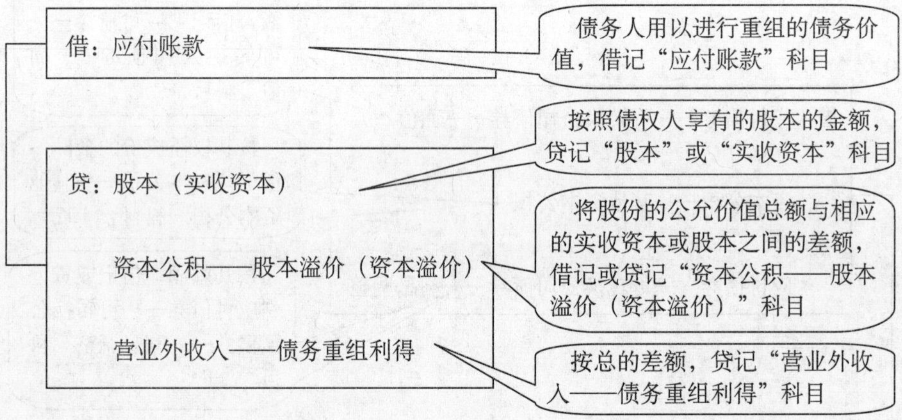

图 3－7

案例解析

见【例 2－34】。

（六）以权益结算的股份支付的行权

业务概述

股份支付是指企业为获取职工和其他方提供服务而授予权益工具或者承担权益工具为基础确定的负债的交易。其中，以权益结算的股份支付是指企业为获取服务、以股份或其他权益工具为对价进行结算的交易。以权益结算的股份支付最常用的工具有两种：限制性股票和股票期权。前者是指职工或其他方按照股份支付协议规定的条款和条件，从企业获得一定数量的本企业股票；后者是指企业授予职工或其他方在未来一定期限内以预先确定的价格和条件购买本企业一定数量股票的权利。股份支付的确认与计量应当以真实、完整、有效的股份支付协议为基础。该股份支付应当按照企业承担的以股份或其他权益工具为基础计算确定的负债的公允价值计量。

账务处理

对于授予后立即可行权的换取职工提供服务的权益结算的股份支付，应在授予日按照权益工具的公允价值，将取得的服务记入相关资产成本或当期费用，同时记入资本公积中的股本溢价。对于授予后不立即行权的股份支付，企业应当在等待期内的每个资产负债表日对可行权权益工具数量的最佳估计为基础，按照权益工具在授予日的公允价值，将当期取得的服务记入相关资产成本或当期费用，同时记入资本公积中的其他资本公积。

业务1　授予日的初始确认和计量

除了立即可行权的股份支付外，对于权益结算的股份支付，企业在授予日不作会计处理。

业务2　等待期内的每个资产负债表日

企业应该在等待期内的每个资产负债表日按照其为了取得职工提供的服务而所承担的成本确认为所有者权益，其中付出成本应该根据授予日权益工具的公允价值进行计算，借记“管理费用”科目，贷记“资本公积——其他资本公积”科目，不确认其后续公允价值变动。同时，在每个资产负债日企业应当根据最新的可行权职工人数变动信息作出最佳估计，并且根据权益工具的公允价值和预计可行权的权益工具数量计算截至当期累计应确认的成本费用金额，再减去前期累计已确认金额，作为当期应确认的成本费用金额。编制会计分录如图3－8所示。

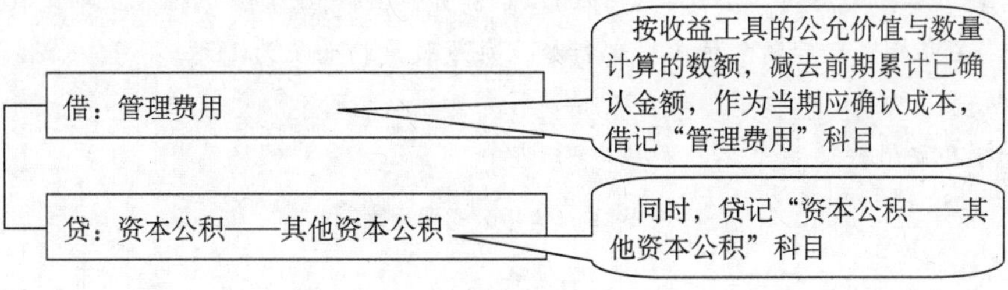

图3－8

业务3　可行权日之后

对于用权益结算的股份支付，在可行权日之后不再对已确认的成本费用和所有者权益进行调整，企业应该在员工实际行权时确认股本和相应的股本溢价，结转之前会计期间确认的资本公积。企业在可行权日应该按实际行权的权益工具数量计算确定的金额，收到员工实际行权支付的金额，借记“银行存款”科目；结转以前会计期间确认的资本公积，借记“资本公积——其他资本公积”；按照增加的资本的金额，贷记“实收资本（或股本）”科目；将差额记入“资本公积——资本溢价或股本溢价”科目。编制会计分录如图3－9所示。

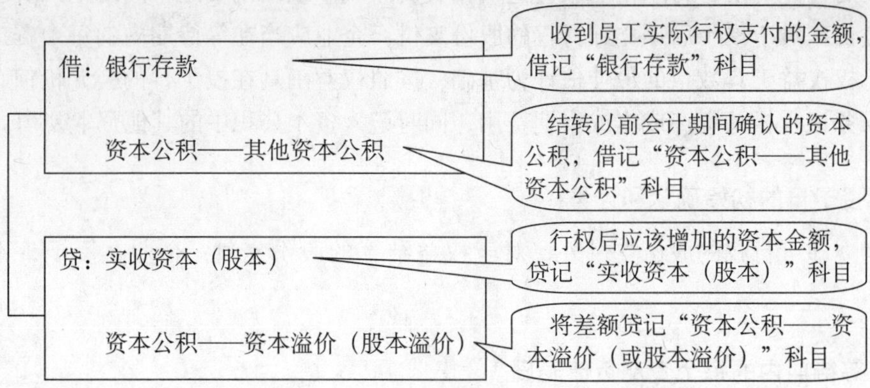

图3－9

▸▸案例解析

【例3－10】甲公司为上市公司。2×14年1月1日，公司向其200名管理人员每人授予100份股份期权，他们如果从2×14年1月1日起在该公司连续服务3年，则可以用5元购买100股甲公司股票。公司估计该期权在授予日的公允价值为21元。第一年有20名职员离开了甲公司，甲公司估计三年中离开的职员比例将达到20%；第二年又有10名员工离开了公司，公司将估计的职员离开比例修正为15%；第三年又有15名职员离职，在可行权日后剩余员工全部行权，每股股票的面值为1元。

分析：

① 计算费用和资本公积，如表3－1所示。

表3－1　甲公司费用表

单位：元

年份	计算	当期费用	累计费用
2×14年	200×100×(1－20%)×21×1/3	112 000	112 000
2×15年	200×100×(1－15%)×21×2/3－112 000	126 000	238 000
2×16年	155×100×21－238 000	87 500	325 500

② 2×14年1月1日。

授予日不作处理。

③ 2×14年12月31日。

借：管理费用　112 000

　　贷：资本公积——其他资本公积　112 000

④ 2×15年12月31日。

借：管理费用　126 000

　　贷：资本公积——其他资本公积　126 000

⑤ 2×16 年 12 月 31 日。		
借：管理费用	87 500	
贷：资本公积——其他资本公积		87 500
⑥ 行权日。		
借：银行存款	77 500	
资本公积——其他资本公积	325 500	
贷：股本		15 500
资本公积——资本溢价		387 500

（七）回购公司股票

业务概述

股票回购是指上市公司利用现金等方式从股票市场上购回本公司发行在外的一定数额的股票的行为，但是公司减资后的注册资本不得低于法定的最低限额。上市公司进行股票回购往往出于一些特定的目的，例如资本过剩、防止恶意的兼并和收购、改善资本结构、刺激股价回升等，而采用的回购方式可以是举债回购、现金回购和混合回购。公司回购的股票作为其库存股可以暂时保留在企业，也可以用于之后发行可转换债券以及员工的持股计划，亦可以将其注销或者重新出售。

账务处理

对于有限责任公司来说，如果减少公司的实收资本，一般在法定程序过后，借记“实收资本”科目，贷记“库存现金”、“银行存款”科目。编制会计分录如图 3－10 所示。

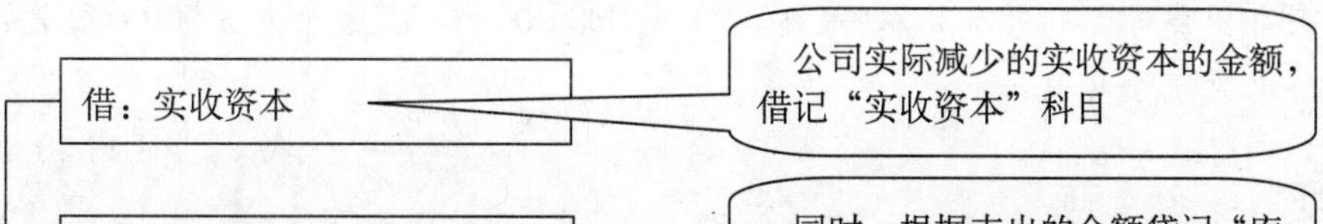

图 3－10

对于股份有限公司，其减少公司的实收资本采用的是回购股票的方式，当企业进行回购时，股票的价格往往与面值和发行价格均不同，企业应该按实际支付的金额，借记“库存股”科目，贷记“库存现金”或“银行存款”科目。会计分录如图 3－11 所示。

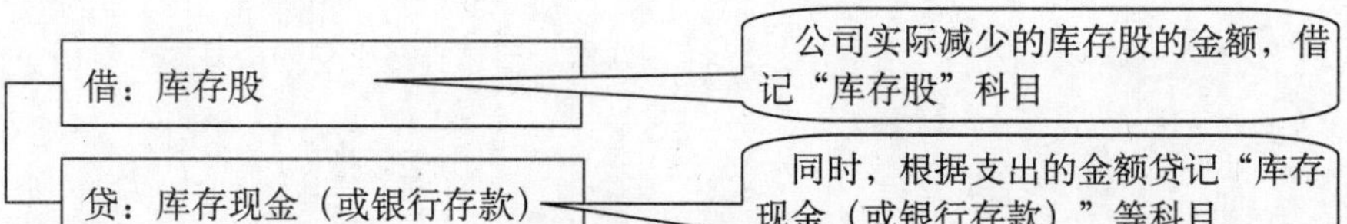

图 3－11

当公司注销库存股时，应该按股票面值和注销股数计算的股票面值总额，借记“股本”科目；根据注销库存股的账面余额，贷记“库存股”科目；若产生借方差额，则将差额冲减之前发行股票时记入资本公积的部分，借记“资本公积——股本溢价”科目，如果之前记入的资本公积不足以冲减，则依次借记“盈余公积”、“利润分配——未分配利润”等科目；若产生贷方差额，则应该将注销库存股的账面余额和所冲减股本的差额作为增加股本溢价处理，贷记“资本公积——股本溢价”科目。编制会计分录如图3－12所示。

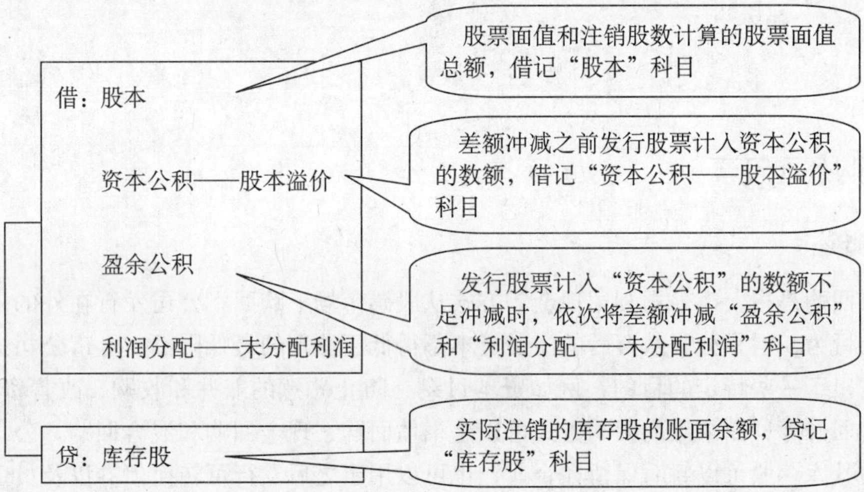

图3－12

案例解析

【例3－11】甲公司为了改善公司的资本结构，经股东大会批准，以每股5元的价格回购公司发行在外的股票2 000 000股并且注销，每股股票的面值为1元，不考虑其他因素。假定甲公司已有资本公积(股本溢价)6 000 000元，盈余公积3 000 000元。

甲公司的账务处理如下：

借：库存股	10 000 000	
贷：银行存款		10 000 000
借：股本	2 000 000	
资本公积——股本溢价	6 000 000	
盈余公积	2 000 000	
贷：库存股		10 000 000

资本公积

资本公积是指企业收到投资者超出其在企业的注册资本(或股本)中所占份额的投资，以及直接记入所有者权益的利得和损失等。其主要包括资本溢价(股本溢价)和直接记入所有者权益的利得和损失等，其中资本溢价是由于溢价发行股票以及超额缴入资本造成的，而直接记入所有者权益利得和损失是指不应该记入当期损益、会导致所有者权益发生增减变动的、与所有者投入资本或者向所有者分配利润无关的利得或者损失。

(一)资本溢价或股本溢价的产生

业务概述

投资者对公司进行投资的时间存在差异，而不同时间段投入企业正常经营过程中的资金获利能力不一致。投资者在公司的初始创业期需要承担较大的风险以及开辟新市场和试生产经营，资本利润率相对较低，当企业发展稳定时，其投入资本为企业带来的利润要高于初始阶段，即早期出资者为后期出资者带来了收益，因此早期出资带给投资者的权利要大于后期出资带给投资者的权利。除此之外，初始投资人的投资资金经过企业的运转实现利润，部分利润没有返还给投资者从而形成了留存收益，这部分留存收益是所有投资者共同分享的，所以后期的投资者为了获取与初始投资者相同的投资比例或权利需要付出更多的出资额。

对于有限责任公司来说，投资者付出的多于按照投资比例计算的出资额部分形成资本溢价；同理，对于股份有限公司来说，这部分差额形成股本溢价。

账务处理

企业应该按照收到投资者投入的资本，借记“银行存款”、“其他应收款”或“固定资产”、“无形资产”科目；按照相当于股票的面值金额或投资者按照其投资比例计算的出资额部分，贷记“实收资本”或“股本”科目，按其差额贷记“资本公积——资本溢价”或“资本公积——股本溢价”科目。委托证券商代理发行股票而支付的手续费、佣金等应该从溢价发行收入记入的相关的资本公积中扣除，企业应该按扣除手续费、佣金后的数额记入“资本公积”科目。编制会计分录如图 3 – 13 所示。

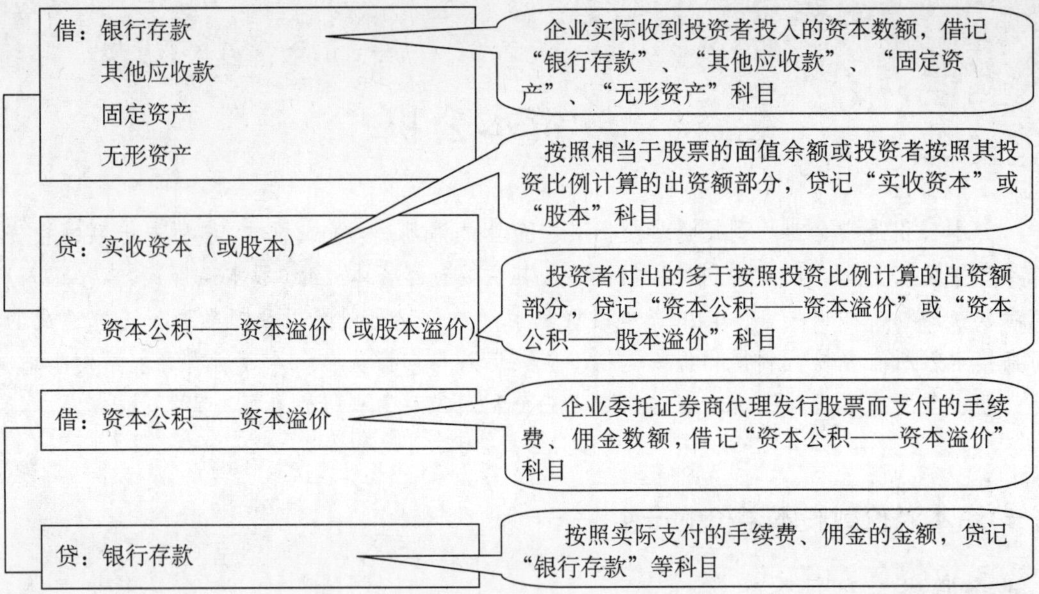

图 3－13

案例解析

见【例 3－2】。

（二）其他资本公积

业务概述

除了资本（股本）溢价项目以外的资本公积变动都记入“其他资本公积”科目核算，主要包括以下交易或事项：采用权益法核算长期股权投资时，当被投资单位除了净损益以外存在其他原因导致所有者权益变动，则企业应该按所持有份额调整资本公积的数额；采用权益计算的股份支付用来换取职工的服务，服务期间确定的相关费用增加资本公积；将存货以及自用房地产转为以公允价值计量的投资性房地产时，如果转换日的公允价值大于账面价值，应该将差额确认为其他资本公积；企业所持有的可供出售金融资产的公允价值发生变动，应该将差额记入到其他资本公积；可供出售外币非货币性项目发生的汇兑差额，应该记入到其他资本公积；企业将持有至到期投资重分类为可供出售金融资产时，可供出售金融资产的公允价值和持有至到期投资的账面价值的差额应该记入其他资本公积；发行可转换公司债券时，将其中含有的权益成分的公允价值记入其他资本公积，实际转换时应该将发行时计入其他资本公积的数额转出。相关具体业务亦可见资产和负债篇的详细阐述，此处不再赘述。

账务处理

按照业务概述中所述的七个业务，企业应该分别作如下处理。

业务 1　采用权益法核算长期股权投资

按照被投资单位除净损益以外的所有者权益发生增减的金额以及投资方的持股比例，

计算应该确认的其他资本公积的变动。编制会计分录如图 3－14 所示。

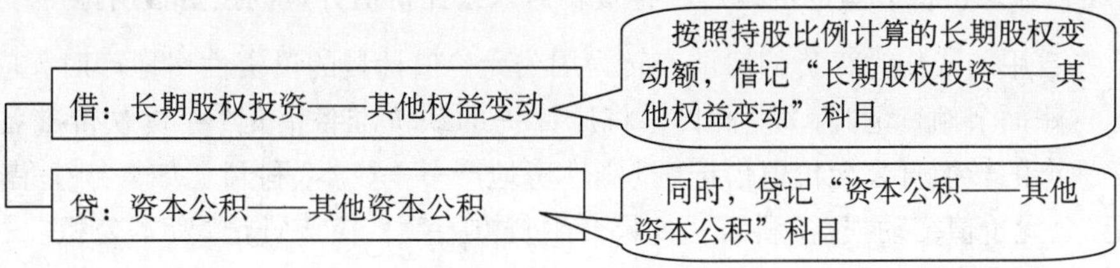

图 3－14

当对该长期股权投资进行处理时，应该将之前计入资本公积的未实现收益转入投资收益。编制会计分录如图 3－15 所示。

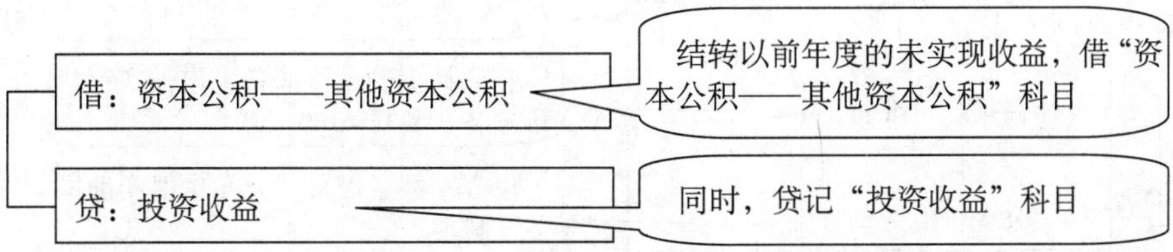

图 3－15

业务 2　用权益结算的股份支付

企业在等待期的每个资产负债表日应该按照为了获得职工的服务而付出的成本金额，记入“管理费用”等科目，同时贷记“资本公积——其他资本公积”科目。在行权日，将之前记入的其他资本公积转出。编制会计分录如图3－16所示。

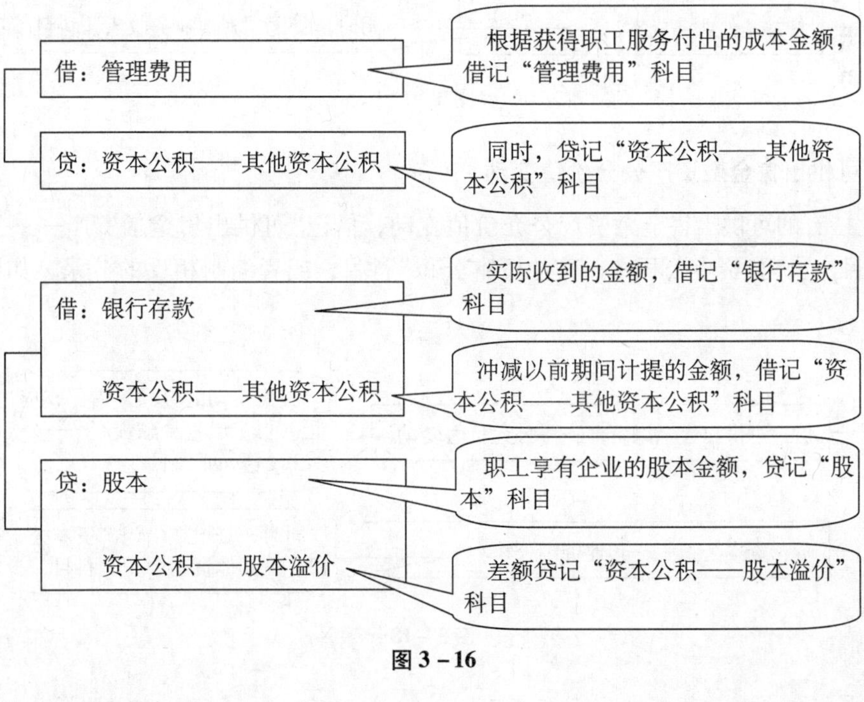

图 3－16

业务3　将以账面价值计量的房地产和存货转为以公允价值计量的投资性房地产

企业将自用的或作为存货的房地产转为用公允价值计量的投资性房地产时，应该按照该资产原先账面余额贷记“存货”科目，将原计提的跌价准备借记“存货跌价准备”科目，按该项房地产的转换日公允价值借记“投资性房地产——成本”科目。如果产生借方差额，应该借记“公允价值变动损益”科目；如果产生贷方差额，应该贷记“资本公积——其他资本公积”科目。处置该房地产时应该将相应的资本公积金额转入当期的“其他业务收入”。编制会计分录如图3－17所示。

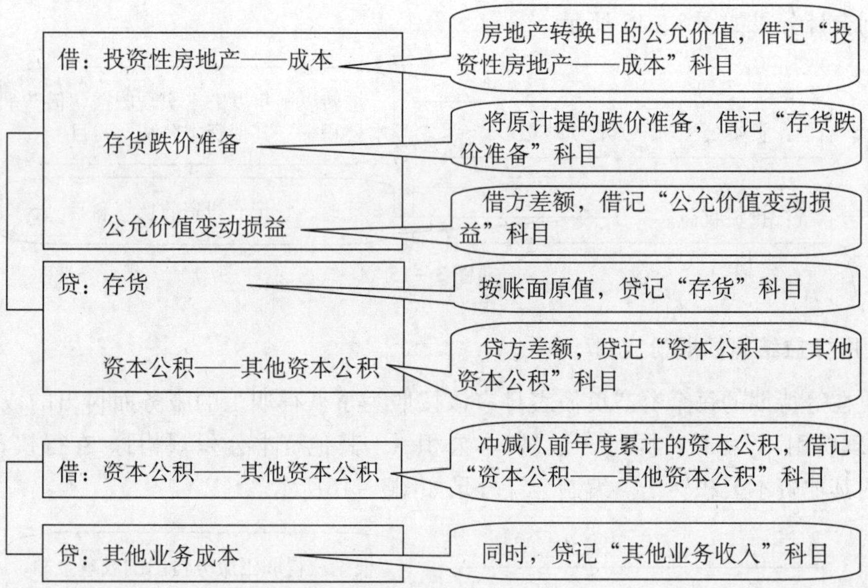

图3－17

业务4　可供出售金融资产公允价值变动

企业持有的可供出售金融资产公允价值变动，借记“可供出售金融资产——公允价值变动”科目，贷记“资本公积——其他资本公积”科目，或者编制相反的分录，如图3－18所示。

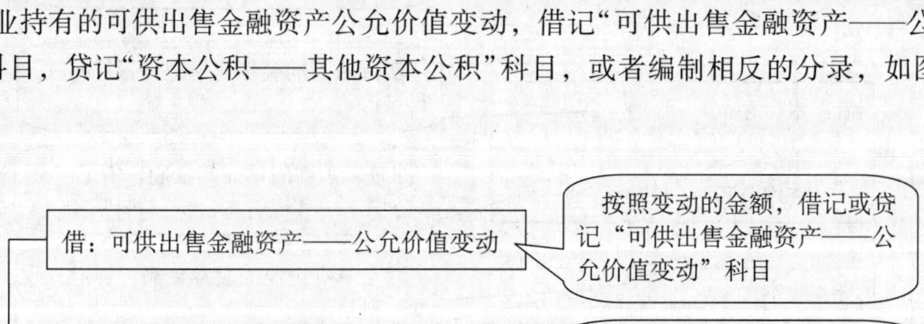

图3－18

业务5　可供出售外币非货币性项目的汇兑差额

企业对于发生的汇兑收益应该借记“可供出售金融资产”科目，贷记“资本公积——其他资本公积”科目。当企业发生汇兑亏损时，应该编制相反分录。编制会计分录：

借：可供出售金融资产

　　贷：资本公积——其他资本公积

业务6　金融资产重新分类

企业将用摊余价值计量的持有至到期投资重分类为以公允价值计量的可供出售金融资产时，应该以金融资产的公允价值借记“可供出售金融资产”科目；将以前期间计提的减值准备转出，借记“持有至到期投资减值准备”科目；将持有至到期投资的账面余额，贷记“持有至到期投资”科目；将差额借记或者贷记“资本公积——其他资本公积”科目。编制会计分录如图3－19所示。

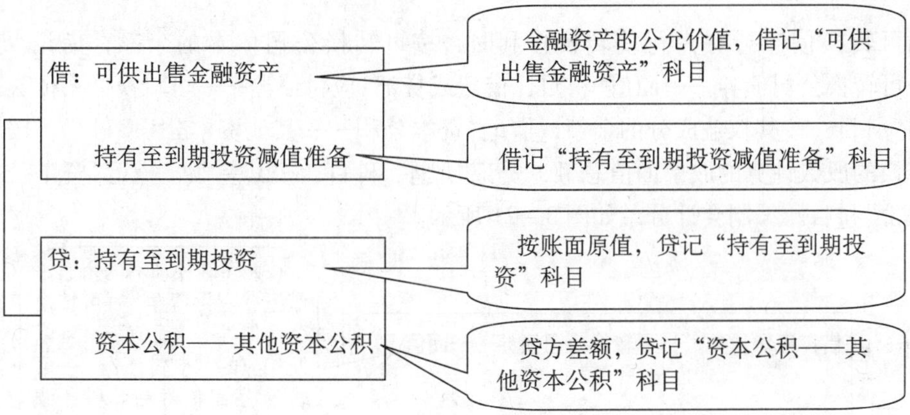

图3－19

业务7　可转换公司债券

企业发行可转换公司债券的时候，应该按面值记入“应付债券——可转换公司债券(面值)”科目，按照面值与公允价值之间的差额记入“应付债券——可转换公司债券(利息调整)”科目，其中公允价值是指该债券的未来现金流量的现值。将发行实际收到的款项借记“银行存款”科目，按照发行价款和负债成分的公允价值之间的差额记入“资本公积——其他资本公积”科目。发行可转换债券时产生的发行费用按照负债和权益的公允价值的比例进行分配，负债部分应该承担的发行费用记入“应付债券——可转换公司债券(利息调整)”科目，权益部分应该承担的发行费用记入“资本公积——其他资本公积”科目。编制会计分录如图3－20所示。

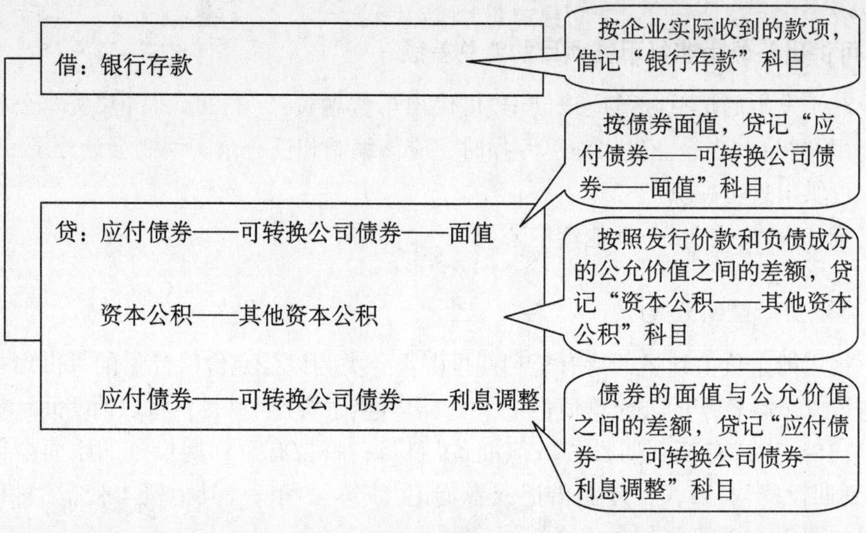

图 3－20

当可转换债券持有人行使转换权利时，按可转换公司债券的余额，借记“应付债券——可转换公司债券——面值”科目，借记或贷记“应付债券——可转换公司债券——利息调整”科目；按其权益成分的金额，借记“资本公积——其他资本公积”科目；按股票面值和转换的股数计算的股票面值总额，贷记“股本”科目；按其差额，贷记“资本公积——股本溢价”科目。编制会计分录如图 3－21 所示。

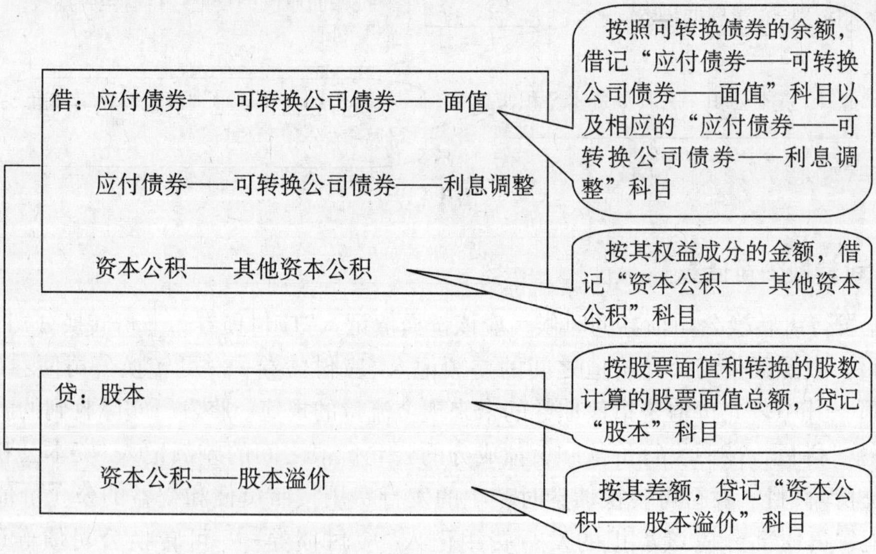

图 3－21

案例解析

见【例 1－63】、【例 3－10】、【例 1－90】、【例 1－19】、【例 2－28】。

留存收益

留存收益包括盈余公积与未分配利润，用来反映企业所有者权益中经过经营后产生的累积利益。

(一)盈余公积

业务概述

盈余公积是指企业按照规定从净利润中提取的各种积累资金，公司制企业根据计提的依据不同可以将盈余公积分为法定盈余公积和任意盈余公积。其中，法定盈余公积是以国家的法律或行政规章为依据进行提取，任意盈余公积是由企业自行决定提取。公司制企业的法定盈余公积根据规定应该按照税后利润10%的比例进行提取，提取法定盈余公积的基数不应该包括企业年初未分配的利润，当公司计提的累计法定盈余公积金额超过公司注册资本的50%，则可以不再强制提取。当企业从税后利润中提取完法定盈余公积后，可以根据股东大会决议从税后利润中提取任意盈余公积。

盈余公积的主要用途有以下几点：

(1)弥补亏损，若企业发生亏损，一般用以后年度税前利润弥补，如果下一纳税年度的所得不足弥补的，可以在5年内逐年延续弥补，如果企业发生的亏损经过5年期间未弥补完，剩余部分应该用税后利润进行弥补，也可以经过公司董事会提议和股东大会批准用盈余公积弥补亏损。

(2)转增资本，企业经过股东大会决议批准后可以将盈余公积转增资本。

账务处理

业务1　盈余公积的确认与计量

企业按照规定从税后利润中提取盈余公积时，应该借记“利润分配——提取法定盈余公积”、“利润分配——提取任意盈余公积”科目，贷记“盈余公积——法定盈余公积”、“盈余公积——任意盈余公积”科目。编制会计分录如图3-22所示。

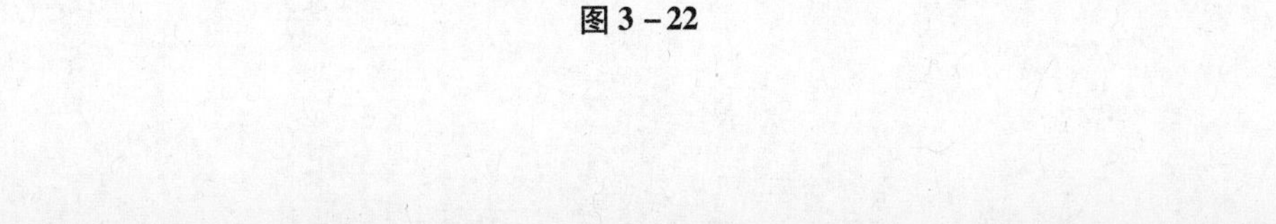

图3-22

业务 2　用盈余公积弥补亏损

当企业用盈余公积弥补亏损时，企业应该将应弥补的数额借记“盈余公积”科目，贷记“利润分配——盈余公积补亏”科目。编制会计分录如图 3－23 所示。

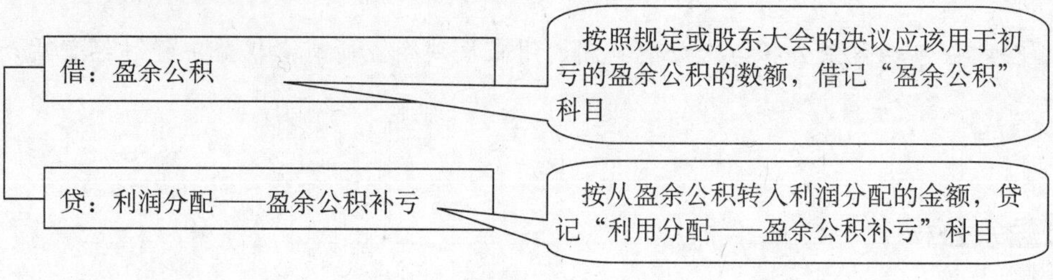

图 3－23

业务 3　用盈余公积转增资本

当股东大会作出决议，即用盈余公积派送新股，企业应该按照派送新股计算减少的盈余公积数额借记“盈余公积”科目；按照转增股票的面值和送股总数计算的股票面值，贷记“股本”科目；按照两者的差额，贷记“资本公积——股本溢价”科目。会计分录如图 3－24 所示。

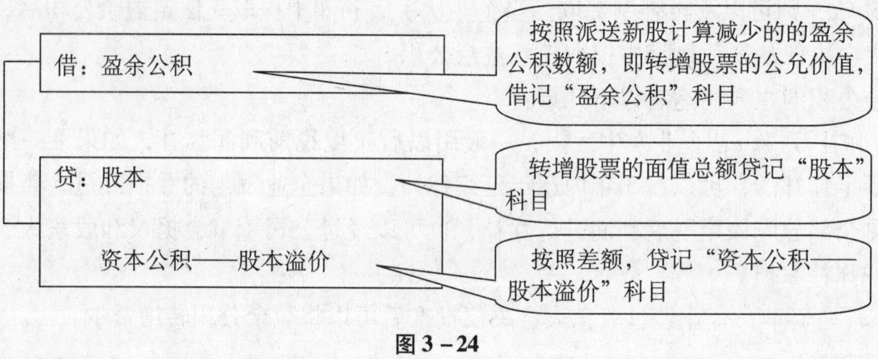

图 3－24

▸▸案例解析

【例 3－12】2×16 年由于金融危机的影响，甲公司发生年度经营亏损40 000 000元，经过股东大会批准，公司同意用以前年度累计的法定盈余公积 10 000 000 元和任意盈余公积 30 000 000 元进行亏损弥补。

甲公司应该作如下会计处理：

借：盈余公积——法定盈余公积	10 000 000	
——任意盈余公积	30 000 000	
贷：利润分配——盈余公积补亏		40 000 000

2011 年度末，企业将利润分配的其他科目余额均转入“利润分配——未分配利润”科目。

借：利润分配——盈余公积补亏　　40 000 000
　　贷：利润分配——未分配利润　　40 000 000

(二)未分配利润

业务概述

未分配利润是指企业通过以前年度积累的用于以后年度进行分配的结存利润，每年年末的“未分配利润”科目的余额是截止至本会计年度末的累计值，其包括本年的经营利润分配后的剩余以及以前年度经营成果的积累，在数值上等于期初的未分配利润加上本期实现的净利润，减去提取的各种盈余公积和分出利润之后的余额。企业可以较自由地使用该部分所有者权益。

账务处理

企业进行未分配利润的核算，应该在“利润分配”科目下设立“提取法定盈余公积”、“提取任意盈余公积”、“应付现金股利或利润”、“转作股本的股利”、“盈余公积补亏”及“未分配利润”明细科目进行核算。

业务1　分配股利或利润

公司如果在年度终了有利润结余，其可以在经过股东大会或者其他类似机构的决议之后分配给投资者现金股利等，此时企业应该借记“利润分配——应付现金股利或利润”科目，贷记“应付股利”科目；如果股东大会决定发放股票股利，则公司应该按照发放的金额，借记“利润分配——转作股本的股利”科目，贷记“股本”科目。编制会计分录：

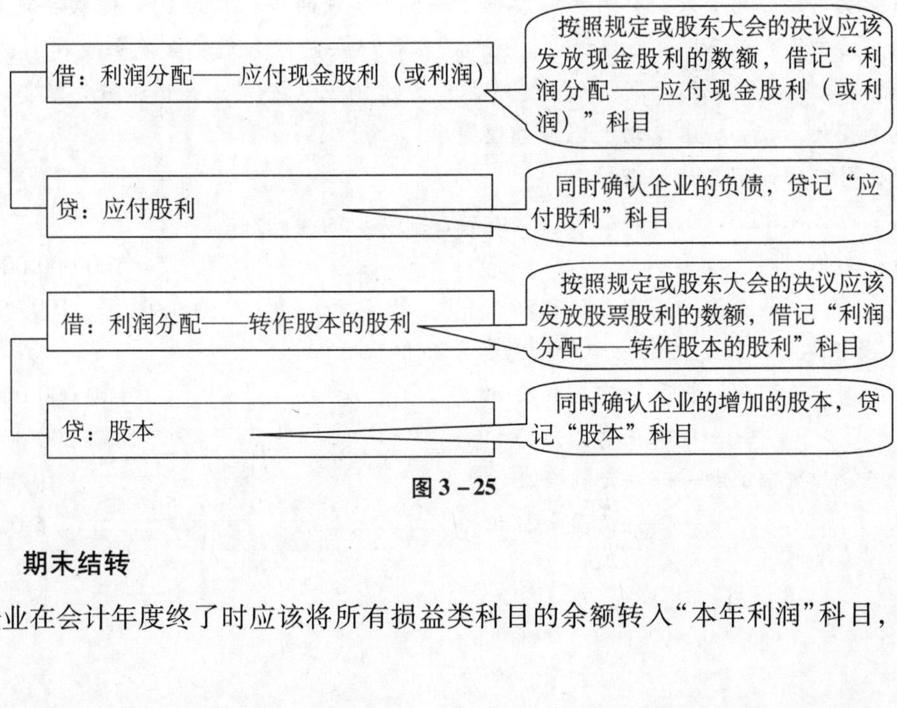

图3－25

业务2　期末结转

企业在会计年度终了时应该将所有损益类科目的余额转入“本年利润”科目，然后将

“本年利润”科目中的余额转入该科目，企业应该借记或者贷记“本年利润”科目，贷记或借记“利润分配——未分配利润”科目；同时，公司需要将该科目的其他明细科目都转入“利润分配——未分配利润”明细科目，即贷记“提取法定盈余公积”、“提取任意盈余公积”、“应付现金股利或利润”、”转作股本的股利”科目，借记“利润分配——未分配利润”科目。结账之后，会计分录如图 3－26 所示。

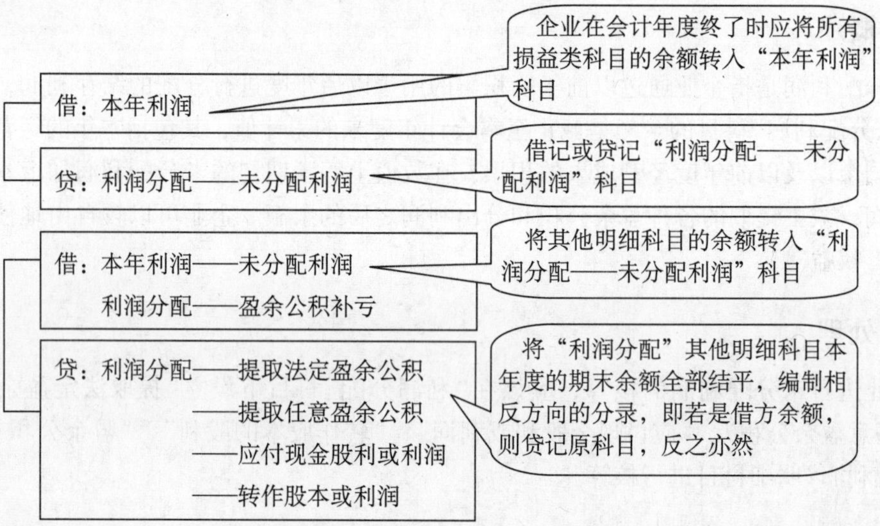

图 3－26

▸▸案例解析

【**例 3－13**】甲公司于 2×15 年实现净利润 100 000 000 元，该年年初企业账上的未分配利润为 170 000 000 元，该股份有限公司的股本为 200 000 000 股，每股的面值为 1 元。根据股东大会的决议，公司决定按照 2×15 年实现的净利润的 10% 提取法定法定盈余公积，按 5% 提取任意盈余公积，并且向股东按照每股 0.1 元发放现金股利，按每 10 股送 3 股的比例发放股票股利。截至 2×15 年 3 月 10 日，公司已经用银行存款支付了所有的现金股利，相关资本变动也已经办理完毕。

甲公司应作如下会计处理：

① 2×13 年 12 月 31 日，公司应该结转本年实现的净利润。

借：本年利润	100 000 000	
贷：利润分配——未分配利润		100 000 000

② 提取本年的法定盈余公积和任意盈余公积。

借：利润分配——提取法定盈余公积	10 000 000	
——提取任意盈余公积	5 000 000	
贷：盈余公积——法定盈余公积		10 000 000
——任意盈余公积		5 000 000

③ 股东大会批准发放现金股利。

借：利润分配——应付现金股利	20 000 000	
贷：应付股利		20 000 000

④ 实际发放现金股利时。

借：应付股利	20 000 000	
贷：银行存款		20 000 000

⑤ 新增股本股权登记办理完毕。

借：利润分配——转作股本的股利	60 000 000	
贷：股本		60 000 000

⑥ 结转“利润分配”科目的相关明细科目。

借：利润分配——未分配利润	95 000 000	
贷：利润分配——提取法定盈余公积		10 000 000
——提取任意盈余公积		5 000 000
——应付现金股利		20 000 000
——转作股本的股利		60 000 000

第四篇

收入类交易和事项的会计处理

收入是指企业在日常活动中形成的、会导致所有者权益增加的、与所有者投入资本无关的经济利益的总流入。其中，日常活动是指企业为完成其经营目标所从事的经常性活动以及与之相关的其他活动。收入大体可以分为销售商品收入、提供劳务收入、让渡资产使用权收入、建造合同收入等。

销售商品收入

(一)一般销售商品收入

▶▶业务概述

商品包括企业为销售而生产的产品和为转售而购进的商品，如工业生产企业生产的产品、商业企业购进的商品等，企业销售的其他存货，如原材料、包装物等，也视同企业的商品。

一般来说，销售商品收入同时满足下列条件的，才能予以确认：① 企业已将商品所有权上的主要风险和报酬转移给购货方；② 企业既没有保留通常与所有权相联系的继续管理权，也没有对已售出的商品实施有效控制；③ 收入的金额能够可靠地计量；④ 相关的经济利益很可能流入企业；⑤ 相关的已发生或将发生的成本能够可靠地计量。

▶▶账务处理

确认销售商品收入时，企业应按已收或应收的合同或协议价款的公允价值，加上应收取的增值税税额，借记“银行存款”、“应收账款”、“应收票据”等资产类科目；按确定的收入金额(即已收或应收的合同或协议价款的公允价值)，贷记“主营业务收入”、“其他业务收入”等科目；按应收取的增值税税额，贷记“应交税费——应交增值税(销项税额)”科目。如果销售的商品需要交纳消费税或者资源税，借记“营业税金及附加”科目，贷记“应交税费——应交消费税(或应交资源税)”科目。同时，在资产负债表日，按应交纳的城市维护建设税、教育费附加等税费金额，借记“营业税金及附加”科目，贷记“应交税费——应交城市维护建设税(教育费附加等)”科目。

如果售出商品不符合收入确认条件，则不应确认收入，已经发出的商品，应当通过“发出商品”科目进行核算。编制会计分录如图 4－1 所示。

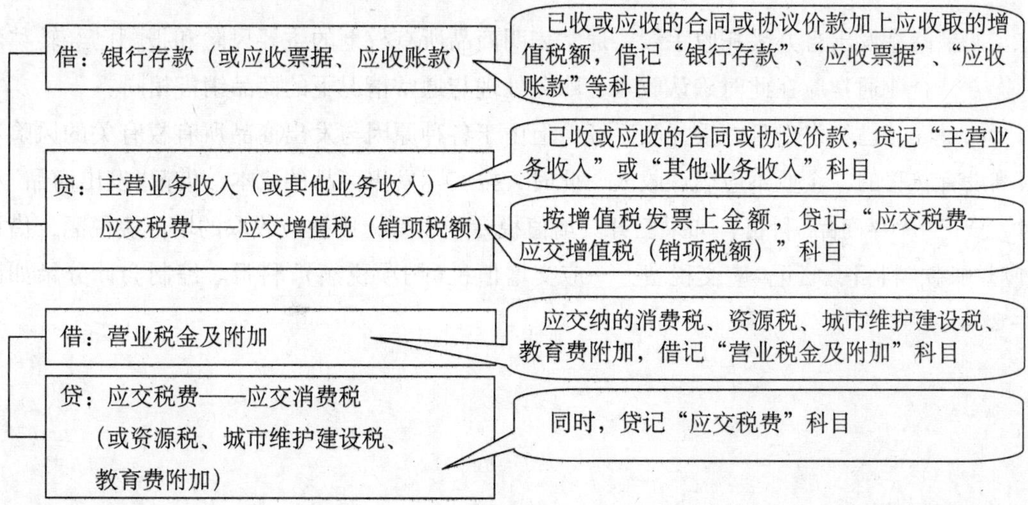

图 4－1

案例解析

【例4-1】甲公司是一家车辆生产企业，位于A市郊区，2×16年1月26日向乙公司销售10辆小轿车，开出的增值税专用发票上注明的销售价格为1 000 000元，增值税税额为170 000元，款项尚未收到。根据上述经济业务，甲公司应作如下会计处理：

借：应收账款——乙公司　　1 170 000

　　贷：主营业务收入　　1 000 000

　　　　应交税费——应交增值税（销项税额）　　170 000

应交纳的城市维护建设税 = 170 000 × 5% = 8 500（元）。

应交纳的教育费附加 = 170 000 × 3% = 5 100（元）。

借：营业税金及附加　　13 600

　　贷：应交税费——应交城市维护建设税　　8 500

　　　　　　　　——应交教育费附加　　5 100

（二）托收承付方式销售商品

业务概述

托收承付，是指企业根据合同发货后，委托银行向异地付款单位收取款项，由购货方向银行承诺付款的销售方式。在这种销售方式下，商品发出且办妥托收手续，通常表明商品所有权上的主要风险和报酬已经转移给购货方，企业通常应在此时确认收入。如果商品已经发出且办妥托收手续，但由于各种原因与发出商品所有权有关的风险和报酬没有转移的，企业不应确认收入。

账务处理

如果商品发出且办妥托收手续，通常表明商品所有权上的主要风险和报酬已经转移给购货方，企业通常应在此时确认收入，账务处理与通常情况下的商品销售相同。

如果商品已经发出且办妥托收手续，但由于各种原因与发出商品所有权有关的风险和报酬没有转移的，企业不应确认收入。此时，按实际发出商品的成本，借记“发出商品”科目，贷记“库存商品”科目；如果已开具增值税专用发票，则按应收取的增值税税额，借记“应收账款”科目，贷记“应交税费——应交增值税（销项税额）”科目。编制会计分录如图4-2所示。

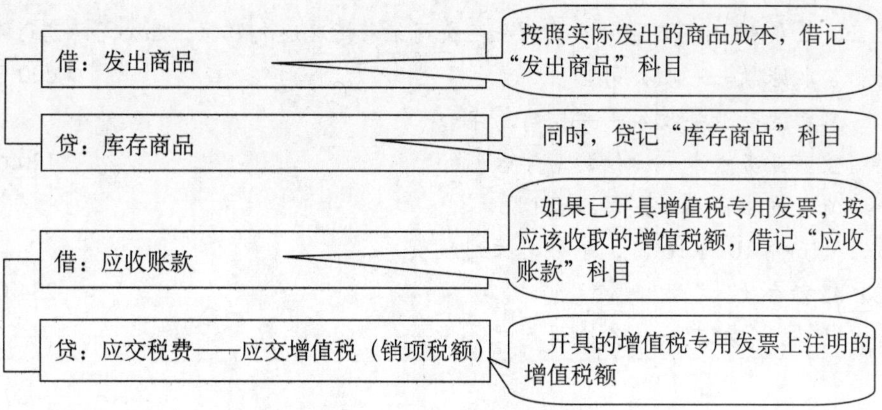

图 4－2

当情况好转；发出商品满足收入确认条件时，确认收入，并且将“发出商品”科目的金额转入“主营业务成本”科目或“其他业务成本”科目。编制会计分录如图 4－3 所示。

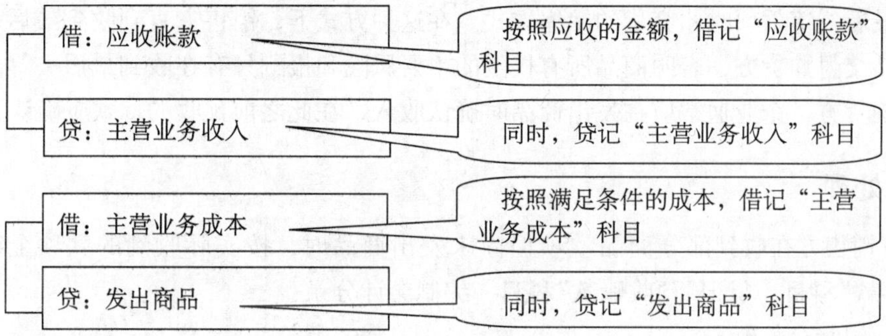

图 4－3

▸▸案例解析

【例 4－2】甲公司在 2×16 年 8 月 12 日向乙公司销售一批写字台，开出的增值税专用发票上注明的销售价格为 200 000 元，增值税税额为 34 000 元，款项尚未收到；该批商品成本为 120 000 元。甲公司在销售时已知乙公司资金周转发生困难，但为了减少存货积压，同时也为了维持与乙公司长期建立的商业合作关系，甲公司仍将商品发往乙公司且办妥托收手续。假定甲公司发出该批商品时其增值税纳税义务已经发生。

① 2×16 年 8 月 12 日，甲公司发出商品。

借：发出商品——写字台　　120 000

　　贷：库存商品——写字台　　120 000

同时，将增值税专用发票上注明的增值税税额转入应收账款。

借：应收账款——乙公司　　34 000

　　贷：应交税费——应交增值税(销项税额)　　34 000

（注：如果销售该商品的增值税纳税义务尚未发生，则不编制这笔分录，待纳税义务发生时再编制应交增值税的分录。）

②2×16年10月5日，甲公司得知乙公司经营情况逐渐好转，乙公司承诺近期付款。

借：应收账款——乙公司　200 000

　　贷：主营业务收入——销售写字台　200 000

借：主营业务成本——销售写字台　120 000

　　贷：发出商品——写字台　120 000

③2×16年10月16日，甲公司收到款项。

借：银行存款　234 000

　　贷：应收账款——乙公司　234 000

(三)预收款销售商品

业务概述

预收款销售商品，是指购买方在商品尚未收到前按合同或协议约定分期付款，销售方在收到最后一笔款项时才交货的销售方式。在这种方式下，销售方直到收到最后一笔款项才将商品交付购货方，表明商品所有权上的主要风险和报酬只有在收到最后一笔款项时才转移给购货方，企业通常应在发出商品时确认收入，在此之前预收的货款应确认为负债。

账务处理

(1)销售方在收到部分商品款项但尚未发出商品时，按实际收到的款项金额，借记“银行存款”科目，贷记“预收账款”科目。编制会计分录：

借：银行存款

　　贷：预收账款

(2)当收到剩余款项并且发生纳税义务时，根据收到的剩余款项和之前已收到的款项，分别借记“银行存款”科目和“预收账款”科目；根据合同或协议约定的商品销售货款，贷记“主营业务收入”或“其他业务收入”科目；根据增值税专用发票上开具的增值税税额，贷记“应交税费——应交增值税(销项税额)”科目。编制会计分录如图4－4所示。

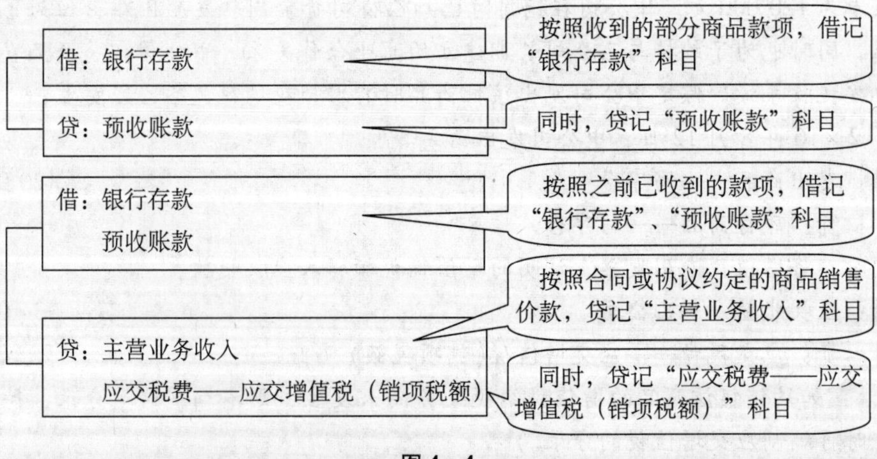

图4－4

(3)资产负债表日，结转销售商品成本，借记“主营业务成本”科目或“其他业务成本”科目，贷记“库存商品”科目。编制会计分录如图4－5所示。

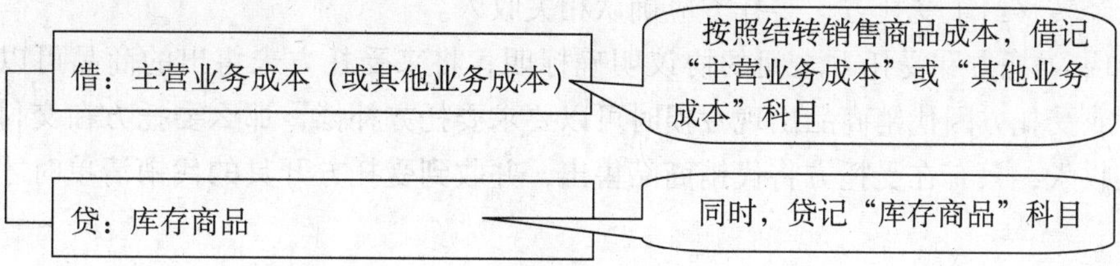

图4－5

案例解析

【例4－3】甲公司与乙公司于2×16年9月16日签订协议，采用预收款方式向乙公司销售一批商品。该批商品实际成本为850 000元。协议约定，该批商品销售价格为1 100 000元，增值税税额为187 000元；乙公司应在协议签订时预付60%的货款(按不含增值税销售价格计算)，剩余货款于两个月后支付。甲公司的账务处理如下。

① 收到预付的60%货款时。

借：银行存款	660 000	
贷：预收账款		660 000

② 收到剩余货款及增值税额并确认收入时。

借：预收账款	660 000	
银行存款	627 000	
贷：主营业务收入		1 100 000
应交税费——应交增值税(销项税额)		187 000
借：主营业务成本	850 000	
贷：库存商品		850 000

(四)委托代销商品

业务概述

委托代销商品又称“托售商品”，是指企业委托其他单位代为销售的商品。委托方和受托方应先签订协议，确定委托代销的商品品种、价格、代销方式、代销手续费标准和结算办法等，明确双方的经济利益和经济责任。一般来说，委托代销商品有视同买断和支付手续费两种方式。

(1)视同买断方式。

视同买断方式，是指委托方和受托方签订合同或协议，委托方按合同或协议收取代销的货款，实际售价由受托方自定，实际售价与合同或协议价之间的差额归受托方所有的销售方式。这种方式下有两种情况：

① 如果委托方和受托方之间的协议明确表明，受托方在取得代销商品后，无论是否

能够卖出、是否获利，均与委托方无关，那么，委托方和受托方之间的代销商品交易与委托方将该商品直接销售给受托方无本质上的区别，可以说该商品的所有权有关的主要风险和报酬已经转移给了受托方，委托方应确认相关收入。

② 如果委托方和受托方之间的协议明确标明，将来受托方未售出的商品可以退回给委托方，或受托方因代销商品出现亏损时可以要求委托方补偿，那么委托方在交付商品时不能确认收入，只有在受托方将代销商品售出，并收到受托方开具的代销清单时才能确认收入。

(2)收取手续费方式。

收取手续费方式，即受托方须按照合同或协议约定的价格销售，受托方根据所代销商品的数量向委托方收取手续费的销售方式。在这种方式下，委托方在发出商品时，商品的所有权上的主要风险和报酬并未发生转移，通常不应确认销售商品收入，而应在收到受托方开出的代销清单时确认销售商品收入；受托方应在商品销售后，按合同或协议约定的方法计算确定的手续费确认收入。

账务处理

业务1　视同买断方式

情况一：协议明确标明，受托方在取得代销商品后，无论是否能够卖出、是否获利，均与委托方无关，并且符合收入确认条件。

(1)委托方应确认收入，借记“应收账款”科目，按商品价款贷记“主营业务收入”科目，按增值税专用发票上注明的增值税税额贷记“应交税费——应交增值税(销项税额)”科目。编制会计分录如图4－6所示。

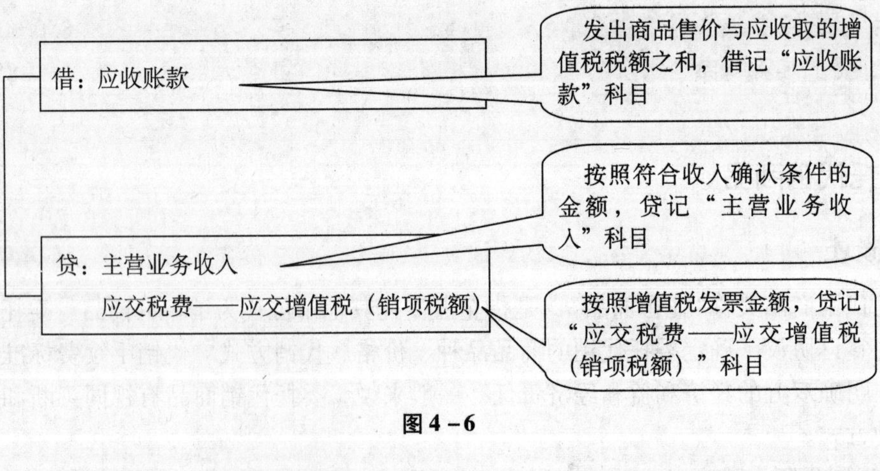

图4－6

委托方收到款项时，借记“银行存款”科目，贷记“应收账款”科目。编制会计分录如图4－7所示。

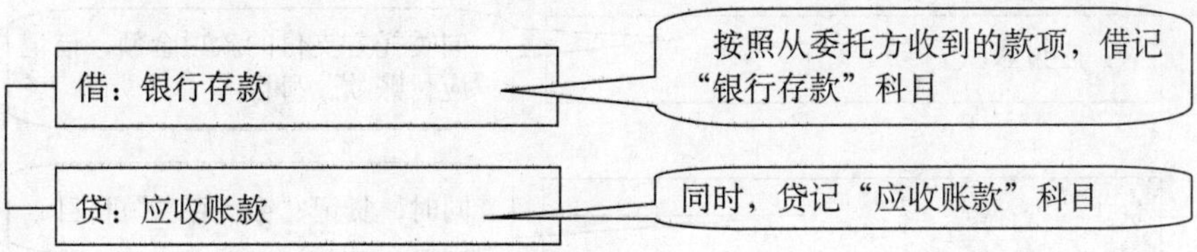

图 4－7

(2)受托方在收到商品时，应按商品价款借记“库存商品”科目；按增值税专用发票上注明的增值税税额，借记“应交税费——应交增值税(进项税额)”科目；并且按商品价款与增值税税额之和，贷记“应付账款”科目。编制会计分录如图 4－8 所示。

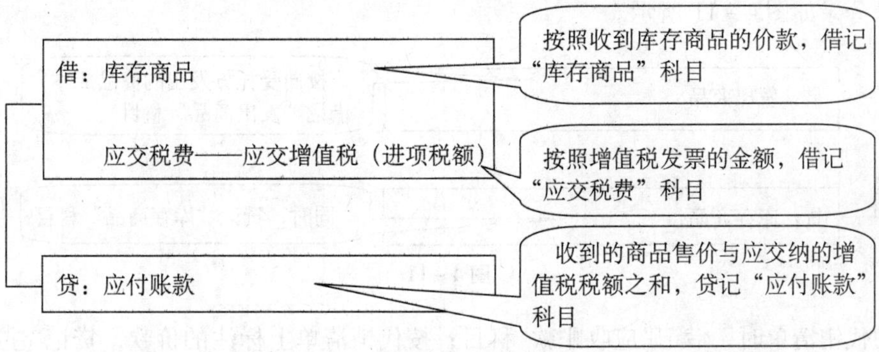

图 4－8

受托方对外销售该商品时，按实际收到的金额，借记“银行存款”科目；按商品实际售价，贷记“主营业务收入”；按增值税专用发票上注明的增值税税额，贷记“应交税费——应交增值税(销项税额)”科目。编制会计分录如图 4－9 所示。

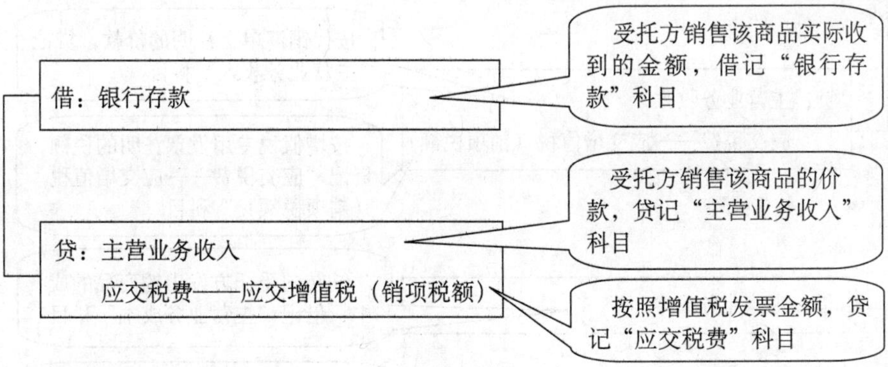

图 4－9

同时，受托方按合同协议价将款项付给委托方，借记“应付账款”科目，贷记“银行存款”科目。编制会计分录如图 4－10 所示。

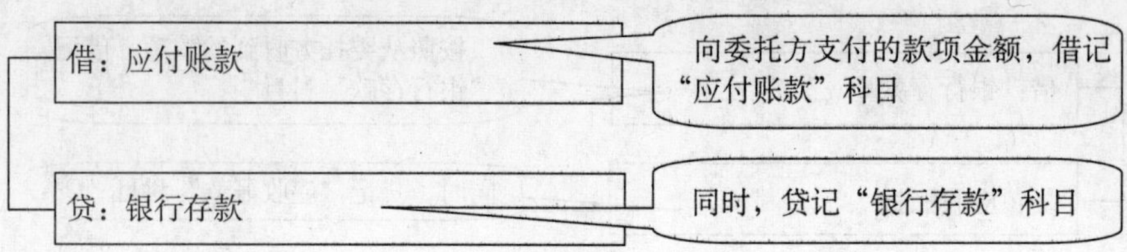

图4-10

情况二：委托方和受托方之间的协议明确标明，将来受托方未售出的商品可以退回给委托方，或受托方因代销商品出现亏损时可以要求委托方补偿。

(1)委托方发出商品时不能确认收入，借记“发出商品”科目，贷记“库存商品”科目。编制会计分录如图4-11所示。

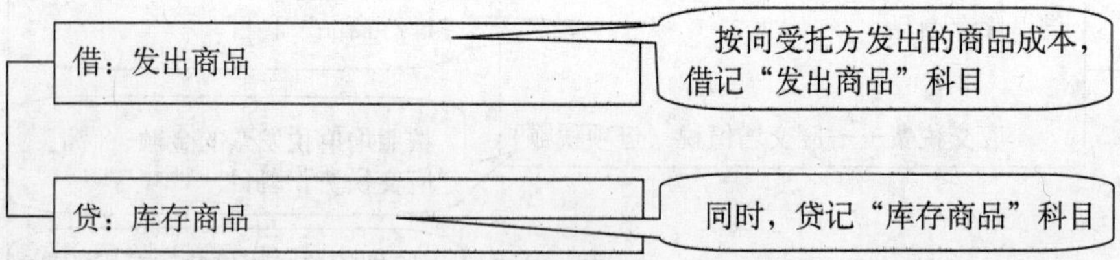

图4-11

收到代销清单时，借记“应收账款”科目；按代销清单上标注的价款，贷记“主营业务收入”科目，贷记“应交税费——应交增值税(销项税额)”科目，同时结转成本。编制会计分录如图4-12所示。

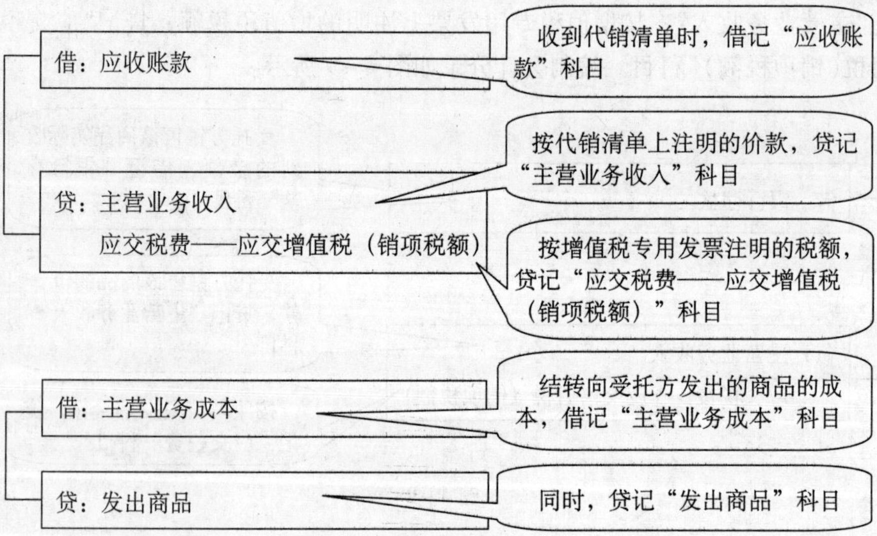

图4-12

收到受托方汇款时，按汇款金额，借记“银行存款”科目，贷记“应收账款”科目。编制会计分录如图4-13所示。

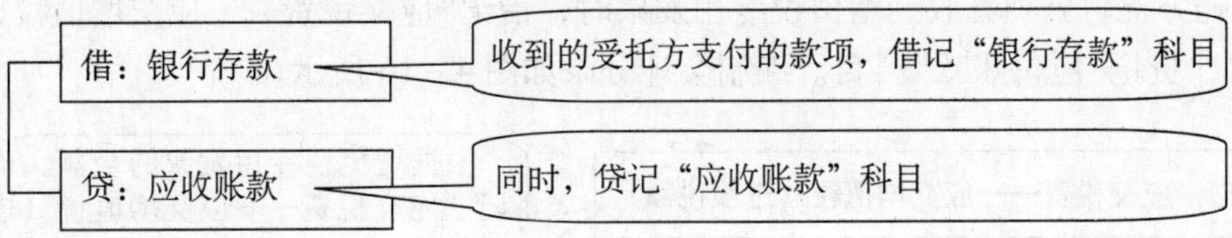

图 4－13

(2)受托方收到商品时，不确认库存商品，按照收到商品的协议价款，借记“委托代销商品”科目，贷记“代销商品款”科目。编制会计分录如图 4－14 所示。

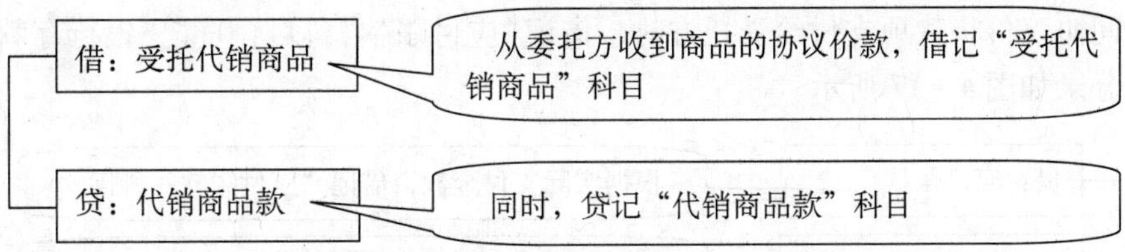

图 4－14

实际销售该批商品时，按销售合同或协议价款的公允价值确认主营业务收入，并且将“受托代销商品”科目的金额转入“主营业务成本”科目，将“代销商品款”科目的金额转入“应付账款”科目。编制会计分录如图 4－15 所示。

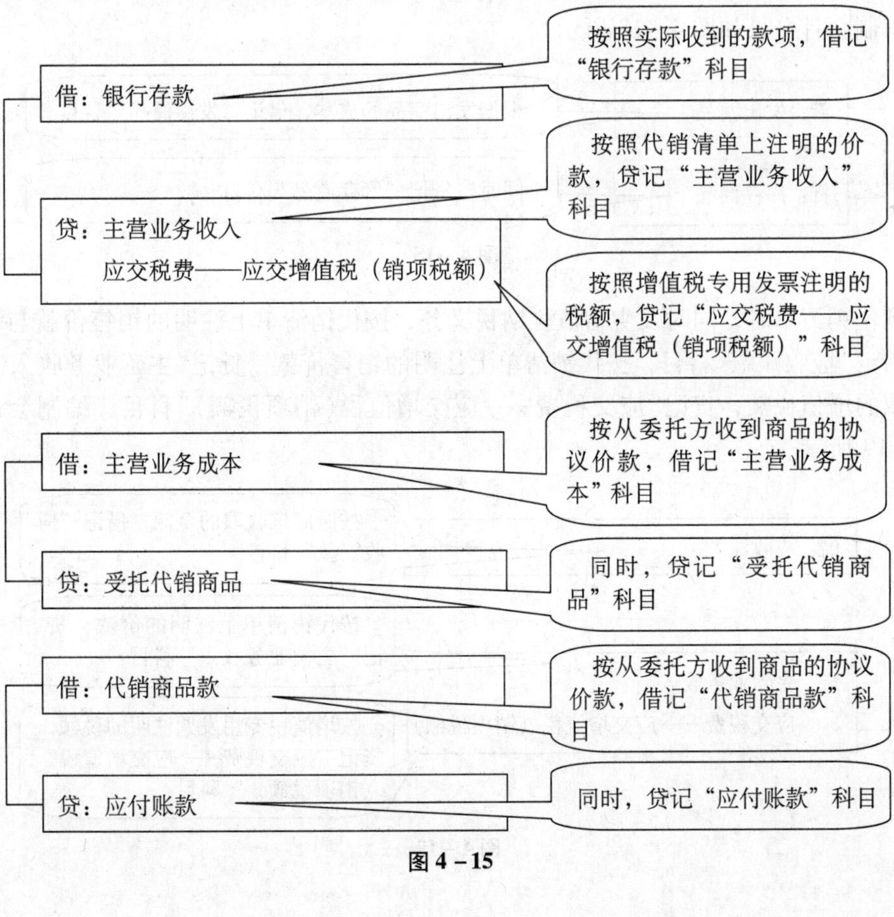

图 4－15

向委托方支付款项并收到增值税专用发票时，借记“应交税费——应交增值税（进项税额）”科目，贷记“应付账款”科目。编制会计分录如图4－16所示。

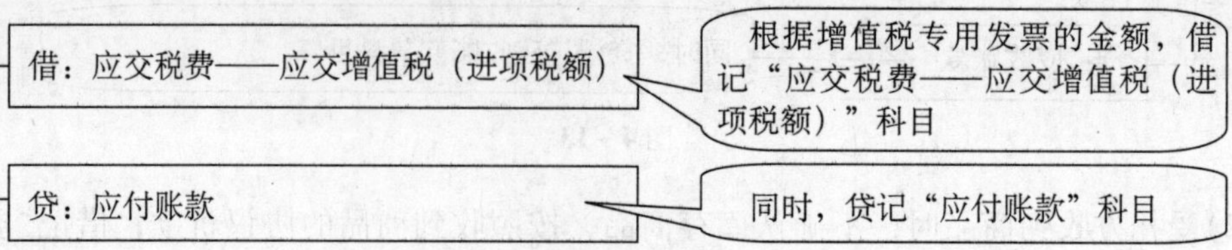

图4－16

按合同协议价将款项支付给受托方时，借记“应付账款”科目，贷记“银行存款”科目。编制会计分录如图4－17所示。

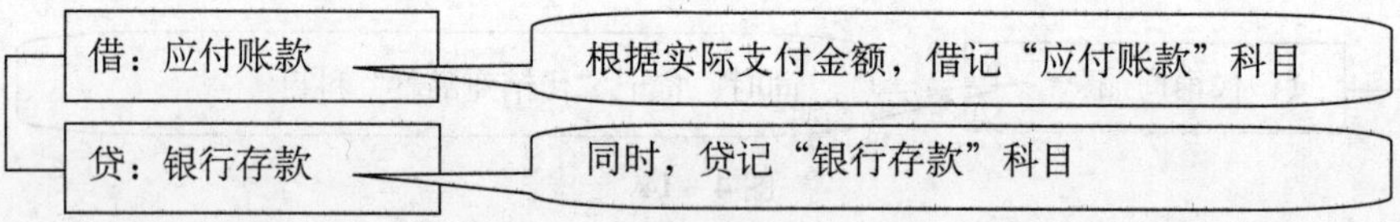

图4－17

业务2　收取手续费方式

（1）委托方发出商品时，按发出商品的成本，借记“发出商品”科目，贷记“库存商品”科目。编制会计分录如图4－18所示。

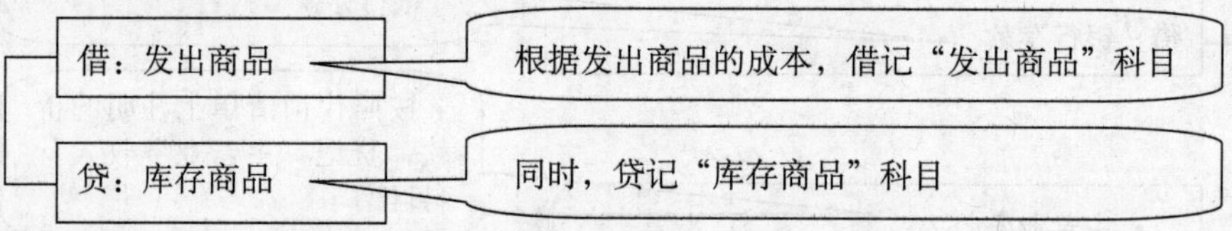

图4－18

收到代销清单时，同时发生增值税纳税义务，按代销清单上注明的销售价款与增值税之和，借记“应收账款”科目；按代销清单上注明的销售价款，贷记“主营业务收入”科目；按应收取的增值税额，贷记“应交税费——应交增值税（销项税额）”科目。编制会计分录如图4－19所示。

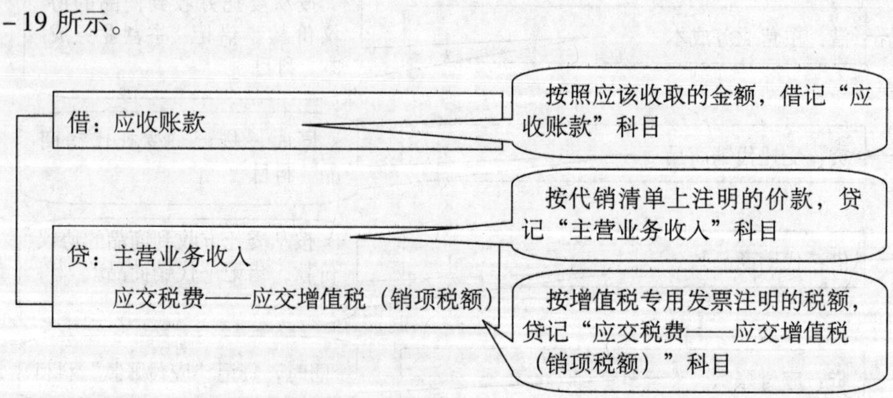

图4－19

同时，将“发出商品”科目金额结转到“主营业务成本”科目，并且支付手续费，借记“销售费用”科目，贷记“应收账款”科目。编制会计分录如图 4－20 所示。

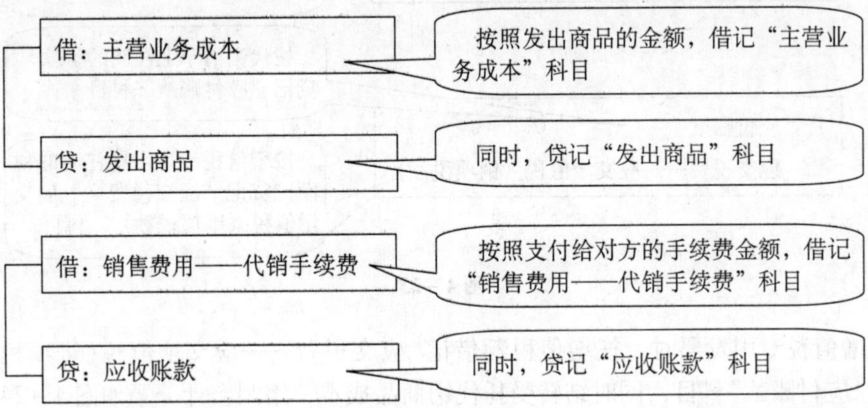

图 4－20

收到受托方支付的款项时，借记“银行存款”科目，贷记“应收账款”科目。编制会计分录如图 4－21 所示。

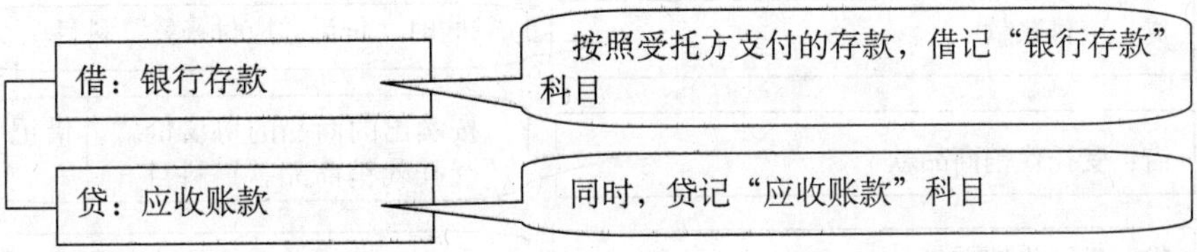

图 4－21

(2)受托方在收到商品时，按该商品的协议价款，借记“受托代销商品”科目，贷记“代销商品款”科目。编制会计分录如图 4－22 所示。

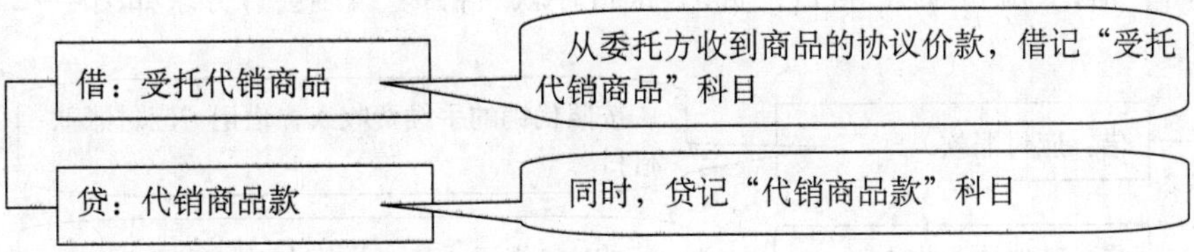

图 4－22

实际销售该批商品时，按实际支付的价款，借记“银行存款”科目。按该商品的协议价款，贷记“应付账款”科目；按应收取的增值税额，贷记“应交税费——应交增值税(销项税额)”科目。编制会计分录如图 4－23 所示。

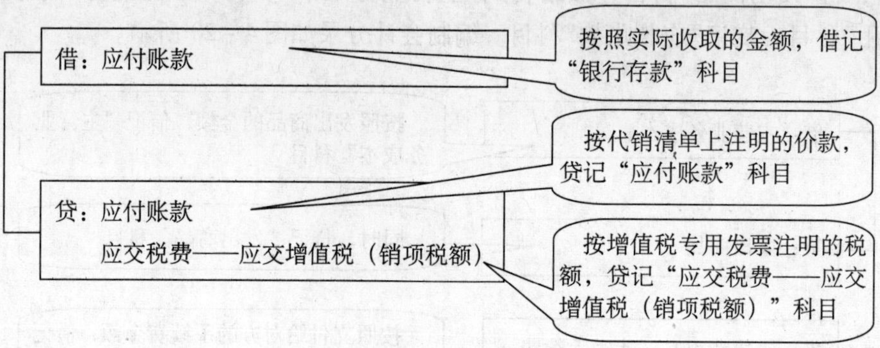

图 4－23

收到增值税专用发票时，按增值税额借记“应交税费——应交增值税（进项税额）”科目，贷记“应付账款”科目，同时结转受托代销商品成本，编制会计分录如图 4－24 所示。

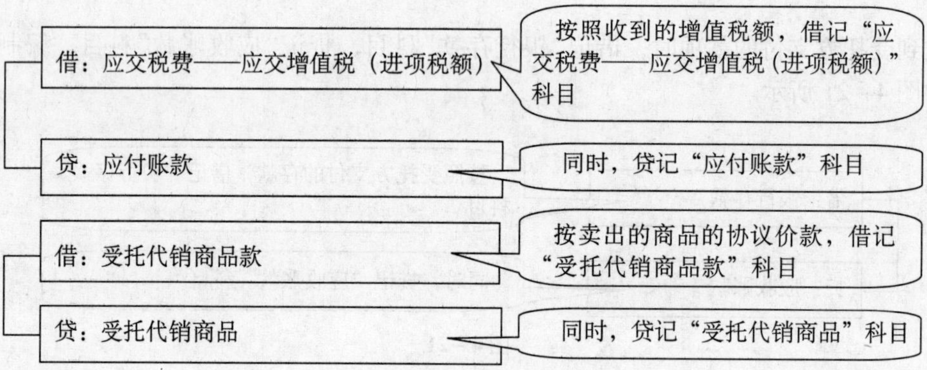

图 4－24

计算代销手续费收入时，借记“应付账款”科目，贷记“其他业务收入”科目；结清受托代销商品时，借记“应付账款”科目，贷记“银行存款”科目。编制会计分录如图 4－25所示。

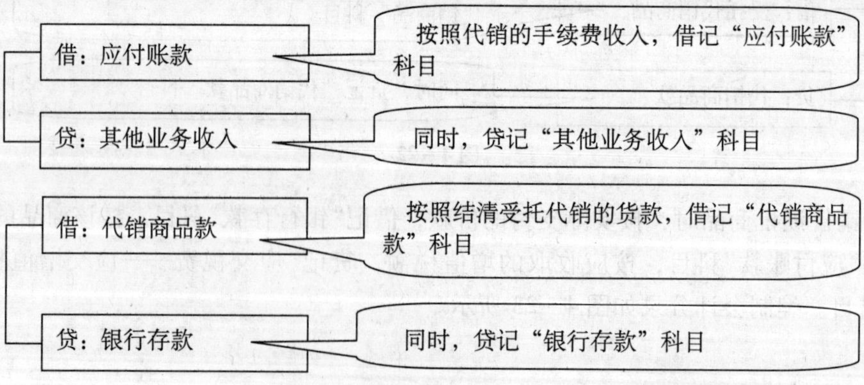

图 4－25

▶▶案例解析

【例4-4】 2×16年5月10日，甲公司委托乙公司代销一批商品，并签订了代销协议，协议价为100 000元，该商品成本为80 000元，增值税税率为17%，商品已经发出。9月1日，甲公司收到乙公司开来的代销清单，并根据代销清单开具增值税专用发票，发票上注明售价120 000元，增值税20 400元。乙公司实际销售该批商品时开具的增值税发票上注明的售价128 000元，增值税21 760元。9月5日，甲公司收到乙公司按合同协议支付的款项。假定按代销协议规定，乙公司可以将未卖出的代销商品退回给甲公司。

根据上述资料，甲公司的账务处理如下。

① 甲公司将该批商品交付乙公司。

借：发出商品	80 000	
贷：库存商品		80 000

② 收到代销清单时。

借：应收账款——乙公司	140 400	
贷：主营业务收入		120 000
应交税费——应交增值税(销项税额)		20 400
借：主营业务成本	80 000	
贷：发出商品		80 000

③ 收到乙公司汇来货款140 400元。

借：银行存款	140 400	
贷：应收账款——乙公司		140 400

乙公司的账务处理如下。

① 收到该批商品。

借：受托代销商品	120 000	
贷：代销商品款		120 000

② 对外销售该批商品。

借：银行存款	149 760	
贷：主营业务收入		128 000
应交税费——应交增值税(销项税额)		21 760
借：主营业务成本	120 000	
贷：受托代销商品		120 000
借：代销商品款	120 000	
贷：应付账款——甲公司		120 000

③ 收到增值税专用发票。

借：应交税费——应交增值税(进项税额)	20 400	
贷：应付账款——甲公司		20 400

④ 按合同协议价将款项付给甲公司。

借：应付账款——甲公司	140 400	
贷：银行存款		140 400

【例4-5】2×16年10月10日，甲公司委托丙公司销售商品200件，商品已经发出，每件成本为60元。合同约定丙公司应按每件100元对外销售，甲公司按不含增值税的销售价格的10%向丙公司支付手续费。2×16年10月28日，丙公司对外实际销售100件，开出的增值税专用发票上注明的销售价格为10 000元，增值税税额为1 700元，款项已经收到。2×16年11月1日，甲公司收到丙公司开具的代销清单时，向丙公司开具一张相同金额的增值税专用发票。假定甲公司发出商品时纳税义务尚未发生，不考虑其他因素。

根据上述资料，甲公司的账务处理如下。

① 发出商品。

借：发出商品——丙公司	12 000	
贷：库存商品——××商品		12 000

② 收到代销清单时，同时发生增值税纳税义务。

借：应收账款——丙公司	11 700	
贷：主营业务收入——销售××商品		10 000
应交税费——应交增值税(销项税额)		1 700
借：主营业务成本——销售××商品	6 000	
贷：发出商品——丙公司		6 000
借：销售费用——代销手续费	1 000	
贷：应收账款——丙公司		1 000

③ 收到丙公司支付的货款。

借：银行存款	10 700	
贷：应收账款——丙公司		10 700

丙公司的账务处理如下。

① 收到商品。

借：受托代销商品——甲公司	20 000	
贷：受托代销商品款——甲公司		20 000

② 对外销售。

借：银行存款	11 700	
贷：应付账款——甲公司		10 000
应交税费——应交增值税(销项税额)		1 700

③ 收到增值税专用发票。

借：应交税费——应交增值税(进项税额)	1 700	
贷：应付账款——甲公司		1 700
借：受托代销商品款——甲公司	10 000	
贷：受托代销商品——甲公司		10 000

④ 支付货款并计算代销手续费。

借：应付账款——甲公司　　11 700

　　贷：银行存款　　10 700

　　　　其他业务收入——代销手续费　　1 000

(五)销售商品涉及现金折扣、商业折扣、销售折让

业务概述

(1)商业折扣。

商业折扣，是指企业为促进商品销售而在商品标价上给予的价格扣除。商业折扣一般在交易发生时即已确定，买方和卖方都是根据实际发生的交易金额入账。因此，企业销售商品涉及商业折扣的，应当按照扣除商业折扣后的金额确定销售商品收入金额。

(2)现金折扣。

现金折扣，是指债权人为鼓励债务人在规定的期限内付款而向债务人提供的债务扣除。现金折扣主要发生在企业以赊销的方式销售商品及提供劳务的交易中。现金折扣的处理方法一般有总价法和净价法两种。

总价法，是指企业在确定销售商品收入金额时，不考虑各种预计可能发生的现金折扣，现金折扣在实际发生时计入发生当期的财务费用。我国的企业会计准则规定，我国企业应采用总价法对现金折扣进行会计处理。

净价法，是指企业将扣除了现金折扣后的销售商品金额确认为收入，如果没有发生现金折扣，在现金折扣期满时，将其转入收入。

(3)销售折让。

销售折让，是指企业因售出商品的质量不合格等原因而在售价上给予的减让。对于销售折让，企业应分别不同情况进行处理：

① 已确认收入的售出商品发生销售折让的，通常应当在发生时冲减当期销售商品收入，如按规定允许扣减当期增值税销项税额的，还应同时冲减销项税额。

② 已确认收入的销售折让属于资产负债表日后事项的，应当按照《企业会计准则第29号——资产负债表日后事项》的相关规定进行处理。

账务处理

业务1　现金折扣

销售实现时，按销售总价确认收入，借记“应收账款”科目；按销售商品实际售价，贷记“主营业务收入”科目；按应收取的增值税税额，贷记“应交税费——应交增值税(销项税额)”科目。编制会计分录如图4－26所示。

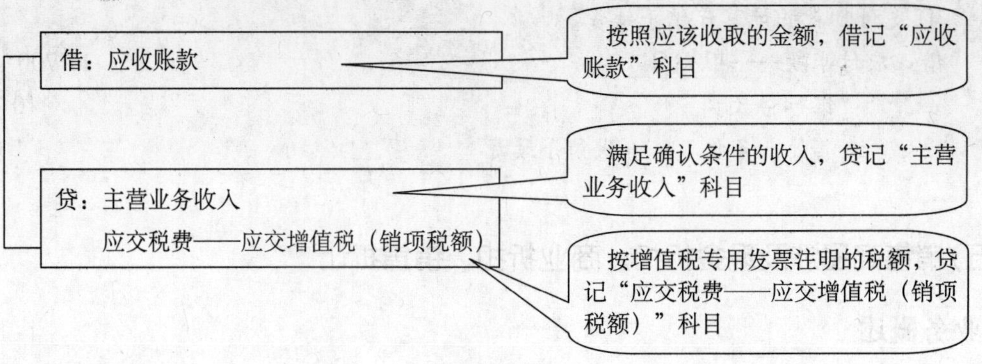

图 4 – 26

若在规定期限内付清货款，按享受现金折扣的金额借记“财务费用”科目，按扣除现金折扣后实际收到的货款借记“银行存款”科目，贷记“应收账款”科目。编制会计分录如图 4 – 27 所示。

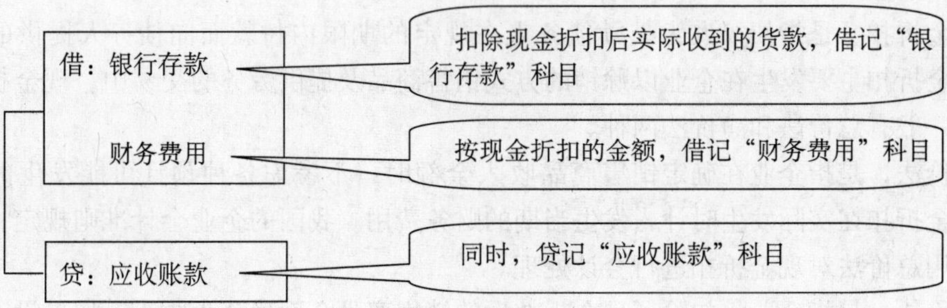

图 4 – 27

业务 2　销售折让

销售实现时按实际情况确认销售收入。发生销售折让时，按应冲减销售商品收入的金额，借记“主营业务收入”科目；按冲减的增值税销项税额，借记“应交税费——应交增值税（销项税额）”科目，贷记“应收账款”科目。编制会计分录如图 4 – 28 所示。

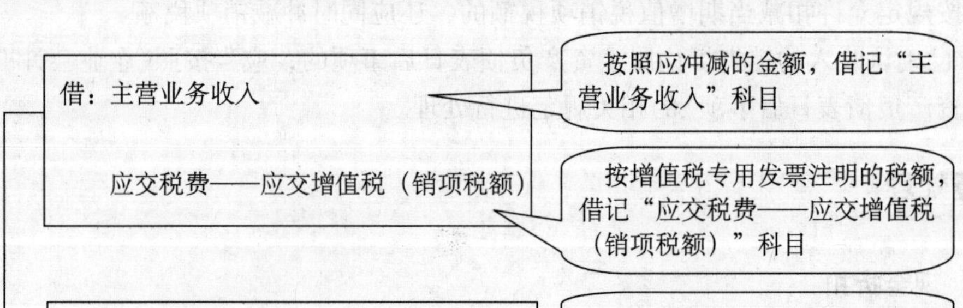

图 4 – 28

实际收到款项时，按实际收到的款项，借记“银行存款”科目，贷记“应收账款”科目。编制会计分录如图 4 – 29 所示。

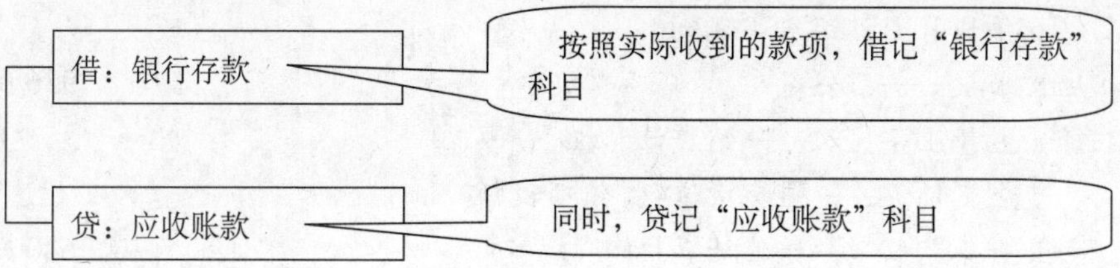

图 4－29

案例解析

【例 4－6】甲公司在 2×16 年 4 月 1 日向乙公司销售一批商品，开出的增值税专用发票上注明的销售价格为 30 000 元，增值税税额为 5 100 元。为及早收回货款，甲公司和乙公司约定的现金折扣条件为：2/10，1/20，n/30。假定计算现金折扣时不考虑增值税税额。甲公司的账务处理如下。

① 2×16 年 4 月 1 日销售实现时，按销售总价确认收入。

借：应收账款——乙公司	35 100	
贷：主营业务收入——销售××商品		30 000
应交税费——应交增值税(销项税额)		5 100

② 如果乙公司在 2×16 年 4 月 9 日付清货款，则按销售总价 30 000 元的 2% 享受现金折扣 600 元(30 000×2%)，实际付款 34 500 元(35 100－600)。

借：银行存款	34 500	
财务费用——现金折扣	600	
贷：应收账款——乙公司		35 100

③ 如果乙公司在 2×16 年 4 月 18 日付清货款，则按销售总价 30 000 元的 1% 享受现金折扣 300 元(30 000×1%)，实际付款 34 800 元(35 100－300)。

借：银行存款	34 800	
财务费用——现金折扣	300	
贷：应收账款——乙公司		35 100

④ 如果乙公司在 2×16 年 4 月底才付清货款，则按全额付款。

借：银行存款	35 100	
贷：应收账款——乙公司		35 100

【例 4－7】甲公司在 2×16 年 9 月 1 日向乙公司销售一批计算机，开出的增值税专用发票上注明的销售价格为 800 000 元，增值税税额为 136 000 元，款项尚未收到；该批商品成本为 640 000 元。9 月 30 日，乙公司在验收过程中发现商品外观上存在瑕疵，但基本上不影响使用，要求甲公司在价格上(不含增值税税额)给予 5% 的减让。假定甲公司已确认收入，已取得税务机关开具的红字增值税专用发票。甲公司的账务处理如下。

①2×16年9月1日销售实现。

借：应收账款——乙公司　936 000

　　贷：主营业务收入——销售计算机　800 000

　　　　应交税费——应交增值税(销项税额)　136 000

借：主营业务成本——销售计算机　640 000

　　贷：库存商品——计算机　640 000

②2×16年9月30日发生销售折让，取得红字增值税专用发票。

借：主营业务收入——销售计算机　40 000

　　应交税费——应交增值税(销项税额)　6 800

　　贷：应收账款——乙公司　46 800

③2×16年10月4日收到款项。

借：银行存款　889 200

　　贷：应收账款——乙公司　889 200

(六)销售退回

业务概述

销售退回，是指企业售出的商品由于质量、品种不符合要求等原因而发生的退货。

账务处理

对于销售退回，企业应分别不同情况进行会计处理：

(1)对于未确认收入的售出商品发生销售退回的，企业应按已记入“发出商品”科目的商品成本金额，借记“库存商品”科目，贷记“发出商品”科目。编制会计分录如图4－30所示。

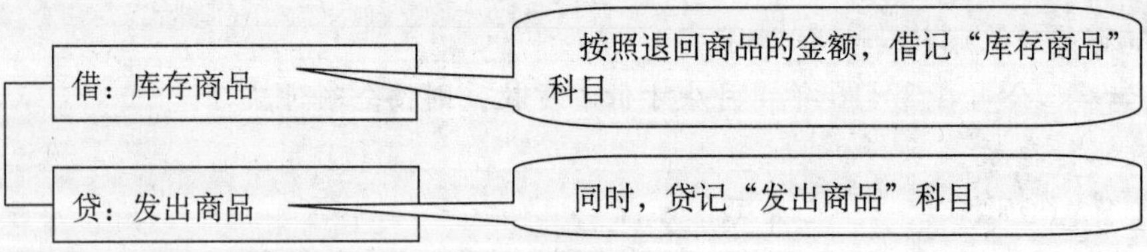

图4－30

(2)对于已确认收入的售出商品发生退回的，企业应在发生时冲减当期销售商品收入，同时冲减当期销售商品成本。如果当月有与退回商品相同的商品在销售，则应冲减同种商品的销售收入和销售成本；如果当月没有该种商品销售，则以退回商品的金额冲减其他商品的销售收入和销售成本。如该项销售退回已发生现金折扣的，应同时调整相关财务费用的金额；如该项销售退回允许扣减增值税税额的，应同时调整“应交税费——应交增值税(销项税额)”科目的相应金额。编制会计分录如图4－31所示。

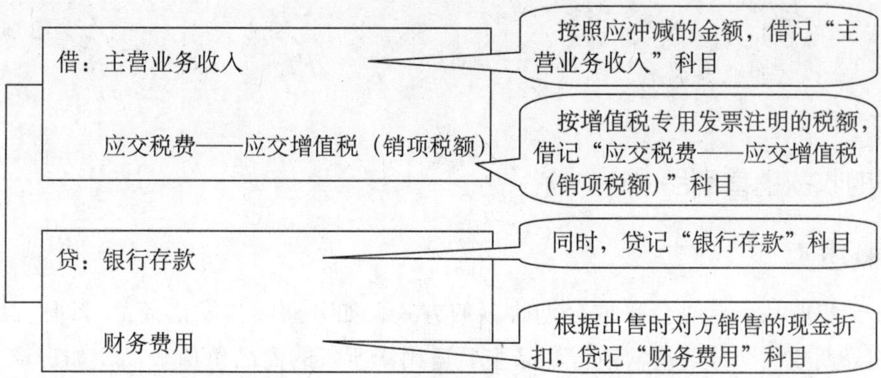

图4－31

(3)已确认收入的售出商品发生的销售退回属于资产负债表日后事项的，应当按照有关资产负债表日后事项的相关规定进行会计处理。

▶▶案例解析

【例4－8】甲公司在2×15年12月18日向乙公司销售商品10台，每台售价5 000元，单位生产成本3 000元，增值税税率为17%。为及早收回货款，甲公司和乙公司约定的现金折扣条件为：2/10，1/20，n/30。乙公司在2×15年12月27日支付货款。20×16年4月5日，该批商品有4台因质量问题被乙公司退回，甲公司当日支付有关款项。

假定计算现金折扣时不考虑增值税，假定销售退回不属于资产负债表日后事项。甲公司的账务处理如下。

①2×15年12月18日销售实现，按销售总价确认收入时。

借：应收账款	58 500	
贷：主营业务收入		50 000
应交税费——应交增值税(销项税额)		8 500
借：主营业务成本	30 000	
贷：库存商品		30 000

②在2×15年12月27日收到货款时，按销售总价50 000元的2%享受现金折扣1 000元(50 000×2%)，实际收款57 500元(58 500－1 000)。

借：银行存款	57 500	
财务费用	1 000	
贷：应收账款		58 500

③2×16年4月5日发生销售退回时。

借：主营业务收入	20 000	
应交税费——应交增值税(销项税额)	3 400	
贷：银行存款		23 000
财务费用		400

借：库存商品　　12 000

　　贷：主营业务成本　　12 000

(七)分期收款销售商品

▶▶业务概述

企业销售商品，有时会采取分期收款的方式，如分期收款发出商品，即商品已经交付，货款分期收回。分期收款销售商品主要适用于所售的商品价值较高，如房产、汽车、重型设备等。如果延期收取的货款具有融资性质，其实质是企业向购货方提供免息的信贷，在符合收入确认条件时，企业应当按照应收的合同或协议价款的未来现金流量现值或商品现销价格计算确定收入金额。

应收的合同或协议价款与其公允价值之间的差额，应当在合同或协议期间内，按照应收款项的摊余成本和实际利率计算确定的金额进行摊销，作为财务费用的抵减处理。其中，实际利率是指具有类似信用等级的企业发行类似工具的现时利率，或者将应收的合同或协议价款折现为商品现销价格时的折现率等。在实务中，基于重要性要求，应收的合同或协议价款与其公允价值之间的差额，按照应收款项的摊余成本和实际利率进行摊销与采用直线法进行摊销结果相差不大的，也可以采用直线法进行摊销。

▶▶账务处理

(1)销售某大型资产时，按合同或协议约定的销售价格，借记“长期应收款”科目；按应收的合同或协议价款的未来现金流量现值或商品现销价格，贷记“主营业务收入”科目；按其差额，贷记“未实现融资收益”科目。编制会计分录如图4－32所示。

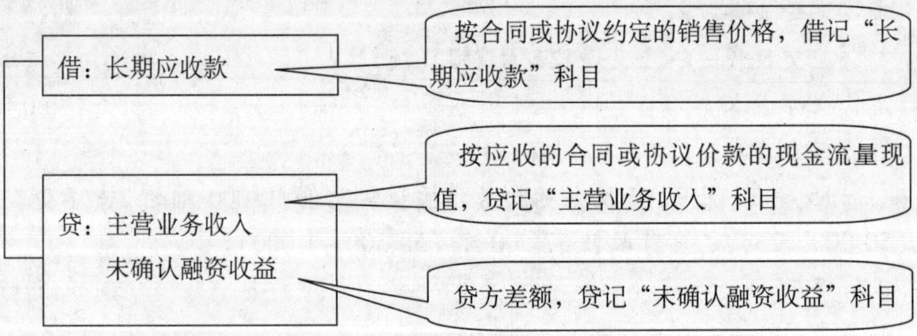

图4－32

(2)每个会计年度末，按每年实际收回的款项金额，借记“银行存款”科目，贷记“长期应收款”科目；按应收款项的摊余成本和实际利率计算确定的摊销金额，借记“未实现融资收益”科目，贷记“财务费用”科目。编制会计分录如图4－33所示。

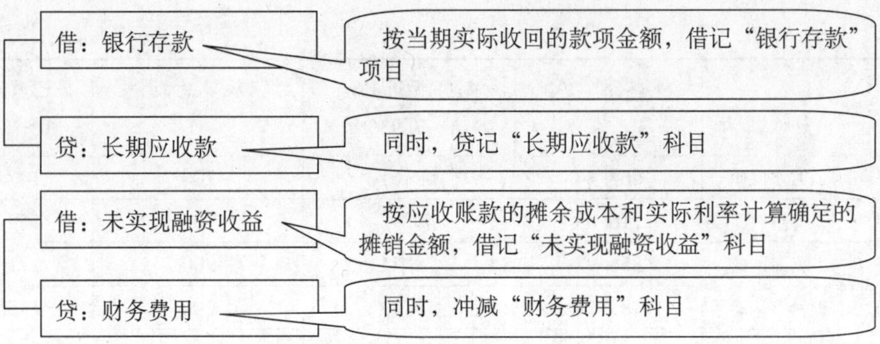

图 4-33

案例解析

【例 4-9】 2×12 年 1 月 1 日，甲公司采用分期收款方式向乙公司销售一套大型设备，合同约定的销售价格为 10 000 000 元，分 5 次于每年 12 月 31 日等额收取。该大型设备成本为 6 500 000 元。在现销方式下，该大型设备的销售价格为 8 000 000 元。假定甲公司发出商品时，其有关的增值税纳税义务尚未发生，在合同约定的收款日期，发生有关的增值税纳税义务。

根据本例的资料，甲公司应当确认的销售商品收入金额为10 000 000元。

根据下列公式：

未来五年收款额的现值 = 现销方式下应收款项金额。

可以得出：

200 ×(P/A，r，5) = 800(万元)

可在多次测试的基础上，用插值法计算折现率。

当 r = 7% 时，200 ×4. 1002 = 820. 04 > 800 万元

当 r = 8% 时，200 ×3. 9927 = 798. 54 < 800 万元

因此，7% < r < 8%。用插值法计算如下：

现值	利率
820. 04	7%
800	r
798. 54	8%

r = 7. 93%

每期计入财务费用的金额如表 4-1 所示。

表 4-1　财务费用和已收本金计算表

单位：万元

年 份 (t)	未收本金 A_t $= A_{t-1} - D_{t-1}$	财务费用 B = A × 7. 93%	收现总额 C	已收本金 D = C - B
2008 年 1 月 1 日	800			
2008 年 12 月 31 日	800	63. 44	200	136. 56

（续表）

年 份 (t)	未收本金 $A_t = A_{t-1} - D_{t-1}$	财务费用 B = A×7.93%	收现总额 C	已收本金 D = C - B
2×13 年 12 月 31 日	663.44	52.61	200	147.39
2×14 年 12 月 31 日	516.05	40.92	200	159.08
2×15 年 12 月 31 日	356.97	28.31	200	171.69
2×16 年 12 月 31 日	185.28	14.72*	200	185.28
总 额		200	1 000	800

* 尾数调整：2×16 年 12 月 31 日财务费用 = 200 - 63.44 - 52.61 - 40.92 - 28.31 = 14.72（万元）

根据表 4-1 的计算结果，甲公司各期的会计分录如下。

① 2×12 年 1 月 1 日销售实现时。

借：长期应收款 1 000 000
　　贷：主营业务收入 800 000
　　　　未实现融资收益 200 000
借：主营业务成本 650 000
　　贷：库存商品 650 000

② 2×12 年 12 月 31 日收取货款和增值税税额时。

借：银行存款 234 000
　　贷：长期应收款 200 000
　　　　应交税费——应交增值税（销项税额） 34 000
借：未实现融资收益 634 400
　　贷：财务费用 634 400

③ 2×13 年至 2011 年，每年年末编制如上分录。

④ 2×16 年 12 月 31 日收取货款和增值税税额时。

借：银行存款 234 000
　　贷：长期应收款 200 000
　　　　应交税费——应交增值税（销项税额） 34 000
借：未实现融资收益 147 200
　　贷：财务费用 147 200

（八）销后回购

▶▶业务概述

售后回购，是指销售方销售商品的同时，同意日后再将同样或类似的商品购回的销售方式。在这种方式下，销售方应根据合同或协议条款判断企业是否已将商品所有权上的主要风险和报酬转移给购货方，如果实质上未满足收入确认条件，虽已将商品售出，但不能确认销售商品收入。在大多数情况下，售后回购交易属于融资交易，商品所有权上的主要风险和报酬没有转移，收到的款项应确认为负债(其他应付款)；回购价格大于原售价的差额，企业应在回购期间按期计提利息，计入财务费用。

▶▶账务处理

发出商品时，按售价与增值税之和，借记“银行存款”、“应收票据”、“应收账款”科目；按销售协议约定价格，贷记“其他应付款”科目；按开具的增值税专用发票注明的增值税税额，贷记“应交税费——应交增值税(销项税额)”科目。编制会计分录如图4－34所示。

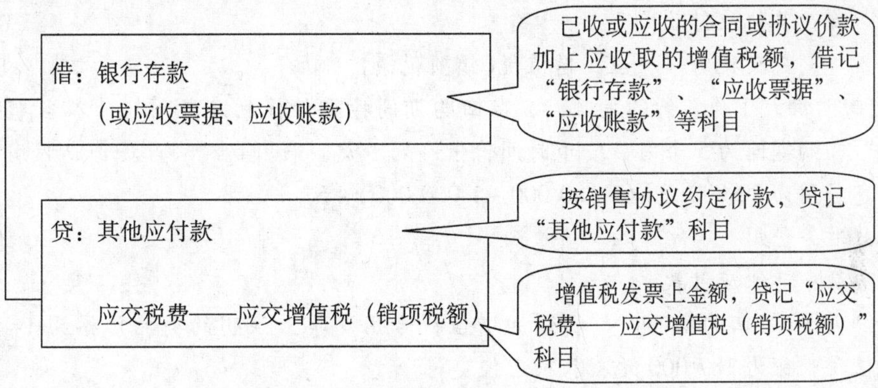

图 4－34

回购期间，按期计提利息，将回购价大于原售价的差额按月份摊销，借记“财务费用”科目，贷记“其他应付款”科目。编制会计分录如图 4－35 所示。

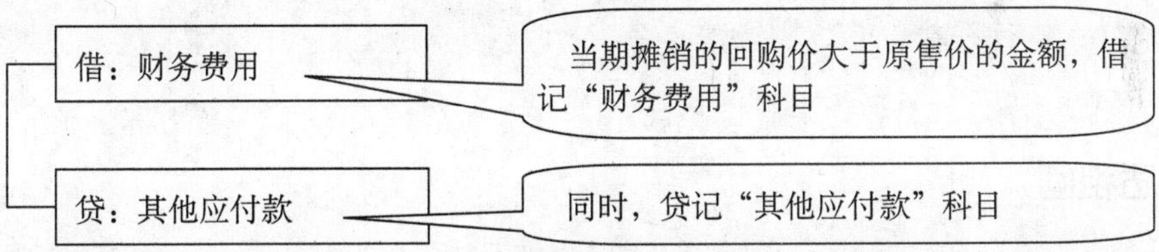

图 4－35

购回日，按回购价借记“其他应付款”科目；按开具的增值税专用发票上注明的金额，借记“应交税费——应交增值税(进项税额)”科目；按实际支付的款项金额，贷记“银行存款”科目。编制会计分录如图 4－36 所示。

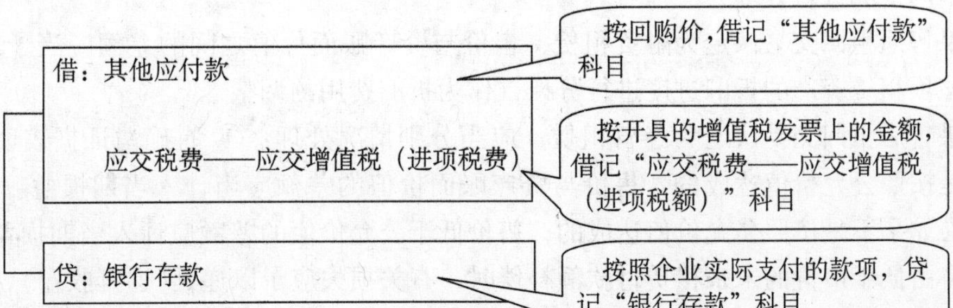

图 4－36

案例解析

【例 4－10】2×16 年 5 月 1 日，甲公司向乙公司销售一批商品，开出的增值税专用发票上注明的销售价款为 1 000 000 元，增值税税额为 170 000 元。该批商品成本为 800 000 元；商品并未发出，款项已经收到。协议约定，甲公司应于 9 月 30 日将所售商品购回，回购价为 1 100 000 元(不含增值税额)。甲公司的账务处理如下。

① 5 月 1 日，销售商品开出增值税专用发票时。

借：银行存款　　1 170 000
　　贷：其他应付款　　1 000 000
　　　　应交税费——应交增值税(销项税额)　　170 000

② 回购价大于原售价的差额，应在回购期间按期计提利息费用，计入当期财务费用。由于回购期间为 5 个月，货币时间价值影响不大，采用直线法计提利息费用，每月计提利息费用为 20 000 元[(1 100 000－1 000 000)÷5]。

借：财务费用　　20 000
　　贷：其他应付款　　20 000

③ 9 月 30 日回购商品时，收到的增值税专用发票上注明的商品价格为 1 100 000 元，增值税税额为 187 000 元，款项已经支付。

借：财务费用　　20 000
　　贷：其他应付款　　20 000
借：其他应付款　　1 100 000
　　应交税费——应交增值税(进项税额)　　187 000
　　贷：银行存款　　1 287 000

(九)售后租回

业务概述

售后租回，是指销售商品的同时，销售方同意在日后再将该商品租回的销售方式。在这种方式下，销售方应根据合同或协议条款判断销售商品是否满足收入确认条件。通常情况下，售后租回属于融资交易，企业不应确认收入，售价与资产账面价值之间的差额应当分别按不同情况进行处理：

如果售后租回交易认定为融资租赁，售价与资产账面价值之间的差额应当予以递延，并按照该项租赁资产的折旧进度进行分摊，作为折旧费用的调整。

如果售后租回交易认定为经营租赁，应当分别情况处理：① 有确凿证据表明售后租回交易是按照公允价值达成的，售价与资产账面价值的差额应当计入当期损益。② 售后租回交易如果不是按照公允价值达成的，售价低于公允价值的差额应计入当期损益；但若该损失将由低于市价的未来租赁付款额补偿时，有关损失应予以递延(递延收益)，并按与确认租金费用相一致的方法在租赁期内进行分摊；如果售价大于公允价值，其大于公允价值的部分应计入递延收益，并在租赁期内分摊。

▶▶账务处理(略)

见资产类“递延收益”。

(十)附有销售退回条件的商品销售

▶▶业务概述

附有销售退回条件的商品销售，是指购买方依照合同或协议有权退货的销售方式。此种销售方式在企业非常普遍，是常用的促销措施。但对其进行会计处理时，应注意区分以下两种情况：① 在销售时能合理估计退货的可能性；② 在销售时不能合理估计退货的可能性。

▶▶账务处理

如果企业承诺购货方由于有关原因有权退货时，则要分两种情况进行账务处理。

(1)企业根据以往经验能够合理估计退货可能性且确认与退货相关负债的，通常应在发出商品时确认收入，借记“银行存款”科目，贷记“主营业务收入”、“应交税费——应交增值税(销项税额)”科目，编制会计分录：

借：银行存款

　　贷：主营业务收入

　　　　应交税费——应交增值税(销项税额)

销售商品当月月末，按照根据以往经验估计的退货率冲减收入和成本，借记“主营业务收入”科目，贷记“主营业务成本”科目，差额计入“预计负债”科目。编制会计分录如图 4 – 37 所示。

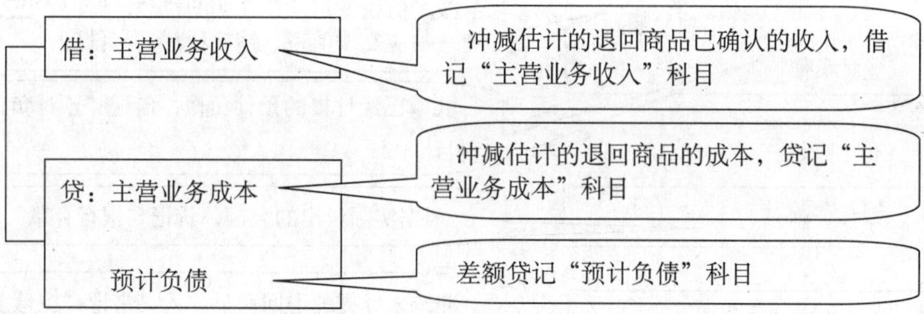

图 4 – 37

在规定的期间内，如果实际发生的退货商品数与估计的退货商品数一致，按退货商品的成本，借记“库存商品”科目；按退货商品销售价款计算的销项税额，借记“应交税费——应交增值税(销项税额)”科目，并且冲减已计提的“预计负债”科目，贷记“银行存款”科目。编制会计分录如图 4 – 38 所示。

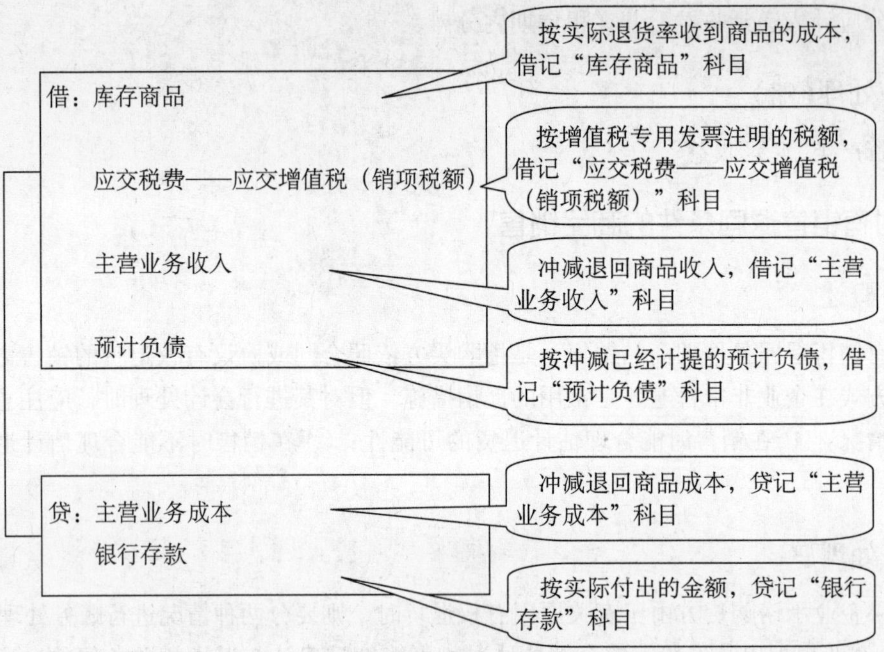

图 4－38

如果实际退回商品数比估计的多，按实际的退货率借记“库存商品”、“应交税费——应交增值税(销项税额)”、“预计负债”科目，贷记“银行存款”科目。在此基础上，按实际退回商品数与估计退回商品数的差额冲减收入和成本，借记“主营业务收入”科目，贷记“主营业务成本”科目，编制会计分录如图 4－39 所示。

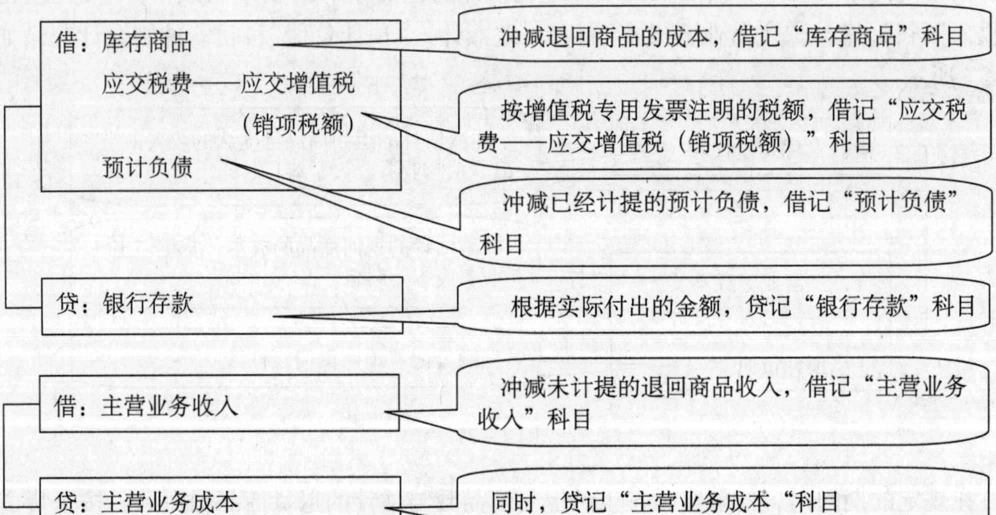

图 4－39

如果实际退回的商品数没有达到估计退货率，按实际的退货率借记“库存商品”、“应交税费——应交增值税(销项税额)”、“预计负债”科目，贷记“银行存款”科目，并且按其差额借记“主营业务成本”科目，贷记“主营业务收入”科目。编制会计分录如图4－40所示。

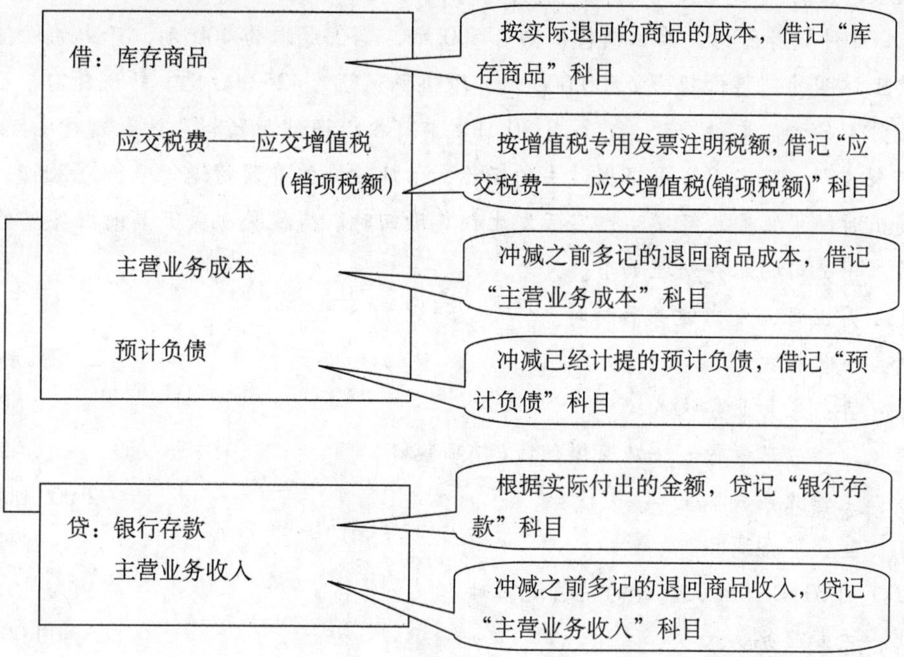

图4－40

(2)企业不能合理估计退货可能性的，发出商品时不确认收入，借记“发出商品”科目，贷记“库存商品”科目；如果商品发出时纳税义务已经发生，按增值税专用发票上注明的增值税额，借记“应收账款”科目，贷记“应交税费——应交增值税(销项税额)”科目。编制会计分录如图4－41所示。

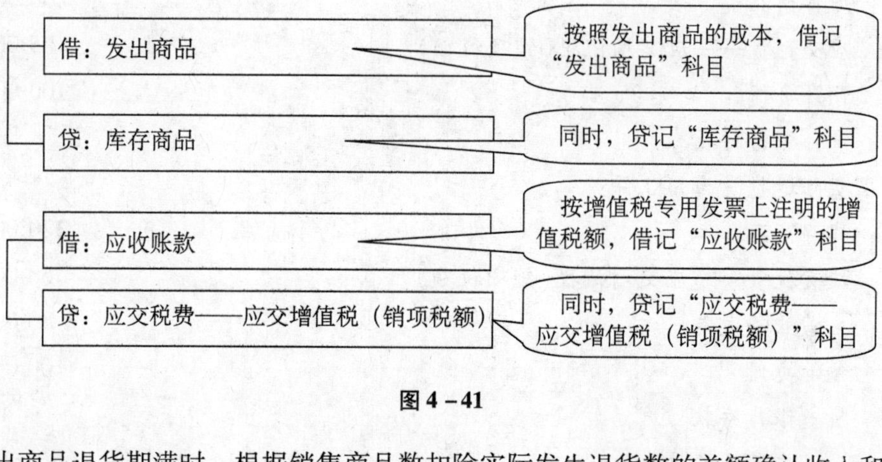

图4－41

售出商品退货期满时，根据销售商品数扣除实际发生退货数的差额确认收入和成本。

▶▶案例解析

【例4-11】甲公司是一家健身器材销售公司。2×16年1月1日，甲公司向乙公司销售5 000件健身器材，单位销售价格为500元，单位成本为400元，开出的增值税专用发票上注明的销售价款为2 500 000元，增值税税额为425 000元。协议约定，乙公司应于2月1日之前支付货款，在6月30日之前有权退还健身器材。健身器材已经发出，款项尚未收到。假定甲公司根据过去的经验，估计该批健身器材退货率约为20%；健身器材发出时纳税义务已经发生；实际发生销售退回时取得税务机关开具的红字增值税专用发票。甲公司的账务处理如下。

①1月1日，发出健身器材时。

借：应收账款	2 925 000	
贷：主营业务收入		2 500 000
应交税费——应交增值税(销项税额)		425 000
借：主营业务成本	2 000 000	
贷：库存商品		2 000 000

②1月31日，确认估计的销售退回时。

借：主营业务收入	500 000	
贷：主营业务成本		400 000
预计负债		100 000

③2月1日前收到货款时。

借：银行存款	2 925 000	
贷：应收账款		2 925 000

④6月30日发生销售退回，实际退货量为1 000件，款项已经支付。

借：库存商品	400 000	
应交税费——应交增值税(销项税额)	85 000	
预计负债	100 000	
贷：银行存款		585 000

如果实际退货量为800件：

借：库存商品	320 000	
应交税费——应交增值税(销项税额)	68 000	
主营业务成本	80 000	
预计负债	100 000	
贷：银行存款		468 000
主营业务收入		100 000

如果实际退货量为 1 200 件：

借：库存商品　480 000

　　应交税费——应交增值税(销项税额)　102 000

　　主营业务收入　100 000

　　预计负债　100 000

　　贷：主营业务成本　80 000

　　　　银行存款　702 000

⑤ 6 月 30 日之前如果没有发生退货。

借：主营业务成本　400 000

　　预计负债　100 000

　　贷：主营业务收入　500 000

即 1 月 31 日确认估计的销售退回时的相反分录。

【例 4 -12】 接 **【例 4 -11】**，假定甲公司无法根据过去的经验估计该批健身器材的退货率，健身器材发出时纳税义务已经发生。甲公司的账务处理如下。

① 1 月 1 日，发出健身器材时。

借：应收账款　425 000

　　贷：应交税费——应交增值税(销项税额)　425 000

借：发出商品　2 000 000

　　贷：库存商品　2 000 000

② 2 月 1 日前收到货款时。

借：银行存款　2 925 000

　　贷：预收账款　2 500 000

　　　　应收账款　425 000

③ 6 月 30 日，退货期满如果没有发生退货。

借：预收账款　2 500 000

　　贷：主营业务收入　2 500 000

借：主营业务成本　2 000 000

　　贷：发出商品　2 000 000

6 月 30 日退货期满，如果发生 2 000 件退货：

借：预收账款　2 500 000

　　应交税费——应交增值税(销项税额)　170 000

　　贷：主营业务收入　1 500 000

　　　　银行存款　1 170 000

借：主营业务成本　1 200 000

　　库存商品　800 000

　　贷：发出商品　2 000 000

提供劳务收入

(一)提供劳务交易结果能够可靠估计

业务概述

企业在资产负债表日提供劳务交易的结果能够可靠估计的，应当采用完工百分比法确认提供劳务收入。

(1)提供劳务交易结果能够可靠估计的条件，需要同时满足下列条件。

① 收入的金额能够可靠地计量，是指提供劳务收入的总额能够合理地估计。通常情况下，企业应当按照从接受劳务方已收或应收的合同或协议价款确定提供劳务收入总额。

② 相关的经济利益很可能流入企业，是指提供劳务收入总额收回的可能性与不能收回的可能性相比更大。通常情况下，企业提供的劳务符合合同或协议要求，接受劳务方承诺付款，就表明提供劳务收入总额收回的可能性大于不能收回的可能性。

③ 交易的完工进度能够可靠地确定，是指交易的完工进度能够合理地估计。企业确定提供劳务交易的完工进度，可以选用下列方法：

第一种方法是测量已经完成的工作，这是一种比较专业的测量方法，由专业测量师对已经提供的劳务进行测量，并按一定方法计算确定提供劳务交易的完工程度。

第二种方法是计算已经提供的劳务占应提供劳务总量的比例，这种方法主要以劳务量为标准确定提供劳务交易的完工程度。

第三种方法是计算已经发生的成本占估计总成本的比例，这种方法主要以成本为标准确定提供劳务交易的完工程度。

在实务中，如果特定时期内提供劳务交易的数量不能确定，则该期间的收入应当采用直线法确认，除非有证据表明采用其他方法能更好地反映完工进度。当某项作业相比其他作业都重要得多时，应当在该项重要作业完成之后确认收入。

④ 交易中已发生和将要发生的成本能够可靠地计量，是指交易中已经发生和将要发生的成本能够合理地估计。企业应当建立完善的内部成本核算制度和有效的内部财务预算及报告制度，准确地提供每期发生的成本，并对完成剩余劳务将要发生的成本作出科学、合理的估计。同时，应随着劳务的不断提供或外部情况的不断变化，随时对将要发生的成本进行修订。

(2)完工百分比法的具体应用。

完工百分比法，是指按照提供劳务交易的完工进度确认收入和费用的方法。在这种方法下，确认的提供劳务收入金额能够提供各个会计期间关于提供劳务交易及其业绩的有用信息。

企业应当在资产负债表日，按照提供劳务收入总额乘以完工进度扣除以前会计期间累计已确认提供劳务收入后的金额，确认当期提供劳务收入；同时，按照提供劳务估计总成本乘以完工进度扣除以前会计期间累计已确认劳务成本后的金额，结转当期劳务成本。用公式表示如下：

本期确认的提供劳务收入＝提供劳务收入总额×本期末劳务的完工进度－以前会计期间累计已确认提供劳务收入

本期确认的提供劳务成本＝提供劳务预计成本总额×本期末劳务的完工进度－以前会计期间累计已确认提供劳务成本

▶▶账务处理

企业采用完工百分比法确认提供劳务收入时，应按计算确定的提供劳务收入金额，借记“应收账款”、“银行存款”等科目，贷记“主营业务收入”科目。结转提供劳务成本时，借记“主营业务成本”科目，贷记“劳务成本”科目。编制会计分录如图 4－42 所示。

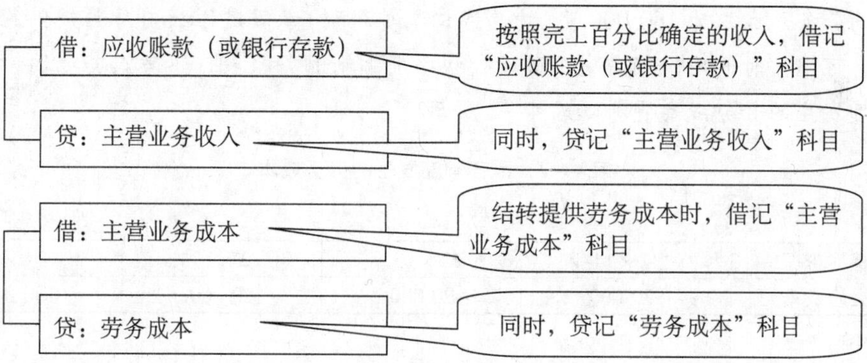

图 4－42

▶▶案例解析

【例 4－13】甲公司于 2×16 年 12 月 1 日接受一项设备安装任务，安装期为 3 个月，合同总收入 800 000 元，至年底已预收安装费 640 000 元，实际发生安装费用为 420 000 元(假定均为安装人员薪酬)，估计还会发生安装费用 180 000 元。假定甲公司按实际发生的成本占估计总成本的比例确定劳务的完工进度。甲公司的账务处理如下：

实际发生的成本占估计总成本的比例＝420 000÷(420 000＋180 000)×100%＝70%。

2×16 年 12 月 31 日确认的劳务收入＝800 000×70%－0＝560 000(元)。

2×16 年 12 月 31 日结转的劳务成本＝(420 000＋180 000)×70%－0 ＝420 000(元)。

① 实际发生劳务成本。

借：劳务成本——设备安装　　420 000

　　贷：应付职工薪酬　　420 000

② 预收劳务款。

借：银行存款　640 000

　　贷：预收账款——××公司　640 000

③ 2×16 年 12 月 31 日，确认劳务收入并结转劳务成本。

借：预收账款——××公司　560 000

　　贷：主营业务收入——设备安装　560 000

借：主营业务成本——设备安装　420 000

　　贷：劳务成本——设备安装　420 000

【例 4－14】甲公司于 2×14 年 4 月 1 日与乙公司签订一项咨询合同，并于当日生效。合同约定，咨询期为 2 年，咨询费为 300 000 元；乙公司分三次等额支付咨询费，第一次在项目开始时支付，第二次在项目中期支付，第三次在项目结束时支付。甲公司估计咨询劳务总成本为 180 000 元(均为咨询人员薪酬)。假定甲公司每月提供的劳务量均相同，可以按时间比例确定完工进度，按年度编制财务报表，不考虑其他因素。甲公司各年度发生的劳务成本资料如表 4－2 所示。

表 4－2　甲各年度发生的劳务成本

单位：元

年　份	2×14	2×15	2×16	合　计
发生的成本	70 000	90 000	20 000	180 000

甲公司的账务处理如下。

2×14 年：

① 实际发生劳务成本。

借：劳务成本——咨询成本　70 000

　　贷：应付职工薪酬　70 000

② 预收劳务款项。

借：银行存款　100 000

　　贷：预收账款——乙公司　100 000

③ 确认提供劳务收入并结转劳务成本。

提供劳务的完工进度＝9÷24×100%＝37.5%。

确认提供劳务收入＝300 000×37.5%－0＝112 500(元)。

确认提供劳务成本＝180 000×37.5%－0＝67 500(元)。

借：预收账款——乙公司　112 500

　　贷：主营业务收入——咨询收入　112 500

借：主营业务成本——咨询成本　67 500

　　贷：劳务成本——咨询成本　67 500

2×15 年：

① 实际发生劳务成本。

借：劳务成本——咨询成本	90 000	
贷：应付职工薪酬		90 000

② 预收劳务款项。

借：银行存款	100 000	
贷：预收账款——乙公司		100 000

③ 确认提供劳务收入并结转劳务成本。

提供劳务的完工进度 $=21\div24\times100\%=87.5\%$。

确认提供劳务收入 $=300\ 000\times87.5\%-112\ 500=150\ 000$（元）。

确认提供劳务成本 $=180\ 000\times87.5\%-67\ 500=90\ 000$（元）。

借：预收账款——乙公司	150 000	
贷：主营业务收入——咨询收入		150 000
借：主营业务成本——咨询成本	90 000	
贷：劳务成本——咨询成本		90 000

2×16 年：

① 实际发生劳务成本。

借：劳务成本——咨询成本	20 000	
贷：应付职工薪酬		20 000

② 预收劳务款项。

借：银行存款	100 000	
贷：预收账款——乙公司		100 000

③ 确认提供劳务收入并结转劳务成本。

确认提供劳务收入 $=300\ 000-112\ 500-150\ 000=37\ 500$（元）。

确认提供劳务成本 $=180\ 000-67\ 500-90\ 000=22\ 500$（元）。

借：预收账款——乙公司	37 500	
贷：主营业务收入——咨询收入		37 500
借：主营业务成本——咨询成本	22 500	
贷：劳务成本——咨询成本		22 500

（二）提供劳务交易结果不能够可靠估计

▸▸业务概述

企业在资产负债表日提供劳务交易结果不能够可靠估计的，即不能同时满足上述（一）中四个条件时，企业不能采用完工百分比法确认提供劳务收入。此时，企业应正确预计已经发生的劳务成本能够得到补偿和不能得到补偿，分别进行会计处理：如果已经发生的劳务成本预计能够得到补偿的，应按已经发生的能够得到补偿的劳务成本金额确认提供劳务收入，并结转已经发生的劳务成本；如果已经发生的劳务成本预计全部不能得到补偿的，应将已经发生的劳务成本计入当期损益，不确认提供劳务收入。

▸▸账务处理

业务1　已发生的劳务成本预计能得到补偿

已经发生的劳务成本预计能够得到补偿的，企业应按已经发生的能够得到补偿的劳务成本金额，借记“应收账款”、“预收账款”等科目，贷记“主营业务收入”科目；按已经发生的劳务成本金额，借记“主营业务成本”科目，贷记“劳务成本”科目。编制会计分录如图4－43所示。

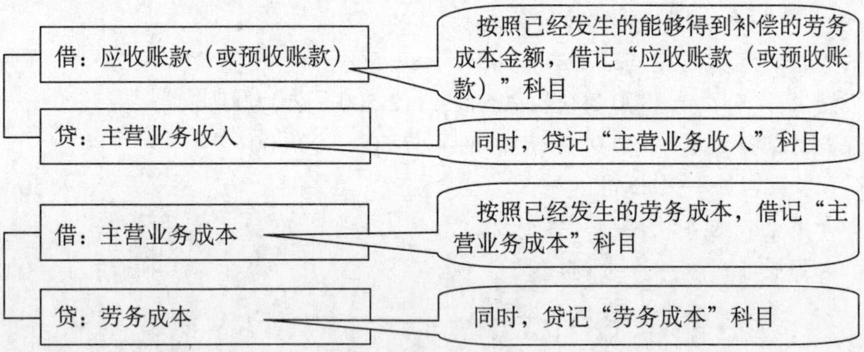

图4－43

业务2　已经发生的劳务成本预计全部不能得到补偿

已经发生的劳务成本预计全部不能得到补偿的，企业应按已经发生的劳务成本金额，借记“主营业务成本”科目，贷记“劳务成本”科目编制会计分录如图4－44所示。

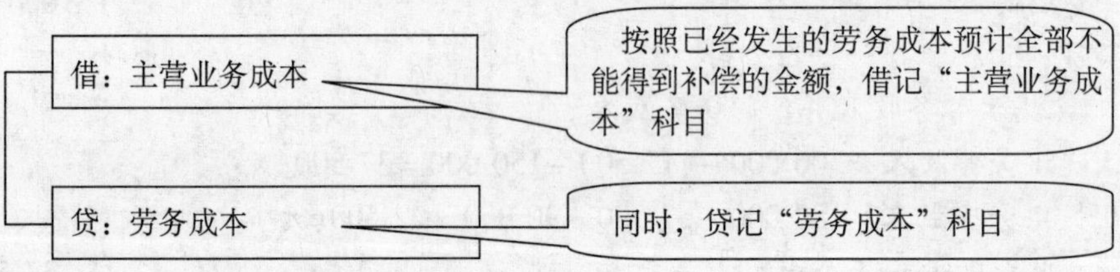

图4－44

▸▸案例解析

【例4－15】甲公司于2×15年12月25日接受乙公司委托，为其培训一批学员，培训期为6个月，2×16年1月1日开学。协议约定，乙公司应向甲公司支付的培训费总额为120 000元，分三次等额支付，第一次在开学时预付，第二次在2×16年3月1日支付，第三次在培训结束时支付。

2×16年1月1日，乙公司预付第一次培训费。至2×16年2月28日，甲公司发生培训成本30 000元(假定均为培训人员薪酬)。2×16年3月1日，甲公司得知乙公司经营发生困难，后两次培训费能否收回难以确定。甲公司的账务处理如下。

①2×16年1月1日，收到乙公司预付的培训费。

借：银行存款	40 000	
贷：预收账款——乙公司		40 000

② 实际发生培训支出。

借：劳务成本——培训成本 30 000

　　贷：应付职工薪酬 30 000

③ 2×16 年 2 月 28 日，确认劳务收入并结转劳务成本。

借：预收账款——乙公司 30 000

　　贷：主营业务收入——培训收入 30 000

借：主营业务成本——培训成本 30 000

　　贷：劳务成本——培训成本 30 000

(三)特殊劳务交易

业务概述

下列提供劳务满足收入确认条件的，应按规定确认收入。

(1)安装费。在资产负债表日根据安装的完工进度确认收入。安装工作是商品销售附带条件的，安装费在确认商品销售实现时确认收入。

(2)宣传媒介的收费。在相关的广告或商业行为开始出现于公众面前时确认收入。广告的制作费，在资产负债表日根据制作广告的完工进度确认收入。

(3)为特定客户开发软件的收费。在资产负债表日根据开发的完工进度确认收入。

(4)服务费。包括在商品售价内可区分的服务费，在提供服务的期间内分期确认收入。

(5)活动收费。艺术表演、招待宴会和其他特殊活动的收费，在相关活动发生时确认收入。收费涉及几项活动的，预收的款项应合理分配给每项活动，分别确认收入。

(6)会员费。申请入会费和会员费只允许取得会籍，所有其他服务或商品都要另行收费的，在款项收回不存在重大不确定性时确认收入。申请入会费和会员费能使会员在会员期内得到各种服务或商品，或者以低于非会员的价格销售商品或提供服务的，在整个收益期内分期确认收入。

(7)特许权费。属于提供设备和其他有形资产的特许权费，在交付资产或转移资产所有权时确认收入；属于提供初始及后续服务的特许权费，在提供服务时确认收入。

(8)劳务费。长期为客户提供重复的劳务收取的劳务费，在相关劳务活动发生时确认收入。

案例解析

【例 4-16】甲公司与乙公司签订协议，甲公司允许乙公司经营其连锁店。协议约定，甲公司共向乙公司收取特许权费 600 000 元，其中：提供家具、柜台等收费 200 000 元，这些家具、柜台成本为 180 000 元；提供初始服务，如帮助选址、培训人员、融资、广告等收费 300 000 元，共发生成本 200 000 元(140 000 元为人员薪酬，60 000 元为以银行存款支付的广告费用)；提供后续服务收费 100 000 元，发生成本 50 000 元(均为人员薪酬)。协议签订当日，乙公司一次性付清所有款项。假定不考虑其他因素，甲公司的账务处理如下。

① 收到款项。

借：银行存款　600 000

　贷：预收账款——乙公司　600 000

② 确认家具、柜台的特许权费收入并结转成本。

借：预收账款——乙公司　200 000

　贷：主营业务收入——提供家具、柜台　200 000

借：主营业务成本——提供家具、柜台　180 000

　贷：库存商品——提供家具、柜台　180 000

③ 提供初始服务。

借：劳务成本——提供初始服务　200 000

　贷：应付职工薪酬　140 000

　　银行存款　60 000

借：预收账款——乙公司　300 000

　贷：主营业务收入——提供初始服务　300 000

借：主营业务成本——提供初始服务　200 000

　贷：劳务成本——提供初始服务　200 000

④ 提供后续服务。

借：劳务成本——提供后续服务　50 000

　贷：应付职工薪酬　50 000

借：预收账款——乙公司　100 000

　贷：主营业务收入——提供后续服务　100 000

借：主营业务成本——提供后续服务　50 000

　贷：劳务成本——提供后续服务　50 000

【例4-17】甲公司与某住宅小区物业业主签订合同，为该住宅小区所有住户提供维修、清洁、绿化、保安及代收水电费等劳务，每月月末收取劳务费50 000元。假定月末款项均已收到，不考虑其他因素。甲公司的账务处理如下：

借：银行存款　50 000

　贷：主营业务收入——提供劳务　50 000

销售商品与提供劳务混合业务

业务概述

企业与其他企业签订的合同或协议，有时既包括销售商品又包括提供劳务，如销售商品的同时负责运输安装、销售软件后继续提供技术支持、设计产品同时负责生产产品等。关于这类业务需要根据不同情况做出不同的账务处理。

账务处理

如果销售商品部分和提供劳务部分能够区分且能够单独计量的，企业应当分别核算销售商品部分和提供劳务部分，将销售商品的部分作为销售商品处理，将提供劳务的部分作为提供劳务处理；销售商品收入和提供劳务收入的账务处理分别见前面章节。

如果销售商品部分和提供劳务部分不能够区分，或虽能区分但不能单独计量的，企业应当将销售商品部分和提供劳务部分全部作为销售商品部分进行会计处理。

案例解析

【例4－18】甲公司与乙公司签订合同，向乙公司销售一部电梯并负责安装。甲公司开出的增值税专用发票上注明的价款合计为2 000 000元，其中电梯销售价格为1 960 000元，安装费为40 000元，增值税税额为340 000元。电梯的成本为1 120 000元；电梯安装过程中发生安装费24 000元，均为安装人员薪酬。假定电梯已经安装完成并经验收合格，款项尚未收到；安装工作是销售合同的重要组成部分。甲公司的账务处理如下。

① 电梯发出结转成本1 120 000元。

借：发出商品——电梯	1 120 000	
贷：库存商品——电梯		1 120 000

② 实际发生安装费用24 000元。

借：劳务成本——电梯安装	24 000	
贷：应付职工薪酬		24 000

③ 确认销售电梯收入和提供劳务收入合计2 000 000元。

借：应收账款——乙公司	2 340 000	
贷：主营业务收入——销售电梯		1 960 000
——电梯安装劳务		40 000
应交税费——应交增值税(销项税额)		340 000

④ 结转销售商品成本 1 120 000 元和安装成本 24 000 元。

借：主营业务成本——销售电梯　　1 120 000

　　贷：发出商品——电梯　　1 120 000

借：主营业务成本——电梯安装劳务　　24 000

　　贷：劳务成本——电梯安装劳务　　24 000

【例 4－19】 甲公司在 2×16 年 12 月 8 日向乙商场销售一批彩色电视机，为保证及时供货，双方约定由甲公司动用自己的汽车进行运输，甲公司除收取彩色电视机货款外还向乙商场收取运输费。甲公司开出的增值税专用发票上注明的价款合计为 300 000 元，增值税税额为 51 000 元，款项于当天收到，该批商品成本为 172 000 元。假定甲公司为运输该批彩色电视机发生的运输成本为 3 400 元，其中汽车折旧 1 200 元，运输工人薪酬为 2 200 元。甲公司的账务处理如下。

① 销售彩色电视机确认销售收入。

借：银行存款　　351 000

　　贷：主营业务收入——销售彩色电视机　　300 000

　　　　应交税费——应交增值税(销项税额)　　51 000

② 发生运输劳务成本。

借：劳务成本——商品运输　　3 400

　　贷：应付职工薪酬　　2 200

　　　　累计折旧——汽车　　1 200

③ 结转彩色电视机成本和运输成本。

借：主营业务成本——销售彩色电视机　　175 400

　　贷：库存商品——彩色电视机　　172 000

　　　　劳务成本——商品运输　　3 400

让渡资产使用权收入

让渡资产使用权收入主要包括利息收入和使用费收入。同时满足下列条件的，才能予以确认。

相关的经济利益很可能流入企业，即让渡资产使用权收入金额收回的可能性大于不能收回的可能性。企业在确定让渡资产使用权收入金额能否收回时，应当根据对方企业的信誉和生产经营情况、双方就结算方式和期限等达成的合同或协议条款等因素，综合进行判断。如果企业估计让渡资产使用权收入金额收回的可能性不大，就不应确认收入。

收入的金额能够可靠地计量，即让渡资产使用权收入的金额能够合理地估计。如果让渡资产使用权收入的金额不能够合理地估计，则不应确认收入。

(一)利息收入

业务概述

利息收入，主要是指金融企业对外贷款形成的利息收入，以及同业之间发生往来形成的利息收入等。

账务处理

企业应在资产负债表日，按照他人使用本企业货币资金的时间和实际利率计算确定利息收入金额。按计算确定的利息收入金额，借记“应收利息”、“银行存款”等科目，贷记“其他业务收入”等科目。编制会计分录如图 4－45 所示。

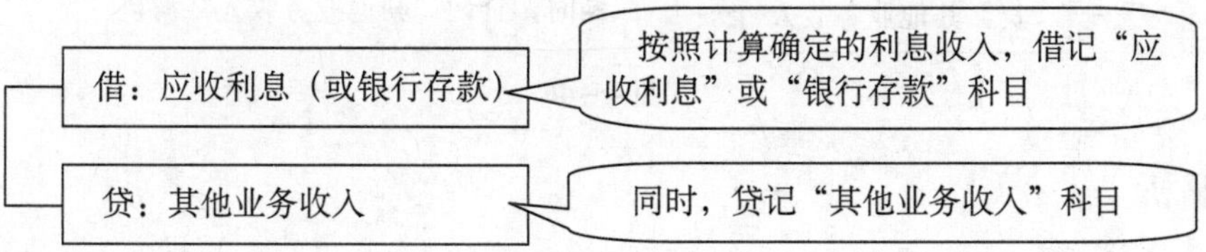

图 4－45

案例解析

【例 4－20】甲商业银行于 2×16 年 10 月 1 日向乙公司发放一笔贷款2 000 000元，期限为 1 年，年利率为 5%，甲银行发放贷款时没有发生交易费用，该贷款合同利率与实际利率相同。假定甲商业银行按季度编制财务报表，不考虑其他因素。

甲商业银行的账务处理如下：

① 2×16 年 10 月 1 日，对外贷款时。

借：贷款　　2 000 000

　　贷：银行存款　　2 000 000

② 2×16 年 12 月 31 日，确认利息收入时。

借：应收利息(2 000 000×5% ÷4)　　25 000

　　贷：其他业务收入　　25 000

(二)使用费收入

业务概述

使用费收入，主要是指企业转让无形资产(如商标权、专利权、专营权、软件、版权)等资产的使用权形成的使用费收入。使用费收入应当按照有关合同或协议约定的收费时间和方法计算确定。不同的使用费收入，收费时间和方法各不相同。

如果合同或协议规定一次性收取使用费，且不提供后续服务的，企业应于转让该项资产使用权时一次性确认收入；提供后续服务的，在合同或协议规定的有效期内分期确认收入。如果合同或协议规定分期收取使用费，企业应按规定的收费时间和方法计算的金额分别确认收入。

账务处理

确认使用费收入时，借记“银行存款”科目，贷记“其他业务收入”科目。编制会计分录如图 4-46 所示。

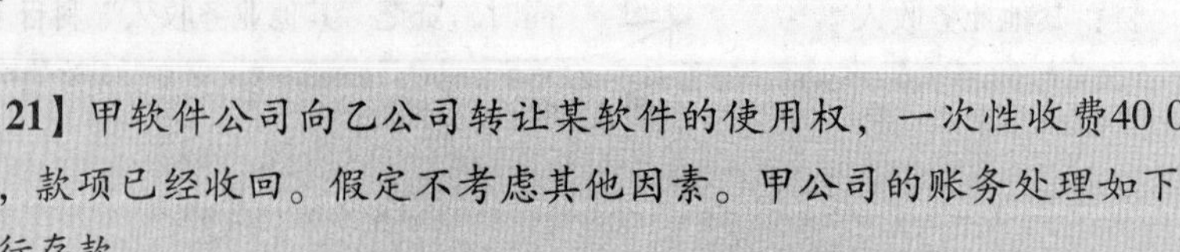

图 4-46

案例解析

【例 4-21】甲软件公司向乙公司转让某软件的使用权，一次性收费40 000元，不提供后续服务，款项已经收回。假定不考虑其他因素。甲公司的账务处理如下：

借：银行存款　　40 000

　　贷：其他业务收入　　40 000

【例 4-22】丙公司于 2×15 年 12 月 1 日向丁公司转让其商品的商标使用权，约定丁公司每年年末按年销售收入的 10% 支付使用费，使用期 10 年。第一年，丁公司实现销售收入 1 000 000 元；第二年，丁公司实现销售收入 1 500 000 元。假定丙公司均于每年年末收到使用费，不考虑其他因素。丙公司的账务处理如下。

① 第一年年末，确认使用费收入时。

借：银行存款(1 000 000 × 10%)　　100 000

　　贷：其他业务收入　　100 000

② 第二年年末，确认使用费收入时。

借：银行存款(1 500 000 × 10%)　　150 000

　　贷：其他业务收入　　150 000

建造合同收入

建筑安装企业和生产飞机、船舶、大型机械设备等产品的工业制造企业，其生产活动、经营方式不同于一般工商企业，有其特殊性：① 这类企业所建造或生产的产品通常体积巨大，如建造的房屋、道路、桥梁、水坝等，或生产的飞机、船舶、大型机械设备等；② 建造或生产产品的周期比较长，往往跨越一个或几个会计期间；③ 所建造或生产的产品的价值比较大。在现实经济生活中，这类企业在开始建造或生产产品之前，通常要与产品的需求方(即客户)签订建造合同。建造合同是指为建造一项或数项在设计、技术、功能、最终用途等方面密切相关的资产而订立的合同。建造合同可以分为固定造价合同和成本加成合同。

(一)结果能够可靠估计的建造合同

业务概述

如果建造合同的结果能够可靠估计，企业应根据完工百分比法在资产负债表日确认合同收入和合同费用。

(1)建造合同的结果能够可靠估计的认定标准。

固定造价合同的结果能够可靠估计的认定标准为同时具备以下四个条件：① 合同总收入能够可靠地计量；② 与合同相关的经济利益很可能流入企业；③ 实际发生的合同成本能够清楚地区分和可靠地计量；④ 合同完工进度和为完成合同尚需发生的成本能够可靠地确定。

成本加成合同的结果能够可靠估计的认定标准为同时具备以下两个条件：① 与合同相关的经济利益很可能流入企业；② 实际发生的合同成本能够清楚地区分和可靠地计量。

(2)完工进度的确定。

确定合同完工进度有以下三种方法：

① 根据累计实际发生的合同成本占合同预计总成本的比例确定。该方法是确定合同完工进度比较常用的方法。计算公式如下：

合同完工进度 = 累计实际发生的合同成本 ÷ 合同预计总成本 × 100%

② 根据已经完成的合同工作量占合同预计总工作量的比例确定。该方法适用于合同工作量容易确定的建造合同，如道路工程、土石方挖掘、砌筑工程等。计算公式如下：

合同完工进度 = 已经完成的合同工作量 ÷ 合同预计总工作量 × 100%

③ 根据实际测定的完工进度确定。该方法是在无法根据上述两种方法确定合同完工进度时所采用的一种特殊的技术测量方法，适用于一些特殊的建造合同，如水下施工工程等。需要注意的是，这种技术测量并不是由建造承包商自行随意测定，而应由专业人员现场进行科学测定。

(3)完工百分比法的运用。

确定建造合同的完工进度后，就可以根据完工百分比法确认和计量当期的合同收入和费用。当期确认的合同收入和费用可用下列公式计算：

当期确认的合同收入 = 合同总收入 × 累计完工进度 − 以前会计期间累计已确认的收入

当期确认的合同费用 = 合同预计总成本 × 累计完工进度 − 以前会计期间累计已确认的费用

当期确认的合同毛利 = 当期确认的合同收入 − 当期确认的合同费用

▶▶账务处理

(1)发生成本时，按实际发生的合同成本，借记“工程施工——合同成本”科目，贷记“原材料”、“应付职工薪酬”等科目。编制会计分录如图4－47所示。

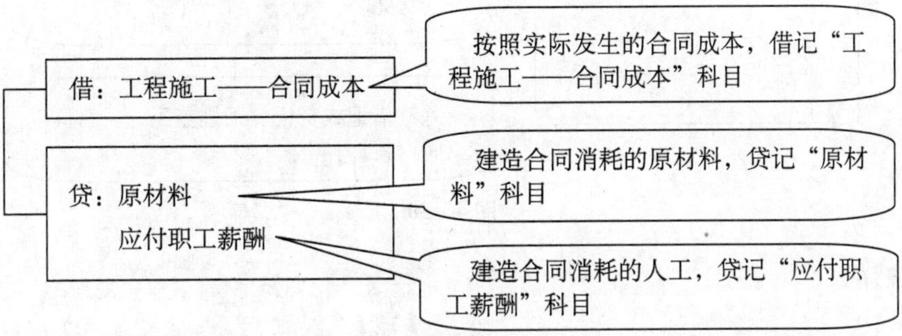

图4－47

(2)按已结算的合同价款，借记“应收账款”科目，贷记“工程结算”科目。编制会计分录如图4－48所示。

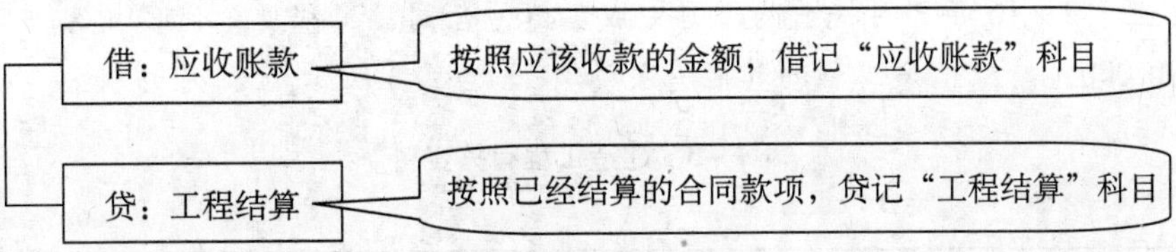

图4－48

(3)按实际收到的合同价款，借记“银行存款”科目，贷记“应收账款”科目。编制会计分录如图4－49所示。

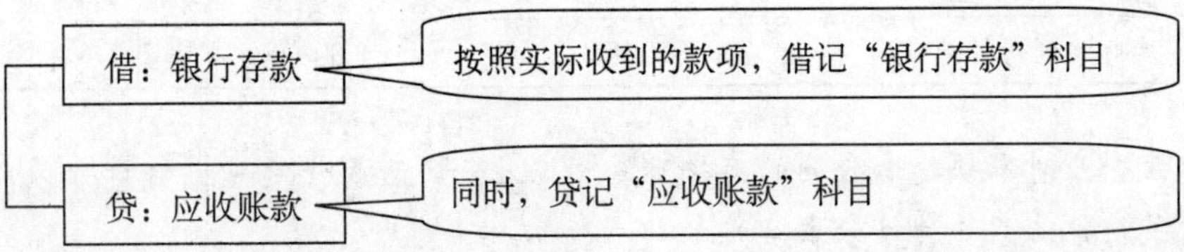

图4－49

(4)对于当期完成的建造合同，应当按照实际合同总收入扣除以前会计期间累计已确认收入后的金额，确认为当期合同收入，贷记"主营业务收入"科目；同时，按照累计实际发生的合同成本扣除以前会计期间累计已确认费用后的金额，确认为当期合同费用，借记"主营业务成本"科目，差额计入"工程施工——合同毛利"科目。编制会计分录如图4－50所示。

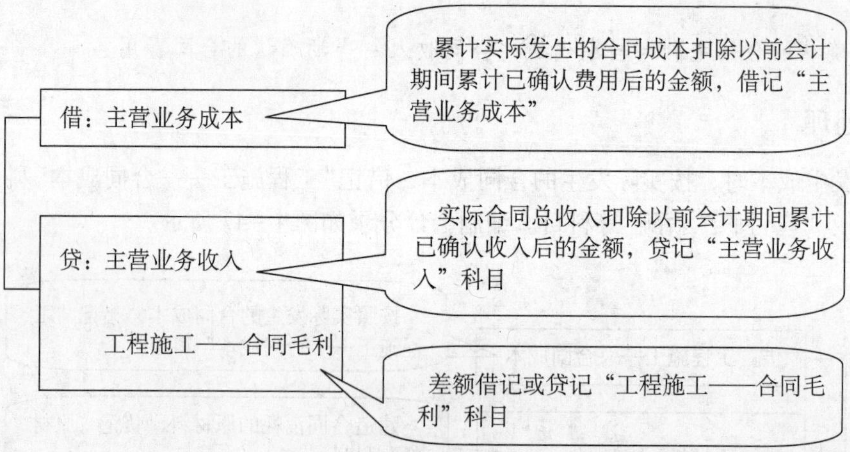

图4－50

案例解析

【例4－23】某建筑企业签订了一项总金额为3 000 000元的固定造价合同，合同完工进度按照累计实际发生的合同成本占合同预计总成本的比例确定。工程已于2×14年2月开工，预计2×16年9月完工。最初预计的工程总成本为2 500 000元，到2×15年年底，由于材料价格上涨等因素调整了预计总成本，预计工程总成本已为3 200 000元。该建筑企业于2×16年7月提前两个月完成了建造合同，工程质量优良，客户同意支付奖励款300 000元。建造该工程的其他有关资料如表4－3所示。

表4－3 建造工程有关资料

单位：元

项目	2×14年	2×15年	2×16年
累计实际发生成本	900 000	2 300 000	3 100 000
预计完成合同尚需发生成本	1 600 000	900 000	—
结算合同价款	1 000 000	1 100 000	1 200 000
实际收到价款	800 000	1 000 000	1 500 000

该建筑企业对本项建造合同的有关账务处理如下(为简化起见，会计分录以汇总数反映，有关纳税业务的会计分录略)：

①2×14年账务处理如下。

登记实际发生的合同成本：

借：工程施工——合同成本 900 000

　　贷：原材料、应付职工薪酬、机械作业等 900 000

登记已结算的合同价款：

借：应收账款 1 000 000

　　贷：工程结算 1 000 000

登记实际收到的合同价款：

借：银行存款 800 000

　　贷：应收账款 800 000

确认计量当年的合同收入和费用，并登记入账：

2×14年的完工进度=900 000÷(900 000+1 600 000)×100%=36%；

2×14年确认的合同收入=3 000 000×36%=1 080 000(元)；

2×14年确认的合同费用=(900 000+1 600 000)×36%=900 000(元)；

2×15年确认的合同毛利=1 080 000-900 000=180 000(元)。

借：主营业务成本 900 000

　　工程施工——合同毛利 180 000

　　贷：主营业务收入 1 080 000

②2×15年的账务处理如下。

登记实际发生的合同成本：

借：工程施工——合同成本 1 400 000

　　贷：原材料、应付职工薪酬、机械作业等 1 400 000

登记结算的合同价款：

借：应收账款 1 100 000

　　贷：工程结算 1 100 000

登记实际收到的合同价款：

借：银行存款 1 000 000

　　贷：应收账款 1 000 000

确认计量当年的合同收入和费用，并登记入账：

2×15年的完工进度=2 300 000÷(2 300 000+900 000)×100%=71.875%；

2×15年确认的合同收入=3 000 000×71.875%-1 080 000 =1 076 250(元)；

2×15年确认的合同费用=(2 300 000+900 000)×71.875%-900 000=1 400 000(元)；

2×15年确认的合同毛利=1 076 250-1 400 000=-323 750(元)；

2×15年确认的合同预计损失=(2 300 000+900 000-3 000 000)×(1-71.875%)=56 250(元)。

注：在2×15年年底，由于该合同预计总成本(3 200 000元)大于合同总收入(3 000 000元)，预计发生损失总额为200 000元，由于已在“工程施工——合同毛利”中反映了143 750元(180 000－323 750)的亏损，因此应将剩余的、为完成工程将发生的预计损失56 250元确认为当期费用。

借：主营业务成本　　1 400 000
　　贷：主营业务收入　　1 076 250
　　　　工程施工——合同毛利　　323 750

借：资产减值损失　　56 250
　　贷：存货跌价准备　　56 250

③ 2×16年的账务处理如下。

登记实际发生的合同成本：

借：工程施工——合同成本　　800 000
　　贷：原材料、应付职工薪酬、机械作业等　　800 000

登记结算的合同价款：

借：应收账款　　1 200 000
　　贷：工程结算　　1 200 000

登记实际收到的合同价款：

借：银行存款　　1 500 000
　　贷：应收账款　　1 500 000

确认计量当年的合同收入和费用，并登记入账：

2×16年确认的合同收入＝(3 000 000＋300 000)－(1 080 000＋1 076 250)＝1 143 750(元)；

2×16年确认的合同费用＝3 100 000－900 000－1 400 000＝800 000(元)；

2×16年确认的合同毛利＝1 143 750－800 000＝343 750(元)。

借：主营业务成本　　800 000
　　工程施工——合同毛利　　343 750
　　贷：主营业务收入　　1 143 750

2×16年工程全部完工，应将“存货跌价准备”科目相关余额冲减“主营业务成本”科目，同时将“工程施工”科目的余额与“工程结算”科目的余额相对冲：

借：存货跌价准备　　56 250
　　贷：主营业务成本　　56 250

借：工程结算　　3 300 000
　　贷：工程施工——合同成本　　3 100 000
　　　　　　　　——合同毛利　　200 000

(二)结果不能够可靠估计的建造合同

▶▶业务概述

如果建造合同的结果不能可靠估计，则不能采用完工百分比法确认和计量合同收入和费用，此时需要根据合同成本是否能够收回分为两种情况：合同成本能够收回的，合同收入根据能够收回的实际合同成本金额予以确认，合同成本在其发生的当期确认为合同费用；合同成本不可能收回的，应在发生时立即确认为合同费用，不确认合同收入。

▶▶账务处理

业务1　合同成本能够收回的

合同成本能够收回的，合同收入根据能够收回的实际合同成本予以确认，合同成本在其发生的当期确认为合同费用；借记“主营业务成本”科目，贷记“主营业务收入”科目。编制会计分录如图4－51所示。

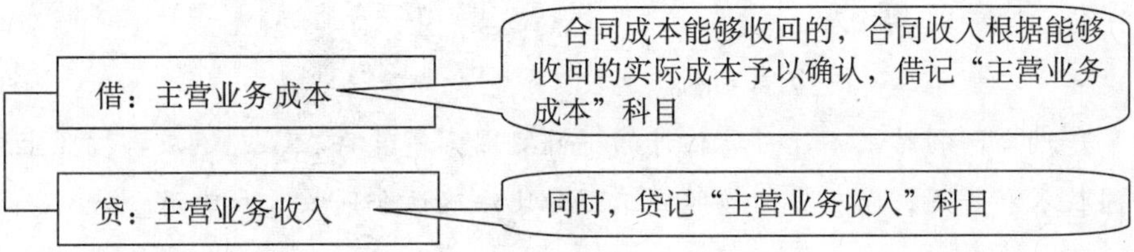

图4－51

业务2　合同成本不可能收回的

合同成本不可能收回的，应在发生时立即确认为合同费用，不确认合同收入，即借记“主营业务成本”科目，贷记“工程施工——合同毛利”科目。编制会计分录如图4－52所示。

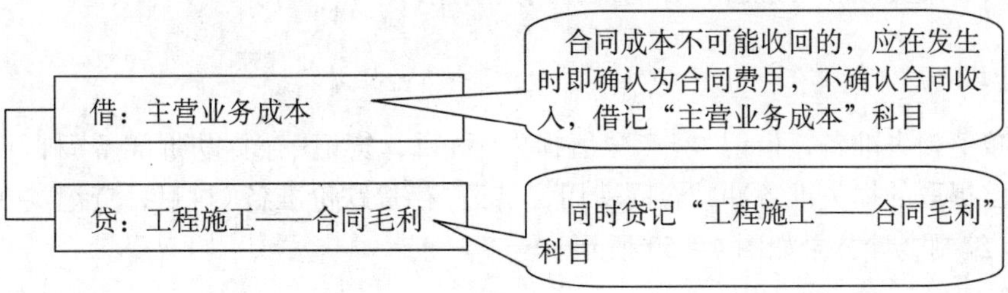

图4－52

案例解析

【例4-24】某建筑公司与客户签订了一项总金额为1 200 000元的建造合同。第一年实际发生工程成本500 000元，双方均能履行合同规定的义务，但建筑公司年末时对该项工程的完工进度无法可靠确定。

本例中，该公司不能采用完工百分比法确认收入。由于客户能够履行合同，当年发生的成本均能收回，所以公司可将当年发生的成本金额同时确认为当年的收入和费用，当年不确认利润。其账务处理如下：

借：主营业务成本　　500 000

　　贷：主营业务收入　　500 000

如果该公司当年与客户只办理价款结算300 000元，其余款项可能收不回来。在这种情况下，该公司只能将300 000元确认为当年的收入，500 000元应确认为当年的费用。其账务处理如下：

借：主营业务成本　　500 000

　　贷：主营业务收入　　300 000

　　　　工程施工——合同毛利　　200 000

如果建造合同的结果不能可靠估计的不确定因素不复存在，就不应再按照上述规定确认合同收入和费用，而应转为按照完工百分比法确认合同收入和费用。

(三)合同预计损失

业务概述

建造承包商正在建造的资产，类似于工业企业的在产品，性质上属于建造承包商的存货，期末应当对其进行减值测试。如果建造合同的预计总成本超过合同总收入，则形成合同预计损失，应提取损失准备，并确认为当期费用。

账务处理

提取减值损失准备，借记“资产减值损失”科目，贷记“存货跌价准备”科目。合同完工时，将已提取的损失准备冲减合同费用，借记“存货跌价准备”科目，贷记“主营业务成本”科目。编制会计分录如图4-53所示。

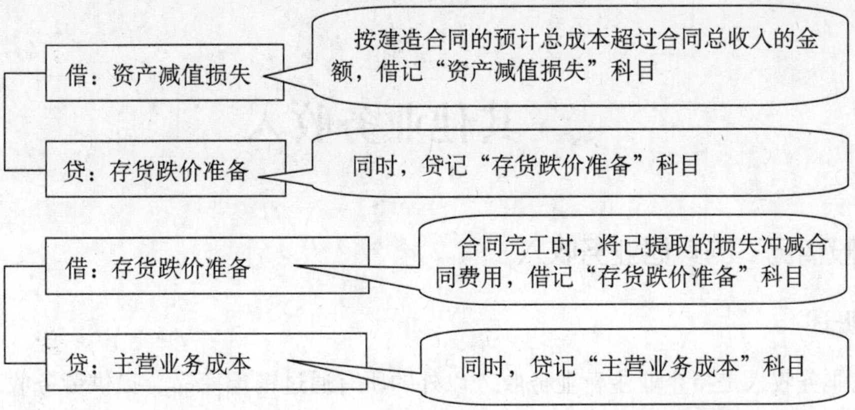

图 4－53

▶▶案例解析

见【例 4－23】。

其他业务收入

(一)一般情况下的其他业务收入

▶▶业务概述

其他业务收入是指企业主营业务收入以外的所有通过销售商品、提供劳务收入及让渡资产使用权等日常活动中所形成的经济利益的流入。如材料物资及包装物销售、无形资产转让、固定资产出租、包装物出租、运输、废旧物资出售收入等。其他业务收入是企业从事除主营业务以外的其他业务活动所取得的收入，具有不经常发生、每笔业务金额一般较小、占收入的比重较低等特点。

▶▶账务处理

企业确认其他业务收入时，借记“银行存款”、“应收账款”、“应收票据”等科目，贷记“其他业务收入”和“应交税费——应交增值税(销项税额)”等科目。编制会计分录如图4－54所示。

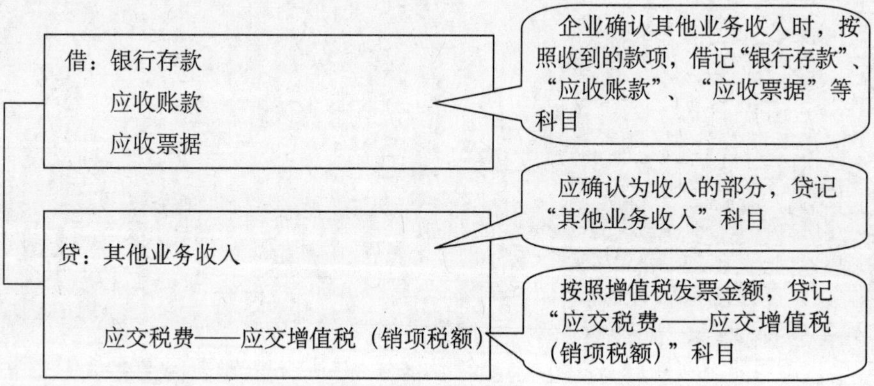

图4－54

▶▶案例解析

【例4－25】因更换经济业务，甲公司将其仓库中的原材料销售给乙公司，价款为10 000元，该原材料已经发出，甲公司已开具增值税专用发票，并且收到乙公司发来的商业承兑汇票一张。

甲公司应作如下会计处理：

借：应收票据　　11 700

　　贷：其他业务收入　　10 000

　　　　应交税费——应交增值税(销项税额)　　1 700

(二)出租资产的收入

▶▶业务概述

对于出租固定资产、出租无形资产、出租包装物和商品以及出租采用成本模式计量的投资性房地产取得的租金收入，应在“其他业务收入”科目中核算。

▶▶账务处理

出租人在实际收到租金时，借记“银行存款”科目，贷记“其他业务收入”科目。编制会计分录如图 4 – 55 所示。

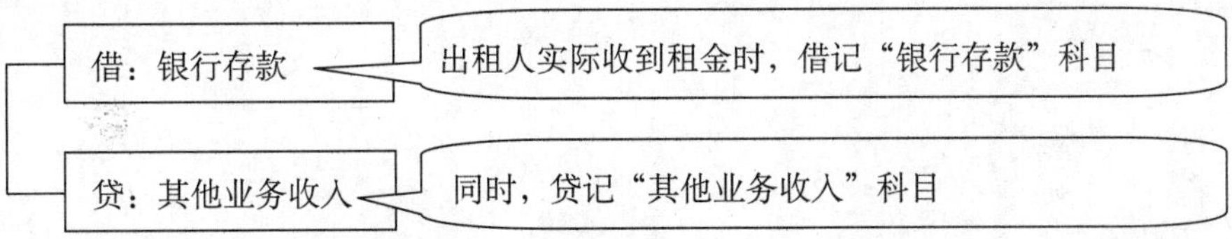

图 4 – 55

▶▶案例解析

【例 4 – 26】 2 × 14 年 1 月 1 日，甲公司向乙公司租出全新办公用房一套，租期为 3 年。办公用房原账面价值为 30 000 000 元，预计使用年限为 25 年。租赁合同规定，租赁开始日乙公司向甲公司一次性预付租金 1 200 000 元，第一年年末支付租金 100 000 元，第二年年末支付租金 100 000 元，第三年年末支付租金 250 000 元。租赁期满后预付租金不退回，甲公司收回办公用房使用权。

该项租赁不符合融资租赁的任何一条标准，应作为经营租赁处理。出租人(甲公司)确认租金收入时，不能依据各期实际收到租金的金额确定，而应采用直线法平均分配确认各期的租金收入。此项租赁总金额为1 650 000元，按直线法计算，每年应确认的租金收入为 550 000 元。

甲公司所作会计分录如下。

① 2 × 14 年 1 月 1 日。

借：银行存款	1 200 000	
贷：其他应付款		1 200 000

② 2 × 14 年 12 月 31 日。

借：银行存款	100 000	
其他应付款	450 000	
贷：其他业务收入——经营租赁收入		550 000

③ 2 × 15 年 12 月 31 日。

借：银行存款	100 000	
其他应付款	450 000	
贷：其他业务收入——经营租赁收入		550 000

④ 2×16 年 12 月 31 日。

借：银行存款　　250 000

　　其他应付款　　300 000

　　贷：其他业务收入——经营租赁收入　　550 000

出租人（甲公司）应按同类固定资产折旧方法计提折旧，作为出租固定资产的成本，记入“其他业务成本”科目。

其他收入

其他收入主要指存在对外投资的企业通过投资获得的收益，有时也有可能是遭受的损失。

(一)公允价值变动损益

业务概述

公允价值变动损益是指交易性金融资产、交易性金融负债，以及采用公允价值模式计量的投资性房地产、衍生工具、套期保值业务等公允价值变动形成的应计入当期损益的利得或损失。

账务处理

(1)交易性金融资产持有期间，当其公允价值增加时，企业应借记“交易性金融资产——公允价值变动”科目，贷记“公允价值变动损益”科目；公允价值减少时，应编制相反分录。编制会计分录如图4－56所示。

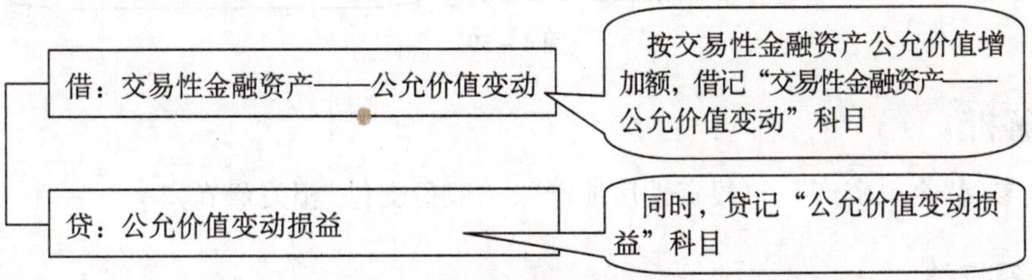

图4－56

(2)交易性金融负债持有期间，当其公允价值增加时，企业应借记“公允价值变动损益”科目，贷记“交易性金融负债——公允价值变动”科目；公允价值减少时，应编制相反分录。编制会计分录如图4－57所示。

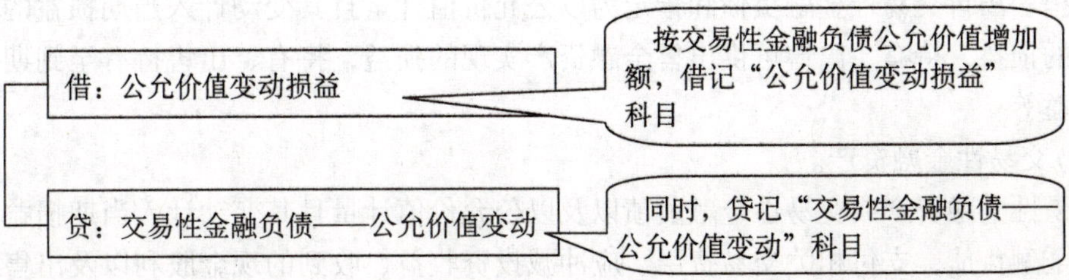

图4－57

(3)投资性房地产采用公允价值模式进行后续计量的，不计提折旧或摊销，应当以资产负债表日的公允价值计量。资产负债表日，投资性房地产的公允价值高于其账面价值的差额，借记“投资性房地产——公允价值变动”科目，贷记“公允价值变动损益”科目；公允价值低于其账面余额的差额，编制相反的会计分录。编制会计分录如图4－58所示。

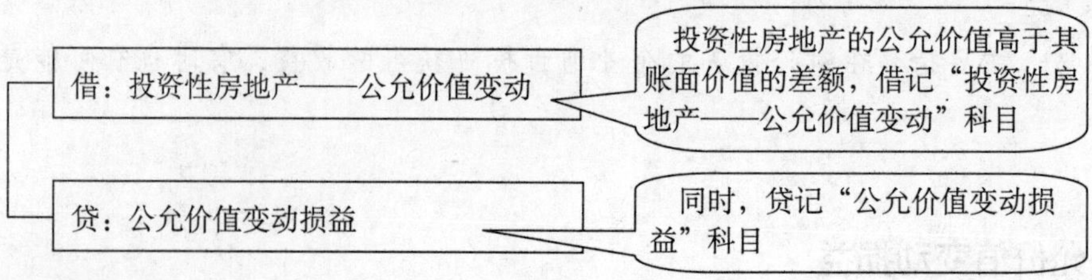

图4－58

(4)对于现金结算的股份支付，企业在可行权日之后不再确认成本费用，负债(应付职工薪酬)公允价值的变动应当计入当期损益(公允价值变动损益)，借记“公允价值变动损益”科目，贷记“应付职工薪酬——股份支付”科目。编制会计分录如图4－59所示。

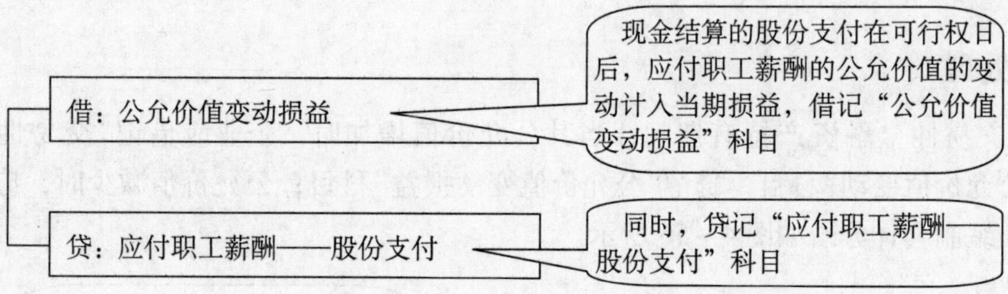

图4－59

▸▸案例解析

分别参阅“金融资产”、“投资性房地产”、“股份支付”相关章节。

(二)投资收益

▸▸业务概述

投资收益是指企业对外投资所取得的收益，减去投资发生的损失，包括取得、持有、出售交易性金融资产和指定为以公允价值计量且其变动计入当期损益的金融资产实现的损益，承担、出售交易性金融负债和指定为以公允价值计量且其变动计入当期损益的金融负债实现的损益，持有、出售可供出售金融资产实现的损益，持有、出售持有至到期投资实现的损益等。

(1)交易性金融资产。

交易性金融资产或交易性金融负债以及以公允价值计量且其变动计入当期损益的金融资产或金融负债，支付相关交易费用、应冲减投资收益、收到的现金股利以及出售时的损益应确认为当期的投资收益，处置同时将原记入公允价值变动的部分转入投资收益。

(2)持有至到期投资。

企业应在持有至到期投资持有期间，采用实际利率法，按照摊余成本和实际利率计算确认利息收入，计入投资收益。实际利率应当在取得持有至到期投资时确定，实际利率与票面利率差别较小的，也可按票面利率计算利息收入，计入投资收益。

(3)可供出售金融资产。

采用实际利率法计算的可供出售金融资产的利息，应当计入当期损益；可出售权益工具投资的现金股利，应当在被投资单位宣告发放股利时计入当期损益。处置可供出售金融资产时，应将取得的价款与该金融资产账面价值之间的差额，计入投资损益；同时，将原直接计入所有者权益的公允价值变动累计额对应处置部分的金额转出，计入投资损益。

(4)长期股权投资。

在长期股权投资成本法下，被投资单位宣告分派的现金股利或利润中，投资企业享有的部分，确认为当期投资收益。

在长期股权投资权益法下，投资企业取得长期股权投资后，应当按照应享有或应分担的被投资单位实现的净利润或净损失的份额，确认当期投资收益，并调整长期股权投资的账面价值。

▸▸账务处理

业务1 交易性金融资产

处理交易性金融资产等实现的投资收益时，贷方登记企业出售交易性金融资产等实现的投资收益，借方登记企业购买交易性金融资产发生的交易费用以及出售交易性金融资产等发生的投资损失。发生交易费用或投资损失时，借记"投资收益"科目，贷记"银行存款"等科目。编制会计分录如图 4－60 所示。

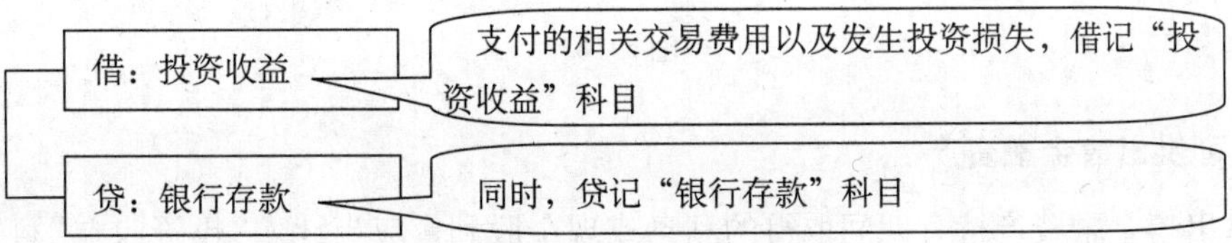

图 4－60

发放现金股利时，借记"应收股利"科目，贷记"投资收益"科目。编制会计分录如图 4－61 所示。

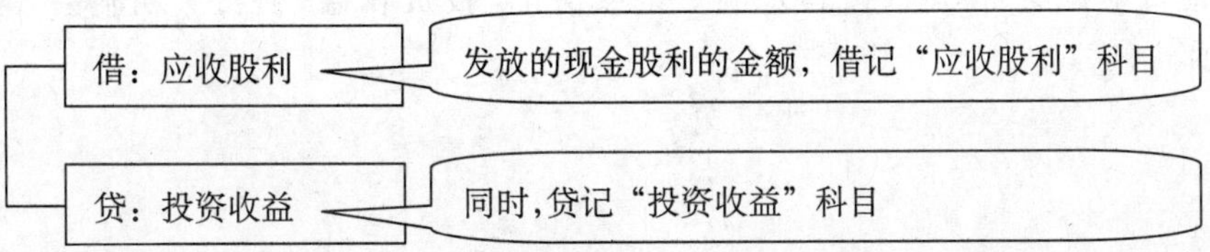

图 4－61

出售交易性金融资产时，将“公允价值变动损益”科目余额转入“投资收益”科目。编制会计分录如图 4－62 所示。

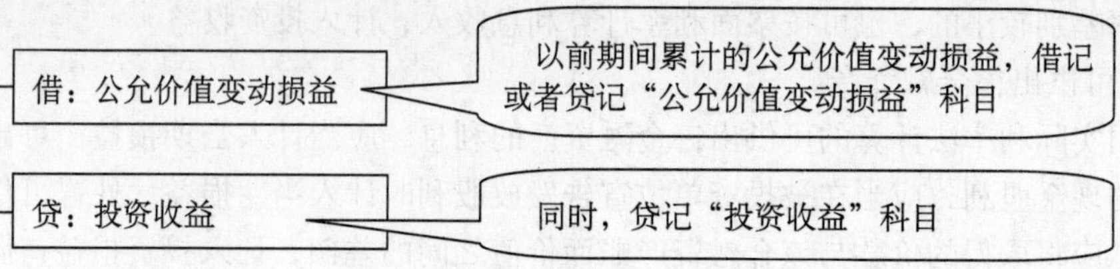

图 4－62

期末，将本科目余额转入“本年利润”科目。

业务 2　持有至到期投资

持有至到期投资持有期间，按持有至到期投资摊余成本和实际利率计算确定利息收入，计入“投资收益”科目。编制会计分录如图 4－63 所示。

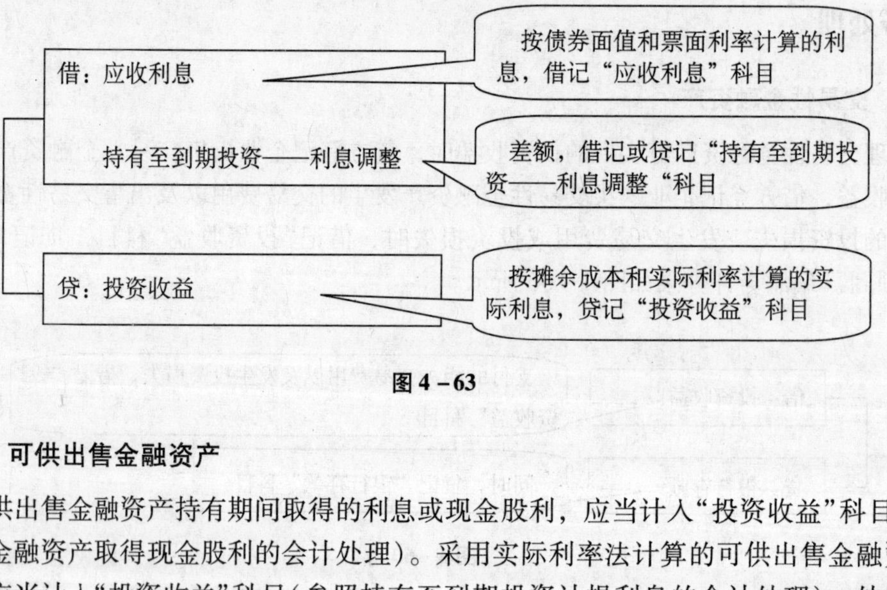

图 4－63

业务 3　可供出售金融资产

可供出售金融资产持有期间取得的利息或现金股利，应当计入“投资收益”科目(参照交易性金融资产取得现金股利的会计处理)。采用实际利率法计算的可供出售金融资产的利息，应当计入“投资收益”科目(参照持有至到期投资计提利息的会计处理)；处置可供出售金融资产时，按实际收到的金额借记“银行存款”科目，按其账面余额贷记“可供出售金融资产”科目，按从所有者权益中转出的公允价值累计变动额，借记或贷记“资本公积——其他资本公积”科目，按其差额贷记或借记“投资收益”科目。编制会计分录如图 4－64 所示。

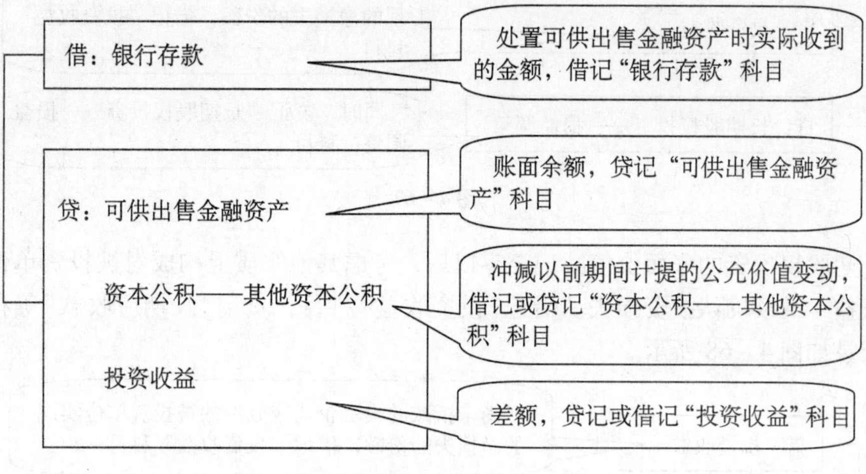

图 4－64

业务 4　长期股权投资

(1)成本法下，被投资单位宣告分派现金股利或利润时，投资企业根据其享有的部分，借记“应收股利”科目，贷记“投资收益”科目。编制会计分录如图 4－65 所示。

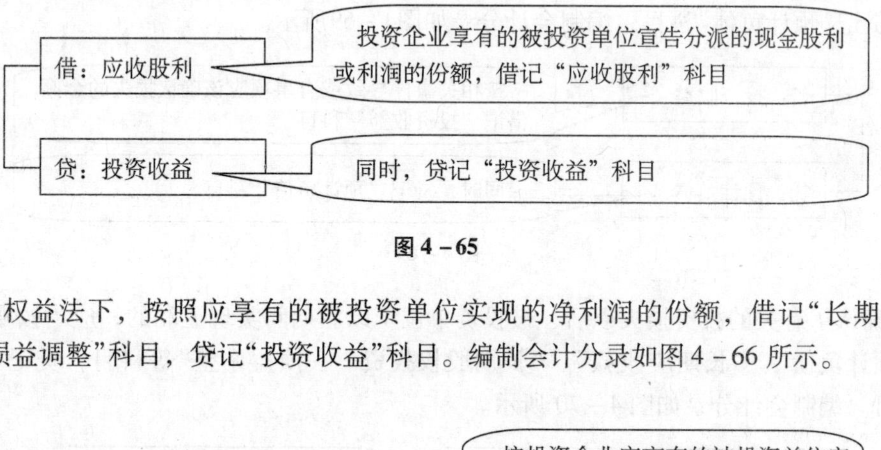

图 4－65

(2)权益法下，按照应享有的被投资单位实现的净利润的份额，借记“长期股权投资——损益调整”科目，贷记“投资收益”科目。编制会计分录如图 4－66 所示。

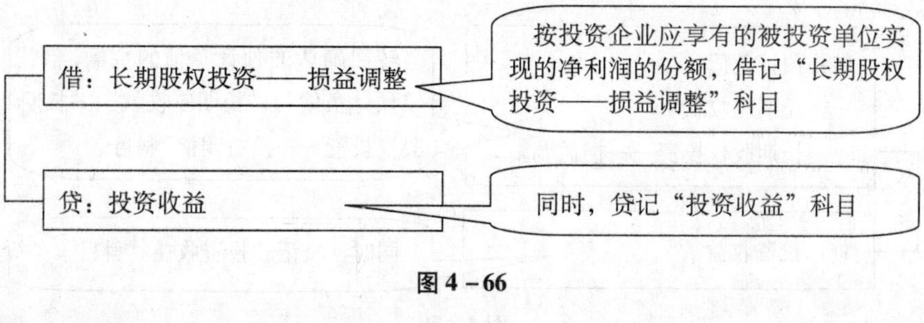

图 4－66

投资企业在确认应分担被投资单位发生的亏损时，应借记“投资收益”科目，贷记“长期股权投资——损益调整”科目。编制会计分录如图 4－67 所示。

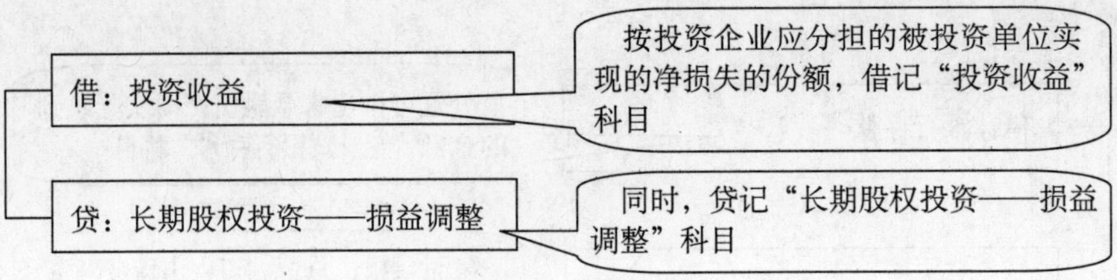

图 4 - 67

在长期股权投资的账面价值减记至零以后，考虑其他实质上构成对被投资单位净投资的长期权益，继续确认投资损失。借记“投资收益”科目，贷记“长期应收款”等科目。编制会计分录如图 4 - 68 所示。

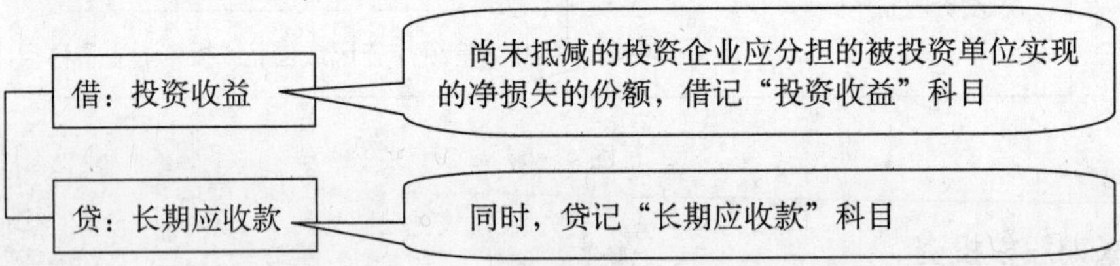

图 4 - 68

因投资合同或协议约定导致投资企业需要承担额外义务的，按照或有事项准则的规定，对于符合确认条件的义务，应确认为当期损失，同时确认预计负债，借记“投资收益”科目，贷记“预计负债”科目，编制会计分录如图4 - 69所示。

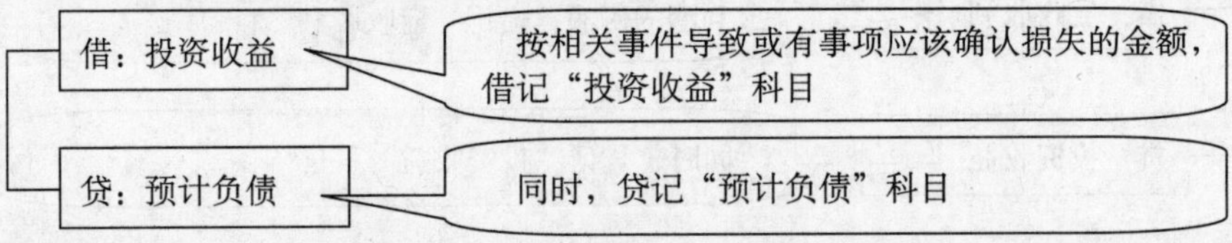

图 4 - 69

在确认了有关的投资损失以后，被投资单位于以后期间实现盈利的，应当按顺序分别借记“预计负债”、“长期应收款”、“长期股权投资——损益调整”等科目，贷记“投资收益”科目。编制会计分录如图 4 - 70 所示。

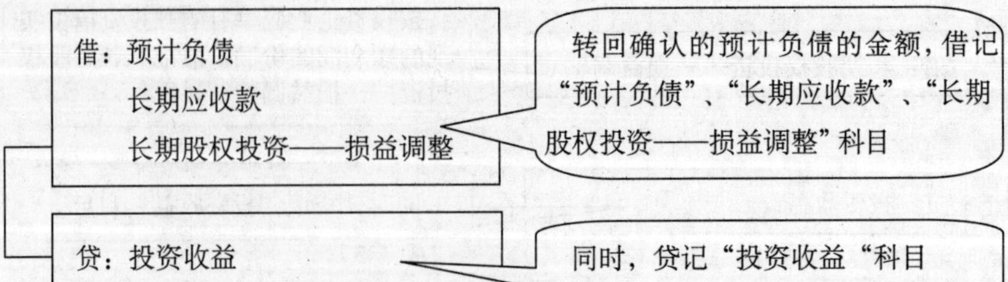

图 4 - 70

▶▶案例解析

详见资产类“短期投资”和“长期股权投资”。

第五篇

成本费用类交易和事项的会计处理

费用是指企业在日常活动中发生的、会导致所有者权益减少、与向所有者分配利润无关的经济利益的总流出。费用有狭义和广义之分。广义的费用泛指企业各种日常活动发生的所有耗费，狭义的费用仅指企业为销售商品、提供劳务等日常活动所发生的经济利益的流出。费用具有两个特征：费用代表企业资源的流出；费用最终会减少企业的所有者权益。

费用有很多分类标准：按照费用的经济内容可以分为外购材料费用、外购燃料费用、外购动力、工资费用及职工福利费用、折旧费用、利息支出、税金及其他；按照费用的经济用途可以分为构成产品成本的费用（包括直接材料费用、直接人工费用和制造费用）以及期间费用（管理费用、销售费用和财务费用）；按照费用与产品的关系可以分为直接费用和间接费用，等等。

成 本

成本和费用是一对既有联系又有区别的概念。首先，成本是对象化的费用，产品成本是相对于一定的产品而言所发生的费用，是按照产品品种等成本计算对象当期发生的费用进行归集所形成的。对于这部分费用来说，费用的发生过程同时又是产品成本的形成过程。其次，费用是指某一期间为生产而发生的，与一定的期间相联系；而产品成本是指为生产某一种产品或几种产品而消耗的费用，它与一定种类和数量的产品相联系。

成本与费用又有密切的联系，二者是相互转化的。企业在一定期间发生的直接费用按照成本计算对象进行归集；间接费用则通过分配计入各成本计算对象，使本期发生的费用对象化，转化为产品的成本，这一过程实际上就是产品成本的计算过程。在产品生产形成产成品并通过销售后，产品成本则转化为一定期间的销售成本，又称为费用，并与实现销售当期的收入相配比，计入当期损益。可见，产品成本的核算是确定当期产品销售成本和当期损益的前提。

产品成本核算过程中的账务处理程序如图 5－1 所示。

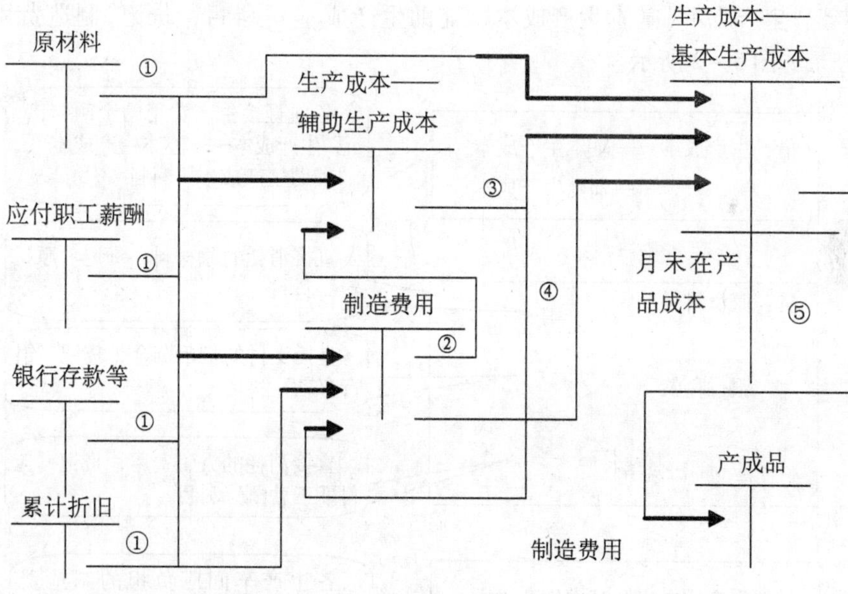

说明：① 分配各项要素费用；② 分配辅助生产车间制造费用；③ 分配辅助生产费用；④ 分配基本生产车间制造费用；⑤ 结转产品成本。

图 5－1 产品成本核算过程中的账务处理程序

(一)生产成本

▶▶业务概述

“生产成本”科目用于核算企业进行工业性生产发生的各项生产费用，包括生产各种产品(如产成品、自制半成品等)、提供加工劳务、自制材料、自制工具、自制设备等。该科目借方登记企业生产过程中发生的各项生产费用，即直接材料、直接人工和制造费用；贷方登记生产完成并已验收入库的产成品、自制半成品、自制材料、自制工具、自制设备以及提供加工劳务的实际成本，期末借方余额反映企业尚未加工完成的各项在产品成本。

“生产成本”科目下一般应设“基本生产成本”和“辅助生产成本”两个二级科目。基本生产成本应当分别按照基本生产车间和成本核算对象（如产品的品种、类别、订单、批别、生产阶段等）设置明细账（或成本计算单，下同），并按照规定的成本项目设置专栏。

(1)发生各项直接生产费用。

企业在生产各种产品时，会消耗一定的原材料，支付一定金额的款项，并且向付出劳动的工人支付工资。

(2)辅助生产车间提供劳务和产品。

企业辅助生产车间为基本生产车间、企业管理部门和其他部门提供的劳务和产品，月末需要按照一定的分配标准分配给各受益对象。

▸▸账务处理

企业发生的各项直接生产费用，借记“生产成本（基本生产成本、辅助生产成本）”科目，贷记“原材料”、“银行存款”、“应付职工薪酬”等科目。企业各生产车间应负担的制造费用，借记“生产成本（基本生产成本、辅助生产成本）”科目，贷记“制造费用”科目。编制会计分录如图5－2所示。

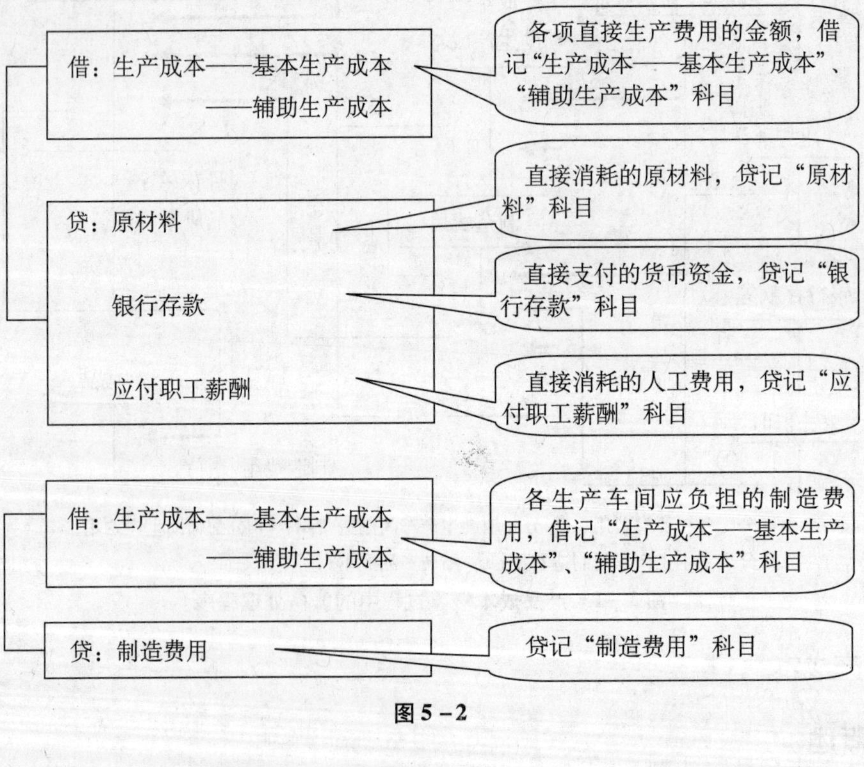

图5－2

辅助生产车间提供劳务和产品，每月月末，借记“生产成本——基本生产成本”、“管理费用”、“销售费用”、“其他业务成本”、“在建工程”等科目，贷记“生产成本——辅助生产成本”科目。编制会计分录如图 5－3 所示。

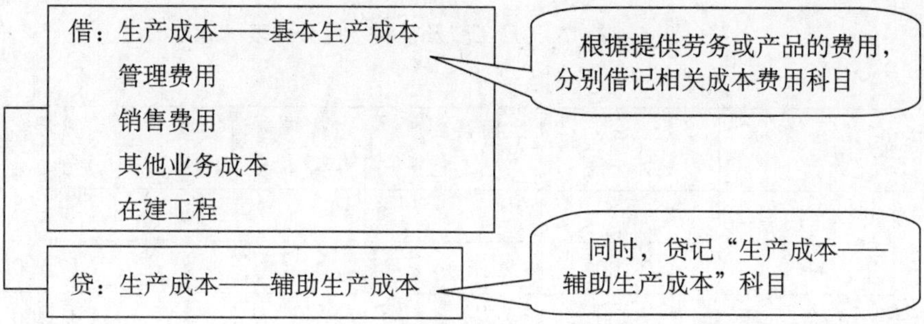

图 5－3

▶▶案例解析

【例 5－1】A 工厂的材料费用分配表如表 5－1 所示。

表 5－1　A 工厂材料费用分配表

单位：元

应借科目		原材料	低值易耗品	合计
生产成本	基本生产车间			
	甲产品	80 000		80 000
	乙产品	10 000		10 000
	辅助生产车间	5 000		5 000
	小计	95 000		95 000
制造费用	基本生产成本	6 500	3 500	10 000
	辅助生产成本	3 000	2 000	5 000
	小计	9 500	5 500	15 000
管理费用	厂部	2 800	1 200	4 000
合计		107 300	6 700	114 000

编制会计分录：

借：生产成本——基本生产成本——甲产品　80 000

　　　　　　　　　　　　　　——乙产品　10 000

　　　　　　——辅助生产成本　5 000

　　制造费用　15 000

　　管理费用　4 000

　　贷：原材料　107 300

　　　　低值易耗品　6 700

【例5-2】A工厂的工资及福利费用分配表如表5-2所示。

表5-2 A工厂工资及福利费用分配表

单位：元

应借科目		直接生产工人工资	间接生产工人工资	管理部门人员工资	应付职工薪酬
生产成本	基本生产车间				
	甲产品	17 100			17 100
	乙产品	11 400			11 400
	辅助生产车间	1 368			1 368
	小计	29 868			29 868
制造费用	基本生产成本		1 140		1 140
	辅助生产成本		1 710		1 710
	小计		2 850		2 850
管理费用	厂部			4 560	4 560
合计		29 868	2 850	4 560	37 278

编制会计分录：

借：生产成本——基本生产成本——甲产品　　17 100

　　　　　　　　　　　　　——乙产品　　11 400

　　　　　——辅助生产成本　　1 368

　　制造费用　　2 850

　　管理费用　　4 560

　　贷：应付职工薪酬　　37 278

【例5-3】A工厂基本生产车间生产甲、乙两种产品，本月该车间辅助生产费用明细账归集的辅助生产费用为18 000元，辅助生产费用按直接分配法计算。现编制辅助生产费用分配表如表5-3所示。

表5-3 A工厂辅助生产费用分配表

单位：元

应借科目		生产工人工时数(小时)	修理费	水电费	合计
总账科目	明细科目				
生产成本	甲产品	56 000	7 000	5 600	12 600
	乙产品	24 000	3 000	2 400	5 400
合计		80 000	10 000	8 000	18 000

编制会计分录：

借：生产成本——基本生产成本——甲产品	12 600	
——乙产品	5 400	
贷：生产成本——辅助生产成本——修理费		10 000
——水电费		8 000

(二)制造费用

业务概述

“制造费用”科目核算企业生产车间、部门为生产产品和提供劳务而发生的各项间接费用，包括工资福利费、修理费、折旧费、办公费、水电费、机物料消耗、劳动保护费、季节性修理期间的停工损失等。本科目应当按照不同的生产车间、部门和费用项目进行明细核算。企业行政管理部门为组织和管理生产经营活动而发生的管理费用，在“管理费用”科目核算，不在“制造费用”科目核算。企业生产车间、行政管理部门等发生的不满足固定资产准则规定的固定资产确认条件的日常修理费用和大修理费用等固定资产后续支出，在“管理费用”科目核算，不在“制造费用”科目核算。

(1)制造费用的归集。

当企业生产车间、部门为生产产品和提供劳务而发生各项间接费用时，根据付款凭证、各项费用分配表将材料费用、工资费用、折旧费用、待摊费用和预提费用等分别记入“制造费用”科目的借方。

(2)制造费用的分配。

每月月末，应按成本核算对象将已计提的制造费用分配计入各科目。一般情况下，制造费用按生产工时、定额工时、机器工时、直接工资费用等比例进行分配。制造费用的分配及账务处理是通过制造费用分配表进行的，制造费用科目月末一般无余额。

(3)产品的验收入库。

每月月末，企业应将已经生产完成的产成品和自制半成品验收入库，并结转生产成本。

账务处理

业务1　制造费用的归集

计提制造费用时，按各项费用之和借记“制造费用”科目，按生产车间发生的各项费用分别贷记“原材料”、“应付职工薪酬”、“累计折旧”、“银行存款”等科目。编制会计分录如图5－4所示。

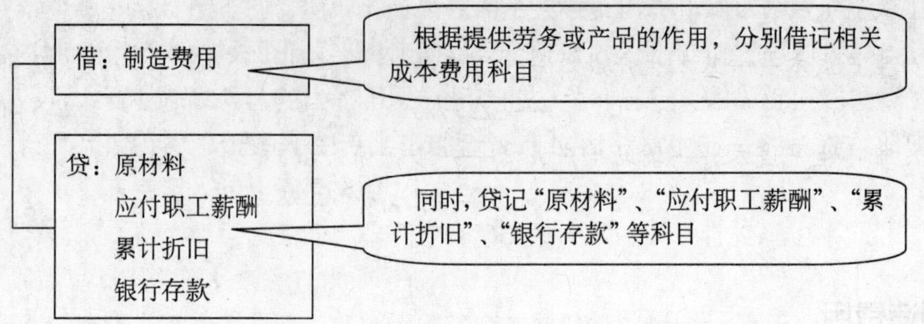

图5－4

业务2　制造费用的分配

将制造费用分配计入有关的成本核算对象，借记"生产成本——基本生产成本或辅助生产成本"、"劳务成本"科目，贷记"制造费用"科目。编制会计分录如图5－5所示。

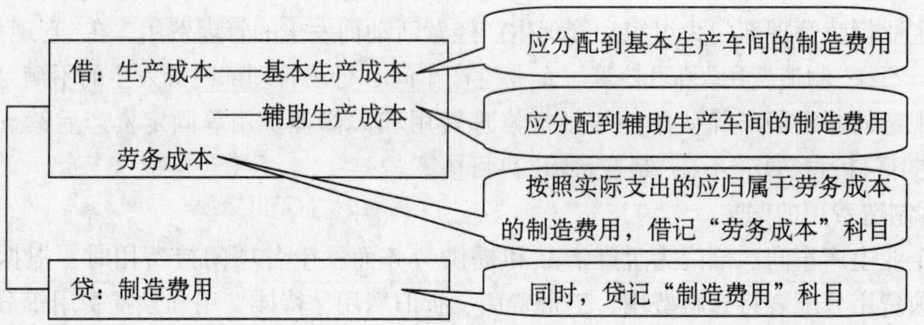

图5－5

季节性生产企业制造费用全年实际发生数与分配数的差额，除其中属于为下一年开工生产做准备的可留待下一年分配外，其余部分实际发生额大于分配额的差额，借记"生产成本——基本生产成本"科目，贷记"制造费用"科目；实际发生额小于分配额的差额，编制相反的会计分录。除季节性的生产性企业外，"制造费用"科目期末应无余额。

业务3　产品的验收入库

对已经生产完成并已验收入库的产成品以及入库的自制半成品，借记"库存商品"等科目，贷记"生产成本——基本生产成本"科目。编制会计分录如图5－6所示。

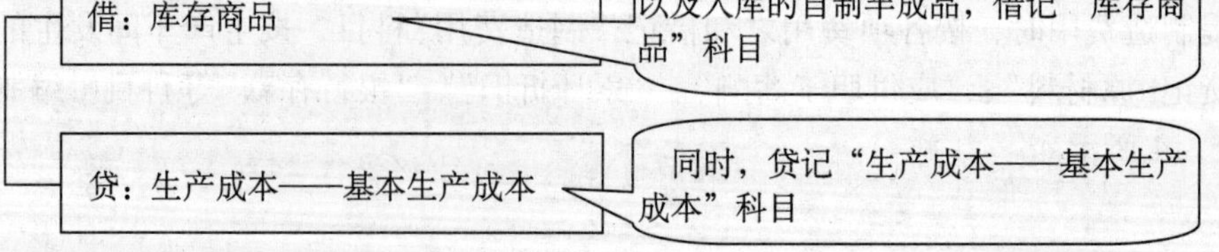

图5－6

▶▶案例解析

见【例5-1】和【例5-2】。

【例5-4】接【例5-3】，A工厂基本生产车间生产甲、乙两种产品，本月该车间制造费用明细归集的制造费用为17 850元，制造费用按生产工人工时的比例分配计算，本月甲产品、乙产品实际耗用生产工人工时分别为80 000小时和62 800小时。现编制制造费用分配表如表5-4所示。

表5-4 制造费用分配表

单位：元

应借科目		生产工人工时数(小时)	制造费用(分配率0.125)
总账科目	明细科目		
生产成本	甲产品	80 000	10 000
	乙产品	62 800	7 850
合计		142 800	17 850

编制会计分录：

借：生产成本——基本生产成本——甲产品 10 000

——乙产品 7 850

贷：制造费用 17 850

【例5-5】接【例5-1】至【例5-4】。月末，A工厂将已完工的甲产品和乙产品结转入库。编制会计分录：

甲产品成本=80 000+17 100+12 600+10 000=119 700(元)

乙产品成本=10 000+11 400+5 400+7 850=34 650(元)

借：库存商品——甲产品 119 700

——乙产品 34 650

贷：生产成本——基本生产成本——甲产品 119 700

——乙产品 34 650

(三)劳务成本

▶▶业务概述

劳务成本是与劳务收入相对应的成本类科目，主要用来计量企业提供劳务作业发生的成本，可以按照劳务种类进行明细核算。

▸▸账务处理

企业发生的各项劳务成本，借记本科目，贷记“银行存款”、“应付职工薪酬”、“原材料”等科目。编制会计分录如图 5－7 所示。

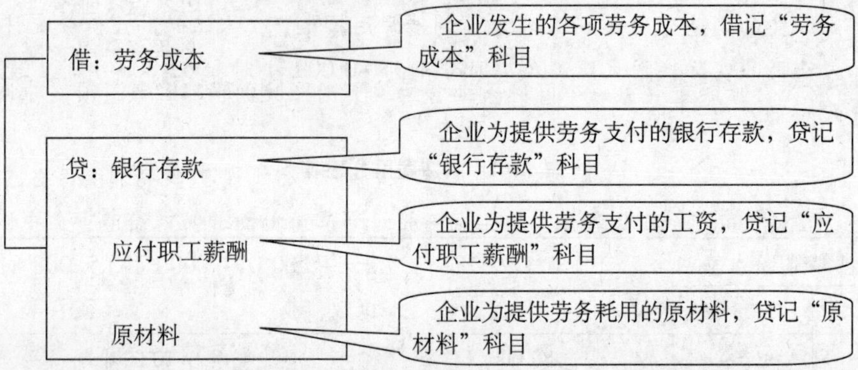

图 5－7

结转劳务的成本，借记“主营业务成本”、“其他业务成本”等科目，贷记本科目。编制会计分录如图 5－8 所示。

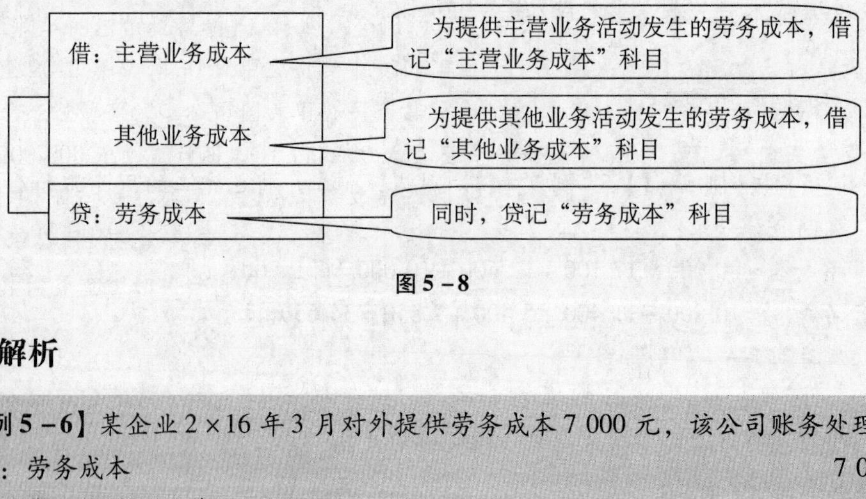

图 5－8

▸▸案例解析

【例 5－6】某企业 2×16 年 3 月对外提供劳务成本 7 000 元，该公司账务处理如下：

借：劳务成本　　7 000

　　贷：应付职工薪酬　　7 000

2×16 年 5 月 31 日该企业甲商品完工入库，结转总劳务成本 20 000 元，该公司账务处理如下：

借：库存商品——甲产品　　20 000

　　贷：劳务成本　　20 000

（参见“提供劳务收入”一节。）

(四)研发支出

▶▶业务概述

本科目核算企业进行研究与开发无形资产过程中发生的各项支出，包括研究阶段的支出和开发阶段的支出。研究阶段的支出应全部费用化处理，开发阶段的符合资本化条件的支出可以资本化处理，不符合资本化条件的应费用化处理。符合资本化条件的开发阶段支出，也就是内部研发活动形成无形资产的成本，由可直接归属于该资产的创造、生产并使该资产能够以管理层预定的方式运作的所有必要支出组成。可直接归属成本的包括：开发该无形资产时耗费的材料、劳务成本、注册费、在开发该无形资产过程中使用的其他专利权和特许权的摊销，以及按照借款费用的处理原则可资本化的利息支出。

▶▶账务处理

(1)企业自行开发无形资产发生的研发支出，不满足资本化条件的，借记“研发支出——费用化支出”科目；满足资本化条件的，借记“研发支出——资本化支出”科目，贷记“原材料”、“银行存款”、“应付职工薪酬”等科目。编制会计分录如图5-9所示。

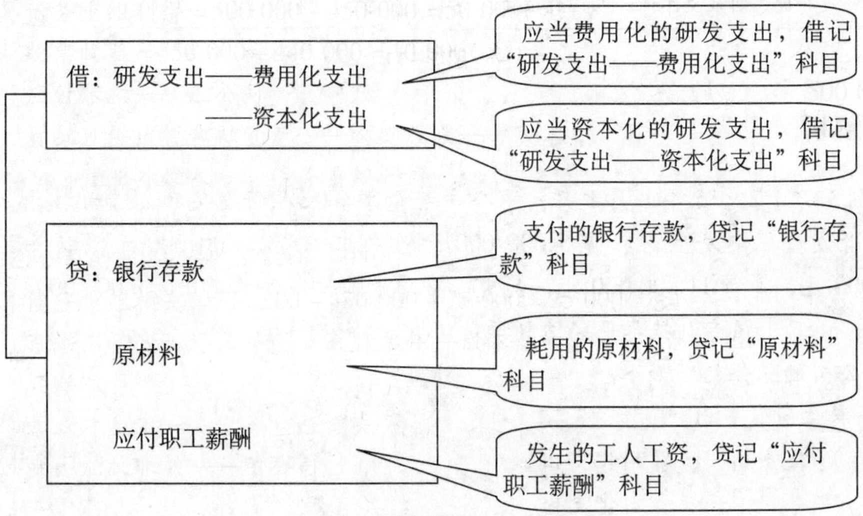

图5-9

(2)企业以其他方式取得的正在进行中的研究开发项目，应按确定的金额，借记“研发支出——资本化支出”科目，贷记“银行存款”等科目。以后发生的研发支出，应当比照上述第一条原则进行处理。编制会计分录如图5-10所示。

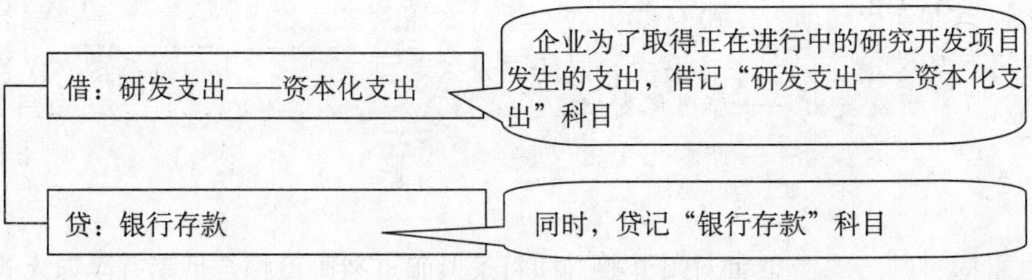

图5-10

(3)研究开发项目达到预定用途形成无形资产的，应按“研发支出——资本化支出”科目的余额，借记“无形资产”科目，贷记“研发支出——资本化支出”科目。并且，将已计入“研发支出——费用化支出”科目的金额转入“管理费用”科目。编制会计分录如图5－11所示。

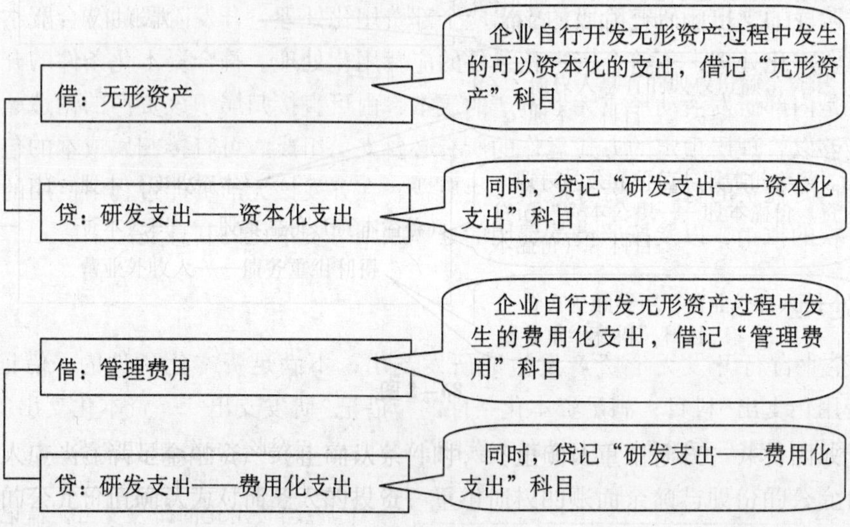

图5－11

▶▶案例解析

【例5－7】2×16年1月1日，甲公司经董事会批准研发某项新专利技术。该公司在研究开发过程中发生材料费5 000 000元、人工工资2 800 000元，以及其他费用4 000 000元，总计11 800 000元，其中，符合资本化条件的支出为6 000 000元。2×16年12月31日，该专利技术已经达到预定用途。

甲公司的账务处理如下。

① 发生研发支出。

借：研发支出——费用化支出　　5 800 000

　　　　　　——资本化支出　　6 000 000

　贷：原材料　　5 000 000

　　　应付职工薪酬　　2 800 000

　　　银行存款　　4 000 000

② 2×16年12月31日，该专利技术已经达到预定用途。

借：管理费用　　5 800 000

　　无形资产　　6 000 000

　贷：研发支出——费用化支出　　5 800 000

　　　　　　　——资本化支出　　6 000 000

期间费用

期间费用是企业当期发生的费用中的重要组成部分，是指本期发生的、不能直接或间接归入某种产品成本、直接计入损益的各项费用，包括管理费用、销售费用和财务费用。

(一)管理费用

业务概述

管理费用是指企业为组织和管理企业生产经营所发生的费用，包括企业在筹建期间内发生的开办费、董事会和行政管理部门在企业的经营管理中发生的或者应由企业统一负担的公司经费(包括行政管理部门职工工资及福利费、物料消耗、低值易耗品摊销、办公费和差旅费等)、工会经费、董事会费(包括董事会成员津贴、会议费和差旅费等)、聘请中介机构费、咨询费(含顾问费)、诉讼费、业务招待费、房产税、车船税、土地使用税、印花税、技术转让费、矿产资源补偿费、研究费用、排污费等，以及企业生产车间(部门)和行政管理部门等发生的固定资产修理费用等后续支出。

企业发生的管理费用，在“管理费用”科目核算，并在“管理费用”科目中按费用项目设置明细账，进行明细核算。期末，“管理费用”科目的余额结转“本年利润”科目后无余额。

同一控制下企业合并发生的直接相关费用，也在“管理费用”科目核算。

商品流通企业管理费用不多的，可不设置“管理费用”科目，而将应核算内容并入“销售费用”科目核算。

账务处理

(1)企业在筹建期间内发生的开办费，包括人员工资、办公费、培训费、差旅费、印刷费、注册登记费以及不计入固定资产价值的借款费用等在实际发生时，借记“管理费用——开办费”科目，贷记“银行存款”等科目。编制会计分录如图5－12所示。

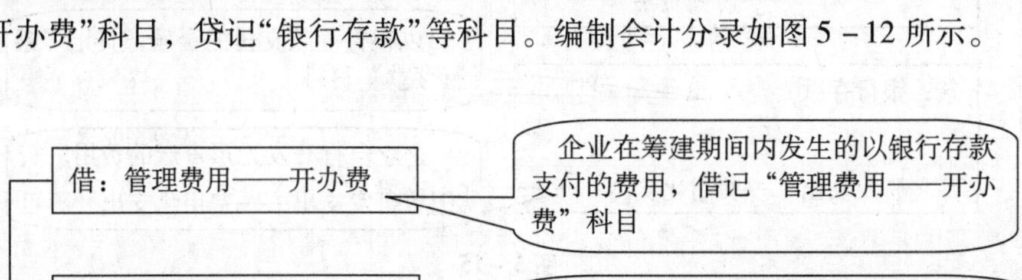

图5－12

(2)行政管理部门人员的职工薪酬，借记“管理费用——工资”科目，贷记“应付职工薪酬”科目。编制会计分录如图 5－13 所示。

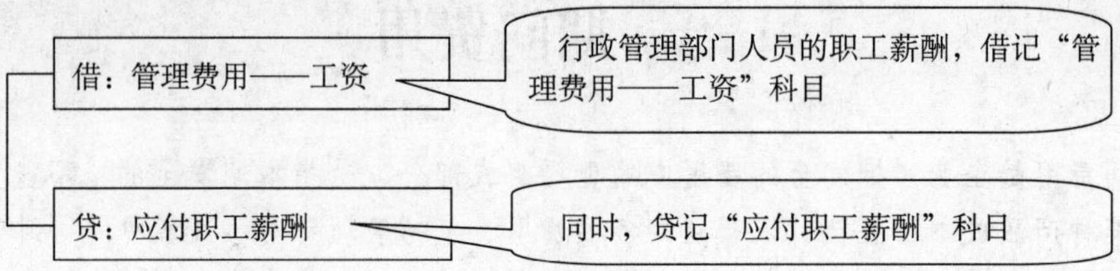

图 5－13

(3)行政管理部门计提的固定资产折旧，借记“管理费用——折旧费”科目，贷记“累计折旧”科目。编制会计分录如图 5－14 所示。

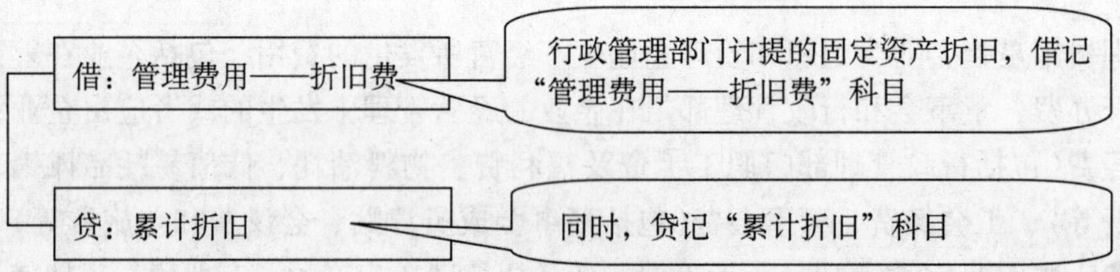

图 5－14

(4)发生的办公费、水电费、业务招待费、聘请中介机构费、咨询费、诉讼费、技术转让费、研究费用，借记“管理费用”科目，贷记“银行存款”(以银行存款支付的金额)、“研发支出”(企业自行开发无形资产的费用)等科目。编制会计分录如图 5－15 所示。

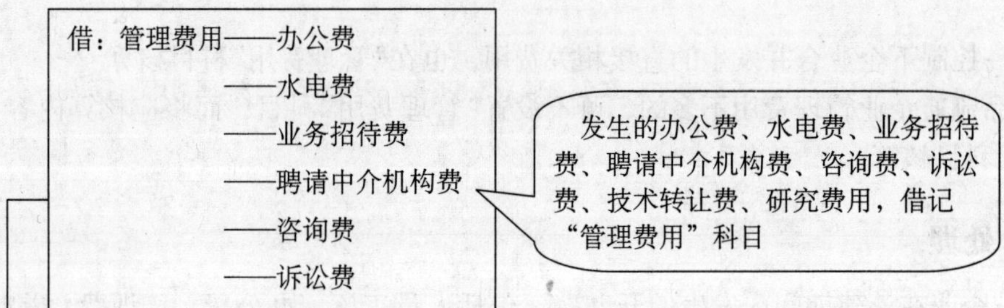

图 5－15

(5)摊销长期待摊费用时，借记“管理费用”科目，贷记“长期待摊费用”科目。编制会计分录如图 5－16 所示。

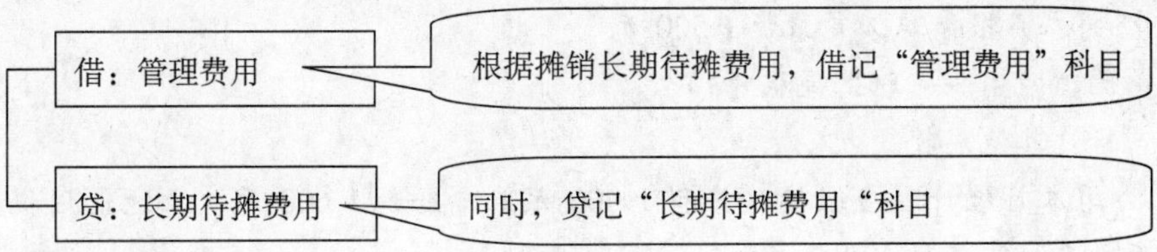

图 5-16

(6)按规定计算确定的应交矿产资源补偿费、房产税、车船使用税、土地使用税、印花税，借记“管理费用——税金”科目，贷记“应交税费”科目。编制会计分录如图 5-17 所示。

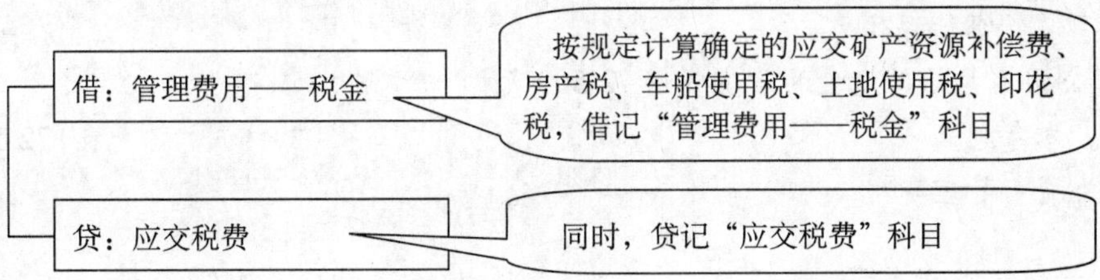

图 5-17

(7)期末，将“管理费用”科目的余额结转“本年利润”科目，结转后本科目无余额。编制会计分录如图 5-18 所示。

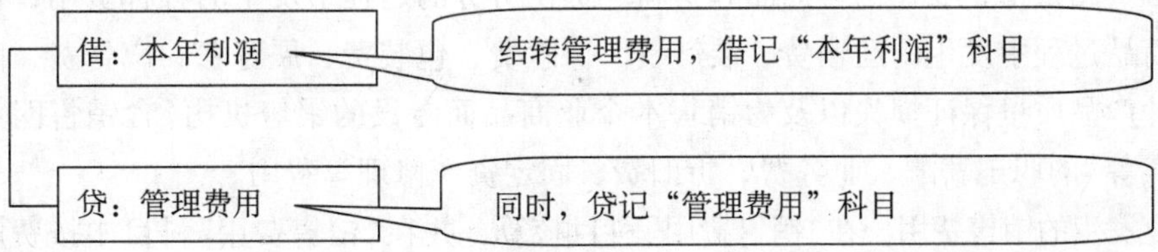

图 5-18

▶▶案例解析

【例 5-8】某公司 2×16 年 10 月份管理费用发生的有关经济业务及编制的会计分录如下：

① 经计算，公司本月应由本期管理费用负担的折旧费 8 000 元，行政部门人员的工资 50 000 元，福利费 7 000 元。

借：管理费用——折旧费　　8 000
　　　　　　——工资　　50 000
　　　　　　——福利费　　7 000
　贷：累计折旧　　8 000
　　　应付职工薪酬　　57 000

② 公司本月以银行存款 2 000 元，支付购买办公用品的款项。

借：管理费用——办公费　　2 000
　贷：银行存款　　2 000

③ 公司本月报销职工差旅费 1 500 元。

借：管理费用——职工差旅费 1 500

　　贷：其他应收款 1 500

④ 公司本月经计算应缴纳房产税 1 200 元，车船税 1 600 元，土地使用税 800 元，以银行存款支付印花税 400 元。

借：管理费用——税金 4 000

　　贷：应交税费——应交房产税 1 200

　　　　　　　——应交车船税 1 600

　　　　　　　——应交土地使用税 800

　　　　银行存款 400

⑤ 公司本月结转发生的管理费用 72 500 元。

借：本年利润 72 500

　　贷：管理费用 72 500

(二)销售费用

›› 业务概述

销售费用是指企业在销售商品和材料、提供劳务的过程中发生的各种费用，包括企业在销售商品过程中发生的运输费、装卸费、保险费、包装费、展览费、广告费、商品维修费、预计产品质量保证损失以及为销售本企业商品而专设的销售机构(含销售网点、售后服务网点等)的职工薪酬、业务费、折旧费、固定资产修理等费用。

企业发生的销售费用，在"销售费用"科目核算，并在"销售费用"科目中按费用项目设置明细账，进行明细核算。期末，"销售费用"科目的余额结转"本年利润"科目后无余额。

›› 账务处理

(1)企业在销售商品过程中发生的包装费、保险费、展览费、广告费、运输费、装卸费等费用，借记"销售费用"科目，贷记"库存现金"、"银行存款"等科目。编制会计分录如图 5－19 所示。

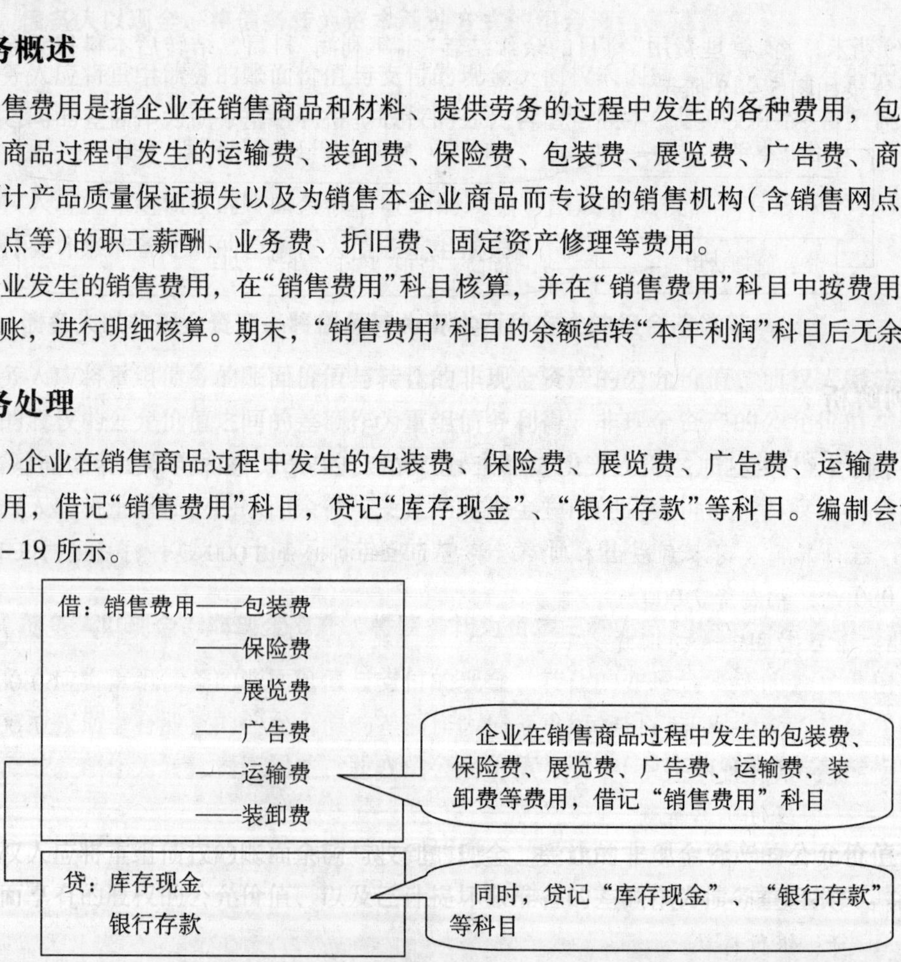

图 5－19

(2)企业发生的为销售本企业商品而专设的销售机构的职工薪酬、业务费、折旧费等经营费用，借记“销售费用”科目，贷记“应付职工薪酬”、“银行存款”、“累计折旧”等科目。编制会计分录如图 5－20 所示。

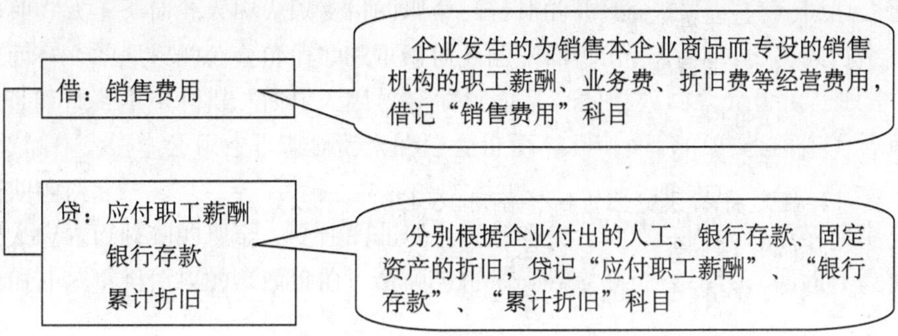

图 5－20

(3)期末，应将“销售费用”科目余额转入“本年利润”科目，结转后“销售费用”科目无余额。编制会计分录如图 5－21 所示。

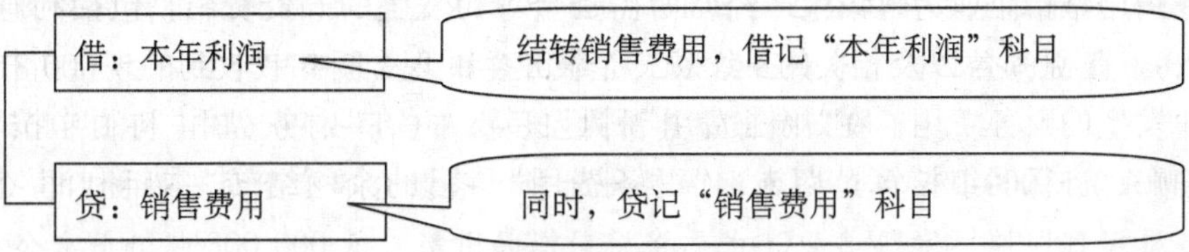

图 5－21

▶▶案例解析

【例 5－9】某公司 2×16 年 11 月份销售费用发生的有关经济业务及编制的会计分录如下：

① 以银行存款支付产品的广告费 5 000 元，展览费 4 000 元。

借：销售费用——广告费	5 000	
——展览费	4 000	
贷：银行存款		9 000

② 本月公司为销售产品以银行存款支付运输费 1 200 元，运输途中保险费 350 元，装卸费 650 元。

借：销售费用——运输费	1 200	
——保险费	350	
——装卸费	650	
贷：银行存款		2 200

③ 公司本月专设销售机构发生下列费用：销售机构人员的工资 4 000 元，提取职工福利费 560 元，固定资产的折旧费 460 元，以银行存款支付的办公费 200 元。

借：销售费用——工资	4 000	
——福利费	560	
——折旧费	460	
——办公费	200	
贷：应付职工薪酬		4 560
累计折旧		460
银行存款		200

④ 公司按规定将本月发生的销售费用 16 420 元予以结转。

借：本年利润	16 420	
贷：销售费用		16 420

(三)财务费用

▶▶业务概述

财务费用是指企业为筹集生产经营所需资金等而发生的筹资费用，包括利息支出(减利息收入)、汇兑损益以及相关的手续费、企业发生的现金折扣或收到的现金折扣等。

企业发生的财务费用，在“财务费用”科目核算，并在“财务费用”科目中按费用项目设置明细账，进行明细核算。期末，“财务费用”科目的余额结转“本年利润”科目后无余额。

▶▶账务处理

(1)企业发生利息支出、汇兑损失、相关的手续费、现金折扣等财务费用时，借记“财务费用”科目，贷记“银行存款”科目。编制会计分录如图 5－22 所示。

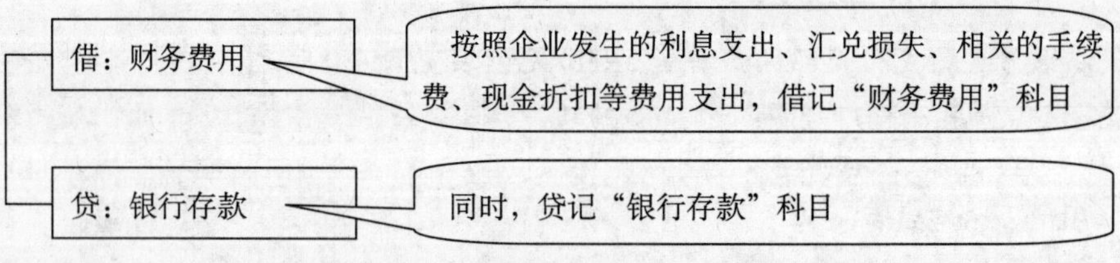

图 5－22

(2)企业发生应冲减财务费用的利息收入、汇兑收益、收到现金折扣时，借记“银行存款”“应付账款”等科目，贷记“财务费用”科目。编制会计分录如图 5－23 所示。

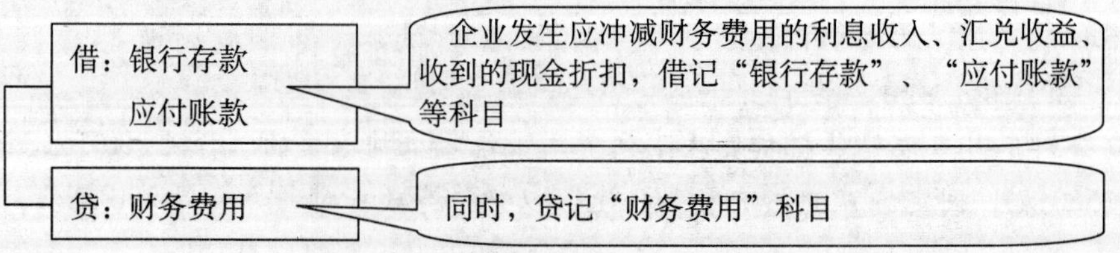

图 5－23

(3)期末，应将“财务费用”科目余额转入“本年利润”科目，结转后本科目无余额。编制会计分录如图 5－24 所示。

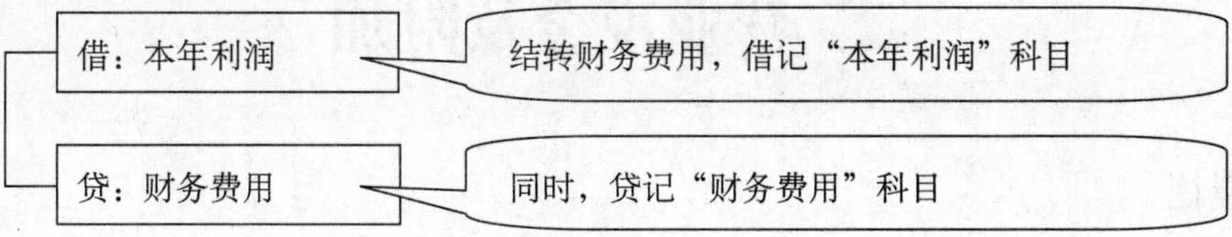

图 5－24

▸▸案例解析

【例 5－10】 某公司某月财务费用发生的有关经济业务及编制的会计分录如下。

① 公司以银行存款支付本月手续费 400 元。

借：财务费用——手续费　　400

　　贷：银行存款　　400

② 公司本月发生银行存款利息收入 1 300 元。

借：银行存款　　1 300

　　贷：财务费用——利息收入　　1 300

③ 公司银行存款美元户期末账面余额为人民币 253 000 元，根据期末汇率调整后的余额为 251 000 元，发生汇兑损失 2 000 元。

借：财务费用——汇兑损失　　2 000

　　贷：银行存款　　2 000

④ 公司本月结转发生的财务费用 1 100 元。

借：本年利润　　1 100

　　贷：财务费用　　1 100

营业税金及附加

业务概述

营业税金及附加是指企业经营活动发生的营业税、消费税、城市维护建设税、资源税和教育费附加以及与投资性房地产相关的房产税、土地使用税等。

账务处理

(1)企业发生营业税应税行为，按计算应缴纳的营业税额，借记“营业税金及附加”科目，贷记“应交税费——应交营业税”科目。

(2)企业销售应税产品按规定应交纳的资源税，借记“营业税金及附加”科目，贷记“应交税费——应交资源税”科目。

(3)经营房地产业务的企业，应由当期营业收入负担的土地增值税，借记“营业税金及附加”科目，贷记“应交税费——应交土地增值税”科目。

(4)企业按规定应交的城市维护建设税(或教育费附加、矿产资源补偿费)，借记“营业税金及附加”科目，贷记“应交税费——应交城建税(或教育费附加、矿产资源补偿费等)”科目。

编制会计分录如图5-25所示。

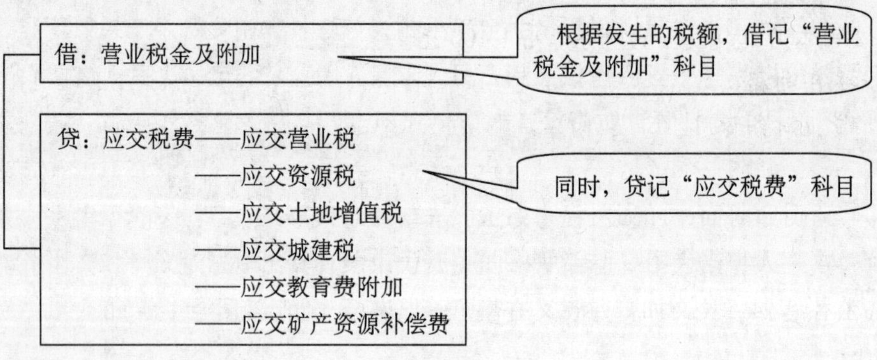

图5-25

案例解析

见【例2-21】。

资产减值损失

资产减值损失是指计提各项资产减值准备所形成的损失，包括应收款项、存货、长期股权投资、固定资产、无形资产、贷款等资产发生的减值损失。在建工程、工程物资、生产性生物资产、商誉以及采用成本模式计量的投资性房地产等资产发生的减值，也计入资产减值损失。

(一)应收款项的减值

▶▶业务概述

应收款项的减值是指企业无法收回或收回的可能性很小的应收款项。由于发生应收款项减值而产生的损失，称为应收款项减值损失或坏账损失。

(1)应收款项减值损失的测试。

根据企业会计准则的规定，企业应当在资产负债表日对以公允价值计量且其变动计入当期损益的金融资产以外的金融资产(如应收款项)的账面价值进行检查，有客观证据表明该金融资产发生减值的，应当计提减值准备。金融资产发生减值的客观证据，是指金融资产初始确认后实际发生的、对该金融资产的预计未来现金流量有影响，且企业能够对该影响进行可靠计量的事项。

(2)应收款项减值损失的计量。

当应收款项发生减值时，应当将该应收款项的账面价值减计至预计未来现金流量(不包括尚未发生的未来信用损失)现值，减记的金额确认减值损失，计提坏账准备。应收款项减值损失的核算一般采用备抵法，估计坏账损失的方法主要有应收款项余额百分比法、账龄分析法和销货百分比法等。

▶▶账务处理

企业计提坏账准备时，按应该减记的金额，借记“资产减值损失”科目，贷记“坏账准备”科目；冲减多计提的坏账准备，编制相反的会计分录。编制会计分录如图 5－26 所示。

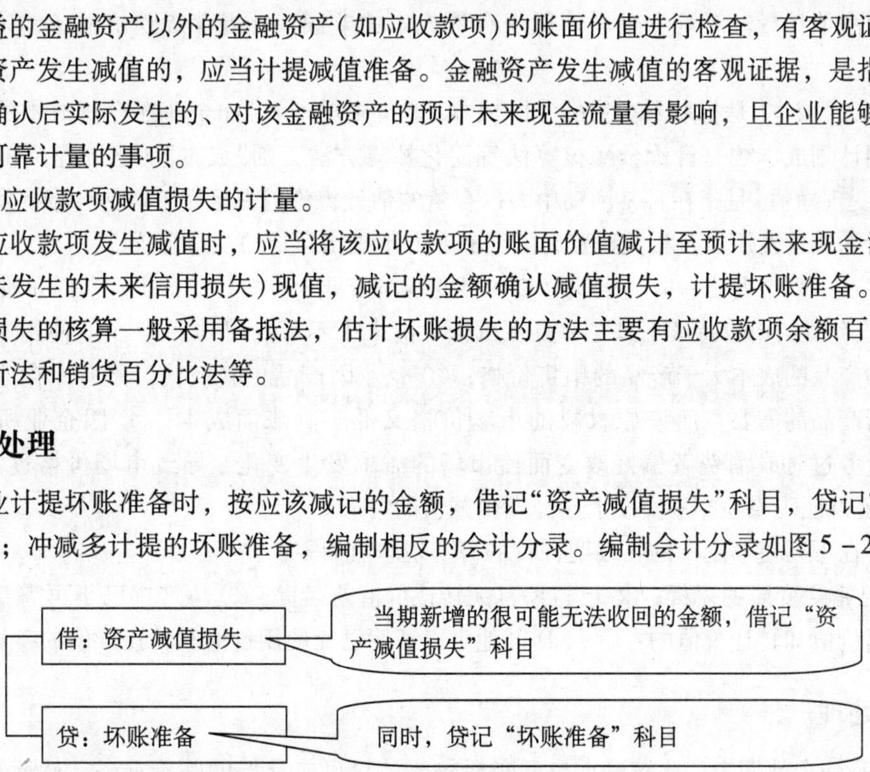

图 5－26

资产负债表日，企业应当将“资产减值损失”科目余额转入“本年利润”科目，结转后该科目应当没有余额。编制会计分录，如图 5－27 所示。

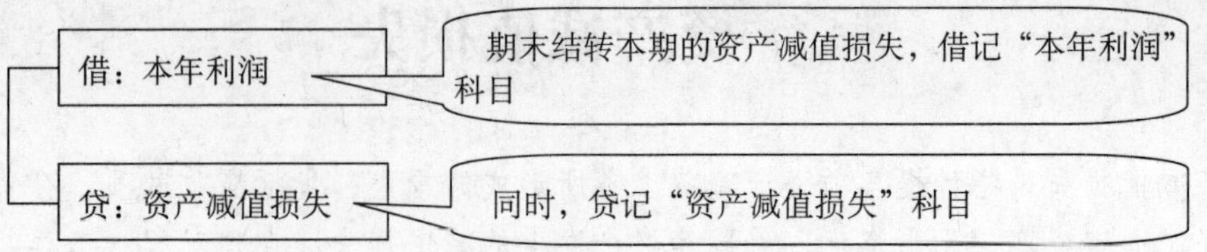

图 5－27

▶▶案例解析

参见资产类“应收账款”一节。

(二)存货的减值

▶▶业务概述

每期期末(即资产负债表日)，企业应对存货按成本与可变现净值孰低法计量。成本与可变现净值孰低法，是指对期末存货按照成本与可变现净值两者之中较低者计量的方法。即当成本低于可变现净值时，期末存货按成本计量；当可变现净值低于成本时，期末存货按可变现净值计量。对可变现净值低于存货成本的差额，计提存货跌价准备，计入当期损益。

其中，“成本”是指期末存货的实际成本(即历史成本)；如企业在存货成本的日常核算中采用计划成本法、售价金额核算法等简化核算方法，则“成本”为经调整后的实际成本。“可变现净值”是指在日常活动中，以存货的估计售价减去至完工时估计将要发生的成本、估计的销售费用以及相关税费后的金额，并不是指存货的现行售价。

当存在下列情况之一时，表明存货的可变现净值低于成本，应计提存货跌价准备：

① 该存货的市价持续下跌，并且在可预见的未来不可能回升；② 企业使用该项原材料生产的产品的成本大于产品的销售价格；③ 企业因产品更新换代，原有库存原材料已不适应新产品的需要，而该原材料的市场价格又低于其账面成本；④ 因企业所提供的商品或劳务过时或消费者偏好改变而使市场的需求发生变化，导致市场价格逐渐下跌；⑤ 其他足以证明该项存货实质上已经发生减值的情形。

当存在下列情形之一的，表明存货的可变现净值为零：

① 已霉烂变质的存货；② 已过期且无转让价值的存货；③ 生产中已不再需要，并且已无使用价值和转让价值的存货；④ 其他足以证明已无使用价值和转让价值的存货。

▶▶账务处理

(1)每一会计期末，比较成本与可变现净值计算出应计提的跌价准备，然后与“存货跌价准备”科目的余额进行比较，若应提数大于已提数，应予补提，借记“资产减值损失”科目，贷记“存货跌价准备”科目。编制会计分录如图5－28所示。

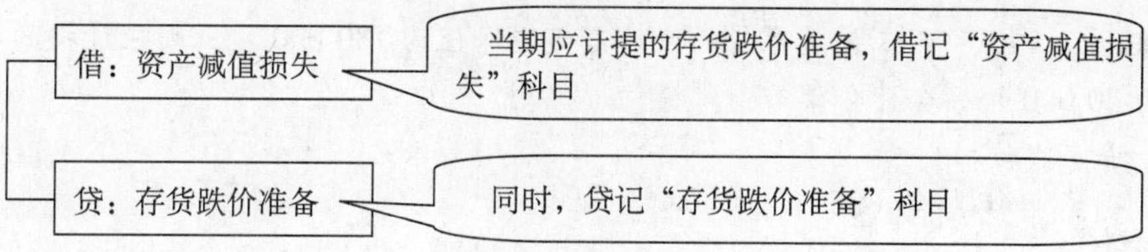

图 5－28

（2）若应提数小于已提数，应冲减部分已提数（必须在原已计提的存货跌价准备金额内冲减），借记“存货跌价准备”科目，贷记“资产减值损失”科目。编制会计分录如图 5－29 所示。

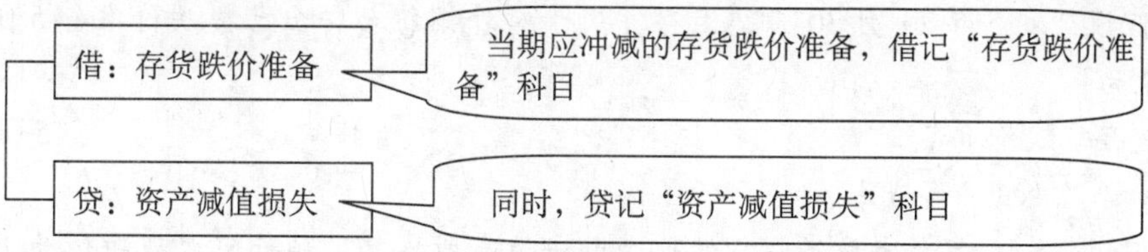

图 5－29

（3）已计提跌价准备的存货，如果用于销售、债务重组或者非货币性资产交换，则对于这部分存货，应在将其成本结转为当期损益的同时，结转其已计提的跌价准备，借记“存货跌价准备”科目，贷记“主营业务成本”等科目。编制会计分录如图 5－30 所示。

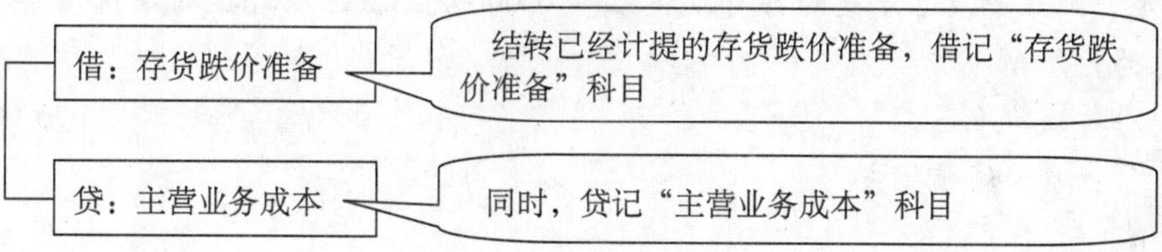

图 5－30

（4）资产负债表日，企业应当将“资产减值损失”科目余额转入“本年利润”科目，结转后该科目应当没有余额。编制会计分录如图 5－31 所示。

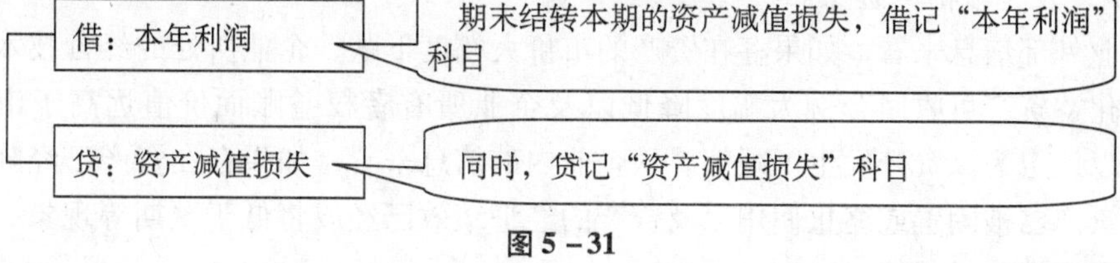

图 5－31

▶▶案例解析

【例 5－11】甲公司自 2×13 年起采用“成本与可变现净值孰低法”对期末某类存货进行计价，并运用分类比较法计提存货跌价准备。假设公司 2×13 年至 2×16 年年末该类存货的账面成本均为 200 000 元。

① 假设2×13年年末该类存货的预计可变现净值为180 000元，则应计提的存货跌价准备为20 000元。会计分录为：

借：资产减值损失　　20 000

　　贷：存货跌价准备　　20 000

② 假设2×14年年末该类存货的预计可变现净值为170 000元，则应补提的存货跌价准备为10 000元。会计分录为：

借：资产减值损失　　10 000

　　贷：存货跌价准备　　10 000

③ 假设2×15年11月30日，因存货用于对外销售而转出已提跌价准备5 000元。会计分录为：

借：存货跌价准备　　5 000

　　贷：主营业务成本　　5 000

④ 假设2×15年年末该类存货的可变现净值有所恢复，预计可变现净值为194 000元，则应冲减已计提的存货跌价准备为19 000元(30 000－5 000－6 000)。会计分录为：

借：存货跌价准备　　19 000

　　贷：资产减值损失　　19 000

⑤ 假设2×16年年末该类存货的可变现净值进一步恢复，预计可变现净值为205 000元，则应冲减已计提的存货跌价准备6 000元(以已经计提的跌价准备为限)。会计分录为：

借：存货跌价准备　　6 000

　　贷：资产减值损失　　6 000

(三)非流动资产的减值

▶▶业务概述

(1)资产发生减值的迹象。

从企业外部信息来看，如果存在资产的市价大幅度下跌、企业所处的经营技术环境发生重大变化、资产可收回金额大幅度降低以及企业所有者权益账面价值远高于市值等现象，则可以认定为该资产发生了减值。从企业内部信息来看，如果存在资产已经陈旧过时或损坏、资产已被闲置或终止使用以及资产的经济绩效已经或将低于预期等现象，则可以认定为该资产发生了减值。

(2)资产减值的测试。

企业应当在资产负债表日判断资产是否存在减值迹象。如果资产存在减值迹象，应当进行减值测试，估计资产的可收回金额。可收回金额低于账面价值的，应当按照可收回金额低于账面价值的差额，计提减值准备，确认减值损失。资产存在减值迹象是资产需要进行减值测试的必要前提，但是，因企业合并所形成的商誉和使用寿命不确定的无形资产，以及尚未达到可使用状态的无形资产，因其价值存在不确定性，应当至少每年进行减值测试。

(3)可收回金额的估计。

资产可收回金额的估计，应当根据其公允价值减去处置费用后的净额与资产预计未来现金流量的现值两者之间较高者确定。因此，要估计资产的可收回金额，通常需要同时估计该资产的公允价值减去处置费用后的净额和资产预计未来现金流量的现值。但是，在下列情况下，可以有例外或者作特殊考虑：

① 资产的公允价值减去处置费用后的净额与资产预计未来现金流量的现值，只要有一项超过了资产的账面价值，就表明资产没有发生减值，不需再估计另一项金额。

② 没有确凿证据或者理由表明，资产预计未来现金流量现值显著高于其公允价值减去处置费用后的净额的，可以将资产的公允价值减去处置费用后的净额视为资产的可收回金额。

③ 资产的公允价值减去处置费用后的净额如果无法可靠估计的，应当以该资产预计未来现金流量的现值作为其可收回金额。

④ 以前报告期间的计算结果表明，资产可收回金额显著高于其账面价值，之后又没有发生消除这一差异的交易或者事项的，资产负债表日可以不重新估计该资产的可收回金额。

⑤ 以前报告期间的计算与分析表明，资产可收回金额相对于某种减值迹象反应不敏感，在本报告期间又发生了该减值迹象的，可以不因该减值迹象的出现而重新估计该资产的可收回金额。

(4)资产的公允价值减去处置费用后的净额的估计。

资产的公允价值减去处置费用后的净额，通常反映的是资产如果被出售或者处置时可以收回的净现金收入。其中，处置费用是指可以直接归属于资产处置的增量成本，包括与资产处置有关的法律费用、相关税费、搬运费以及为使资产达到可销售状态所发生的直接费用等，但是，财务费用和所得税费用等不包括在内。

企业在估计资产的公允价值减去处置费用后的净额时，应当按照下列顺序进行：

① 应当根据公平交易中资产的销售协议或合同价格减去处置费用的金额确定，企业应当优先采用这一方法。

② 在资产不存在销售协议或合同，但存在活跃市场的情况下，应当根据该资产的市场价格减去处置费用后的金额确定。资产的市场价格通常应当按照资产的买方出价确定。

③ 在既不存在资产销售协议又不存在资产活跃市场的情况下，企业应当以可获取的最佳信息为基础，根据在资产负债表日如果处置资产时，熟悉情况的交易双方自愿进行公平交易愿意提供的交易价格减去资产处置费用后的金额，估计资产的公允价值减去处置费用后的净额。在实务中，该金额可以参考同行业类似资产的最近交易价格或者结果进行估计。

(5)资产预计未来现金流量的现值的估计。

资产预计未来现金流量的现值，应当按照资产在持续使用过程中和最终处置时所产生的预计未来现金流量，选择恰当的折现率对其进行折现后的金额加以确定。预计资产未来现金流量的现值，需要综合考虑资产的预计未来现金流量、资产的使用寿命和折现率三个因素。公式如下：

资产未来现金流量的现值 $PV = \sum[$第 t 年预计资产未来现金流量 $NCFt/(1+$折现率 $R)^t]$

(6)资产减值损失的确认与计量。

企业在对资产进行减值测试后，如果可收回金额的计量结果表明，资产的可收回金额低于其账面价值的，应当将资产的账面价值减记至可收回金额，减记的金额确认为资产减值损失，计入当期损益，同时，计提相应的资产减值准备。

资产减值损失确认后，减值资产的折旧或者摊销费用应当在未来期间作相应调整，以使该资产在剩余使用寿命内，系统地分摊调整后的资产账面价值(扣除预计净残值)。比如，固定资产计提了减值准备后，固定资产账面价值将根据计提的减值准备相应抵减，因此，固定资产在未来计提折旧时，应当以新的固定资产账面价值为基础计提每期折旧。

▶▶账务处理

企业通过“资产减值损失”科目核算确认的资产减值损失和计提的资产减值准备，“资产减值损失”科目按照资产类别进行明细核算，分别设置“计提的存货跌价准备”、“计提的固定资产减值准备”、“计提的在建工程减值准备”、“计提的投资性房地产减值准备”、“计提的无形资产减值准备”、“计提的商誉减值准备”、“计提的长期股权投资减值准备”、“计提的生产性生物资产减值准备”等科目，反映各类资产在当期确认的资产减值损失金额。

(1)当企业确定资产发生了减值时，应当根据所确认的资产减值金额，借记“资产减值损失”科目，贷记“固定资产减值准备”、“在建工程减值准备”、“投资性房地产减值准备”、“无形资产减值准备”、“商誉减值准备”、“长期股权投资减值准备”、“生产性生物资产减值准备”等科目。编制会计分录如图 5－32 所示。

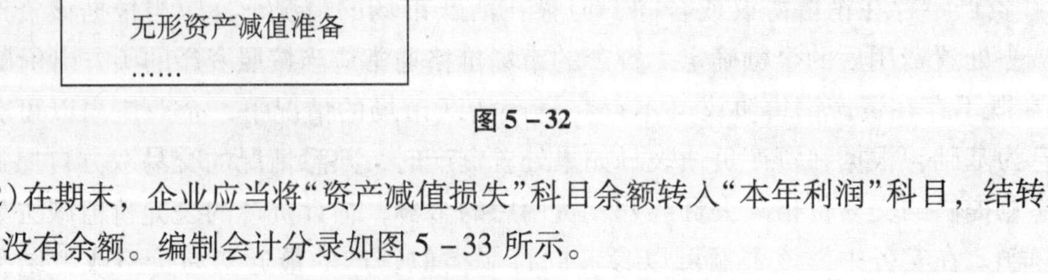

图 5－32

(2)在期末，企业应当将“资产减值损失”科目余额转入“本年利润”科目，结转后该科目应当没有余额。编制会计分录如图 5－33 所示。

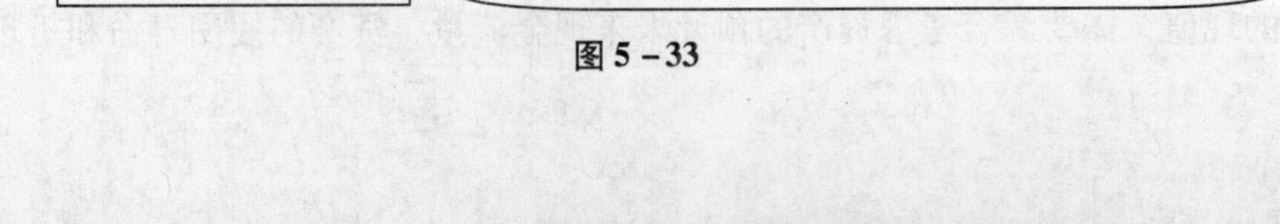

图 5－33

(3)各资产减值准备科目累计每期计提的资产减值准备，直至相关资产被处置时才予以转出。

▶▶案例解析

【例5－12】某公司2×10年年末对甲装置进行减值测试。该装置原值为200 000 000元，累计折旧54 400 000元，2×10年年末账面价值为145 600 000元，预计尚可使用6年。假定甲装置的公允价值减去处置费用后的净额难以确定，但甲装置能独立生产产品并带来收入，因此，该公司通过计算其未来现金流量的现值确定可收回金额。公司在考虑了与甲装置有关的货币时间价值和特定风险因素后，确定10%为该资产的最低必要报酬率，并将其作为计算未来现金流量现值时使用的折现率。该公司根据历史资料和发展趋势，估计甲装置在2×11年至2×13年每年预计未来现金流量，如表5－5中所示(表中现值系数可根据公式计算或者直接查复利现值系数表取得)。

表5－5　资产预计未来现金流量现值计算表

年度	预计未来现金流量(万元)	现值系数(折现率为10%)	预计未来现金流量的现值(万元)
2×11	2 500	0.9091	2 273
2×12	2 460	0.8264	2 033
2×13	2 380	0.7513	1 788
2×14	2 360	0.6830	1 612
2×15	2 390	0.6209	1 484
2×16	2 470	0.5645	1 394
合计	14 560	—	10 584

根据表5－5中预测计算的结果，该公司甲装置预计未来现金流量的现值为105 840 000元，以此作为可收回金额，而甲装置的账面价值为145 600 000元，则该公司2×10年年末应将甲装置账面价值高于可收回金额的差额39 760 000元确认为当期资产减值损失，并计提相应的减值准备。

该公司2×10年年末应编制如下会计分录：

借：资产减值损失　39 760 000

　　贷：固定资产减值准备　39 760 000

借款费用

借款费用，是指企业因借款而发生的利息及其他相关成本。借款费用包括借款利息、折价或者溢价的摊销、辅助费用以及因外币价款而发生的汇兑差额等。

(一)借款费用的发生

▸▸业务概述

(1)借款费用的内容。

借款费用包括借款利息、因借款发生的折价或溢价的摊销、辅助费用、因外币借款而发生的汇兑差额。借款利息，包括企业向银行或者其他金融机构等借入资金发生的利息、发行公司债券发生的利息，以及为购建或者生产符合资本化条件的资产而发生的带息债务所承担的利息等。因借款而发生的折价或者溢价摊销，主要是指发行债券等所发生的折价或者溢价。发行债券中的折价或者溢价的摊销，其实质是对债券票面利息的调整(即将债券票面利率调整为实际利率)，属于借款费用的构成部分。因借款而发生的辅助费用，是指企业在借款过程中发生的手续费、佣金、印刷费等费用，由于这些费用是因安排借款而发生的，是借入资金所付出的代价，因而属于借款费用的构成部分。因外币借款而发生的汇兑差额，是指由于汇率变动导致市场汇率与账面汇率出现差异，从而对外币借款本金及其利息的记账本位币金额所产生的影响金额。由于这些差异是因外币借款而产生的，因而属于借款费用的构成部分。

(2)符合资本化条件的资产。

符合资本化条件的资产是指需要经过相当长时间的购建或者生产活动才能达到预定可使用或者可销售状态的固定资产、投资性房地产和存货等资产。建造合同成本、确认为无形资产的开发支出等在符合条件的情况下，也可以认定为符合资本化条件的资产。

(3)借款费用开始资本化时点的确定。

因借款而发生的借款费用同时满足下列条件时，才能开始资本化：资产支出已经发生，即企业已经发生了支付现金、转移非现金资产或者承担带息债务形式所发生的支出；借款费用已经发生，即企业已经发生了因购建或者生产符合资本化条件的资产而专门借入款项的借款费用或者所占用的一般借款的借款费用；为使资产达到预定可使用或者可销售状态所必要的构建或者生产活动已经开始，即符合资本化条件的资产的实体建造或者生产工作已经开始，要注意此处要求必须有改变资产形态的实质上的建造或生产活动。

(4)借款费用资本化的暂停。

符合资本化条件的资产在构建或者生产过程中发生了非正常中断，并且中断时间连续超过3个月的，应当在此期间暂停借款费用的资本化。非正常中断通常是由不可预见的原因所导致的，比如企业因与施工方发生了质量纠纷，或者工程、生产用料没有及时供应，或者施工、生产发生了安全事故，或者发生了与资产购建、生产有关的劳动纠纷，等等。

(5)借款费用停止资本化的时点。

购建或者生产符合资本化条件的资产达到预定可使用再或者可销售状态时，借款费用应当停止资本化。在停止资本化后，再发生的借款费用应在发生时计入当期损益。购建或者生产符合资本化条件的资产达到预定可使用或者可销售状态，可从下列几个方面进行判断：

① 符合资本化条件的资产的实体建造(包括安装)或者生产工作已经全部完成或者实质上已经完成。

② 所购建或者生产的符合资本化条件的资产与设计要求、合同规定或者生产要求相符或者基本相符。

③ 继续发生在所购建或生产的符合资本化条件的资产上的支出金额很少或者几乎不再发生。

(6)借款费用资本化金额的确定。

第一，利息资本化金额的确定：

在借款费用资本化期间内，每一会计期间的利息(包括折价或溢价的摊销，下同)资本化金额，应当按照下列规定确定：

① 专门借款利息费用的资本化金额。专门借款是指为购建或者生产符合资本化条件的资产而专门借入的款项。专门借款通常应当有明确的用途，即为购建或者生产某项符合资本化条件的资产而专门借入的，并通常应当具有标明该用途的借款合同。

专门借款利息费用的资本化金额，应当以专门借款当期实际发生的利息费用，减去将尚未动用的借款资金存入银行取得的利息收入或进行暂时性投资取得的投资收益后的金额确定。

② 一般借款利息费用的资本化金额。一般借款是指除专门借款之外的借款，相对于专门借款而言，一般借款在借入时，其用途通常没有特别限定为用于构建或生产符合资本化条件的资产。

一般借款利息费用的资本化金额，应当根据累计资产支出超过专门借款部分的资产支出加权平均数乘以所占用一般借款的资本化率，计算确定一般借款应予资本化的利息金额。资本化率应当根据一般借款加权平均利率计算确定。

一般借款利息费用的资本化金额＝累计资产支出超出专门借款部分的资产支出加权平均数×所占用一般借款的资本化率

③ 首先，每一会计期间的利息资本化金额，不应当超过当期相关借款实际发生的利息金额。

其次，辅助费用资本化金额的确定。专门借款发生的辅助费用，在所购建或者生产的符合资本化条件的资产达到预定可使用或者可销售状态之前发生的，应当在发生时根据其发生额予以资本化，计入符合资本化条件的资产的成本；在所购建或者生产的符合资本化条件的资产达到预定可使用或者可销售状态之后发生的，应当在发生时根据其发生额确认为费用，计入当期损益。需要注意的是，暂停资本化期间专项借款发生的辅助费用也予以资本化。

最后，外币专门借款汇兑差额资本化金额的确定。在资本化期间内，外币专门借款本金及其利息的汇兑差额，应当予以资本化，计入符合资本化条件的资产的成本。而除外币专门借款之外的其他外币借款本金及其利息所产生的汇兑差额应当作为财务费用，计入当期损益。

▶▶账务处理

企业发生的借款费用(包括利息、折溢价摊销、辅助费用、汇兑差额等)，应按照规定，分别计入有关科目：属于筹建期间不应计入相关资产价值的借款费用，计入“管理费用”科目；属于经营期间不应计入相关资产价值的借款费用，计入“财务费用”科目；属于发生的与构建或者生产符合资本化条件的资产有关的借款费用，按规定在构建或者生产的资产达到预定可使用或者可销售状态前应予以资本化的，计入相关资产的成本，视资产的不同分别计入“在建工程”、“制造费用”、“研发支出”等科目；构建或者生产符合资本化条件的资产达到预定可使用或者可销售状态后所发生的借款费用，以及规定不能予以资本化的借款费用，贷记“应付利息”科目。企业编制会计分录如图 5－34 所示。

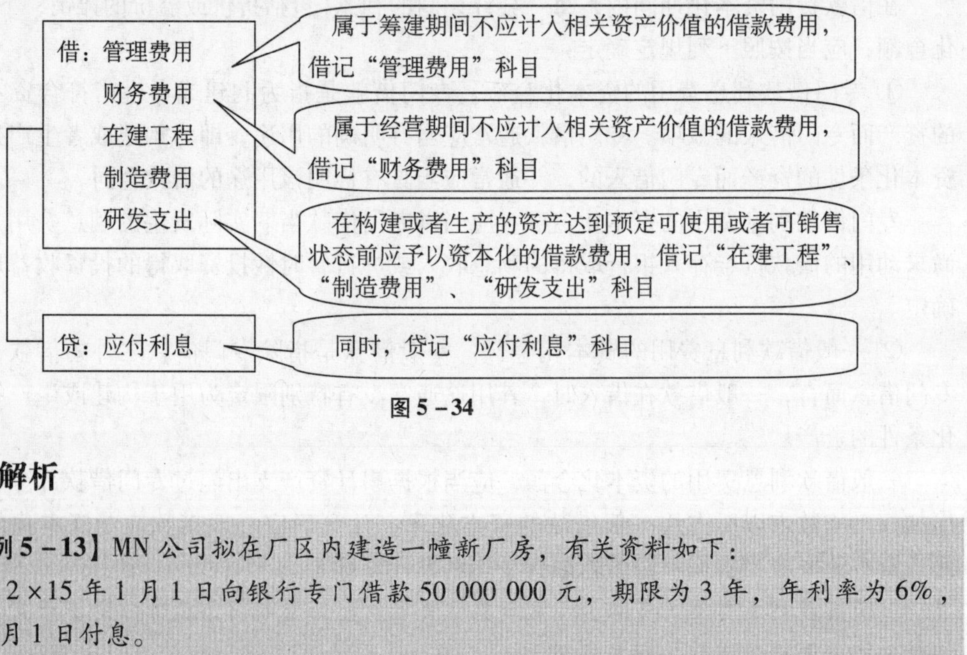

图 5－34

▶▶案例解析

【例 5－13】MN 公司拟在厂区内建造一幢新厂房，有关资料如下：

① 2×15 年 1 月 1 日向银行专门借款 50 000 000 元，期限为 3 年，年利率为 6%，每年 1 月 1 日付息。

② 除专门借款外，公司只有一笔其他借款，为公司于 2×14 年 12 月 1 日借入的长期借款 60 000 000 元，期限为 5 年，年利率为 8%，每年 12 月 1 日付息。

③ 由于审批、办手续等原因，厂房于 2×15 年 4 月 1 日才开始动工兴建，当日支付工程款 20 000 000 元。工程建设期间的支出情况如下。

2×15 年 6 月 1 日：10 000 000 元；

2×15 年 7 月 1 日：30 000 000 元；

2×16 年 1 月 1 日：10 000 000 元；

2×16 年 4 月 1 日：5 000 000 元；

2×16 年 7 月 1 日：5 000 000 元。

工程于 2×16 年 9 月 30 日完工，达到预定可使用状态。其中，由于施工质量问题工程于 2×15 年 9 月 1 日—12 月 31 日停工 4 个月。

④ 专门借款中未支出部分全部存入银行，假定月利率为 0.25%。假定全年按照 360 天算，每月按照 30 天算。

解析：根据上述资料，有关利息资本化金额的计算和利息账务处理如下。

① 计算 2×15 年、2×16 年全年发生的专门借款和一般借款利息费用。

2×15 年专门借款发生的利息金额 = 5 000 × 6% = 300(万元)；

2×16 年一般借款发生的利息金额 = 6 000 × 8% = 480(万元)；

2×16 年专门借款发生的利息金额 = 5 000 × 6% = 300(万元)；

2×16 年一般借款发生的利息金额 = 6 000 × 8% = 480(万元)。

② 在本例中，尽管专门借款于 2×15 年 1 月 1 日借入，但是厂房建设于 4 月 1 日方才开工。因此，借款利息费用只有在 4 月 1 日起开始资本化，计入在建工程成本。同时由于厂房建设在 2×15 年 9 月 1 日至 12 月 31 日期间发生非正常中断 4 个月，该期间发生的利息费用应当暂停资本化，计入当期损益，也就是说 2×15 年资本化期间为 4～8 月。

③ 计算 2×15 年借款利息资本化金额和应计入当期损益的金额并作出账务处理。

计算 2×15 年专门借款应予资本化的利息金额：

2×15 年 4～8 月专门借款发生的利息费用 = 5 000 × 6% × 150/360 = 125(万元)；

2×15 年专门借款转存入银行取得的利息收入 = 5 000 × 0.25% × 3 + 3 000 × 0.25% × 2 + 2 000 × 0.25% × 1 = 57.5(万元)。

其中在资本化期间内取得的利息收入 = 3 000 × 0.25% × 2 + 2 000 × 0.25% × 1 = 20(万元)。

公司在 2×15 年应予资本化的专门借款利息金额 = 125 - 20 = 105(万元)。

公司在 2×15 年应当计入当期损益(财务费用)的专门借款利息金额(减利息收入) = 300 - 105 - 57.5 = 137.5(万元)。

计算 2×15 年一般借款应予资本化的利息金额：

公司在 2×15 年占用了一般借款资金的资产支出加权平均数 = 1 000 × 60/360 = 166.67(万元)。

公司在 2×15 年一般借款应予资本化的利息金额 = 166.67 × 8% = 13.33(万元)。

公司在 2×15 年应当计入当期损益的一般借款利息金额 = 480 - 13.33 = 466.67(万元)。

计算 2×15 年应予资本化和应计入当期损益的利息金额：

公司在 2×15 年应予资本化的借款利息金额 = 105 + 13.33 = 118.33(万元)。

公司在 2×15 年应当计入当期损益的借款利息金额 = 137.5 + 466.67 = 604.17(万元)。

公司在2×15年取得的利息收入=57.5(万元)。

2×1年有关会计分录如下：

借：在建工程　　1 183 300

　　财务费用　　6 041 700

　　应收利息(银行存款)　　575 000

　　贷：应付利息　　7 800 000

④ 计算2×16年借款利息资本化金额和应计入当期损益的金额并作出账务处理。

计算2×16年专门借款应予资本化的利息金额：

计算2×16年应予资本化的专门借款利息金额=5 000×6%×270/360=225(万元)。

公司在2×16年应当计入当期损益的专门借款利息金额=300－225＝75(万元)。

计算2×16年一般借款应予资本化的利息金额：

公司在2×16年占用了一般借款资金的资产支出加权平均数：

2 000×270/360+500×180/360+500×90/360=1 875(万元)。

公司在2×16年一般借款应予资本化的利息金额=1 875×8%＝150(万元)。

公司在2×16年应当计入当期损益的一般借款利息金额=480－150＝330(万元)。

计算2×16年应予资本化和应计入当期损益的利息金额：

公司在2×16年应予资本化的借款利息金额=150+225=375(万元)。

公司在2×16年应当计入当期损益的借款利息金额=75+330=405(万元)。

2×16年有关会计分录如下：

借：在建工程　　3 750 000

　　财务费用　　4 050 000

　　贷：应付利息　　7 800 000

第六篇

损益类交易和事项的会计处理

损益是指企业的财务经营成果，即企业的利润或亏损。损益类账户具体用来核算和监督企业生产经营过程中的收益、费用和损失，以便计算确定损益，主要包括收入类、费用类、利得、损失、以前年度损益调整等，其中收入和费用见前两章内容。根据企业会计制度的规定，损益类科目余额应当在期末结转入“本年利润”科目。以前年度损益调整在期末应当结转入“利润分配”科目。当年利润总额扣除所得税费用后，得到净利润。

营业利润

营业利润是企业在一定会计期间内从事生产经营活动取得的利润，是企业利润的主要来源。

▶▶业务概述

营业利润等于营业收入减去营业成本、营业税金及附加、销售费用、管理费用、财务费用、资产减值损失，再加上公允价值变动损益和投资收益之后的净额。用公式表示如下：

营业利润 = 营业收入 - 营业成本 - 营业税金及附加 - 资产减值损失 + 公允价值变动收益(- 公允价值变动损失) + 投资收益(- 投资损失) - 销售费用 - 管理费用 - 财务费用

▶▶账务处理

为了进行本年利润的核算，企业应设置“本年利润”科目，核算企业本年度实现的利润或亏损。年度终了时，企业应将上述各收益类科目的余额转入本科目贷方，将各费用、支出类科目的余额转入本科目借方。结转以后，“本年利润”科目余额如在借方，则表示企业发生的营业亏损，余额如在贷方，则反映企业本年度累计实现的营业利润。

营业外收入

营业外收入是指与企业的生产经营活动没有直接关系的各项收入，包括非流动资产处置利得、非货币性资产交换利得、债务重组利得、政府补助、盘盈利得、捐赠利得等。

(一)非流动资产处置利得

▶▶业务概述

非流动资产的处置与企业的日常生产经营活动并无直接联系，由此取得的收入应计入营业外收入。

▶▶账务处理

企业在生产经营期间，固定资产清理所取得的收益，借记“固定资产清理”科目，贷记“营业外收入——非流动资产处置利得”科目。编制会计分录如图6－1所示。

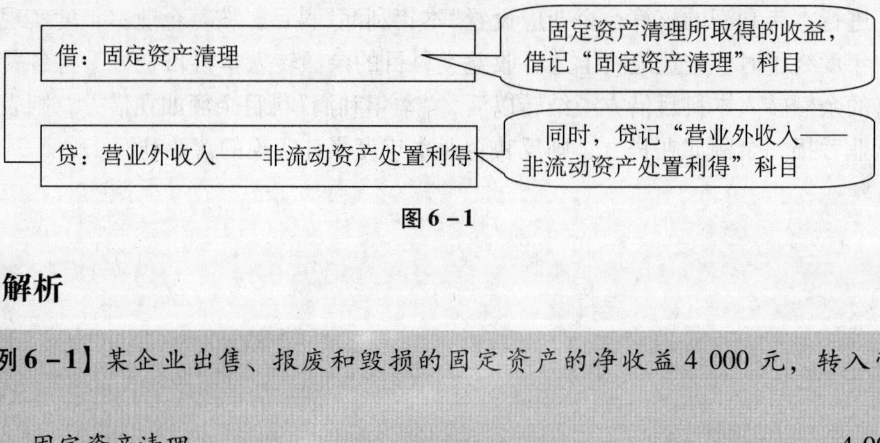

图6－1

▶▶案例解析

【例6－1】某企业出售、报废和毁损的固定资产的净收益4 000元，转入营业外收入：

借：固定资产清理　　4 000

　　贷：营业外收入——非流动资产处置利得　　4 000

(二)非货币性资产交换和债务重组利得

▶▶业务概述

企业进行的非货币性资产交换和债务重组与企业的日常生产经营活动并无直接联系，由此取得的收入应计入营业外收入。

▶▶账务处理

企业在非货币性资产交换和债务重组过程中的非货币性资产交换利得和债务重组利

得，应借记或贷记有关科目，同时贷记“营业外收入——非货币性资产交换利得”或“营业外收入——债务重组利得”科目。具体处理方法参阅第一篇中“非货币性资产交换”和第二篇中“债务重组”一节。

▶▶案例解析

【例6-2】某企业按合同规定应于2×16年2月1日偿还以前所购货款110 000元，但因财务困难，此项债务无法偿还。经与债权单位协商，4月1日进行债务重组，债务重组协议规定，债权单位减免企业债务30 000元，余额用现金立即予以偿还，会计分录如下：

借：应付账款	110 000	
贷：营业外收入——债务重组利得		30 000
库存现金		80 000

(三)政府补助

▶▶业务概述

企业收到的政府发放的拨款和补助，与企业的日常生产经营活动并无直接联系，由此取得的收入应计入营业外收入。

▶▶账务处理

企业收到的政府补助利得，借记“银行存款”、“递延收益”等科目，贷记“营业外收入——政府补助”(或“递延收益”)科目。涉及按期分摊递延收益的，借记“递延收益”科目，贷记“营业外收入——政府补助”科目。编制会计分录如图6-2所示。

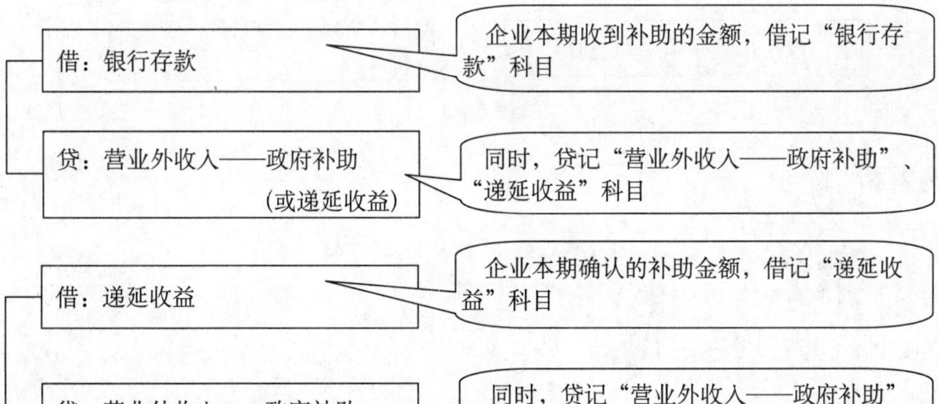

图6-2

案例解析

【例 6-3】某企业 2×15 年 8 月 1 日收到政府补助 1 000 000 元，在一年内分摊计入收入。该企业应作如下会计处理：

① 2×15 年 8 月 1 日。

借：银行存款　　1 000 000

　　贷：递延收益　　1 000 000

② 2×16 年 1 月 31 日。

借：递延收益　　500 000

　　贷：营业外收入——政府补助　　500 000

③ 2×16 年 7 月 31 日编制同样分录。

(四)盘盈利得

业务概述

资产负债表日，企业应对存货等资产进行盘点，若发现实物数大于账面数的情况，属于与企业日常生产经营活动无直接联系的利得，应按盘盈金额计入营业外收入。

账务处理

发生盘盈利得时，借记“待处理财产损溢”科目，贷记“营业外收入——盘盈利得”科目，编制会计分录如图 6-3 所示。

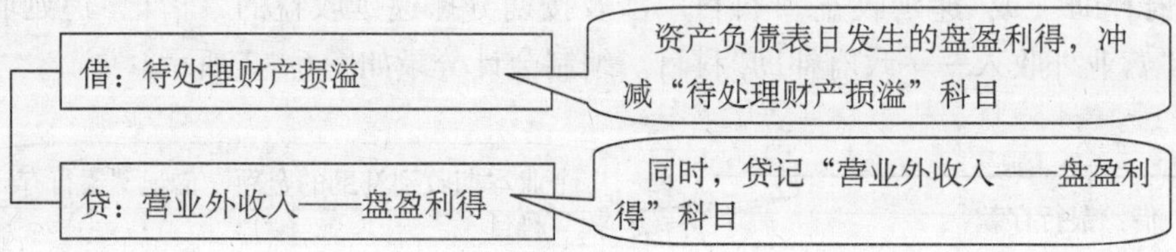

图 6-3

案例解析

【例 6-4】某企业盘盈原材料 20 000 元，按规定进行结转：

借：待处理财产损溢　　20 000

　　贷：营业外收入——盘盈利得　　20 000

(五)期末结转

期末，将本科目余额转入“本年利润”科目，结转后本科目无余额。

营业外支出

营业外支出是指与企业的生产经营活动没有直接关系的各项支出，包括非流动资产处置损失、非货币性资产交换损失、债务重组损失、公益性捐赠支出、非常损失、盘亏损失等。

(一)非流动资产处置损失

业务概述

非流动资产的处置与企业的日常生产经营活动并无直接联系，由此发生的支出应计入营业外支出。

账务处理

企业在生产经营期间，固定资产清理所发生的损失，借记"营业外支出——非流动资产处置损失"科目，贷记"固定资产清理"科目。编制会计分录：

借：营业外支出——非流动资产处置损失

　　贷：固定资产清理

案例解析

【例 6-5】某公司报废和毁损的固定资产处理后产生净损失 6 000 元，按规定予以转销，编制会计分录如下：

借：营业外支出——非流动资产处理损失	6 000	
贷：固定资产清理		6 000

(二)非货币性资产交换和债务重组损失

业务概述

企业进行的非货币性资产交换和债务重组与企业的日常生产经营活动并无直接联系，由此产生的损失应计入营业外支出。

账务处理

企业在非货币性资产交换和债务重组过程中的非货币性资产交换损失和债务重组损失，应借记或贷记有关科目，同时借记"营业外支出——非货币性资产交换损失"或"营业外支出——债务重组损失”科目。具体处理方法参阅第一篇中“非货币性资产交换”和第二篇中“债务重组”一节。

▶▶案例解析

详见“非货币性资产交换损失”、“债务重组”一节。

(三)公益性捐赠支出

▶▶业务概述

企业发生的公益性捐赠支出与企业的日常生产经营活动并无直接联系，由此产生的损失应计入营业外支出。

▶▶账务处理

企业发生公益性捐赠支出时，借记“营业外支出——公益性捐赠支出”科目，贷记“银行存款”等科目。编制会计分录如图 6－4 所示。

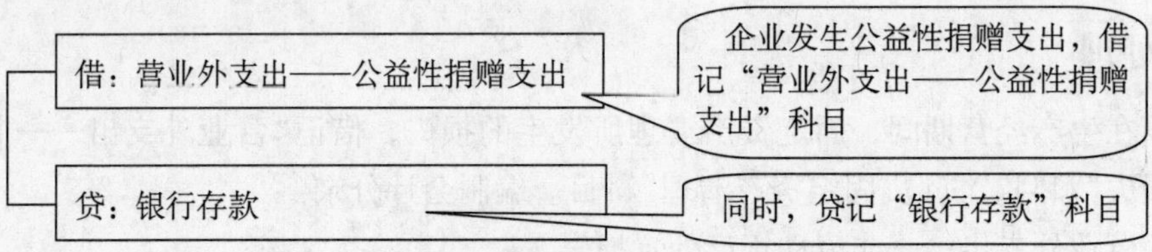

图 6－4

▶▶案例解析

【**例 6－6**】某公司 2×16 年对社会福利院捐款 500 000 元，应作如下会计处理：

借：营业外支出——公益性捐赠支出　　500 000

　　贷：银行存款　　500 000

(四)盘亏损失

▶▶业务概述

资产负债表日，企业应对存货和固定资产等资产进行盘点，若发现实物数小于账面数的情况，属于与企业日常生产经营活动无直接联系的损失，应按盘亏金额计入营业外支出。

▶▶账务处理

企业发生盘亏损失时，借记“营业外支出——盘亏损失”科目，贷记“待处理财产损溢”科目。编制会计分录如图 6－5 所示。

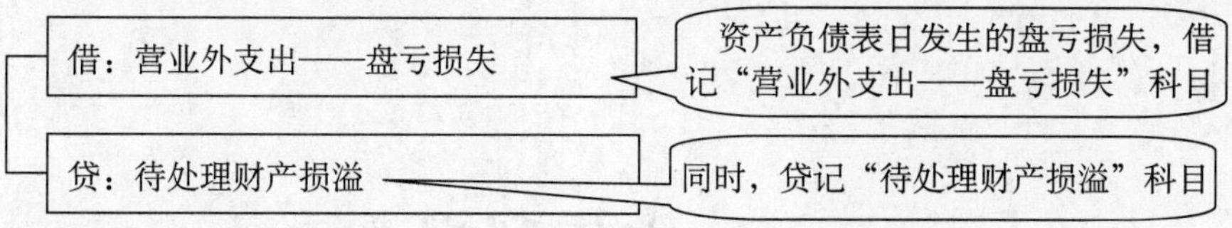

图 6-5

▶▶案例解析

【例 6-7】某公司盘亏材料 5 000 元，按规定予以转销，所作会计分录如下：

借：营业外支出——盘亏损失　　5 000

　　贷：待处理财产损溢　　5 000

(五)期末结转

期末，将本科目余额转入“本年利润”科目，结转后本科目无余额。

本年利润

(一)本年利润的结转

业务概述

“本年利润”科目核算企业本年度内实现的净利润或净亏损。该科目的贷方登记“主营业务收入”、“其他业务收入”、“营业外收入”、“投资收益”、“公允价值变动损益”等科目的期末结转额，借方登记“主营业务成本”、“其他业务成本”、“营业税金及附加”、“资产减值损失”、“销售费用”、“管理费用”、“财务费用”、“营业外支出”、“所得税费用”等科目的期末结转额，结转后“本年利润”科目如为贷方余额即为本期净利润数，如为借方余额则为本期亏损数。

年度终了，应将本年度实现的净利润转入利润分配科目，借记“本年利润”科目，贷记“利润分配——未分配利润”科目；如为亏损，编制相反的会计分录。结转后，“本年利润”科目应无余额。

账务处理

会计期末，企业结转利润时，应借记“主营业务收入”、“其他业务收入”、“营业外收入”、“投资收益”、“公允价值变动损益”等科目，贷记“本年利润”科目；同时，借记“本年利润”科目，贷记“主营业务成本”、“其他业务成本”、“营业税金及附加”、“资产减值损失”、“销售费用”、“管理费用”、“财务费用”、“营业外支出”、“所得税费用”等科目。编制会计分录图 6－6 所示。

如前所述，年度终了，应将本年实现的净利润转入利润分配科目，借记“本年利润”科目，贷记“利润分配——未分配利润”科目；如为亏损，编制相反的会计分录。结转后，“本年利润”科目应无余额。编制会计分录如图 6－7 所示。

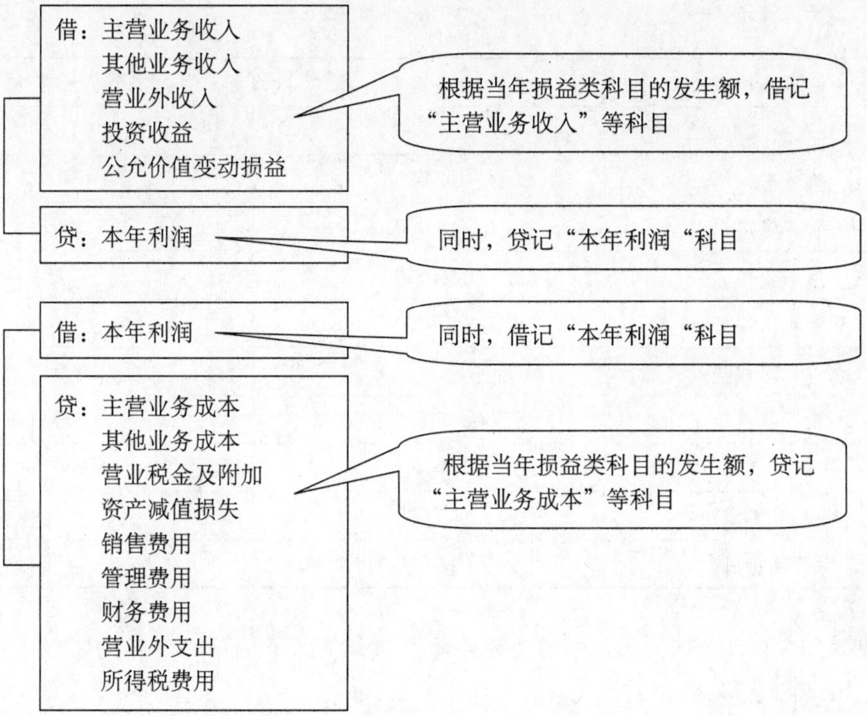

图6-6

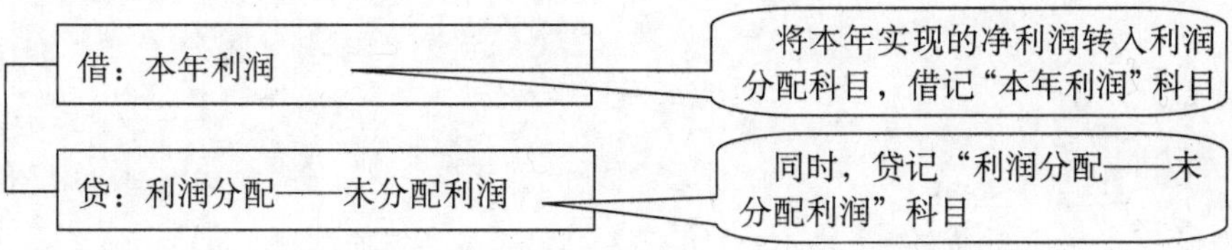

图6-7

▸▸案例解析

【例6-8】某企业2×16年12月份结账前各损益类科目的余额见表6-1。

表6-1　损益类科目余额表

2×16年12月31日　　　　单位：元

科目名称	借方余额	贷方余额
主营业务收入		200 000
主营业务成本	120 000	
其他业务收入		2 000
其他业务成本	1 000	

（续表）

科目名称	借方余额	贷方余额
营业税金及附加	800	
销售费用	15 000	
管理费用	18 000	
财务费用	10 000	
资产减值损失	12 000	
公允价值变动损益		23 000
投资收益		30 000
营业外收入		8 000
营业外支出	5 000	
所得税费用	16 000	

根据表6-1的资料，采用账结法的会计处理如下：

借：主营业务收入 200 000
　　其他业务收入 2 000
　　公允价值变动损益 23 000
　　投资收益 30 000
　　营业外收入 8 000
　　贷：本年利润 263 000

借：本年利润 197 800
　　贷：主营业务成本 120 000
　　　　其他业务成本 1 000
　　　　营业税金及附加 800
　　　　销售费用 15 000
　　　　管理费用 18 000
　　　　财务费用 10 000
　　　　资产减值损失 12 000
　　　　营业外支出 5 000
　　　　所得税费用 16 000

以前年度损益调整

(一)资产负债表日后事项的概念

资产负债表日后事项，是指资产负债表日至财务报告批准报出日之间发生的有利或不利事项，一般情况下，资产负债表日后事项就是每个会计年度结束日(12 月 31 日)至董事会或类似机构批准报出财务报告的日期(一般 4 月 30 日)之间发生的对企业的财务状况或经营成果有一定影响的事项。

(二)资产负债表日后事项的内容

资产负债表日后事项包括资产负债表日后调整事项(以下简称调整事项)和资产负债表日后非调整事项(以下简称非调整事项)两类。

(1)调整事项。

资产负债表日后调整事项，是指对资产负债表日已经存在的情况提供了新的或进一步证据的事项。也就是说，某一情况在资产负债表日之前已经存在，但其结果具有不确定性，资产负债表日至财务报告批准报出日之间发生的事项能够证实该情况的存在或确切结果，此时需要对已做出的会计处理进行调整。

企业发生的资产负债表日后调整事项，通常包括下列各项：① 资产负债表日后诉讼案件结案，法院判决证实了企业在资产负债表日已经存在现时义务；② 资产负债表日后取得确凿证据，表明某项资产在资产负债表日发生了减值或者需要调整该项资产原先确认的减值金额；③ 资产负债表日后进一步确定了资产负债表日前购入资产的成本或售出资产的收入；④ 资产负债表日后发现了财务报表舞弊或差错。

(2)非调整事项。

资产负债表日后非调整事项，是指表明资产负债表日后才发生的事项。非调整事项与调整事项最主要的区别是该事项表明的情况在资产负债表日或资产负债表日以前是否已经存在。非调整事项的发生不影响资产负债表日企业的财务报表数字，只说明资产负债表日后发生了某些情况。

企业发生的资产负债表日后非调整事项，通常包括下列各项：① 资产负债表日后发生重大诉讼、仲裁、承诺；② 资产负债表日后资产价格、税收政策、外汇汇率发生重大变化；③ 资产负债表日后因自然灾害导致资产发生重大损失；④ 资产负债表日后发行股票和债券以及其他巨额举债；⑤ 资产负债表日后资本公积转增资本；⑥ 资产负债表日后发生巨额亏损；⑦ 资产负债表日后发生企业合并或处置子公司。

(三)资产负债表日后诉讼案件结案

▸▸业务概述

这一情况是指导致诉讼的事项虽在资产负债表日之前已经发生，但尚不具备确认负债的条件而未确认。资产负债表日后至财务报告批准报出日之间诉讼案件结案，法院判决证实了企业在资产负债表日已经存在现时义务，因此需要调整原先确认的与该诉讼案件相关的预计负债，或确认一项新负债。

▸▸账务处理

(1)根据需要确认的新负债金额或者需要调整的负债金额，借记“以前年度损益调整”科目，贷记“其他应付款”科目；计提这部分负债应缴纳的所得税费用，借记“应交税费——应交所得税”科目，贷记“以前年度损益调整”科目；因资产负债表日前对已确认的预计负债计提了递延所得税资产，日后事项发生后，递延所得税资产不复存在，故应冲销相应记录，借记“以前年度损益调整”科目，贷记“递延所得税资产”科目；同时，将已确认的预计负债转至其他应付款。编制会计分录：

借：以前年度损益调整

　　贷：其他应付款

借：应交税费——应交所得税

　　贷：以前年度损益调整

借：以前年度损益调整

　　贷：递延所得税资产

借：预计负债

　　贷：其他应付款

(2)将“以前年度损益调整”科目余额转入未分配利润，并调整盈余公积。编制会计分录如表6－8所示。

(3)调整报告年度财务报表。

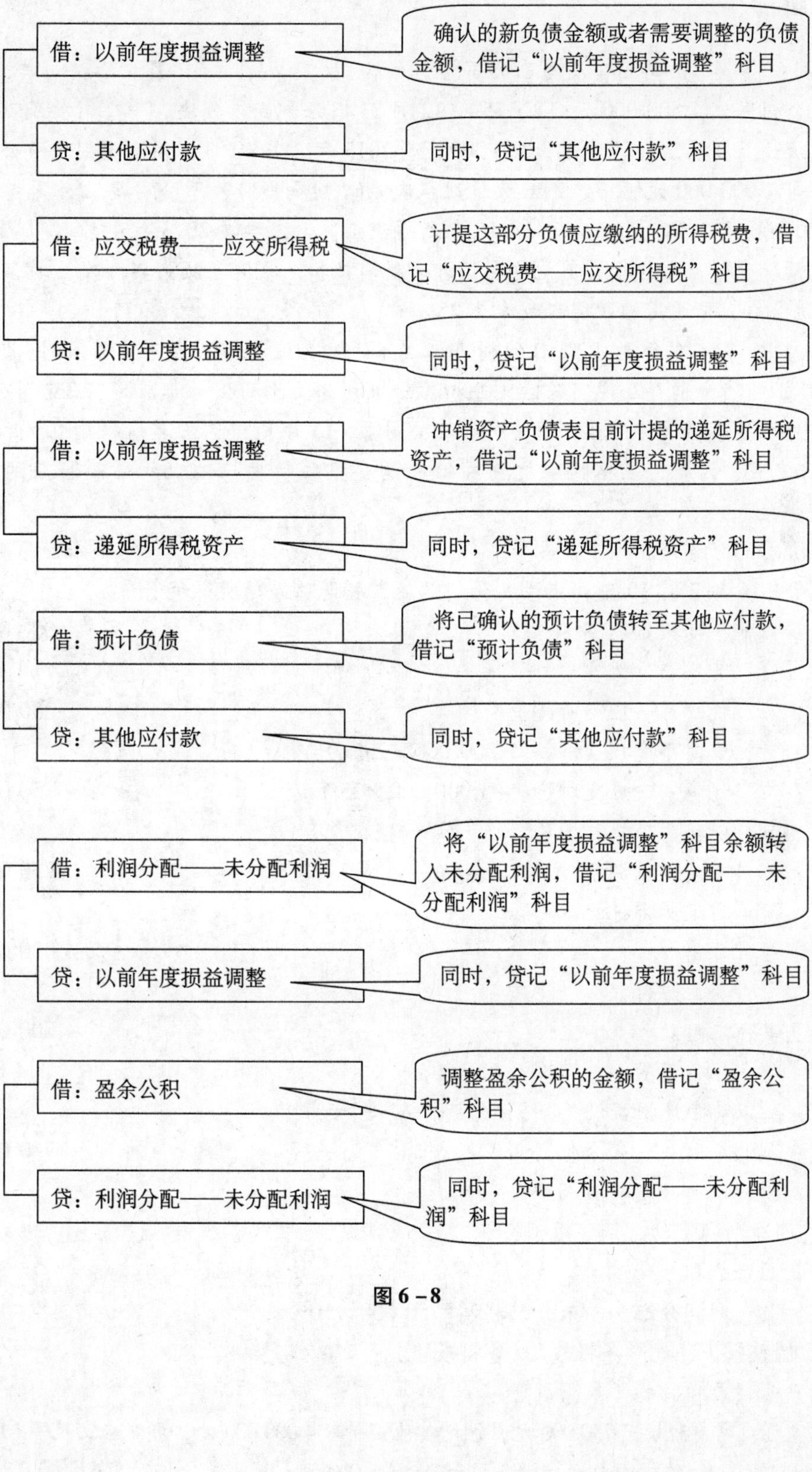
借：以前年度损益调整
确认的新负债金额或者需要调整的负债金额，借记“以前年度损益调整”科目
贷：其他应付款
同时，贷记“其他应付款”科目
借：应交税费——应交所得税
计提这部分负债应缴纳的所得税费，借记“应交税费——应交所得税”科目
贷：以前年度损益调整
同时，贷记“以前年度损益调整”科目
借：以前年度损益调整
冲销资产负债表日前计提的递延所得税资产，借记“以前年度损益调整”科目
贷：递延所得税资产
同时，贷记“递延所得税资产”科目
借：预计负债
将已确认的预计负债转至其他应付款，借记“预计负债”科目
贷：其他应付款
同时，贷记“其他应付款”科目
借：利润分配——未分配利润
将“以前年度损益调整”科目余额转入未分配利润，借记“利润分配——未分配利润”科目
贷：以前年度损益调整
同时，贷记“以前年度损益调整”科目
借：盈余公积
调整盈余公积的金额，借记“盈余公积”科目
贷：利润分配——未分配利润
同时，贷记“利润分配——未分配利润”科目

图6-8

▶▶案例解析

【例6-9】甲公司因违反与乙公司签订的合同，2×15年12月被乙公司告上法庭，要求甲公司赔偿4 500 000元。2×15年12月31日法院尚未判决，甲公司按或有事项准则对该诉讼事项确认预计负债3 000 000元。2013年2月10日，经法院判决甲公司应赔偿乙公司4 000 000元，甲、乙双方均服从判决。判决当日，甲公司向乙公司支付赔偿款4 000 000元。甲、乙两公司2×15年所得税汇算清缴均在2013年4月10日完成(假定该项预计负债产生的损失不允许在预计时税前抵扣，只有在损失实际发生时，才允许税前抵扣)。公司适用的所得税税率为25%。

本例中，2×16年2月10日的判决证实了甲、乙两公司在资产负债表日(即2×15年12月31日)分别存在现实赔偿义务和获赔权利，因此两公司都应将“法院判决”这一事项作为调整事项进行处理。甲公司和乙公司2×15年所得税汇算清缴均在2×16年4月10日完成，因此，应根据法院判决结果调整报告年度应纳税所得额和应纳所得税税额。

甲公司的账务处理如下：

① 2×16年2月10日，记录支付的赔款，并调整递延所得税资产。

借：以前年度损益调整　　1 000 000
　　贷：其他应付款　　1 000 000
借：应交税费——应交所得税　　250 000
　　贷：以前年度损益调整(1 000 000×25%)　　250 000
借：应交税费——应交所得税(3 000 000×25%)　　750 000
　　贷：以前年度损益调整　　750 000
借：以前年度损益调整　　750 000
　　贷：递延所得税资产　　750 000
借：预计负债　　3 000 000
　　贷：其他应付款　　3 000 000
借：其他应付款　　4 000 000
　　贷：银行存款　　4 000 000

② 将“以前年度损益调整”科目余额转入未分配利润。

借：利润分配——未分配利润　　750 000
　　贷：以前年度损益调整　　750 000

③ 因净利润变动，调整盈余公积

借：盈余公积　　75 000
　　贷：利润分配——未分配利润(750 000×10%)　　75 000

④ 调整报告年度财务报表(财务报表略)。

资产负债表项目的年末数调整：

调减递延所得税资产750 000元；调增其他应付款4 000 000元，调减应交税费10 000 000元，调减预计负债3 000 000元；调减盈余公积75 000元，调减未分配利润675 000元。

利润表项目的调整：

调增营业外支出 1 000 000 元，调减所得税费用 250 000 元，调减净利润 750 000 元。

所有者权益变动表项目的调整：

调减净利润 750 000 元，提取盈余公积项目中盈余公积一栏调减 75 000 元，未分配利润一栏调增 75 000 元。

乙公司的账务处理如下：

① 2×16 年 2 月 10 日，记录收到的赔款，并调整应交所得税。

借：其他应收款　4 000 000

　　贷：以前年度损益调整　4 000 000

借：以前年度损益调整(4 000 000×25%)　1 000 000

　　贷：应交税费——应交所得税　1 000 000

借：银行存款　4 000 000

　　贷：其他应收款　4 000 000

② 将“以前年度损益调整”科目余额转入未分配利润。

借：以前年度损益调整　3 000 000

　　贷：利润分配——未分配利润　3 000 000

③ 因净利润增加，补提盈余公积。

借：利润分配——未分配利润　300 000

　　贷：盈余公积 (3 000 000×10%)　300 000

④ 调整相关财务报表(略)。

(四)有确凿证据表明资产发生减值

▸▸业务概述

这一事项是指在资产负债表日，根据当时的资料判断某项资产可能发生了损失或减值，但没有最后确定是否会发生，因而按照当时的最佳估计金额反映在财务报表中；但在资产负债表日至财务报告批准报出日之间，取得确凿证据，表明某项资产在资产负债表日发生了减值或者需要调整该项资产原先确认的减值金额。

▸▸账务处理

根据确定的金额调整资产减值准备(或坏账准备等科目)，借记“以前年度损益调整”科目，贷记“资产减值准备(或坏账准备)”科目；同时，根据新确认的减值准备调整递延所得税资产，即借记“递延所得税资产”科目，贷记“以前年度损益调整”科目。编制会计分录如图 6－9 所示。

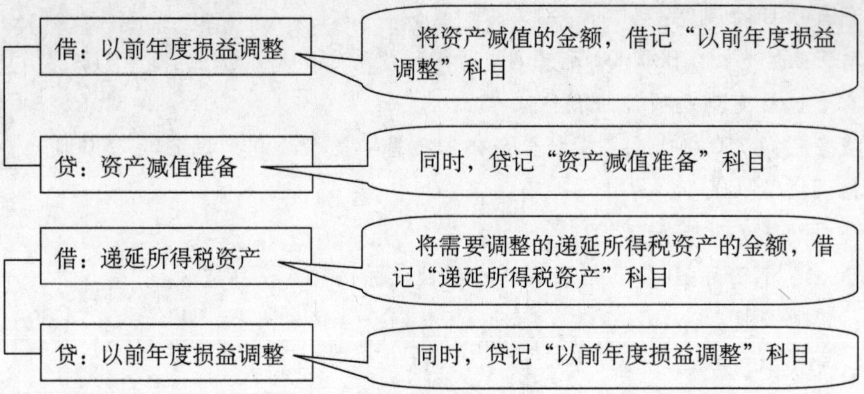

图 6－9

将“以前年度损益调整”科目余额转入未分配利润，并调整盈余公积。编制会计分录如图 6－10 所示。

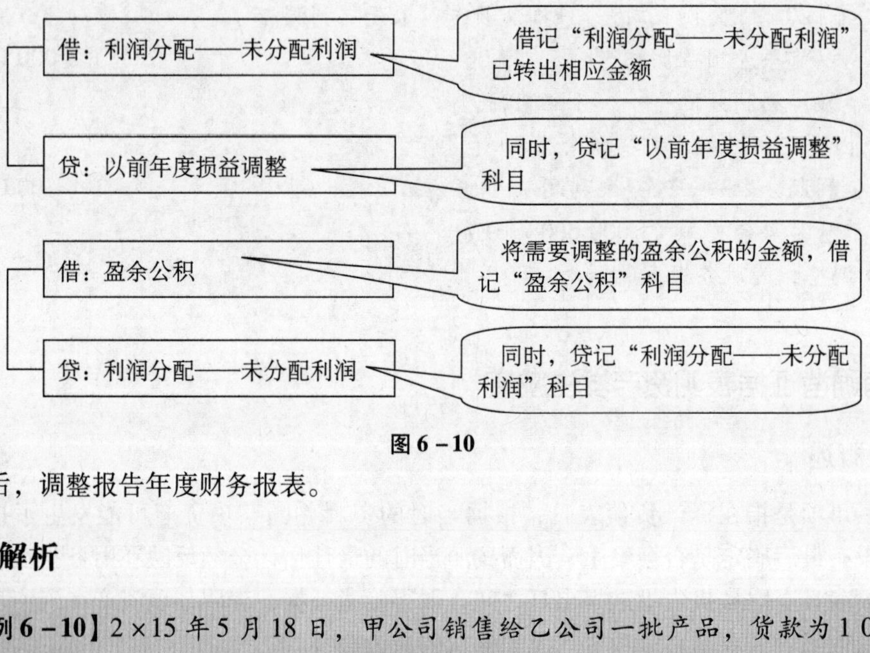

图 6－10

之后，调整报告年度财务报表。

案例解析

【例 6－10】2×15 年 5 月 18 日，甲公司销售给乙公司一批产品，货款为 1 000 000 元(含增值税)。乙公司于 6 月份收到所购物资并验收入库。按合同规定，乙公司应于收到所购物资后两个月内付款。由于乙公司财务状况不佳，到 2×15 年 12 月 31 日仍未付款。甲公司于 12 月 31 日编制 2×15 年财务报表时，已为该项应收账款提取坏账准备 50 000 元。甲公司于 2×16 年 1 月 30 日(所得税汇算清缴前)收到法院通知，乙公司已宣告破产清算，无力偿还所欠部分货款。甲公司预计可收回应收账款的 60%。适用的所得税税率为 25%。

本例中，根据资产负债表日后事项的判断原则，甲公司在收到法院通知后，首先可判断该事项属于资产负债表日后调整事项。甲公司原对应收乙公司账款提取了 50 000 元的坏账准备，按照新的证据，应提取的坏账准备为 400 000 元(1 000 000 × 40%)，差额 350 000 元应当调整 2 × 15 年度财务报表相关项目的数字。甲公司的账务处理如下：

① 补提坏账准备。

应补提的坏账准备 = 1 000 000 × 40% - 50 000 = 350 000(元)。

借：以前年度损益调整　350 000

　　贷：坏账准备　350 000

② 调整递延所得税资产。

借：递延所得税资产　87 500

　　贷：以前年度损益调整(350 000 × 25%)　87 500

③ 将"以前年度损益调整"科目的余额转入利润分配。

借：利润分配——未分配利润　262 500

　　贷：以前年度损益调整　262 500

④ 调整利润分配有关数字。

借：盈余公积　26 250

　　贷：利润分配——未分配利润(262 500 × 10%)　26 250

⑤ 调整相关财务报表(略)。

(五)进一步确定购入资产的成本或售出资产的收入

▸▸业务概述

这类调整事项包括两方面的内容：① 若资产负债表日前购入的资产已经按暂估金额等入账，资产负债表日后获得证据，可以进一步确定该资产的成本，则应对已入账的资产成本进行调整。② 企业在资产负债表日已根据收入确认条件确认资产销售收入，但资产负债表日后获得关于资产收入的进一步证据，如发生销售退回等，此时也应调整财务报表相关项目的金额。需要说明的是，资产负债表日后发生的销售退回，既包括报告年度或报告中期销售的商品在资产负债表日后发生的销售退回，也包括以前期间销售的商品在资产负债表日后发生的销售退回。

▸▸账务处理

根据实际退回的商品调整销售收入计算出应冲减的主营业务收入的金额，借记"以前年度损益调整"、"应交税费——应交增值税(销项税额)"科目，贷记"应收账款"科目；同时调整销售成本，借记"库存商品"科目，贷记"以前年度损益调整"科目。编制会计分录如图 6 - 11 所示。

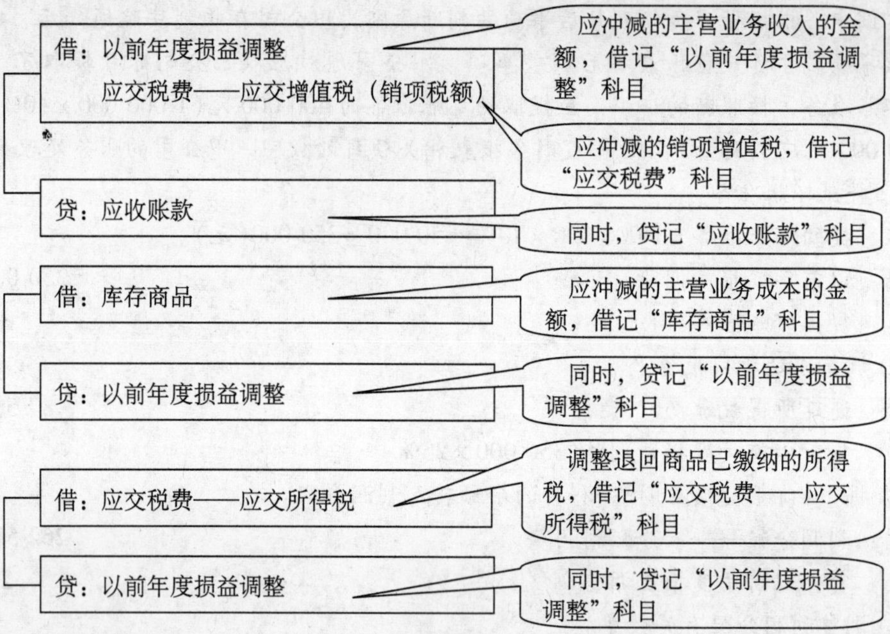

图 6－11

将“以前年度损益调整”科目余额转入未分配利润，并调整盈余公积。编制会计分录如图 6－12 所示。

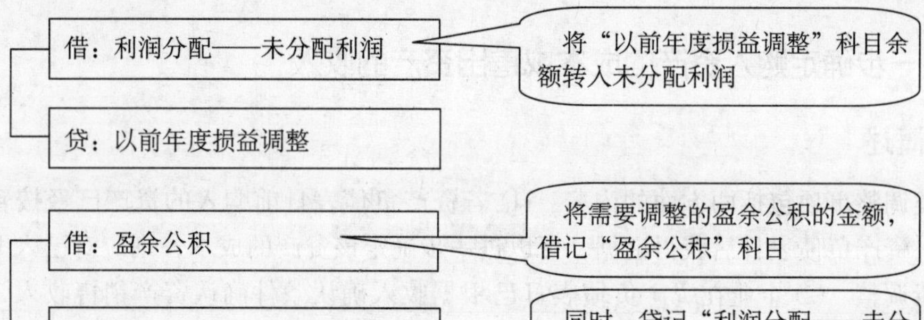

图 6－12

之后，调整报告年度财务报表。

案例解析

【例 6－11】甲公司 2×15 年 11 月 8 日销售一批商品给乙公司，取得收入 1 200 000 元(不含税，增值税税率 17%)。甲公司发出商品后，按照正常情况已确认收入，并结转成本 1 000 000 元。2×15 年 12 月 31 日，该笔货款尚未收到，甲公司未对应收账款计提坏账准备。2×16 年 1 月 12 日，由于产品质量问题，本批货物被退回。甲公司于 2×16 年 3 月 28 日完成 2×15 年所得税汇算清缴，适用的所得税税率为 25%。

本例中，销售退回业务发生在资产负债表日后事项涵盖期间内，属于资产负债表日后调整事项。由于销售退回发生在甲公司报告年度所得税汇算清缴之前，因此在所得税汇算清缴时，应扣除该部分销售退回所实现的应纳税所得额。

甲公司的账务处理如下：

① 2×16 年 1 月 12 日，调整销售收入和销售成本。

借：以前年度损益调整	1 200 000	
应交税费——应交增值税(销项税额)	204 000	
贷：应收账款		1 404 000
借：库存商品	1 000 000	
贷：以前年度损益调整		1 000 000

② 调整应缴纳的所得税。

借：应交税费——应交所得税	50 000	
贷：以前年度损益调整		50 000

③ 将“以前年度损益调整”科目的余额转入利润分配。

借：利润分配——未分配利润	150 000	
贷：以前年度损益调整		150 000

④ 调整盈余公积。

借：盈余公积	15 000	
贷：利润分配——未分配利润		15 000

⑤ 调整相关财务报表(略)。

(六)资产负债表日后发现了财务报表舞弊或差错

这一事项是指资产负债表日后发现报告期或以前期间存在的财务报表舞弊或差错。企业发生这一事项后，应当将其作为资产负债表日后调整事项，调整报告期间的财务报告相关项目的数字。

所得税费用

业务概述

我国所得税会计采用了资产负债表债务法，要求企业从资产负债表出发，通过比较资产、负债按照会计准则规定确定的账面价值与按照税法规定确定的计税基础，对于两者之间的差异，即应纳税暂时性差异与可抵扣暂时性差异，分别确认为递延所得税负债与递延所得税资产，根据当期所得税和递延所得税计算所得税费用。

所得税费用是指企业应计入当期损益的所得税费用。计算公式如下：

所得税费用(或收益)＝当期所得税费用＋递延所得税费用(－递延所得税收益)

(1)当期所得税。

当期所得税是指企业按照税法规定计算确定的针对当期发生的交易和事项的会计处理，应交纳给税务部门的所得税金额，即当期应交所得税。对于当期应纳税所得额，会计处理与税法处理存在一定差异，因而需要在会计利润的基础上，按照适用税收法规的规定进行调整。计算出当期应纳税所得额，按照应纳税所得额与适用所得税税率计算确定当期应交所得税。

(2)递延所得税。

递延所得税是指按照所得税准则规定当期应予确认的递延所得税资产和递延所得税负债金额，详细内容可参考“递延所得税资产”与“递延所得税负债”两节。用公式表示即为：

递延所得税费用(或收益)＝当期递延所得税负债的增加(－减少)－当期递延所得税资产的增加(－减少)

账务处理

资产负债表日，按递延所得税资产的增加，借记“递延所得税资产”科目，按递延所得税负债的增加，贷记“递延所得税负债”科目；按计算的当期所得税费用，贷记“应交税费——应交所得税”科目；按其差额，借记或贷记“所得税费用”科目。编制会计分录如图6－13所示。

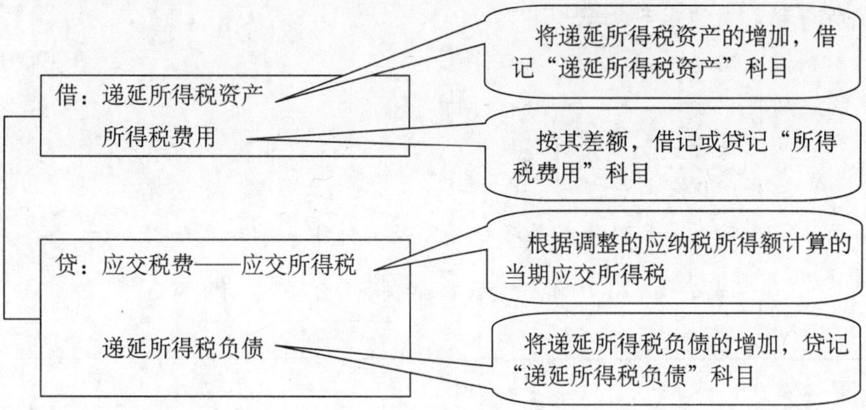

图 6－13

▶▶案例解析

【例 6－12】A 公司 2×16 年度利润表中利润总额为 30 000 000 元，该公司适用的所得税税率为 25%。递延所得税资产及递延所得税负债不存在期初余额。与所得税核算有关的情况如下：

2×16 年发生的有关交易和事项的会计处理中，会计处理与税收处理存在差别的有：

2×16 年 1 月开始计提折旧的一项固定资产，成本为 15 000 000 元，使用年限为 10 年，净残值为 0，会计处理按双倍余额递减法计提折旧，税收处理按直线法计提折旧。假定税法规定的使用年限及净残值与会计规定相同。

向关联企业捐赠现金 5 000 000 元。假定按照税法规定，企业向关联方的捐赠不允许税前扣除。

当期取得作为交易性金融资产核算的股票投资成本为 8 000 000 元，2×16 年 12 月 31 日的公允价值为 12 000 000 元。税法规定，以公允价值计量的金融资产持有期间市价变动不计入应纳税所得额。

违反环保法规定应支付罚款 2 500 000 元。

期末对持有的存货计提了 750 000 元的存货跌价准备。

分析：

① 2×16 年度当期应交所得税。

应纳税所得额＝3 000＋150＋500－400＋250＋75＝3 575（万元）。

应交所得税＝3 575×25%＝893.75（万元）。

② 2×16 年度递延所得税。

递延所得税资产＝（150＋75）×25%＝56.25（万元）；

递延所得税负债＝400×25%＝100（万元）；

递延所得税＝100－56.25＝43.75（万元）。

③ 利润表中应确认的所得税费用。

所得税费用＝893.75＋43.75＝937.50（万元）。

确认所得税费用的账务处理如下：

借：所得税费用　　9 375 000

　　递延所得税资产　　562 500

　　贷：应交税费——应交所得税　　8 937 500

　　　　递延所得税负债　　1 000 000

该公司2×16年资产负债表相关项目金额及其计税基础如表6－2所示。

表6－2　2×16年资产负债表相关项目金额及其计税基础

单位：万元

项　　目	账面价值	计税基础	差异	
			应纳税暂时性差异	可抵扣暂时性差异
存货	2 000	2 075		75
固定资产：				
固定资产原价	1 500	1 500		
减：累计折旧	300	150		
减：固定资产减值准备	0	0		
固定资产账面价值	1 200	1 350		150
交易性金融资产	1 200	800	400	
其他应付款	250	250		
总计			400	225

净利润

净利润是指利润总额与所得税费用之差。

业务概述

通常情况下，企业取得的利润应当按照我国有关法规的规定进行利润分配，包括提取盈余公积和向投资者分配利润。

账务处理

年度终了，企业应将“本年利润”科目的年末余额全部转入“利润分配”科目。如为盈利，借记“本年利润”科目，贷记“利润分配——未分配利润”科目；如为亏损，则编制相反的会计分录。编制会计分录如图 6 – 14 所示。

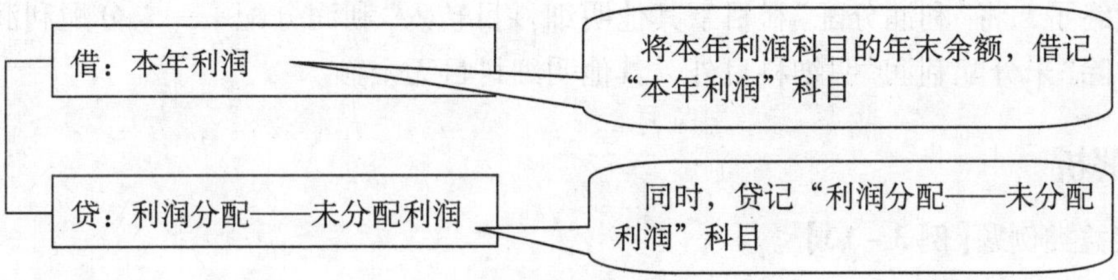

图 6 – 14

利润分配的处理如下：

(1)企业按照规定从净利润中提取法定盈余公积和任意盈余公积，编制会计分录如图 6 – 15 所示。

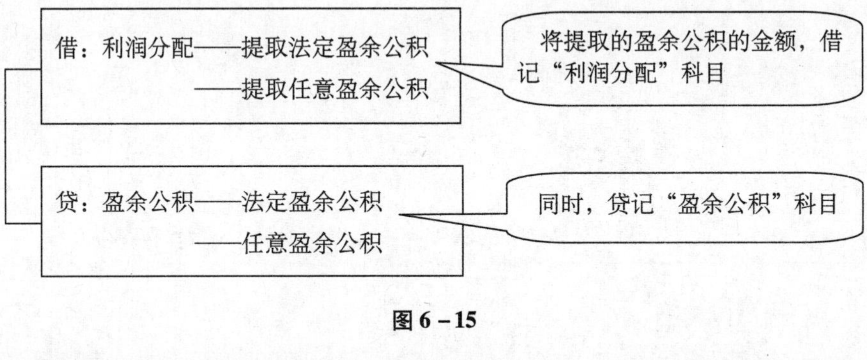

图 6 – 15

(2)企业经股东大会或类似机构决议，分配给股东或投资者的现金股利或利润，编制会计分录如图 6 – 16 所示。

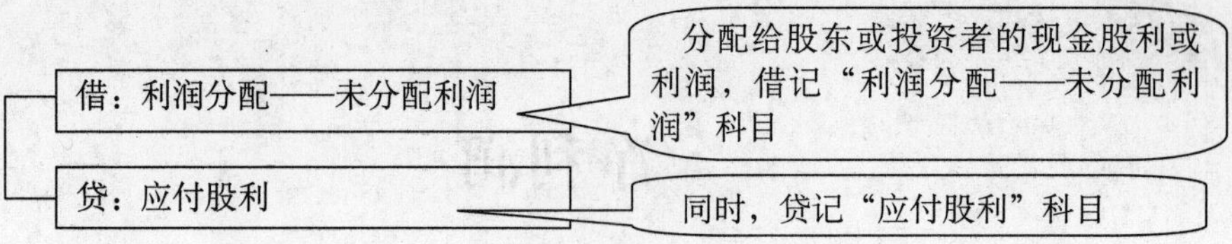

图 6－16

(3)企业经股东大会或类似机构决议，分配给股东股票股利。编制会计分录如图 6－17 所示。

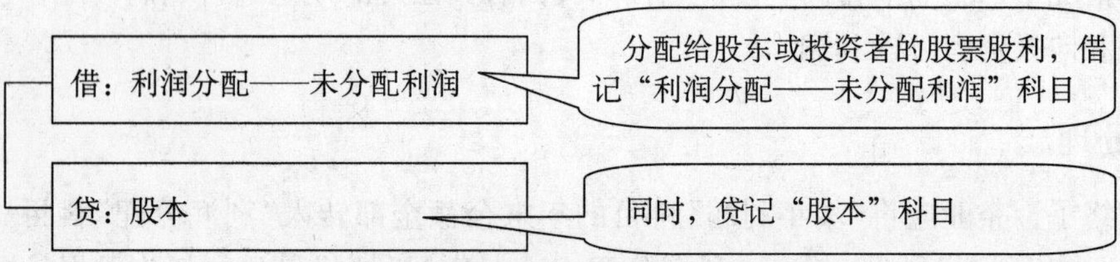

图 6－17

年度终了，将“利润分配”科目下其他明细科目转入“利润分配——未分配利润”科目。结转后，除“未分配利润”明细科目外，其他明细科目无余额。

▶▶案例解析

见权益类例题【例 3－13】。